Unsere Schulen lehren Goethe so, wie sie Mathematik und Chemie lehren, und so werden wir dazu erzogen, das Lesen eines lebendigen Goethe zu verlernen. Aber natürlich ist sie auch einschüchternd, die Fülle der Goetheschen Arbeiten: Wie war das noch mit dem wankelmütigen Clavigo? Weshalb nimmt Charlotte in den ›Wahlverwandtschaften‹ ihre Nebenbuhlerin Ottilie freiwillig in ihrem Haus auf? Auf welche bizarren Figuren trifft Homunculus in der Klassischen Walpurgisnacht? Dieses Buch stellt alle wesentlichen Figuren aus dem riesigen literarischen Œuvre des deutschen Dichterfürsten vor. Es lohnt sich, den alten Goethe nochmals – aber bestimmt ganz anders als in der Schule – zu lesen.

Michael Lösch, geboren 1953 in Mortesdorf/Rumänien, siedelte mit zwanzig Jahren in die Bundesrepublik über. Studium der Germanistik, Anglistik, Geschichte und Politologie. 1983 bis 1991 hauptamtlicher Gymnasiallehrer, dann Ausstieg und Karriere als DJ in verschiedenen Diskotheken und Nachtclubs in München.

Who's who bei Goethe

Von Michael Lösch

Deutscher Taschenbuch Verlag

In der Reihe Who's who sind im Deutschen Taschenbuch Verlag
erschienen:
Who's who in der Bibel (30012)
Who's who in der antiken Mythologie (30362)
Who's who bei Shakespeare (30463)
Who's who im Märchen (30503)
Who's who im Comic (32531)
Who's who in der Oper (32530)
Who's who der Tiere (32532)

Originalausgabe
November 1998
© 1998 Deutscher Taschenbuch Verlag GmbH & Co. KG, München
Umschlagkonzept: Balk & Brumshagen
Umschlaggestaltung: Angelika Fritsch
Redaktion und Satz: Lektyre Verlagsbüro
Olaf Benzinger, Germering
Druck und Bindung: C. H. Beck'sche Buchdruckerei, Nördlingen
Gedruckt auf säurefreiem, chlorfrei gebleichtem Papier
Printed in Germany · ISBN 3-423-32535-6

Inhalt

Meiner Mutter und Manuela

Ein Wort zuvor

Goethe populär zu machen, ist nicht unbedingt einfach, doch was unsere Schulen mit Goethe tun, ist, ihn genauso zu lehren, wie man Mathematik und Chemie lehrt. Und so werden wir dazu erzogen, das Lesen eines lebendigen Goethe zu verlernen. Ich finde, man sollte Goethe aus dem gleichen Grund lesen, aus dem wir auf den Fasching gehen: also aus der Lust heraus, ein anderes Kostüm zu tragen, eines, das sich von oben bis unten, in vielen wesentlichen Teilen von unserer sonstigen Garderobe unterscheidet. Und vielleicht erst, wenn ich erkenne, wie schön ein Rokoko-Kostüm ist, welche Liebe im Detail, im Material, im Schnitt steckt und wie sehr ich mich in diesem Kostüm wandle, fast zu einem anderen Menschen werde, dann kann ich Goethe lesen. Und dann offenbart sich eine völlig andere Welt, zum Teil lächerlich und eng und sehr von der unseren entfernt, zum Teil aber auch von einer seltsamen Schönheit.

Wie man bereit ist, einen Nachmittag lang im Botanischen Garten die exotischen und schönsten Blumen, Blätter und Bäume anzusehen und dabei die entsprechenden Erklärungen zu lesen, und sich bei solcher Betrachtung immerzu denkt, wie großartig – gerade in seiner Fremdheit großartig! – so sollte man aus dem gleichen Grund einmal, langsam lesend, diese seltsamen literarischen Blumen und Blüten eines Goethe ansehen, es wird sich lohnen. Vielleicht hilft dieses Buch – ich hoffe es – den seltsamen, naiven, arroganten, den reichen, vor allem den wirklichkeitsfremden Goethe kennenzulernen. Man muß nicht immer alles verstehen oder gar bewundern. Es geht fast so bunt und üppig zu wie im Botanischen Garten. Oder anders: Man muß sich nur dieses seltsame Kostüm anziehen, das ist zuweilen umständlich und nervig, aber schön ist es allemal. Dieses Buch soll allen jenen eine Anregung sein, die einen Goethe nicht lesen, weil ... nun ja einfach mal lesen, langsam ... Und nicht unbedingt den ›Werther‹. Und den Zeitgeist und alles Angesagte mal vergessen, aufrecht am Tisch sitzend, denn ein bißchen ist es auch Arbeit.

Ein Wort zur Auswahl: Sie ist subjektiv. Man wird sich über die breite Behandlung des ›Faust‹ wundern. Ist das nicht ein Klischee, Goethe, der Dichter des ›Faust‹? Es ist ein Klischee, aber Klischees sind immer auch wahr. Nach meinem Dafürhalten ist gerade der zweite Teil der Tragödie, der ohne den ersten nicht funktionieren würde, die Quintessenz des schreibenden Goethe. Keines seiner anderen Werke erreicht diese Komprimiertheit in Form und Inhalt. Ich habe mich erst gegen dieses Klischee gesträubt – doch es war mir unmöglich, ihm zu widerstehen. Ohne den ›Faust‹ wäre Goethe undenkbar, da hilft nach meiner Überzeugung kein Versuch der Umgewichtung.

Die Revolutionsdramen werden nur knapp besprochen, Goethes politischer Instinkt ist mir zu rudimentär, sein Verhältnis zur Französischen Revolution und zu ihrer Wirkung auf Deutschland ist, um es sehr vereinfacht zu sagen, naiv – ohne Sinn für geschichtliche Kausalzusammenhänge. Goethe hat aus seinem Weimar nie herausgefunden, er kannte keine Großstädte, wenn man von Rom absieht – und das Rom jener Tage war auch eher provinziell.

Bis auf bedeutende und prägnante Ausnahmen wird die Lyrik nur am Rande behandelt. Eine umfassende Auswahl unter den Gedichten wäre gerade im Hinblick auf das Programm dieses Buches so gut wie unmöglich und würde sein Konzept sprengen. Was der Leser hier vorfindet ist im wesentlichen ein Who's who jener zentralen Dramen und Romane, die die Spitze eines riesigen dichterischen Œuvres bilden und die den Dichter erst zu dem machten, der er war: Goethe.

Bleibt nur die Hoffnung, Goethespezialisten und Fachleute sehen wohlwollend über Nicht-Enthaltenes hinweg.

Michael Lösch

A

Der Abbé
(Wilhelm Meisters Lehr- und Wanderjahre)
Französischer Geistlicher, Gründer der Turmgesellschaft, *Lotharios, *Natalies und *Friedrichs Erzieher, ansonsten mit pädagogischen Ambitionen für die ganze Menschheit. Von Beginn an steuert er von ferner Hand Wilhelms Eingliederung in seine Loge, die Turmgesellschaft.

Ist er der Unbekannte, der im ersten Buch Wilhelm erzählt, er habe den Kauf der großväterlichen Kunstsammlung geleitet? Den schicksalsgläubigen Jungspund ermahnt er, das eigene Leben bewußt in die Hand zu nehmen und es flexibel und gezielt zu gestalten. »Das Gewebe dieser Welt ist aus Notwendigkeit und Zufall gebildet; die Vernunft des Menschen stellt sich zwischen beide und weiß sie zu beherrschen ... Wir bilden uns ein, fromm zu sein, indem wir ohne Überlegung hinschlendern, uns durch angenehme Zufälle determinieren lassen und endlich dem Resultate eines solchen schwankenden Lebens den Namen einer göttlichen Führung geben.« (I,17) Der Abbé will Wilhelm vom Theater wegholen, tritt als Geist von Hamlets Vater auf und überläßt Wilhelm einen Schleier, auf dem die mahnenden Worte stehen: »Zum ersten- und letztenmal! Flieh! Jüngling, flieh!«

Neben dem Plan der Erweiterung der Turmgesellschaft geht es ihm vor allem um die Durchsetzung fortschrittlicher sozialpolitischer Vorstellungen. Die Loge ist für ihn weniger ein Treffpunkt im Untergrund, sondern im wesentlichen eine Organisation, die die Weiterleitung des Fortschritts zum Ziel hat. Der Abbé kennt viele Menschen in wichtigen Positionen, dessenungeachtet bleibt er distanziert und ohne Integrationsbestrebungen. Er ist weder Adliger noch Bürgerlicher und auch kein Geistlicher und stellt mehr eine Grundhaltung als eine Figur dar – ein Symbol für die Idee des Aufklärens und Erziehens. Sein Interesse an der Menschheit geht einen eigentümlichen Weg, er ist kein Demokrat, der sich ans Volk wenden würde, desto mehr an jene, die willens sind, ihr Ziel im Auge zu behalten. Denn der Abbé ist überzeugt, »der Irrtum könne nur durch das Irren geheilt werden«, womit er in Wilhelms Fall zweifellos recht hat. Doch denkt er bei seiner Erziehungsabsicht in Letztinstanz über die Einzelperson hinaus: Es geht tatsächlich um die ganze Menschheit, um jedes einzelne Mitglied der menschlichen Gemeinschaft. »Nur alle Menschen machen die Menschheit aus.« (Lehrjahre VIII,5) Doch wie sehr er auf alle Beteiligten der Lehrjahre einwirkt, so dezent – ja unsichtbar – bleibt er im Hintergrund. Kein Mann großer Worte, keiner, der seine Persönlichkeit zu Markte trägt.

Nur einmal tritt er hervor: Er hält die Totenrede an *Mignons Sarg. Und wir können sagen, daß Goethe hier den Eindruck erweckt, als habe er dies nicht geschrieben, sondern mitgeschrieben. So wortreich der Erzähler nämlich sonst ist, so klar und einfach läßt er hier den Abbé zu Wort kommen. Dieser bedauert Mignons plötzliches Ende, ihr tragisches Leben, ganz allgemein die Unvorhersehbarkeit des Todes. Kein salbungsvolles Christenwort, vielmehr der tiefe Respekt eines Weltlichen vor Mignons kindlichem Katholizismus. »Oft äußerte sie den stillen Wunsch, auf geweihtem Boden zu ruhen, und wir haben nach den Gebräuchen der Kirche dieses marmorne Behältnis und die wenige Erde geweiht, die in ihrem Kopfkissen verborgen ist.« (Lehrjahre VIII,8) Auch hiervon läßt sich des Abbés Erziehungsgrundsatz ableiten: Ihm ist nicht nach neuen Menschen, sondern nach humaner Aufbesserung und Emanzipation gemäß den Menschen innewohnenden Qualitäten und Neigungen. Das ist der Grund, weshalb er Wilhelm so lange am Theater beläßt, bis dieser von sich aus einen neuen Weg einzuschlagen bereit ist.

Der Abbé bedient sich eines Goetheschen Zentralbegriffs: der Frömmigkeit, die wir vereinfacht als tätiges Nützlichsein umschreiben. »Wir wollen der Hausfrömmigkeit das gebührende Lob nicht entziehen: auf ihr gründet sich die Sicherheit des einzelnen ...; aber sie reicht nicht mehr hin, wir müssen den Begriff einer Weltfrömmigkeit fassen ... und nicht nur unsre Nächsten fördern, sondern zugleich die ganze Menschheit mitnehmen.« (Wanderjahre II,7) »Das Wort ›fromm‹«, kommentiert Trunz, »hat bei Goethe oft noch die alte Bedeutung ›recht handelnd, pflichttreu, ... dienstwillig‹ ... Goethes Wort ›Weltfrömmigkeit‹ bezeichnet die Richtung des Denkens und Handelns in die Welt hinaus.« Das entspricht genau den Plänen des Abbés. Unter seiner Leitung wird (wohl im Alpen- oder Voralpengebiet) ein großes Wirtschafts- und Landwirtschaftsgebiet aufgebaut, das zu beiden Seiten eines Kanals vielen Menschen, vielen arbeitsuchenden Bergbewohnern eine neue Existenzgrundlage schafft. Zugleich aber hat er Pläne im noch jungen Amerika und im unterentwickelten Rußland.

Achilles
(Achilleis)

Homers Rachelüstling vor Trojas Toren, Hektors Mörder. In dem Fragment gebliebenen Epos erzählt Goethe in Hexameterversen ganz im Stile der ›Illias‹ von einem einsamen Helden, der sich vor Troja auf einem Hügel mit Blick aufs Meer ein kegelförmiges, turmähnliches Grab aus zwei Platten baut. Er weiß, er wird nach der Götter Ratschluß sterben, zugleich aber wählt er den Tod, um mit Patroklos, dem von Hektor getöteten Freund, zusammenzukommen. In Gestalt des Gefährten Antilochos tritt ihm Pallas Athene entgegen. Sie prophezeit, sein Name werde an erster Stelle aller Helden genannt werden, und fragt, bevor sie sich verabschiedet, ob Achilles noch einen letzten Wunsch habe. Unheilig und praktisch denkend, antwortet dieser, seine Grabarbeiter bräuchten Brot, Wein und Fleisch, dann könnten die Bauarbeiten bald fertiggestellt werden. So tritt Athene/Antilochos vor die Myrmidonen und herrscht diese an, damit sie den Schaffenden auf der Anhöhe die geforderten Mittel bereitstellten. Hier bricht das 650 Verse zählende Epos ab.

Goethe hat einen Inhaltsentwurf hinterlassen, aus dem hervorgeht, daß der verfaßte Teil eine eher marginale Stellung zum Ganzen bezieht. In der ›Achilleis‹ sollte es um des Helden Leidenschaft für die trojanische Königstochter Polyxena gehen, die sich auf Geheiß ihrer Landsleute als Ersatz für Helena im Lager der Griechen aufhalten muß. Daß Achill sterben wird, liegt am Beschluß des Göttertribunals, treibende Kraft ist vor allem Zeus. Er beauftragt Chrysaor, den Träger seiner Blitze, Achill zu töten, dieser führt den Befehl mit einem goldenen Schwert aus. Goethe hat die ganze Geschichte auf den Punkt gebracht: »Achill weiß, daß er sterben muß, verliebt sich aber in Polyxena und vergißt sein Schicksal rein darüber nach der Tollheit seiner Natur« (Riemer, ›Mitteilungen über Goethe‹). Warum aber schrieb Goethe das Fragment? Staiger antwortet, daß der Dichter so von Homer angetan war, daß er ein Homerisches leisten wollte. Goethe gedachte, eine Lücke in der Weltliteratur zu schließen und nicht weniger als jenen Teil zu verfassen, der zwischen der ›Illias‹ und der ›Odyssee‹ fehlt.

Adelheid von Walldorf
(Götz von Berlichingen)

Dämonischer Frauentypus, schön, redegewandt, kalt und klug, ein Fixstern am eleganten wie weltläufigen Hof zu Bamberg. Ebenso wie *Weislingen ist sie Goethes freie Erfindung, eine Kunstfigur, von der ihr Schöpfer in ›Dichtung und Wahrheit‹ sagt, er habe sich, indem er sie »liebenswürdig zu schildern trachtete, selbst in sie verliebt«. »Liebenswürdig« ist sie mit Sicherheit nicht, aber der Liebe würdig, wenn man sich ihre Anziehungskraft auszumalen versucht. Franz, Weislingens Bube, nennt sie einen Engel in Weibsgestalt, der Bamberg zum Vorhof des Himmels gemacht habe. Weislingen bemerkt, er habe schon viel von ihrer Schönheit gehört. »Gehört?« erwidert Franz empört. »Das ist eben, als wenn Ihr sagtet: Ich hab die Musik gesehen.« Tatsächlich ist sie ein Vamp allererster Güte, und Bamberg wird für Franz zum Vorhof der Hölle.

Berechnend zieht die junge Witwe ihre Intrigenfäden, sinnbildlich zu Beginn des Trauerspiels als siegende Schachspielerin vorgestellt. Sie heiratet Weislingen des eigenen Fortkommens wegen, bindet den liebeskranken, ihr verfallenen Franz mit erotischen Versprechungen und bringt ihn schließlich soweit, seinen eigenen Herren zu vergiften. Weislingen wird nämlich in jenem Moment lästig, als ihr eine interessantere Partie vor Augen steht: die Heirat mit dem designierten Kaiser Karl V.

Ein Produkt des Fürstenhofes mit seinen überfeinerten Genüssen und gesuchten Manieren ist Adelheid, niemals hätte sie auf einer ländlichen Ritterburg, etwa auf Berlichingens Jagsthausen jenes Biotop für Lüge, Verrat und Treulosigkeit vorgefunden. So ist sie ohne entsprechendes Ambiente aus Ranküne und Dekadenz nicht denkbar. Wie Weislingen eine Art Gegenaufgabe zu Götz erfüllt, ist Adelheid der Negativabdruck zu *Maria, Berlichingens Schwester.

Alba
(Egmont)
General im Dienste des spanischen Königs Phillip II., Nachfolger der Generalstatthalterin *Margarete von Parma und Verlierer beim Schützenwettbewerb gegen *Egmont. Sein Name steht für Diktatur und Schrecken, er ist ein mit allen militärischen und zivilen Vollmachten gerüsteter Caudillo, vor dem sowohl der Niederländer *Oranien als auch die Spanierin Margarete von Parma das Feld räumen.

Der Agitator *Vansen beschreibt ihn als lang gewachsen mit dem Aussehen einer Kreuzspinne, »nicht einer dickbäuchigen, die sind weniger schlimm, aber so einer langfüßigen schmalleibigen, die vom Fraße nicht feist wird und recht dünne Fäden zieht, aber desto zähere«. »Der hohläugige Toledaner mit der ehrnen Stirn und dem tiefen Feuerblick« nennt ihn Margarete, kein Ton sei »so gelbbraun, gallenschwarz wie Albas Gesichtsfarbe«. Auch weiß Margarete, wie er von ihr als Politikerin denkt: daß eine Frau ein gezähmtes Pferd zu reiten vermag, aber keine gute Stallmeisterin sei. Ihr ist sofort klar, in dem Moment, da Alba auftritt, wird sie abtreten, denn Alba wird nicht nur niemand an seiner Seite dulden, sondern gänzlich andere Wege gehen. Was sie mit unsäglicher Geduld beruhigt hat, wird er durch seine Vorgehensweise wieder aufstacheln. »Da hängt er sich an jeden Mutwillen, der vorbei ist, erinnert an jede Unruhe, die gestillt ist ... er sieht sich nach Feuer und Schwert um und wähnt, so bändige man Menschen.« (III) Ein Scharfmacher, einer, dem alles, was jenseits von Ruhe und Ordnung liegt, suspekt ist. »Jeder ist bei ihm gleich ein Gotteslästerer, ein Majestätenschänder: denn aus diesem Kapitel kann man sie alle sogleich rädern, pfählen, vierteilen und verbrennen.« (III)

Mit Disziplin und Strenge hält Alba seine Soldaten zusammen, den Marsch aus Italien in die Niederlande hat er umsichtig und reibungslos bewältigt – ein militärisches Paradestück, attestiert der Adjutant Gomez. Und wenn die niederländischen Milizionäre lebten und leben ließen, so sind Albas Militärpatrouillen wie Maschinen, »in denen ein Teufel sitzt«. Sie seien, rapportiert Sohn *Ferdinand, so genau placiert, daß sich kein Brüsseler zu flüstern getraue. Über Nacht sind die Niederlande eine Militärdiktatur geworden, zwei oder drei zusammenstehende Personen können bereits des Hochverrats beschuldigt werden, es ist strengstens verboten, politische Äußerungen zu tun, und bei Todesstrafe darf niemand die Vorgehensweise der neuen Regierung mißbilligen. Prämien sind für Spitzel ausgesetzt, die ihre Eltern, Kinder, Verwandte und Freunde denunzieren oder auch nur weitergeben, was im Inneren eines Hauses vorgeht. Mit Alba ist es »als wäre der Himmel mit einem schwarzen Flor überzogen und hinge so tief herunter, daß man sich bücken müsse, um nicht dran zu stoßen«.

Jeder ist Alba ausgewichen, keiner tritt ihm entgegen. Scheinheilig hat Alba zu einem Beratungsgespräch geladen, *Egmont, der im Unterschied zu Oranien Albas Gefährlichkeit verkennt, folgt dieser Einladung. Doch am Ende steht Egmonts Verhaftung, nicht etwa als Konsequenz seiner Meinungsäußerung, sondern weil ihn Alba von vornherein festnehmen will. Ziel Albas ist, den niederländischen Adel – potentieller Anführer einer potentiellen Revolte – in seine Gewalt und damit unter Kontrolle zu bringen. Egmonts gefordertes Generalpardon für die Aufständischen weist Alba zurück: Hier seien die Majestät des Königs und das Heiligtum der Religion geschändet, und ein solches Pardon hieße, ungeheuere Verbrechen straflos lassen.

Egmont hält dagegen, König und Gott stünden so hoch über den Menschen, daß keine Lästerung an sie herankämen (womit er, zumindest theologisch gesehen, falsch liegt). Alba stimmt Egmont zu, doch hätten die Fürsten, Herzöge und Statthalter, als Interessenvertretung der Krone die Pflicht des Strafvollzugs. »Ungestraft soll, wenn ich rate, kein Schuldiger sich freuen.« Begegne man den Straftätern mit der von Egmont geforderten Milde, mache man sich als Sympathisant der Aufrührer verdächtig. Auf Egmonts Frage nach der Freiheit der Niederländer antwortet Alba, das sei ein schönes Wort. »Was ist des Freiesten Freiheit? – Recht zu tun!« Alba argumentiert als kalter Krieger: »Wenn auswärtige Feinde drängen ..., und der König verlangt Beistand, dann werden sie uneins unter sich und verschwören sich gleichsam mit ihren Feinden. Weit besser ist's, sie einzuengen, daß man sie wie Kinder halten, wie Kinder zu ihrem besten leiten kann ... ein Volk bleibt immer kindisch.« Egmont erinnert an die niederländische Verfassung. Alba hält dagegen: »Ich fürchte, diese alten Rechte sind darum so angenehm, weil sie Schlupfwinkel bilden.« Bislang wäre das Verhältnis zwischen Adel und Bürgern wie das zwischen Brüdern, behauptet Egmont, »und doch hat der Adel mit diesen seinen Brüdern sehr ungleich geteilt«, kontert Alba. Der hilflose Egmont kann sich nur auf die Tradition berufen, die Alba, der Entschiedene, ohnehin als irrelevant abtut. »Rat verlang ich in seinem (des Königs) Namen, WIE es zu tun sei, nicht WAS: denn das hat ER beschlossen.« Die Forderung nach Gehorsam ist der Kernbestand seiner Wertauffassung. Und dieser hat sich auch der (fraglos geliebte) Sohn Ferdinand zu unterwerfen: »Was du zu tun hast, höre; die Ursachen sollst du wissen, wenn es geschehen ist.« Egmont aber hat im Gespräch mehr Ungehorsam verraten, als jeder Ankläger hätte ermitteln können. Doch läßt ihn Alba nicht deshalb abführen, sondern weil Egmont noch vor jedem Gespräch die Grenze des Gehorsams aufgrund seiner Herkunft als Niederländer und Adeliger überschritten hat. Wohl hat sich Alba auf eine findige Debatte eingelassen, doch macht er Egmont keine persönlichen Vorwürfe, denn der Plan zu seiner Verhaftung ist lange schon gefaßt.

Egmonts Beseitigung ist nüchternes Kalkül eines Sicherheitsbeamten, die Beseitigung einer Persona non grata, nicht die eines

Feindes oder (wie es Egmont sieht) Rivalen, Alba ist Träger eines
Systems, das den einzelnen unberücksichtigt läßt – ein Gedanken-
modell der Inquisition, die ihre Vorgehensweise als Dienst am Höheren legitimierte. »Des Königs Absicht ist: sie (die Bürger) selbst zu
ihrem eignen Besten einzuschränken, ihr eigenes Heil, wenn's sein
muß, ihnen aufzudringen.« (IV)

Alba – eine negative Figur? Aus heutiger Sicht: ja. Doch ist dieses
Ja nicht eindeutig. Das Bild des kalt und effizient planenden Macht-
und Gewaltpolitikers wirkt in Teilen inkonsequent human. Zu sehr
leuchtet etwas von persönlicher und auch philosophischer Trauer in
Albas Zügen, wenn er auf Ferdinands von der Mutter erworbenes
Erbanteil zu sprechen kommt. Es ist als wolle er andeuten, daß die
Mutter seines Sohnes genau von der gleichen sorglosen Lebensfreude
wie Egmont war und daß er eben das an ihr geliebt und sie gerade deshalb verloren habe. Es ist, als würde Alba seine Art, das Leben zu nehmen, kaum als Qualität, sondern als Notwendigkeit betrachten.
Nichts an dem Politiker Alba ist fanatisch haßerfüllt, vorurteilsbe-
haftet oder sadistisch. Ein Umstand, der Schiller völlig unerklärlich
war: Alba war ihm zu wenig Bösewicht, damit fehle ihm die stets als
wesentlich eingeforderte Bühnenwirksamkeit. Ungeachtet seiner
Macht glaubt Alba – ähnlich wie Egmont –, der Laune des Schicksals
unterworfen zu sein. »Wie in einen Lostopf greifst du in die dunkle
Zukunft: was du fassest, ist noch zugerollt, dir unbewußt, sei's Treffer
oder Fehler!« (IV)

Hinzu kommt, daß Goethe eine gänzlich unbeschwerte Haltung
zum Bösen hat, das Böse ist ihm Teil einer großen Heterogenität, in
dessen Rahmen sich alles und mit Recht tummeln darf. Alba hat lediglich den Part, der im großen Ganzen des Staatsgefüges gespielt
wird. Alles ist in ständiger Evolution, die Revolution ist Goethe un-
natürlich. (Das ging so weit, daß der Wissenschaftler Goethe das
Vulkanische als Element der Erdentstehung als unerheblich ablehnte.) Goethes Denken zeigt uns zwei Waagschalen. Mitunter neigt sich
die eine, dann die andere; niemals kann es kommen, daß die eine
Waagschale ganz oben und die andere ganz unten bleibt. »Das Böse
steht dem Guten gegenüber«, schreibt er dem Faust-Illustrator J.P.
Lyser Ende 1830, über vierzig Jahre nach Fertigstellung des
›Egmont‹, unbeirrt von den Schrecknissen der Französischen Revolution und des von Napoleon angezettelten Weltkrieges. Goethes
Alba aber ist – wenn auch Verderber – in der Hauptsache das Gegengewicht Egmonts und damit Teil einer Weltordnung. Und im Ver-

gleich der beiden Kontrahenten werden die Konturen des jeweils anderen deutlich.

Wo Egmont gesellig ist, ist Alba verschlossen und einsilbig, wo Egmont öffentlich und offen auftritt, laboriert Alba im Verborgenen. Wo Egmont lebensfroh ist, ist Alba lebensverachtend, wo Egmont großzügig und tolerant ist, ist Alba ein Pedant. Wo Egmont das Schicksal vertrauensvoll walten läßt, ist Alba der argwöhnische Planer. Egmont ist ein apolitischer Politiker, dem der einfachste Verwaltungsakt eine Last ist, Alba hingegen der korrekte Administrator einer absolutistischen Staatsdoktrin.

Und nur in diesem Spiel von Gegensätzlichkeiten ist der positiv besetzte Ferdinand zu verstehen: eine Art moralischer Nachwuchs des ermordeten Egmont – doch Albas leiblicher Sohn.

Albert
(Die Leiden des jungen Werther)
Bräutigam *Lottes, Gegenstück zum müßiggängerischen, existentiell sorgenfrei auftretenden *Werther, ein arbeitsamer wie ehrbarer Jurist. Werthers Liebe zu Lotte begegnet er eher gelassen. In einer Kontroverse über die Freiheit zum Selbstmord (Brief vom 12.08.1771) bezeigen er und Werther ihre Standpunkte. Für Werther ist der Selbstmord ein Gewinn an Freiheit und eine Überwindung von Einschränkung und Liebesqualen und dient der Erlösung aus unvergänglicher Verstrickung. Fern einer religiösen Verurteilung argumentiert dagegen Albert als »Mensch von Verstande«. Er tadelt den Selbstmörder als »lasterhaft« und »töricht«, räumt indes ein, daß es Formen von Wahnsinn gebe, die den Selbstmord moralisch und juristisch entschuldigten. Albert ist der Rationalist, ein etwas spießiger Adept der Aufklärung, Werther dagegen vertritt den Standpunkt des Sturm und Drangs.

Nach Erscheinen des Buches beschwerte sich Kestner bei Goethe, er sei in der Figur Alberts nicht würdevoll genug dargestellt, und verkannte dabei, daß es Goethe nicht um ein getreues Abbild, sondern um einen eigenständigen literarischen Charakter ging.

Alcest
(Die Mitschuldigen)
Gutsbesitzer, Lebemann und Pensionsgast der Form halber. Nach zwei Jahren ist er an die Stätte seiner Liebe zurückgekehrt, in die Pension »Zum Schwarzen Bären« wo *Sophie mit ihrem Vater, dem Wirt, die

Geschäfte führt. Er findet eine verheiratete Frau vor, die ihn immer noch liebt. Während des nächtlichen Rendezvous', offenbart er sich als ein Mitläufer der Empfindsamkeit, als Anhänger der hoch im Kurs stehenden Meinungsbildner Wieland und La Rochefoucauld. Und verläßt stante pede die edlen Geistesgefilde, als er entdeckt, daß man ihn bestohlen hat. Gleich muß ein Täter her – sein erster Gedanke ist Sophie –, und als der Vater die Geliebte des Diebstahls bezichtigt, schmerzt das den Kavalier immens, doch gibt er dem Verdacht nach.

So lyrisch er Sophie begegnete, so simpel wandelt er sich zum preußisch-pragmatischen Strafverfolger. Daß er den Täter nicht an den Galgen liefert, liegt weniger an seinem papierenen Edelmut oder gar am Bewußtsein seiner Mitschuld, als vielmehr in der Überzeugung, den Dieb in der Hand zu haben und – nachdem der Vorhang gefallen ist – Sophie für sich zu bekommen. Man kann sich vorstellen, daß Goethe sich in Alcest selber karrikierte. Die Vermutung liegt nahe, daß er sich zwei Jahre nach seinem Weggang aus Leipzig zurück zu Käthchen Schönkopf träumte, und diese sich von der Seite des ungeliebten Gatten Dr. Kanner in die Arme des Galans wünschte.

Alexis und Dora
(Alexis und Dora)
Liebespaar einer 79 Distichen (gleich 158 Versen) zählenden, an eine Idylle erinnernden Elegie. Alexis erzählt, er habe sein ganzes junges Leben in gleichgültiger Nachbarschaft zu Dora verlebt. Jetzt, da er auf einem Schiff angeheuert hat und seine Heimat verläßt, bittet Dora, er solle ihr ein »leichtes Kettchen« mitbringen, sie werde es »dankbar bezahlen«. Als Wegzehr überreicht sie ihm einige Früchte, unter anderem Feige und Orange – erotische Symbole, welche die Goetheinterpretation nicht müde wird zu kommentieren. Schlagartig überwältigt beide die Liebe, sie umarmen sich, er fühlt ihre Brüste, ihren Kopf auf seinen Schultern, er küßt ihren Hals. Doch er muß fort, die Seeleute rufen. Verzweifelt stößt er hervor:
»›Dora! Und bist du nicht mein?‹
›Ewig!‹ sagtest du leise. ›Da schienen unsere Tränen,
Wie durch göttliche Luft, leise vom Auge gehaucht.‹«
Alexis weiß in diesem Moment, daß er nicht nur ein Kettchen, nein, tausend Geschenke zurück bringen wird, und vor allem auch allerlei Hausrat für die gemeinsame Zukunft. Zwar plagen ihn Zweifel, ob sie sich nicht einem anderen ähnlich spontan wie ihm

versprechen werde. Für diesen Fall wolle er lieber den Tod in den
Wellen suchen. Doch in solchem Augenblick der Trübnis ergreift
der Dichter vermittelnd das Wort: »Nun, ihr Musen, genug!« Sie,
die Musen, könnten zwar die Wunden, die Amor geschlagen, nicht
heilen, »aber Linderung kommt einzig, ihr Guten, von euch«.

Im Mai 1796 verfaßt, wurde das antikisch-anmutige Gedicht
von Schiller gleich an den Anfang seines ›Musenalmanachs‹ für
1797 gesetzt, alle Intellektuellen in und um Weimar lobten die
Verse. Friedrich Schlegel sprach von der »schmeichelnden Gewalt«
mit der sich »ein frisches und glühendes Gemälde tief in das Herz«
senke.

Alfons II.
(Torquato Tasso)
Herzog von Ferrara, *Tassos Brotgeber, Bruder der Prinzessin
*Leonore von Este. Mit »Belriguardo« besitzt er eine Rückzugsoase
der Musen und der Muße, hier hält sich sein Dichter Tasso auf.
Sein? In gewissem Sinne ja. »Ich bin auf ihn als meinen Diener
stolz«, spricht Alfons (Vs. 2851), und bei Aushändigung des fertig-
gestellten Manuskripts, nennt er Tassos Meisterwerk »in gewissem
Sinne mein« (Vs. 394)

Wenn Tasso sich über Verfolgung und Spionage beklagt, dann läßt
Alfons entsprechende Nachforschungen anstellen – nicht etwa weil
er den Argwohn des Dichters teilt, sondern weil er Tasso seine
Sonderstellung beweisen will. Wenn Tasso mit gezogenem Degen
des Herzogs Duellverbot verletzt, läßt der Herr Gnade vor Recht
ergehen und verurteilt den Hofpoeten zum symbolischen Arrest.
Keiner der Hofangehörigen hätte sich diese Freiheit nehmen dürfen. Das mag großzügig sein, ist aber ebenso bequem. Was hat Tasso
zu dieser Maßlosigkeit getrieben? Der Herzog fragt nur nebenbei,
er begnügt sich mit der Erklärung, daß sich der veritable Meister in
einer exaltierten Gemütsverfassung befinde. Die Vehemenz dieses
Zwists, die Abgründigkeit, mit der Antonio diesen Zwist ver-
schärfte, überhaupt Antonios größere Schuld – das alles interessiert
Alfons nicht. Alfons' humanitäres Weltbild, die Großzügigkeit seines Mäzenatentums, seine Protektion für Tasso – sie sind blind für
die Zerrissenheit und Unsicherheit seines Schützlings, seine beständig in ihm wohnende Heimatlosigkeit, blind vor allem für Tassos ständig fehlende Bodenhaftung. Ihm ist Tasso ein Teil der Hofhaltung, dessen Absicht zu verreisen betrachtet er argwöhnisch. Er

fürchtet, er werde ihn an einen Konkurrenten, an Scipio Gonzaga, Fürst von Mantua und Prälat in Rom oder an einen der »klugen Medicis« verlieren.

Allerdings rehabilitiert sich der Herzog in einem wesentlichen Aspekt. Ob er sich von Tasso Freude verspreche, fragt Antonio seinen Herren. Zu Antonios Verständnis gehört, die Kunst auf ihren Nutzen zu prüfen. Für Alfons hingegen ist die Kunst ein Lebenselement, eine Art anthropologische Konstante, die er nicht weiter hinterfragt wissen will:

>»Du hättest recht Antonio, wenn in ihm
>Ich meinen nächsten Vorteil suchen wollte!
>Zwar ist es schon mein Vorteil, daß ich nicht
>Den Nutzen grad und unbedingt erwarte.
>Nicht alles dienet uns auf gleiche Weise;
>Wer vieles brauchen will, gebrauche jedes
>In seiner Art, so ist er wohl bedient.« (Vs. 2935)

Natürlich stellt Alfons die Kunst so zweckfrei nicht in seine Dienste. Da spielt die Rivalität und das Emporblicken zu den anderen Renaissancehöfen eine Rolle, doch kommt hier auch eine Idee zu Wort, die sympathisch klingt: Wenn man den Anspruch erhebt, »vieles« in einem Staat zu haben, dann nimmt man es, so, wie es sich in seiner Art darstellt, ganz gleich, ob es Freude oder Kummer bereitet. Das klingt ein wenig nach Tierhaltung im Zoo, aber wenn wir ehrlich sind, ist das immer schon und heute noch gängige und nicht die schlechteste Mäzenatenpraxis. Ganz ohne Zweifel versteht Alfons nicht viel von Kunst, er liebt sie, wie man ein Schmuckstück liebt. Tasso ist ihm, so schwierig er sein mag, eine renommeefördernde Zierde. Müßte er sich zwischen Tasso und Antonio entscheiden, zögerte er nicht lange. Seine Wahl hieße Antonio. Nur so ist sein Verhalten im Streit der beiden Gegner zu verstehen. Wäre ihm Tasso ebenso wert wie Antonio, dann hätte Alfons erstens Antonio, ähnlich wie Tasso symbolisch bestraft; zweitens die Versöhnung der beiden Kontrahenten mit aller Energie und vor allem mit Detailkenntnis vorangetrieben; und drittens sich zum wenigsten – etwa in einem Monolog – über die bedauernswürdige Abhängigkeit des Fürsten von seinem erfolgreichen Staatsmann geäußert.

Statt dessen spricht er bis auf weniges mit Antonio, als sei dieser in den Fall nicht involviert. Kaum sind Alfons und sein Minister zu zweit, herrscht ein Klima der Verständigung und der gleichen Denkungsart, wohingegen ein Tasso nie solche Nähe zum Herzog errei-

chen kann. Nie habe der Herzog mit Tasso seine Staatsgeschäfte besprochen, obwohl er sich stets von anderen Rat geholt habe, beklagt
Tasso gegenüber der Prinzessin (Vs. 2367 f). Sicher: Tasso gehört zur
Hofhaltung, das »Regieren!«, wie es nicht nur Goethe möglich war,
sondern auch Tassos Vorgänger Ariost, ist ihm nicht erlaubt. Nun
gut, mag man sagen, Tasso ist zu wenig Praktiker. Alfons spricht aber
Antonio obendrein von jeder Schuld frei:

> »Ich schreib es dir auf keine Weise zu;
> Ich kenne nur zu gut den Sinn des Mannes
> Und weiß nur allzuwohl was ich getan,
> Wie sehr ich ihn geschont, wie sehr ich ganz
> Vergessen, daß ich eigentlich an ihn
> Zu fordern hätte.« (Vs. 2864)

Tasso hat eben sein abgeschlossenes Manuskript dem Herzog überreicht und der Herzog hat vergessen zu fordern? So hochhuman er
sich gibt, eine Auseinandersetzung mit seines Dichters Schwierigkeiten führt er nicht. Nichts liegt ihm ferner, als dem Dichter sein
Manuskript zurückzugeben. Das sei zu Tassos Bestem, erklärt Alfons, und enthüllt damit zugleich seine Beschränktheit im Umgang
mit dem Künstler. Der Herzog muß zurück nach Ferrara, ihn rufen
die Geschäfte (von denen er zu Beginn des Stückes freilich sagte, daß
sie an Antonios Seite zu erledigen wären). Daß ausgerechnet Antonio
mit der Versöhnung (oder lediglich Beruhigung?) des aufgebrachten
Dichters beauftragt ist, hat seinen Grund im mangelnden Interesse am
Inhalt des Streites. Was genau vorgefallen ist und wie sehr Tasso gedemütigt wurde, interessiert nicht. Alfons Desinteresse an Tassos Leid
läßt eine mögliche Genesung des Dichters als unwesentlich erscheinen.

Man stelle sich vor: In einem ähnlich symbolischen Akt wie eingangs
reicht der Herzog seinem verehrten Künstler Degen und Lorbeer
zurück, und das in einem Rahmen, der Tasso bewußt macht, wie wichtig und nötig er ist. Mit Antonio bemüht Alfons eigentlich einen
Krisenmanager, der die Ruhigstellung eines Störenfrieds, eines Rollen-
saboteurs vornimmt.

> »Ich tue was ich kann, um Sicherheit
> Und Zutraun seinem Busen einzuprägen«,

behauptet Alfons (Vs. 335 f) – ein Versprechen mit relativem Wahr-
heitsgehalt.

Der Alte

(Unterhaltungen deutscher Ausgewanderten/Das Märchen)
Zeremonienmeister oder Koordinator eines Wunderwerks. Er tritt
mit einer Lampe in die unterirdische Kathedrale, als die *Schlange das
Innere mit ihrem leuchtenden Leib erhellt. Auf die Frage des goldenen Königs, warum er komme, da sie Licht hätten, antwortet er, »ihr
wißt, daß ich das Dunkle nicht erleuchten darf«. Seine Laterne hat
die »wunderbare Eigenschaft, alle Steine in Gold, alles Holz in Silber,
tote Tiere in Edelsteine zu verwandeln und alle Metalle zu zernich-
ten«. Wenn ein anderes Licht leuchtet, wirkt die Lampe nur mit ihrem
schönen, hellen Schein, ohne einen Schatten zu werfen, und alles
Lebendige wird erquickt. Wird die Hilfe des Alten verlangt, »sprat-
zelt« die Lampe, und er sieht sich nach einem Zeichen am Himmel
um. Über das Zeichen des *Habichts am Himmel erscheint er bei
*Lilie, wo er den toten, von der Schlange eingekreisten *Jüngling vor-
findet. In einem Korb führt man den Jüngling an die andere Ufer-
seite, wo er und der Kanarienvogel halbbelebt in den unterirdischen
Tempel treten. Hier spricht er zum drittenmal die Worte: »Es ist an
der Zeit.« Lilie umarmt ihn in glücklicher Erwartung und nennt ihn
»Heiliger Vater«. Seiner Lebensgefährtin (siehe die *Alte) rät er, im
Fluß zu baden, woraufhin diese als junges Mädchen zurückkommt.
Doch nun, da sich aller Fluch löst, der Jüngling sein Leben und sein
Liebesglück an Lilies Seite findet, da sich dank der Opferung der
Schlange eine prachtvoll-bunt-leuchtende Brücke über die Flußufer
spannt, da sich der unterirdische Dom am Flußufer – dort, wo der
*Fährmann seine Hütte hatte – erhebt und alles Leben und Treiben,
Handel und Wandel neu erwacht, nun wandelt auch der Alte sich zum
jungen und glücklichen Menschen. So verjüngt nimmt er die Hand
seiner Muhme von neuem, um zusammen mit ihr – wie er sagt – »in
das folgende Jahrtausend hinüber[zu]leben«. Auch wenn er für die
Zusammenfügung der Wunderelemente zuständig und für den Fortgang der Handlung die wichtigste Figur ist, steht er nicht im Mittelpunkt, denn alles entsteht im Ensemble der Beteiligten. Nicht umsonst sagt er gegen Ende zum Jüngling: »Gedenke der Schlange in
Ehren, du bist ihr das Leben, deine Völker sind ihr die Brücke schuldig, wodurch diese nachbarlichen Ufer erst zu Ländern belebt und
verbunden werden.«

Die Alte
(Unterhaltungen deutscher Ausgewanderten/Das Märchen)
Gattin des *Alten, verspricht den *Irrlichtern, deren Schuld aus drei Kohlköpfen, drei Artischocken und drei Zwiebeln an den *Fährmann zu begleichen. Dabei stellt sie zu spät fest, daß die flackernden Herrchen ihren Mops zu Onyx verwandelt haben. So packt sie auf ihres Alten Rat den Hund mit ins Gepäck, damit *Lilie ihn ins Leben zurückholt. Alles Lebendige ist ihr zum Tragen eine Last, alles Tote hingegen schwerelos. Auf dem Weg schenkt sie dem *Riesen ein Drittel der Naturalien, was zur Folge hat, daß jener Teil fehlt, den der Fährmann dem Fluß zu entrichten hat. Indem sie ihre Hand ins Wasser legt, verspricht sie die Erstattung des Fehlbetrags innerhalb von 24 Stunden. Doch wird ihre Hand auf der Stelle schwarz und beginnt mit fortschreitender Zeit zu schwinden. Allerdings ist das nur ein optischer Verfall, Kraft und Einsatzfähigkeit bleiben. Bei Lilie sieht sie sich getäuscht, sie findet in deren Garten keine Artischocken.

So gilt ihr ganzes Suchen und Drängen der Heilung ihrer schwarzen Hand. Sie schließt sich ihrem Alten an, folgt den Wundern der Jünglingsbelebung, der Schlangenverwandlung und der Tempelerhebung. Als sich die Zeichen des Wunders ihrem Ende zuneigen, empfiehlt der Alte ihr, im Fluß zu baden. Nach ängstlichem Zögern tut sie es und kommt verjüngt und verschönt mit weißer Hand zurück.

Amine
(Die Laune des Verliebten)
Schäferin und Geliebte des *Eridon. Wir begegnen ihr in der typischen Landschaft der Schäferdichtung, so, wie sie der Literaturpapst Gottsched in seiner ›Critischen Dichtkunst‹ (1751) forderte: Das Weideland Arkadien mit der Einfachheit und Unschuld des Landlebens ohne Arbeit und Beschwerlichkeit, Abbild eines heidnischen Paradieses, wo alles blüht: die Landschaft und die Liebe.

Amine und ihre Freundin *Egle flechten Kränze fürs Fest, Lamon, Egles Liebhaber bringt Blumen. Egle und Lamon sind einander liebevoll zugetan, einander versprochen und hegen keine Zweifel an ihrer Liebe. Bei Betrachtung der beiden erfüllt sich Aminens Herz mit Trauer, denn ihr Eridon fügt sich schlecht in das von Harmonie beherrschte Bild. Eridon macht der naiven wiewohl fein und tief empfindenden Amine das Liebesleben zur Qual, er kann sich nicht in diese Welt des blumenüberfüllten Lebens und des geselligen Beisam-

menseins einfügen, ihn beherrschen Argwohn vor der Welt und vor allem nagende Eifersucht. Zwar hat Amine seine Erlaubnis, auf ein Tanzfest zu gehen, doch weiß die kritische Egle entgegenzuhalten, daß Amine dafür bezahlen werde. Amine sucht abzuwiegeln, der scheele Blick des Geliebten sei zugleich Hinweis und Vergewisserung in Sachen Liebe. An seinem Neid erkenne sie Eridons große Liebe. Doch gegen dieses Argument weiß Egle nüchtern zu bemerken:
> »Kind, ich bedaure dich, du bist nicht mehr zu retten,
> Da du dein Elend liebst; du klirrst mit deinen Ketten
> Und überredest dich, es sei Musik.«

Damit stimmt Goethe die ewig währende Geschichte an, zwischen der Frau, die sich aus Liebe in die Tasche lügt, und dem Mann, der aus der Geliebten das Vögelchen im Goldkäfig machen will.

Ganz anders verhält es sich mit Egle und Lamon, dem anderen Schäferpaar. Sie bilden das von der Schäferdichtung verlangte Gegenverhältnis: das eudämonistische Prinzip (Eudämonismus: philosophische Lehre, die im Glück die Sinnerfüllung sieht). Sie sind die gesunde Norm, Amine und Eridon haben diese Norm dagegen noch nicht erreicht. Lamon küßt auch mal eine andere und Egle verlangt diesen Kuß unbekümmert zurück, Lamons kleine Treulosigkeit nimmt sie als Gegebenheit der Idylle zur Kenntnis. Kein Streit kann das Bild der Unbeschwertheit trüben. Egle faßt einen Plan: Amine könne den launischen Verliebten nur zum Besseren bekehren, indem sie ihm die kalte Schulter zeige. In diesem kleinen Spiel um Macht werde Eridon verlieren, sich sodann disziplinieren und ein ebenso angenehmer Liebesfreund werden wie die anderen Männer. Amine indes ist ein Stück reifer als die doch so erfahrene Egle, sie weiß, ihre Liebesbeziehung ist anders, nicht bloß der Geliebte trägt Schuld:
> »Hätt ich nicht soviel Macht ihm über mich gegeben,
> Er würde glücklicher und ich zufriedner leben.«

Sie weiß, daß Egles »Kaltsinn« ihn weiter provozieren würde – doch will sie es versuchen, das Beispiel Egle und Lamon ist allzu verführerisch. Kaum aber ist Eridon zugegen, verwirft sie den Vorsatz. Die Sache wird noch schlimmer, als sie von dem bevorstehenden Fest spricht. Eridon ist empört: Auf den schnieken Damarens werde sie dort treffen, den alle Mädchen ob seines Tanzes bewunderten. Und statt ihn zu hassen, werde Amine zum Kreis seiner Bewunderinnen gehören. Amine versucht zu beschwichtigen, zu erklären, doch Eridon faucht mit wütender Eifersucht:
> »Liebt ich dich nicht so sehr, ich würde dich nicht plagen!«

Ein Schlagabtausch von Argumenten folgt, schließlich nimmt sie die Blumenkränze aus ihrem Haar und von den Schultern und wirft sie weg. Schmucklos steht sie vor dem Liebestyrannen und fragt ihn, ob er sie so lieber habe. Nun erlaubt Eridon der Geliebten doch zu gehen, aber nun will Amine an seiner Seite bleiben. Da hört sie die Festgesellschaft näher kommen. Kaum daß sie an sich halten kann, so sehr zieht es sie nach »draußen«, zu den anderen.

»Es hüpft mein Herz, mein Fuß will fort.
Ich will! Was drückt mir so die bange Brust zusammen!
Wie ängstlich wird es mir! Es zehren heftge Flammen
Am Herzen. Fort, zum Fest! Ach, er hält mich zurück!
Armselges Mädchen! Sieh, das ist der Liebe Glück!«

Jetzt ermessen wir den Umfang von Amines Opfer. Hier wächst das Schäferspiel über sich hinaus, Goethe hatte ein knappes Jahr daran gearbeitet. Die alte Fassung mache »schläfrig«, schrieb er der Schwester, in der neuen habe Amine neben der obligaten Zärtlichkeit »ein gewisses Feuer, eine Liebe zur Lust, die sie interessanter macht« (1767).

»Willst du denn nicht mit?« fragt Egle
Amine: »Gern, wär es mir erlaubt.«
Egle: »Wer hat dir denn was zu erlauben?«

Verbote unter Liebenden sind in der linden Welt der leichten Sinne absurd. Goethe läßt sich über das Gegensatzpaar von Freiheit und Gefangenschaft in der Liebe selten unverhohlen aus, obwohl es ihn immer beschäftigen wird. Liebe ist ihm Qual und selten nur echtes glaubwürdiges Glück. Das reicht bis ins Spätwerk, wo er im ›Faust‹ Mephisto spotten läßt:

»Hier lieg, Unseliger! verführt
Zu schwergelöstem Liebesbande! Wen Helena paralysiert,
Der kommt so leicht nicht zu Verstande.« (Faust II, 2. Akt)

Freie Liebe ist ein Wunschtraum aus einem Spiel, Freiheit gehört wohl doch zur Ausnahme. Doch zurück zum Schäferspiel: Amine wird nun von Egle überredet, sich den Feiernden anzuschließen. Eridon kommt zurück und findet statt Amine Egle vor. Diese macht ihm heftige Vorwürfe:

»Willst du denn, daß ein Herz von deiner Liebe voll,
Kein Glück als nur das Glück um dich empfinden soll?
Wo keine Freiheit ist, wird jede Lust getötet.«

Egle will dem Eifersüchtigen eine Lektion erteilen. Sie macht ihm schöne Augen, sinkt an seine Brust. Und prompt schlingt Eridon seine Arme um sie und küßt sie. Damit hat Egle ihr Ziel erreicht. Amine kehrt zurück, sie will nicht ohne ihren Eridon sein. Triumphierend erzählt Egle von Eridons Entgleisung. Beschämt und eines Besseren belehrt, wirft sich Eridon vor Amine nieder: Egle, so entschuldigt er sich, »machte sich so schön; ich war dem Mund so nah und konnt nicht widerstehen«. Damit aber muß Eridon erkennen, daß sein Verhalten gegenüber der Geliebten unmöglich geworden ist, er bittet um Verzeihung.

Die Schäferdichtung, im vorliegenden Fall ein kurzer zu Goethes Zeiten häufig verwendeter Einakter, geht auf die Antike zurück, auf Theokrit und Vergil. Sie hat ein Thema: die Liebe in den Zeiten des Paradieses. Ihre Welt ist künstlich, eine Collage aus Blumen, blumenbekränzten Schäferinnen und Schäfern, eine Welt der Jugend, ein Reich der Freiheit, des Friedens, der unschuldigen Ergötzlichkeiten. Zärtlichkeit und naive erotische Spiele gehören dazu. Meist treten zwei Schäferpaare auf, von denen das eine in Harmonie das andere in den Wirren der großen Liebe lebt. Jeder Zuschauer wie Leser wußte, daß ihn während der Aufführung eine idealisierte Welt erwartete, in der die Hirten arbeits- und sorglos in den Tag hinein lebten. Das wirkliche Arkadien, eine Landschaft des Peloponnes ist ein rauhes Hochland, das bereits im Altertum seine Hirten nicht ernähren konnte, daher gingen viele Arkader als Söldner ins Ausland. Goethe interessierte eine soziale Bedürftigkeit des Schäferstandes natürlich nicht. Ihm ging es um eine Liebesgeschichte im Stil des spielerischen Rokoko, mit der er sich seine erlebten Unsicherheiten und Eifersüchteleien von der Seele schreiben konnte. Sicher liegt hier eine Sehnsucht nach diesem Arkadien versteckt, einer Gesellschaft, die die Freiheit zur spielerischen Erotik kennt und frei ist von den schwierigen Momenten zweifelnder Liebe. Uns will das Stück freilich nicht sonderlich einleuchten, die überrythmisierten, tüchtig gereimten Alexandrinerverse (sechsfüßiger Jambus meist paarweise gereimt) wirken bei aller Mühe um Auflockerung gestelzt und von überzogener poetischer Künstlichkeit. Sie verhindern eine individuelle Nuancierung der einzelnen Charaktere. ›Die Laune des Verliebten‹ gilt unter Literaturhistorikern als Höhepunkt des deutschen Schäferspiels, weil Aminens wie Eridons Gemütsbewegungen den Regelkodex der Leichtigkeit überschreiten und zu einer heftigeren als sonst üblichen Emotionalisierung der Handlungsträger führen. Doch bleibt diese Heftigkeit gerade ein erster Glockenton, mit dem der Sturm und Drang sich ankündigt – mehr nicht.

Amyntas
(Amyntas)
Goethes alter ego, den Namen hat er wohl aus Vergils ›Eklogen‹ entnommen, Bild des Apfelbaums, der, vom Efeu umrankt, am Leben gehindert wird. Die Elegie ›Amyntas‹ bezeichnet allgemein die Bindung aus und durch die Liebe (vergleiche die neue *Melusine), gemeint ist im speziellen wahrscheinlich Goethes Leben mit Christiane, das Schiller in einem Brief an Körner als »die elenden häuslichen Verhältnisse« bezeichnet, die Goethe zu schwach sei, zu ändern. Vielleicht wollte er sie aber auch gar nicht ändern, dies legt der sadomasochistische Ton der 46 Verse nahe. Einerseits genießt der Sprecher die natürliche Fessel, andererseits macht sie ihn so krank, daß er sich genötigt fühlt, den Arzt Nikias anzurufen.

Annette
Geliebte der frühen, Leipziger Lyrik. ›An Annetten‹, das Einleitungsgedicht des Buchs ›Annette‹, spricht von den »Alten«, die ihre literarischen Produkte nach Göttern, Musen und nach Freunden benennen, der Dichter hier aber benennt seine Gedichtsammlung »nach der Liebsten.« Annette ist Anna Katharina »Käthchen« Schönkopf (1746 bis 1810), eine mit über Zwanzig nach damaligen Maßstäben in die Jahre gekommene Jungfer mit ansetzendem Doppelkinn, Tochter des Pensionsinhabers und Weinhändlers Schönkopf (dem Goethe für seine Weinflaschen eine – wie Friedenthal weiß – sehr hübsche Etikette malte). Goethe war rasend und vor allem sehr pubertär in das drei Jahre ältere Mädchen verliebt, die Briefe an seinen Leipziger Freund Behrisch belegen es, aber auch ›Die Mitschuldigen‹ (siehe *Söller und *Sophie) und ›Die Laune des Verliebten‹ (siehe *Eridon und *Amine). 1770 heiratete Annette/Käthchen (in ›Dichtung und Wahrheit‹ nennt Goethe sie – irrtümlich? – Ännchen) einen Dr. iur. Christian Karl Kanne, der es zum Leipziger Vizebürgermeister brachte. Goethe hatte bereits zwei Jahre vorher, an Leib und Seele ruiniert, Leipzig verlassen.

Behrisch schrieb das Buch ›Annette‹ ab, es sind 19 Gedichte, und malte einige Graphiken dazu. Zur Veröffentlichung war das kleine Werk nicht gedacht, überhaupt: die Gedichte verloren sich und tauchten erst 63 Jahre nach Goethes Tod, 1895, im Nachlaß der Luise von Göchhausen wieder auf. Sie sind der Tradition der Anakreontik verpflichtet, sie haben – passend zum tändelnden Leipzig – mit einigen Ausnahmen die Liebe und ihre Nebenschauplätze zum Thema:

»Lang sahen sie einander an,
Und sahn sich um, ob nicht die Eltern wachen,
Und da sie niemand sahn,
Geschwind – genug, sie machten's wie wir's machen.«
(Annette an ihren Geliebten)

Antonio Montecatino
(Torquato Tasso)

Staatssekretär im Dienste *Alfons II., des Herzogs von Ferrara. Vermittler, Drahtzieher einer Politik der Fakten, die da heißen: Territorialgewinne, zwischenstaatliche Kompromisse, Strategie der Machbarkeit. Eben kehrt er aus dem Rom Gregors XIII. zurück, die Divergenzen zwischen dem Kirchenstaat und dem Herzogtum sind dank seines Verhandlungsgeschicks beseitigt. Alfons hat allen Grund zum Lob: Seine Grenzen sind erweitert, er weiß sie sicher für die Zukunft (historisch falsch: Ferrara wird nach Alfons' Tod bald Teil des Kirchenstaats). Kein Wunder, wenn Antonio die uneingeschränkte Bewunderung des Hofes genießt, er ist die rechte Hand des Herzogs und weiß – im Unterschied zu *Tasso – sehr wohl um seinen Wert. Für die Dichtkunst hat er etwas übrig, nicht viel, aber auch nicht wenig, er schätzt Ariost und weiß es wohlgestimmt zu begründen. Das ist nicht schwer, denn Ariost ist nicht am Hof, er ist seit Jahrzehnten tot und kann niemandem auf die Nerven gehen. Tasso allerdings lebt und tut als Dichter Dinge, die Antonio zutiefst unbehaglich sind. Tasso ist unmäßig, sprunghaft und vor allem nicht tüchtig – bestenfalls ein Schmuckstück des Hofes, also ohne echten Nutzen. Des Herzogs Wertschätzung für Tasso muß Antonio als loyaler Untergebener akzeptieren, sie ist ihm Teil der Regentschaft. Wir glauben, Antonio wäre der letzte, der die Dichtkunst vom herzoglichen Hof verbannen würde, sie dürfte nur keine Probleme machen und sollte erbaulich sein.

Ein Dichter wie Tasso allerdings, den nichts als »Selbstigkeit« und Stolz beherrschen, einen solchen muß man nicht haben und hat man ihn, muß er sich ändern, denn auch der Künstler hat sich wie alle anderen an die gesellschaftlichen Normen zu halten. Kaum betritt Antonio das Musenfleckchen Belvedere, ist alle Poesie vertrieben. Er wartet sofort mit der geraden großen Wirklichkeit auf, und nicht zu seinem Nachteil: Was er erzählt, ist interessant und lehrreich und nicht nur dem Herzog, sondern auch Tasso entschiedene Aufmerksamkeit wert. Vor allem die *Prinzessin erkennt in Antonio einen,

der gerade jenen Vorzug besitzt, der Tasso fehlt: Realitätssinn, Sinn
für das Mögliche, Entschiedenheit im Handeln. Ihm solle sich Tasso
anvertrauen. Doch hat die Prinzessin die unüberbrückbaren Gegen-
sätze zwischen den beiden ignoriert. Tasso, der emotionale Charakter, der immerzu übersprudelt, sich verläuft und vergißt – Antonio
dagegen die graue Eminenz, gemessen im Denken und Handeln.
Kurzum: Antonio ist Tasso eine Provokation und umgekehrt. Als
sich Tasso an ihn wendet und um Unterweisung im »mäßigen
Gebrauch des Lebens« bittet, entfaltet sich vor uns ein Spiel zwischen
ungleichen Rivalen. Ist Tasso euphorisch, dann ist Antonio sachlich;
ist Tasso mit sich selbst beschäftigt, betrachtet Antonio seine Umgebung; ist Tasso werbend, ist Antonio zurückhaltend; ist Tasso
unmäßig, so ist Antonio mäßig. Und als der junge Tasso mit glänzenden Augen und hehren Worten ihm entgegentritt, versteht es
Antonio, Tasso immer wieder aus seinem labilen Gleichgewicht zu
bringen. Antonio kommt aus einer Welt der Konferenzen, wo Ge-
spräche nicht zur Erbauung geführt werden, sondern Duellen mit unsichtbaren Waffen gleichen und wie Schlachten ein Höchstmaß an
Geschick, Mut und Sachkenntnis erfordern und über Wohlergehen
oder Untergang, Reichtum oder Armut, Tod oder Leben entscheiden. Aus welcher Welt aber kommt Tasso? (Vs. 2002)

Antonio, dem Utilitaristen, dem nur das Nützliche sittlich ist, ist
Tasso ein »Müßiggänger«. Ideale Werte erkennt er an, sofern sie dem
einzelnen und der Gemeinschaft einen sichtbaren Gewinn bringen.
Die Distanziertheit zu Tasso ergibt sich zudem aus dem Ärger und
Neid über Tassos Bevorzugung. Das beginnt damit, daß Tasso jün-
ger ist, dann wird Tasso mit dem Lorbeer geehrt, wo er, Antonio, die
Ehrung noch viel mehr verdiente. Vor allem aber fliegen Tasso die
Frauenherzen zu: »... gewinnt/ Mit *solchen* Künsten *solche* Herzen!
Ist's/Zu glauben?«

Wir wollen Antonio verstehen. Er kommt von einer schwierigen
Mission zurück, er ist erschöpft, seine Reserven sind aufgebraucht.
Zu lange hat er sich klug und mäßig zeigen müssen. Da muß er erle-
ben, wie um diesen Müßiggänger solch ein Zirkus gemacht wird.
*Leonore gegenüber macht er sich Luft:

»Allein gestehe, wenn ein wackrer Mann
Mit heißer Stirn von saurer Arbeit kommt
Und spät am Abend in ersehntem Schatten
Zu neuer Mühe auszuruhen denkt
Und findet dann von einem Müßiggänger

Den Schatten breit besessen, soll er nicht
Auch etwas Menschlichs in dem Busen fühlen?« (Vs. 1998)
»Glückseljünger Jüngling, dem man seine Mängel
Zur Tugend rechnet, dem so schön vergönnt ist,
Den Knaben noch als Mann zu spielen.«(Vs. 2087)
»Verwöhnt ihn nur und immer mehr und mehr,
Laßt seine Selbstigkeit für Liebe gelten,
Beleidigt alle Freunde, die sich euch
Mit treuer Seele widmen!« (Vs. 2104)
Vor allem Tassos Selbstigkeit ist ihm zuwider. Und als sich Tasso hilf-
los im freien Fall befindet, verkennt Antonio das als eines Egozent-
rikers Ausbruch statt als Zusammenbruch einer Persönlichkeit: Tasso
ruft verzweifelt
»Gebt, o gebt mir nur
Auf einen Augenblick die Gegenwart
Zurück! Vielleicht genes ich wieder. Nein,
Ich bin verstoßen, bin verbannt, ich habe
Mich selbst verbannt.« (Vs. 3396)
Antonio ist alles andere als teilnahmslos, er teilt dies Tasso auch mit.
Daß ihm aber angesichts dieses Leides ein Licht aufgeht, ist ausgeschlossen. Er kann nur hilflos erzieherisch dem Stürzenden ins Ge-
wissen reden: »Ermanne dich! Du gibst zu viel dir nach.« (Vs. 3406)
Er hat nicht die leiseste Ahnung, wie sehr dieses Sich-selbst-Nach-
geben Teil der Tasso-Existenz ist. Zu Recht beklagt der Dichter, daß
der Herzog ihn nie in Staatsangelegenheiten einweihe, daß der
Dichter nur eine Funktion habe: Dichter zu sein. Ohne dieses »Nach-
geben« wäre Tasso also nicht der, der er für den Hof zu sein hat. Völlig
zu Recht sagt Tasso: »Ist nicht mein ganzer Fehler ein Verdienst?«
(Vs. 2203) Das aber spricht er zu sich allein. Einem Antonio hätte
solch eine Vermessenheit die Zornesröte ins Gesicht getrieben.

»Vergleiche dich!« ruft er. Recht gesprochen, doch zu spät. Ebenso
hätte er dem herabstürzenden Tasso zurufen können: Fliege hoch! Es
ist wohl eine Vereinfachung, wenn Antonio das Alter ego des Minister
Goethe sein soll, zu sehr ist Antonio konzeptionell angelegt, doch räumen wir ein, daß es eines Gegenpols zu dem führungslos steuernden
Tasso bedarf. Im Unterschied zum 19. und vor allem 20. Jahrhundert
wird das Talent nicht in die Individualität – also weit weg aus der
Normalität – verbannt, sondern als Mitmensch, als unverwechselba-
res, aber zur Gemeinschaft zählendes Genie erklärt, das erzogen werden muß in jenen »Fächern«, von denen es nichts oder zu wenig ver-

steht. Daß ausgerechnet Antonio an Tassos Seite steht, als alle den
Dichter verlassen haben, bleibt unverständlich. Wir erklären das mit
Goethes Absicht, Tassos Scheitern an Antonios Seite als besonders
suggestiv erscheinen zu lassen. Und Antonio? Scheitert er nicht?

Dessen harsche Worte gegen Tasso klingen noch zu deutlich nach,
als daß wir glauben können, er, Antonio, wäre Tasso ein ernstzuneh-
mender Beistand. Er hilft Tasso gerade über den einen schrecklichen
Moment hinweg, doch ist dies ein Moment unter vielen noch kommenden. Und ob Antonio wieder zur Stelle sein wird, ist weniger
zweifelhaft als vielmehr überflüssig. So bleibt dem Theaterregisseur
nur übrig, Antonio umzukleiden: Aus dem Staatsminister mit Leib-
schärpe und Dokumentenmappe unter dem Arm wird ein grauer
Durchschnittsmensch, der als Zeuge einer Tragödie, wenn auch keine Hilfe leisten, so doch Anteilnahme zeigen kann.

Tasso aber bleibt allein, und wenn wir bei Tasso die Disproportion
des Talents mit dem Leben bedauern, dann bedauern wir gleichermaßen bei Antonio die Disproportion des Lebens mit dem Talent. So
scheitert nicht bloß Tasso, sondern auch Antonio und mit ihm die
Restgesellschaft ebenso.

Der Architekt
(Die Wahlverwandtschaften, Teil II)
Am Schloßgut *Eduards und *Charlottes. »Ein Jüngling im vollen
Sinne des Wortes, wohlgebaut, schlank, eher ein wenig zu groß, bescheiden, ohne ängstlich, zutraulich ohne zudringend zu sein.« In
Teilen figuriert er in den Rollen der beiden fehlenden Männer, nachdem *Ottilie und Charlotte alleine auf dem Schloß leben. Er übernimmt die Arbeit des *Hauptmanns in den Anlagen, er ist wie dieser
ein angenehmer ernsthafter Unterhalter, aber er ist jung und hat damit etwas von Eduards Beweglichkeit. Er empfängt Fremde und vermag ungebetene Besucher des Hauses zu verweisen.

Neben der Schloßkirche befindet sich eine Kapelle, sie ist in
schlechtem Zustand. Er übernimmt die Restaurierung und malt die
Decke mit christlichen und mythologischen Figuren des Mittelalters
aus. Unmerklich und ohne sein Wissen übernimmt er dabei eine
Rolle, die Ottilie früher innehatte, als Eduard noch anwesend war.
So, wie sie bei der Abschrift des Manuskriptes sich langsam die
Handschrift des Geliebten angewöhnte, so beginnt er seinen Fresko-
figuren immer mehr und immer sichtbarer Ottilies Gesichtszüge zu
geben. Seine letzte Figur gleicht Ottilie auf das Genaueste, »so daß

es schien, als wenn Ottilie selbst aus den himmlischen Räumen heruntersähe«. (II,3) Es ist offenkundig, er liebt Ottilie, und Ottilie wird sterben. Kurz nach Weihnachten verläßt er das Schloß. Er sieht sie wieder: in einem Sarg aufgebahrt liegt sie in jener Kapelle, die beide ausgeschmückt haben.

Ariel
(Faust II)
Aus Shakespeares ›Sturm‹ übernommener Wasser- und Luftgeist, König der Elfen. Er kühlt (zu Beginn des zweiten Teils) Fausts wirres Gemüt, der schlafend das Vorgegangene, die Gretchentragödie, vergessen und Erholung finden soll.

Arkas
(Iphigenie auf Tauris)
Nachrichtenvermittler und Vertrauter des Taurerkönigs *Thoas. Etwas farblos, erinnert er an Goethes Ministerkollegen Fritsch und (vor allem) Schnauß. Seine diplomatischen Kurierdienste haben vor allem die Aufgabe, der Priesterin *Iphigenie eine Heirat mit dem König nahezulegen.

Arsinoe
(Satyros oder Der vergötterte Waldteufel)
Sachliches Jungfräulein, das sich von den Verheißungen eines heilsverkündenden Satyren nicht ins Bockshorn jagen läßt.

Die Aufgeregten
(Die Aufgeregten)
Bauern und Dorfbewohner einer Fragment gebliebenen Revolutionskomödie von 1793. Sie gruppieren sich um die Figur des Barbiers Bremes, der, von französischen Revolutionsgedanken schwärmerisch erfüllt, sein naiv-politisches Credo gegenüber dem eben entlassenen Hofmeister so formuliert: »Sie sind ein Mann, ein freigeborener, ein freidenkender, ein geistlicher, ein ehrwürdiger Mann. Sie sind ehrwürdig, weil Sie geistlich sind, und noch ehrwürdiger, weil Sie frei sind. Sie sind frei, weil Sie edel sind, und sind schätzbar, weil Sie frei sind ... Ein edler Mann und verhöhnt, ein freier Mann und bedroht, ein geistlicher Mann und verachtet, ein treuer Diener und verstoßen.« Breme will neue Herrschaftsverhältnisse nicht nur in seinem Dorf, sondern im ganzen Land, erhofft sich ganz nebenbei ei-

nen Schuldenerlaß und eine Führungsposition im neuen Staat. Die Welt werde erkennen, »wer einen rechten Seifenschaum zu schlagen weiß, wer... den sprödesten Bart zahm zu machen versteht, ... wer ... in seinem ganzen Benehmen etwas Zierliches darstellt: das ist kein gemeiner Mensch, sondern er muß alle Eigenschaften besitzen, die einem Minister Ehre machen.« So lächerlich Breme, so schwerwiegend der Konflikt. Seit vierzig Jahren prozessieren mehrere Gemeinden gegen gräfliches Unrecht, ohne daß etwas geschieht, doch wird das vom Verfasser als vernachlässigbare politische Angelegenheit abgetan. Wir erfahren, daß ein skrupelloser Amtmann ein Dokument unterschlägt, das die Rechte der Dorfgemeinschaft gegen die Gräfin unter Beweis stellt; wir erfahren von Privilegien, die die Gemeinden an die gräfliche Familie abgetreten haben, um im Gegenzug bestimmte Frondienste erlassen zu bekommen. Was aber war geschehen? Die von den Gemeinden abgetretenen Privilegien kamen an die Grafschaft, die im Gegenzug versprochenen Erleichterungen wurden jedoch nicht verwirklicht.

Nun bereiten Breme und seine Anhänger den Aufstand vor, und vor allem Dank der zupackenden Art Friederikes, der jungen Tochter der Gräfin, muß der verschlagene Amtmann das Dokument herausgeben. Die Revolution wird vermieden, die Bauern sind's zufrieden, und die liberalen Ideen nicht abgeneigte Gräfin ebenso, denn sie ist gerade aus Paris zurück. Dort hat sie erkennen können, »wie sich Unbilligkeit von Geschlecht zu Geschlecht gleichsam aufhäuft«. Ihre Schlußfolgerung: »Zu keiner Ungerechtigkeit will ich mehr schweigen, ... und wenn ich auch unter dem verhaßten Namen einer Demokratin verschrien werden sollte.«

So findet sich alles beruhigt und friedlich geregelt.

Man mag Goethes Revolutionskomödien verständlicherweise als Tiefpunkt seines schöpferischen Schaffens bezeichnen, (vergleiche auch den *Groß-Cophta und den *Bürgergeneral) doch haben sie auch ihr Gutes: In wenigen seiner Arbeiten trifft Goethe so oft und leicht den Alltagston der Zeit. Viele der kleinen Szenen mögen neben dem Gesamtœuvre eine Bagatelle sein, doch – so meinen wir – hier gewinnt man Einblick in die einfachen Stuben wie auch in die herrschaftlichen Gemächer der damaligen Deutschen, ein quer durch die Schichten aufgezeichnetes Redeprotokoll jener Zeit. Es enthüllt sich, wie schwer es offenbar den Privilegierten und Entscheidungsträgern fiel, die Erfordernisse des Tages zu begreifen. Und ein wenig nachdenklich werden wir auch heute: Wenn ein so neugieriger, stets seine Antennen ausfahrender Goethe in diesem Punkt so gut wie nichts begriffen hat, haben wir für unsere Zeit das Erforderliche begriffen?

Aurelie
(Wilhelm Meisters Lehrjahre)

*Serlos Schwester, Gegenbild zu *Philine. Wo Philine leicht ist, ist sie schwer, wo jene fröhlich ist, ist sie depressiv, wo jene weich und treuherzig ist, ist sie hart und aggressiv; und wo Philine eine Dilettantin ist, ist sie eine Heroine. Etwas forciert setzt sie uns Goethe vor, um uns um so behutsamer in die Wechselbeziehung von hypersensibler Persönlichkeit und schauspielerischer Meisterschaft einzuführen. Vordergründig leidet Aurelie nur unter der Abwesenheit ihres geliebten *Lothario, doch die Art ihres Leidens – gegen ihren Willen sehr modern – ist professionell. Ihre zum Teil pathologischen Empfindungen fließen in ihr Bühnenspiel. »Der Beifall wird lauter und ich denke: ›Wüßtet ihr, was euch entzückt! Die dunkeln, heftigen, unbestimmten Anklänge rühren euch, zwingen euch Bewunderung ab, und ihr fühlt nicht, daß es die Schmerzenstöne der Unglücklichen sind, der ihr euer Wohlwollen geschenkt habt.‹« (IV, 20) Sie erlebt Theater nicht wie *Wilhelm als ein herrliches Universum im kleinen, sondern als schwere psychische Herausforderung: »... welche entsetzliche Arbeit ist es, sich mit Gewalt von sich selbst zu entfernen!« Schwer müsse sie bezahlen, daß sie eine Deutsche sei, läßt Goethe sie sagen: »Es ist der Charakter der Deutschen, daß sie über allem schwer werden, daß alles über ihnen schwer wird.« (ebd.) Wir erleben sie als Hamlets Ophelia und in ihrer letzten Rolle als Orsina (›Emilia Galotti‹), diese wird von der Mimin mit aller zu Gebote stehenden Hingabe gespielt. Als ihr Bruder ihr »übertriebenes Spiel« (V, 16) sarkastisch rügt, stürzt die Gekränkte in den kalten Abend hinaus und stirbt an den Folgen eines schweren Fiebers. Vor ihrem Tod liest ihr Wilhelm die ›Bekenntnisse einer schönen Seele‹ vor. Versöhnt und still tritt sie ihr Ende an.

Ihr zuliebe wechselt der Erzähler von dem onkelhaft herablassenden zu einem kundigen, wir könnten sagen, anamneseartig präzisen Schreibstil.

B

Barbara
(Wilhelm Meisters Lehrjahre)

Alte Haushälterin und Ratgeberin der *Mariane. Nach deren Tod muß sie *Felix zu sich nehmen, da der Vater *Wilhelm unauffindbar ist. Dringend versucht sie, über *Werner Verbindung zu Wilhelm aufzunehmen, doch Werner droht ihr mit Gefängnis. Von Wilhelm wird sie als verabscheuungswürdig bezeichnet, nur weil sie dem eitlen Traumtänzer die ungeschminkte Wahrheit erzählt. Fernab allen idealistischen Strebens, wie es der wohlhabende Wilhelm vorführt, denkt sie an das Nächstfolgende, und das ist immer eine Frage des Überlebens.

»O! ihr Herren, denen nichts abgeht, ihr habt gut von Wahrheit und Geradheit reden; aber wie eine arme Kreatur ..., die in ihren Verlegenheiten, keinen Freund, keinen Rat, keine Hülfe sieht, wie die sich durch die selbstischen Menschen durchdrücken und im stillen darben muß – davon würde manches zu sagen sein, wenn ihr hören wolltet und könntet.« (VII,8) Wilhelm zahlt ihr eine kleine Entschädigung, damit ist er die Realistin aus Not los.

Baronesse
(Die Wahlverwandtschaften)

Dame von Welt, in *Charlottes Alter und von ähnlicher Selbstbeherrschung wie diese, doch geschliffen und heimisch in der freien, rücksichtsloseren städtischen Adelsgesellschaft, kurz: eine, die sich im Leben auskennt. Aus Liebe zum *Grafen läßt sie sich scheiden und lebt nun in den Frühjahrs- und Sommermonaten als Konkubine an seiner Seite. Sie und der Graf sind die Objekte von *Mittlers Beschimpfung des ehefreien Liebesstandes. Sie muß viel in der Welt herumgekommen sein, wenn man ihre Menschenkenntnis in Betracht zieht, so bedarf es nur weniger Gesprächsworte mit *Eduard, um sein Verhältnis zu *Ottilie zu entdecken. Aus Solidarität zu Charlotte, auch aus allgemeiner Solidarität mit jenen Frauen, die wegen einer Jüngeren, Schöneren verlassen werden, bemüht sie sich um eine Unterbringung Ottiliens bei einer Freundin, die auf der Suche nach einer Gespielin für ihre einsame Tochter ist. Auch ist sie boshaft genug, um nur Eduard und Charlotte zur Weinlese auf ihre Güter einzuladen. Man würde aber zu sehr vereinfachen, die Gräfin nur als Intrigantin zu sehen, sie ist keine, die, einer Machtstellung wegen, die Fäden in der Hand hält.

Bätely
(Jery und Bätely)
Siehe *Jery

Beaumarchais
(Clavigo)
Ein Kerl, wie ihn der Sturm und Drang kennt und liebt. Eine zeitgenössische Buchillustration zu einem Drama von Maximilian Klinger zeigt uns einen solchen Typen: das wild zurückfliegende Haar, das stechende Auge, die dynamische, Entschlossenheit zeigende Gebärde, die erhobene Rechte und in deren Faust der Degen. So oder so ähnlich tritt Beaumarchais in seiner eindrucksvollsten Szene auf, als er *Clavigo ultimativ auffordert, ein Schuldbekenntnis schriftlich niederzulegen. Beaumarchais ist ins fremde Spanien geeilt, um für seine Schwester *Marie die gesellschaftliche Rehabilitation einzufordern. Sechs Jahre zuvor hatte Marie den jungen Clavigo in ihr Haus aufgenommen, ihn gefördert und ermutigt und ihm endlich auch ihre Hand versprochen. Clavigos kometenhafter Aufstieg läßt unterdessen eine Partie mit der bürgerlichen »normal« situierten Marie wenig opportun erscheinen, er wendet sich ab. Marie aber ist nicht nur tief gekränkt, sondern gesellschaftlich bloßgestellt. Sie aus der Schmach zu erretten, reist ihr Bruder an, gibt sich im Hause Clavigos als ein Bewunderer aus, und geht Schritt für Schritt, zunächst ganz der Kosmopolit, über alle Raffinessen der Eloquenz verfügend mit Clavigo hart und härter ins Gericht. Beaumarchais' eindringliche, ja hochaggressive Darstellung von Clavigos rücksichtslosem Aufstieg einerseits und von Maries schmählicher Verlassenheit andererseits gleicht einer Sturmbö, die über den fassungslosen Emporkömmling hinwegfegt. »Unterbrechen Sie mich nicht!« faucht Beaumarchais den um Verteidigung sich mühenden Clavigo an. »Sie haben mir nichts zu sagen und viel von mir zu hören.« Ohne Anwendung, doch unter Androhung von Gewalt zwingt er Clavigo zu einem Schreiben, worin der Wortbrüchige alle Schuld auf sich nimmt und sich selbst der niedrigsten Motive bezichtigt. Die Auseinandersetzung zwischen dem zu allem entschlossenen Beaumarchais und dem eines Gegenwortes kaum fähigen Clavigo gehört zu den suggestivsten

Konfliktmomenten, die Goethe je zu Papier gebracht hat. Der dramaturgisch schön angelegte Angriff des zornigen, gleichwohl diszipliniert operierenden Beaumarchais, eine bravouröse Mischung aus Rethorik und Ritterethos, ist gut inszenierbar und heute noch einen kräftigen Applaus wert. Die Sprache einfach, die Argumente stringent, das Tempo rasant. Clavigo nach Beaumarchais' Abgang: »So unerwartet aus einem Zustand in den anderen ... Es kam so schnell, so unerwartet als ein Donnerwetter.« (II. Akt) Doch so unversöhnlich Beaumarchais auftritt, so gutgläubig zerreißt er Clavigos Schulddokument, nachdem dieser um Maries Hand bittet und diese überglücklich einwilligt. Messerscharfe Unerbittlichkeit und kindliche Naivität in einem zeichnen Beaumarchais aus, und als Clavigo sich nun erneut eines anderen besinnt, ist der stürmische Beaumarchais mit einem Male machtlos. Marie aber erträgt den neuerlichen Wortbruch nicht und stirbt. Am Sarg der Toten treffen die beiden Kontrahenten ein letztes Mal aufeinander. Von Reue getrieben stürzt der treulose Clavigo heran, Beaumarchais zieht den Degen, ein kurzes Duell: Clavigo stirbt, Beaumarchais hat seine Satisfaktion.

Fast ließe sich streiten, wer der Haupteld des Bühnenstücks ist, Clavigo oder Beaumarchais? Beaumarchais ganz götzisch, wenn auch der Provinzialität eines Raubritters enthoben, ist der eigentliche Handlungsführer; ihm gilt ein Gutteil unserer Aufmerksamkeit.

In seinen ›Mémoires‹ erzählt der historische Beaumarchais, später der Verfasser des ›Barbier von Sevilla‹ (1775) und von ›Figaros Hochzeit‹ (1784), die Geschichte seiner getäuschten Schwester. Und bis auf das blutige Ende hat sich auch alles so zugetragen. Der wirkliche Clavigo – Clavijo – unterschrieb zwar das Schuldbekenntnis, versuchte jedoch daraufhin Beaumarchais zu desavouieren; Beaumarchais seinerseits wandte sich an den spanischen König in Aranjuez und bekam insofern Recht, als der Wortbrüchige – wenn auch nur vorübergehend – seiner königlichen Ämter enthoben wurde. Freilich fand zwischen den beiden Kontrahenten eine zumindest künstlerische Annäherung statt: Jahre später führte Clavijo Beaumarchais' ›Barbier von Sevilla‹ an der Königlichen Bühne in Madrid auf. Und Beaumarchais fand in Augsburg die Gelegenheit, einer Aufführung von Goethes ›Clavigo‹ beizuwohnen.

Belinde
(Lili)
Siehe *Lili

Belsazar
(Wilhelm Meisters theatralische Sendung)

Alttestamentarischer Bösewicht und babylonischer Prasser, dem Daniel durch das Menetekel den Untergang seines Reiches verkündet (Daniel, 5), eines dem Feuer übergebenen Jugenddramas des 18jährigen Goethe in Alexandrinerversen. Den detailgetreuen Inhalt kennen wir, weil *Wilhelm seinen (also Goethes) ›Belsazar‹ einer Gruppe Theaterfreunde vorliest. Ein üppiges Intrigen- und Schauerdrama, dem – zumindest nach Wilhelms Vorlesung zu schließen – nichts fehlt, was ein kopierter Shakespeare braucht: Politik und Privates, Liebe und Haß, Ehre und Verrat. Wie in Heines gleichnamiger Ballade geht es dem Tyrannen an den Kragen, während die Edlen obsiegen.

Die Braut von Korinth
(Die Braut von Korinth)

Sie ist eine Vampirin, die dem Bräutigam der Schwester, der ursprünglich ihr zugedacht war, das Leben aussaugt. Über das Vampirmotiv hinaus ist diese totenmagische Ballade ein außergewöhnlich offenherziges Dokument von Goethes periodisch auftretender Abneigung gegen das Christentum, was natürlich nicht heißen soll, daß er sich in moderner – sprich: politisch-ideologischer – Weise gegen das Christentum stellte. Dafür war ihm dessen kultureller und geistiger Schatz als wichtiger Teil seines großzügig angelegten Gedankengebäudes zu wertvoll.

Die Mutter der Braut ist nicht mehr Heidin, wie der Bräutigam, sondern zur Christin konvertiert und hat in ihrem »kranken Wahn« ihre Tochter geopfert. In der Liebesnacht gesteht die Untote dem Jüngling, wie sehr sie den bunten, lebendigen, von heidnischen Bräuchen beherrschten Haushalt vermißt. Kurz nach Mitternacht vernimmt die »häuslich« umherschleichende Mutter »des Liebesstammelns Raserei«. Die überraschte Vampirin erklärt, sie suche nur »das vermißte Gut«, und anderes »junge Volk« werde noch ihr Opfer, doch zuletzt ist sie versöhnlich. Die Mutter solle sie zusammen mit dem Bräutigam verbrennen. »Wenn der Funke sprüht, wenn die Asche glüht, eilen wir den alten Göttern zu.« – keine kleine Bitte, denn die Christen lehnten, da sie an die Auferstehung des Leibes glaubten, die heidnische Feuerbestattung ab.

Goethes Dichterkollege, der Pfarrer Herder, war verständlicherweise gegen das Gedicht, das zusammen mit ›Der Schatzgräber‹, ›Der

Gott und die Bajadere‹ und ›Der Zauberlehrling‹ 1797 im sogenannten Balladenjahr entstanden war und 1798 im ›Musenalmanach‹ erschien.

Bulbul
(West-östlicher Divan)
Nachtigall; ihre tragische Liebe zur Rose ist ein bei *Hafis wie in der
gesamten persischen Literatur häufig auftretendes Motiv.

Der Bürgergeneral
(Der Bürgergeneral)
Revolutionärer Hochstapler der gleichnamigen Komödie. Schnaps –
nomen est omen – hält sich für einen großen Mann und deutet auf
seine Stirn. »Mein Ruf«, erzählt er, »ist über den Rhein erschollen ...
Man kennt in Paris meinen Verstand.« Ein Abgesandter des Jako-
biner-Klubs habe ihm aufgetragen, die Revolution in Deutschland
voranzutreiben. Das erzählt er dem sensationslüsternen Märten, einem geizigen wohlhabenden Bauern, dessen Tochter Röse alle Le-
bensmittel in Schränken verschlossen hält und selbst den Vater in
Rationen versorgt. Schnaps setzt den Hut mit der Kokarde auf, »die
Freiheitsmütze«, zieht die Nationaluniform der französischen Revolutionäre an, legt einen Säbel um und klebt sich einen Schnurrbart
an – dem unbedarften Märten ein Schreckensbild, zugleich auch Faszination. Man weiß ja nichts genaues, man ahnt, hofft und fürchtet
gleichermaßen, daß diese Jakobiner die ganze vor allem langweilige
Welt aus den Angeln heben.

Schnaps spürt, was Märten bewegt. Vor allem spürt er freilich auch
seinen knurrenden Magen. Er will dem Einfaltspinsel zeigen, was revolutionäre Gewalt ist – natürlich nur als »Exempel«. Mit dem Säbel
bricht er ein Vorratsschränkchen auf und greift zu einem Topf, der
voll von dickrahmiger Milch ist. Der Topf ist das Dorf, nein, eigentlich eine Festung, die beschossen wird, Tag und Nacht. »Pu! Pu! Pu!
Sie ergibt sich.« Die Bürgerschaft wird zusammengetrommelt. Eine
heimliche Gärung sei im Gange, man habe den ursprünglichen Zustand der Gleichheit verlassen. »Da ihr zusammen noch reine Milch
wart, fand sich ein Tropfen wie der andere.« Aber gegenwärtig
schwimmen die Reichen – der Rahm – oben, das ist nicht zu dulden,
er muß abgeschöpft werden. Dann ist der wohlhabende Mittelstand
dran, die Schlippermilch. Schnaps hat Hunger. Dann der Edelhof des
Edelmanns, das ist das Brot, zuletzt die geistlichen Güter, das ist der

Zucker. Alles wird von Schnaps verzehrt. Natürlich merkt der Bauer, daß er angeführt wird, zugleich ist er aber überzeugt, Schnaps sei tatsächlich Bürgergeneral. »Es ist doch kurios, daß jetzt die schlimmsten Leute immer in die Höhe kommen!«

Zum Glück erscheint Görge, der Schwiegersohn in spe, verpaßt Schnaps ohne viel zu fragen eine Tracht Prügel. Der Drangsalierte flüchtet in die Kammer und sperrt sich ein. Der sei doch Bürgergeneral, gibt der Vater zu bedenken. Man glaubt's und ist entsetzt. Die Prügelei und die Hilferufe des Geschlagenen haben den Richter und die Bauern herbeieilen lassen. Man fragt nach. Die Befragten erklären, Görge und seine Röse seien nur in einen, wenngleich rauhen Liebesstreit verwickelt gewesen, doch der Richter findet die verräterischen Kleidungsstücke. Man wittert revolutionäre Konspiration. Die Sache werde vordringen zum Gerichtshalter, zur Regierung, ja zum Fürsten. Helle Aufregung. Da aber erscheint der vernünftige Edelmann und sorgt für allgemeine Beschwichtigung. Schnaps gesteht, er habe die Uniform von einem verstorbenen französischen Kriegsgefangenen, nichts weiter. Eine solche Kleinigkeit, erklärt der Edelmann, solle nicht an die große Glocke gehängt werden, so etwas sorge nur für Schrecken und Mißtrauen im Lande. »Kinder, liebt euch, bestellt euren Acker wohl und haltet gut Haus ... Fremde Länder laßt für sich sorgen und den politschen Himmel betrachtet allenfalls einmal Sonn- und Festtags ... In einem Lande, wo der Fürst sich vor niemand verschließt, wo alle Stände billig gegeneinander denken, ... da werden keine Parteien entstehen.«

Schnaps aber schielt nach der restlichen Milch, er hat immer noch Hunger, da fällt der Vorhang. Seine revolutionären Phantastereien wird er vergessen. Das jedenfalls glaubte Geheimrat Goethe.

C

Cäcilie
(Stella)

Gattin *Fernandos und *Lucies Mutter. Weil sie nach Fernandos Flucht, ihren Besitz den betrügerischen Machenschaften eines Geschäftsmannes überlassen und alles verloren hat, ist sie gezwungen, ihre Tochter einer fremden Baronesse als Gesellschafterin anzuvertrauen. Die Baronesse *Stella begrüßt am gleichen Tag, da Lucie bei ihr vorstellig wird, völlig unerwartet ihren langvermißten Geliebten Fernando, der aber – man glaubt es nicht! – Cäcilies angetrauter Gatte ist. In solcher Konfusion will sich nun Fernando erschießen und Stella Gift nehmen. Da behält Cäcilie trotz grausamer Aussichten Herz und Verstand, sie ist die einzige, die ihres und der anderen Ungemach aus höherer Warte betrachten und überdenken kann. Wiewohl sie Fernando immer noch liebt, weiß sie sich als verlassene Gattin und niemals als neue Liebhaberin in der verzwickten Dreierliebschaft einzuordnen. Das einzufordern, was Fernando der Geliebte schenkte, wäre ohne Sinn für ihre Situation. »Fernando, mein Herz ist warm und voll für dich; es ist das Gefühl einer Gattin, die aus Liebe selbst ihre Liebe hinzugeben vermag.« (5. Akt) Das klingt idealistisch, ist aber zugleich von einer anderen Einsicht getragen: Sie hat genug eigenes Elend erfahren und fremdes Leid mit ansehen müssen – es gibt nur einen Weg: Sie überläßt den Mann der empfindsamen, ihr nahestehenden, jüngeren, hingegen schwächeren Stella. So ließe sich zumindest in Teilen der Schmerz reduzieren. Doch Fernando will Cäcilie nicht alleine gehen lassen, eher trennt er sich von Stella. Cäcilie aber sieht in ihrem Recht auf den Ehemann ein an Stella geübtes Unrecht. So erzählt sie das (als dramaturgischen Kraftakt eingesetzte) Gleichnis des Grafen von Gleichen. Es ist die Geschichte einer Ehe zu dritt.

Nach den Vorstellungen Goethes mußte das untragisch enden: »Ich bin müde über das Schicksal unsres Geschlechts von Menschen zu klagen, aber ich will sie darstellen ... sie sollen sich erkennen«, schreibt der 26jährige (im März 1775 an Johanna Fahlmer). »Das Erlösungswerk überzeugt nicht ganz«, kommentiert Staiger. »Goethe verfährt mit befremdlicher Hast, ... als fühlte er doch, daß es so nicht geht, daß solche Entscheidungen nur in fiebriger Athmosphäre möglich sind, ... und daß am nächsten Morgen schon der Hochflug in verlegenem Zaudern und Stammeln aller enden müßte.« So gesehen, ist es verständlich, daß Goethe den Schluß änderte und in eine Katastrophe münden ließ. Die heutige Bühne aber hat keine Probleme mit dem »nächsten Morgen«, (eher mit Staigers »So-nicht«-Spießigkeit) und bedient sich bevorzugt Cäcilies Vorschlag zum Happy-End.

Carlos
(Clavigo)

Freund und Berater *Clavigos. Der Bösewicht und, wie immer bei Goethe, der das Böse ausgesprochen undämonisch sieht, doch kein Bösewicht. Carlos ist, wie *Mephisto und *Alba, ein Teil der Argumentation auf der Suche nach der Lösung eines (unlösbaren?) Problems. Er versucht, Clavigo von *Marie abzubringen, teils als Menschenverächter – Marie ist ihm nichts als eine schlechte Partie – teils aber auch aus der Überzeugung, daß eine Verbindung zu Marie dem begabten, fortstrebenden, doch wirklichkeitsfernen Clavigo hinderlich wäre. Carlos stellt Clavigo vor die Frage, entweder eine anerkannte Persönlichkeit des öffentlichen Lebens zu bleiben und seinen frischen Erfolg auszubauen oder an der Seite einer ehemaligen Wegbereiterin eine durchschnittliche auf simpler Dankbarkeit fußende »bürgerliche« Existenz zu führen.

Carlos sieht nüchtern, wer und was Clavigo ist, und baut die Strategie der Zukunft auf, er will nicht böse sein, er kalkuliert lediglich nach dem Prinzip der Rentabilität. So feuert er Clavigo nicht zum Ehrgeiz an, er versucht nur, Kapitalverwalter von Clavigos Fähigkeiten zu sein. Goethe in ›Dichtung und Wahrheit‹: »Der Bösewichter müde, die aus Rache, Haß oder kleinlichen Absichten sich einer edlen Natur entgegensetzen und sie zu Grunde richten, wollt ich in Carlos den reinen Weltverstand mit wahrer Freundschaft gegen Leidenschaft, Neigung und äußere Bedrängnis wirken lassen, um einmal auch auf diese Weise eine Tragödie zu motivieren.«

Charlotte
(Die Wahlverwandtschaften)

*Eduards Gattin. Sie begegnet ihm nach Jahren, er ist ihre alte Jugendliebe, wie sie die seinige, er kehrt wie sie von einer Reise zurück und lebt wie sie im Witwenstand. Eduard hat nur Augen für Charlotte, doch ist er, wiewohl so alt wie sie, beweglicher und sieht jünger aus. Ihre Nichte *Ottilie, so hatte Charlotte überlegt, wäre für

Eduard eine passende Frau, doch Eduard hält um ihre Hand an. Sie zögert. Eduard drängt. Sie steckt ihre Tochter *Luciane in ein Pensionat, wo auch Ottilie ist, heiratet Eduard und lebt mit ihm alleine auf einem großen Anwesen. Daß sie auf die geliebte Tochter und Nichte verzichtet, tut sie, »bloß damit wir uns selbst leben, bloß damit wir das früh so sehnlich gewünschte, endlich spät erlangte Glück ungestört genießen möchten«. (I,1) Nun aber will Eduard den *Hauptmann zu sich nehmen. Sie ist enttäuscht, sie hat es nicht immer so bunt und üppig gehabt wie Eduard: »Ich habe mir aus allem diesem den ersten wahrhaft fröhlichen Sommer zusammengebaut, den ich in meinem Leben zu genießen dachte.« Vor allem sträubt sie sich aus einer Ahnung dagegen, die »nichts Gutes weissagt« – keine dunkle Vorahnung, sondern die Synthese aus Erfahrung und Erinnerung, daß nichts bedeutender ist »in jedem Zustande als die Dazwischenkunft eines Dritten. Ich habe Freunde gesehen, Geschwister, Liebende, Gatten, deren Verhältnis durch den zufälligen oder gewählten Hinzutritt einer neuen Person ganz und gar verändert, deren Lage völlig umgekehrt wurde.« Sie tauschen sich aus, sie streiten ein wenig, schließlich kommt *Mittler, ein berühmter Schlichter der Region.

Doch der hat nur Hohn übrig für die Probleme der Frischvermählten. »Hier siehst du, wie wenig eigentlich ein Dritter fruchtet« (I,2), gibt Charlotte zu bedenken. Und gibt nach. »Ich fühle mich nicht stark genug, dir länger zu widerstehen.« Der Hauptmann soll kommen. Im Gegenzug soll Ottilie geholt werden, die sich in dem Pensionatsleben nicht zurechtfindet. Doch nur im Gegenzug, sie hatte sich, bevor Eduard den Hauptmann erwähnte, brieflich umgesehen nach einer geeigneteren Stelle für das Mädchen. Charlotte wäre zwar eine gute Erzieherin, denn sie kennt Ottilie. Aber ihre Unterkunft bei den Neuvermählten sollte, wenn überhaupt, nur für die fernere Zukunft gelten. Nun aber, da der Hauptmann gerufen wird, glaubt Charlotte, daß auch Ottilies Ankunft nichts Bedeutendes oder Störendes sei.

Sieht sie nicht die Gefahr? Sagt sie nicht selbst, Eduard sei nicht gealtert, sieht sie nicht seine Unbekümmertheit, sein leichtfertiges Wesen? Hat sie ihm nicht vor kurzem noch Ottilie als Ehefrau zugedacht? Nun, da mit der Berufung des Hauptmanns das feine noch frische Konstrukt aus Liebe und junger Ehe zumindest in Teilen beschädigt wird, da das, was beide gewünscht hatten, nämlich sich »selbst leben« von Eduard der möglichen Zerstörung anheim gestellt wird: in dieser neuen Konstellation kann – das glaubt Charlotte – Ottilie, das stille Kind, keinen Schaden anrichten.

Eduard schreibt dem Hauptmann. Der gute Ton verlangt einen Zusatz von Charlottes Hand, sie schreibt hastiger als sonst, und was selten geschieht, sie verunstaltet das Papier mit einem Tintenfleck, den sie wegwischend vergrößert.

Doch als der Hauptmann da ist, stellt sie fest, daß er von ihrer Art ist, sein Fleiß und die Klarheit seines Denkens und Handelns gefallen ihr. Charlotte verwaltet die Geldkasse, die Kostenberechnungen für die landschaftliche Umgestaltung und den Bau des Hauses bringen sie und den Hauptmann zusammen. Er muß eine von Charlottes Gartenanlagen zerstören, und sie läßt es geschehen, ohne »die mindeste unangenehme Empfindung dabei zu haben«. (I,7) Sie neigt sich dem Hauptmann zu – sie die Nüchterne, gleichwohl Feinfühlende bemerkt ihre Neigung nicht, will es nicht merken. Sie macht sich blind für Eduards Hinwendung zu Ottilie, wo sie doch nachdenklich werden müßte. Sie kennt Eduard, den Unreflektierten, das große Kind. Hier muß sie, die Verantwortungsbewußte, eingreifen, zumindest mahnen. Aber sie unterläßt es, wohl weil ihr all dies im Hinblick auf den Hauptmann recht ist. Doch der Hauptmann zieht sich in Arbeit zurück. Charlotte sucht ihn. Zunächst ist ihr sein Fernbleiben unklar, dann begreift sie, daß er sie aus Neigung meidet und achtet ihn fortan desto mehr.

Die Ankunft des *Grafen und der *Baronesse bewirkt eine unvermutete emotionale Destabilisierung. Diese kündigt sich mit der Freizügigkeit der Gäste, vor allem ihrer Reden an. Der Graf und die Baronesse sprechen über Ehe und Scheidung als einem Problem, das den gesellschaftlichen Alltag ihrer Umgebung bestimmt. Charlotte fürchtet, daß solche Ansicht Ottilie schadet. Mit ihrem krampfhaften Hinlenken zum Sittlich-Konventionellen offenbart sie ein überraschend provinzielles Denken. Sie zeigt nur so lange Sicherheit und Format, solange alles eng, im Ländlichen bleibt. Vollends verliert sie ihre Beständigkeit, als der Graf ankündigt, er habe für den Hauptmann einen Posten im Auge. Sie muß sich zurückziehen, schon auf dem Weg stürzen ihr die Tränen in die Augen, und als sie alleine ist, überläßt sie sich »einem Schmerz, einer Leidenschaft, einer Verzweiflung, von deren Möglichkeit sie wenig Augenblicke vorher auch nicht die leiseste Ahnung gehabt hatte«. (I,10) Ausgerechnet in diesem Zustand des Schmerzes begehrt Eduard Einlaß in ihr Schlafgemach. Charlotte wehrt Eduard nicht ab, aber sie wünscht ihn sich weg. Ihr ist, als erblicke sie die Luftgestalt des Hauptmanns, der ihr Vorwürfe macht. Dann löscht Eduard das Licht.

Am nächsten Morgen tritt sie dem Hauptmann »gleichsam beschämt und reuig«(I,12) entgegen. Am Abend sind Eduard, Charlotte und der Hauptmann spazierend unterwegs, sie begutachten den Kahn, den Eduard bestellt hat, Eduard geht zum Schloß hoch, nun sind Charlotte und der Hauptmann allein. Charlotte sitzt dem Hauptmann gegenüber; während dieser in den dunklen See hinausrudert, empfindet sie ein starkes Gefühl der Trauer, es ist ihr, als würde sie der Hauptmann hinausrudern und sie irgendwo aussetzen. Als wollte er diese Empfindung der Verlassenheit verstärken, lobt der Hauptmann das Wassergefährt, es sei leicht handhabbar, auch für sie. Charlotte empfindet das als ein angedeutetes Lebewohl.

Der Kahn stößt auf seichten Grund, bleibt stecken, der Hauptmann trägt sie durch das flache Wasser an Land. Auf einem Rasenabhang läßt er sie nieder, sie küssen sich. Charlotte bleibt formell. »Sie müssen scheiden, lieber Freund, und sie werden scheiden. Der Graf macht Anstalt, Ihr Schicksal zu verbessern; es freut und schmerzt mich.« (I,12) Eine vornehme, aber auch eine biedere Seele. Sie spricht von »Epoche« als dem Erlebten, so als gehöre sie ausschließlich als Zuschauerin, nicht als Beteiligte dazu. Ihr »tüchtiger Charakter« kommt ihr zu Hilfe. Charlotte beschließt, treu zu sein, zu entsagen. »Sie fühlte sich innerlich wiederhergestellt. Bald ergreift sie eine süße Müdigkeit und ruhig schläft sie ein.«

Ottilie soll aufs Pensionat zurück. Charlotte hofft auf einen Status quo ante. Unfähig, sich in das Herz der Liebenden einzufühlen, mahnt sie während der Geburtstagsfeier für Ottilie Eduard zu Takt und Wohlverhalten an, so als könne man mit bloßen Worten einen Erdrutsch aufhalten. Sie hat erlebt, wie der Hauptmann den ertrinkenden Knaben »rettete und selbst gerettet war. Diese wunderbaren Ereignisse schienen ihr eine bedeutende Zukunft, aber keine unglückliche, zu weissagen.« (I,15) Ihren Teil hat sie in Ordnung gebracht, jetzt wendet sie sich Eduard zu. Nach einem heftigen Wortwechsel verläßt er das Haus. Nun sind die beiden Frauen alleine. Von Anbeginn behandelt sie Ottilie als eine unmündige, mit keiner Silbe nähert sich die einst liebende Tante Ottilie. »Sie zog ihren Haushalt ohne Bänglichkeit ins Enge; ja wenn sie alles genau betrachtete, so hielt sie den leidenschaftlichen Vorfall für eine Art von glücklicher Schickung. Denn auf dem bisherigen Wege wäre man leicht ins Grenzenlose geraten.« (I,17)

Sie wird ruhig und heiter, und wenn wir sie genauer betrachten, umspielt ihre Züge das Lächeln einer Äbtissin, der wir die Heiterkeit nicht abnehmen, nur den störrisch eisernen Glauben ans Paradies. Charlotte denkt: aufgeschoben ist aufgehoben. Sie glaubt, daß sich alles wieder geben und Eduard sich wieder nähern werde, wenn er erfährt, daß sie von ihm ein Kind erwartet.

Alles um sich herum betrachtet sie distanziert wohlwollend, ist in einer Art schwangerschaftlicher Gleichgültigkeit. Luciane, die Tochter führt ein zwei Monate währendes Dauertheater auf, Charlotte bleibt ungerührt, nur einmal äußert sie sich kritisch, aber eigentlich mehr in Gedanken versunken und abwesend. Es ist ein beständiges Kommen und Gehen auf dem Schloß, sie läßt alles Revue passieren. Eduard wird ebenfalls erscheinen, sich als glücklicher Vater finden, dann – so hofft sie – wird sich alles von selbst ergeben »und auch für Ottilien auf eine oder die andere Weise gesorgt werden«. (II,7) Vielleicht kann sie Ottilie an den Hauptmann binden. Der *Gehülfe, Ottiliens ehemaliger Lehrer, kommt zu Besuch, eigentlich will er Ottilie freien, Charlotte hört zu und schweigt. Die Baronesse und der Graf erscheinen. Charlotte solle Ottilie entfernen, rät die Freundin. Charlotte wartet. Im Frühjahr schenkt Charlotte einem Knaben das Leben. Er trägt die Züge Ottiliens und des Hauptmanns. Das Kind erhält den Namen Otto. Mittler hält die Taufrede, der alte Geistliche stirbt während der Zeremonie – ein ominöses Zeichen. Sie begreift es nicht. Die neue Mutter »befindet sich munter und wohl«. (II,10)

Zu dritt beziehen sie das Berghaus, wo Charlotte den Grundstein legte, als alles noch in Ordnung schien. Ein englischer Lord, der zu Besuch ist, schildert sein Leben als beständiges Wandern, er hat sein Zuhause aufgegeben, seitdem sein Sohn ihn verlassen hat und in Indien lebt, »um sein Leben dort, wie mancher andere, höher zu nutzen oder gar zu vergeuden«. (II,10) Charlotte denkt an Eduard, der es ähnlich hält. Zum ersten Mal wird sie von einer Trauer erfaßt, denn eigentlich ist beider Lage, jene Ottiliens und ihre, ein Gefangenenleben. Sie sind Gefangene eines Wartezustandes.

Charlotte versucht in kleinen Schritten kleine Ausbrüche: Sie hat das Schloß verlassen, empfängt Besucher und stattet Gegenbesuche in der Nachbarschaft ab, es ist Frühling, die Tage sind schön. Das meiste tut sie, um zu vergessen. Es ist einer dieser Abende, da sie von einem Besuch zurück ins Wohnzimmer tritt, und nun findet sie Ottilie auf dem Boden liegend vor. Eine junge Hausdienerin kommt ihr

schreiend entgegen. Dann erklärt der anwesende Chirurgus den Tod
ihres kleinen Sohnes. Sie bleibt ruhig. Ausdrücklich hatte sie Ottilie
verboten, das Kind mit in den Kahn zu nehmen, ihr schien das zu gefährlich. Nun nimmt sie die Trostlose und bettet ihren Kopf auf ihren
Schoß. Der Chirurgus solle einen weiteren Wiederbelebungsversuch
machen. Sie harrt nicht nur geduldig, sondern auch bescheiden aus.
Dann wird ihr das Unabwendbare bekanntgegeben, das Kind ist nicht
mehr zu retten. Der Hauptmann tritt herein, sie lächelt, sie zeigt ihm
den Knaben der seine Gesichtszüge trägt: Es ist auch ihr beider Kind,
ihrer Liebe. Sie deutet auf einen Stuhl, der Hauptmann nimmt Platz.
So sitzen sie die ganze Nacht schweigend zusammen. Ihre Liebe hat
eine andere, stillere Intimität als jene von Eduard und Ottilie. Erst
gegen Morgen fragt sie den Hauptmann nach dem Grund seines
Besuchs. Der antwortet, daß er im Auftrage Eduards komme, der die
Scheidung erbitte. Sie willigt ein. Sie hätte das früher tun sollen, sagt
sie, sie sei schuld am Tod des Kindes. Ohnehin habe sie Eduard für
Ottilie auserkoren. Das sei die wahre Bestimmung gewesen. »Es sind
gewisse Dinge, die sich das Schicksal hartnäckig vornimmt. Vergebens, daß Vernunft und Tugend, Pflicht und alles Heilige sich ihm
in den Weg stellen.« (II,14)
    Ihre größte Sorge und zugleich größte Hoffnung gilt Ottilie. Wie
wird sie auf den Tod des Kindes reagieren? Wie soll sie leben? Wie soll
sie sich trösten? Oder wird die Liebe alles wieder gut machen? »Vermag die Liebe alles zu dulden, so vermag sie noch viel mehr, alles zu
ersetzen.« Und sie fügt knapp und unsentimental hinzu: »An mich
darf in diesem Augenblick nicht gedacht werden.« Beim Abschied
fragt der Hauptmann, ob er Hoffnung auf ihre Hand haben dürfe.
Charlotte antwortet unbestimmt: »Wir haben nicht verschuldet, unglücklich zu werden, aber auch nicht verdient, zusammen glücklich
zu sein.«
    Das klingt weise und unschlüssig gleichermaßen. Die Ereignisse
wachsen ihr eigentlich über den Kopf, punktuelle Akzente aus
Eigeninitiative täuschen darüber nicht hinweg. Sie hofft immer noch,
daß sich alles einrenken werde und sie und Eduard eine neues Leben
beginnen könnten. Gerade als Ottilie sich auf den Weg in die Pension
macht, flammt die trügerische Hoffnung auf, »ein altes Glück wie-
derherzustellen«. (II,15) Doch bei dem, was sich nun vollzieht, ist
sie nur noch Zaungast: Ottilie kehrt zurück aufs Schloß. Ihr scheint,
als würden sich tatsächlich die alten Verhältnisse wieder einfinden.
Eduard ist zurück, der Hauptmann kommt regelmäßig zu Besuch,

man liest sich vor, musiziert und achtet einander. Mit Ottiliens plötzlichem Tod hat Charlotte nicht gerechnet, doch überrascht scheint sie auch nicht. Sie ist die einzige, die weiß, welche Schritte eingeleitet werden: Sie läßt Ottilie in der kleinen Kapelle bestatten. Dann tritt sie zurück. Ihr trauriges Amt übernimmt sie noch einmal. Es ist das gleiche wie für Ottilie: Sie verordnet Eduards letzte Ruhestätte an der Seite der Geliebten.

Charlotte tritt uns zu Beginn mit einer beinahe männlichen Würde und Bestimmtheit entgegen, als sich aber die Geschehnisse überschlagen, bleibt ihr nur die Akzeptanzfähigkeit ihres guten Herzens. Demutsvoll nimmt sie alles hin, ihr Schweigen weist darauf hin, daß sie den Irrungen vor ihren Augen kein inneres Verständnis entgegenbringt. Würde man ihre Geschichte fortschreiben, würde sie ihr klares und vornehmes Leben weiterführen, all die furchtbaren Erinnerungen in kleinen idyllischen Tätigkeiten ersticken und ganz hinten in ihrem Herzen würde sie sagen: Ich bin froh, daß es Vergangenheit ist, hoffentlich zwingt mich das Schicksal nicht erneut zur Betrachtung einer solchen Begebenheit. Denn nichts zeichnet sie (vor allem im zweiten Teil des Romans) mehr aus, als zwar anteilnehmendes, doch letztendlich bloß passives Zuschauen.

Chiron
(Faust II, Klassische Walpurgisnacht)
Kentauer, eine faustische Persönlichkeit. »Ich raste nicht.« (7333) Ein großer Arzt, der sein Können und Wissen bedauerlicherweise anderen überlassen hat.

»Ward neben mir ein Held verletzt,
Da wußt' ich Hülf' und Rat zu schaffen;
Doch ließ ich meine Kunst zuletzt
Den Wurzelweibern und den Pfaffen.« (7349 ff)

Er ist der bekannte Lehrer und Erzieher der Argonauten. Auf seinem Rücken erreicht Faust *Manto, die ihm auf seiner Suche nach *Helena eine Etappe weiterbringt.

Claudine
(Claudine von Villa Bella)
Nervenschwache Tochter des Don Gonzalo von Villa Bella. Bis auf ihre neidischen Cousinen lieben alle die rundköpfige Stumpfnäsige, ihr Vater kann sich vor Vergötterung nicht mehr halten. Sie ist einfach zu entzückend. Zum 18. Geburtstag hat er ihr einen prächtigen

Blumenthron anfertigen lassen, auf dem sie wie eine Heilige bei einer Prozession umhergetragen wird. Sie liebt *Pedro und der liebt sie,
doch auch der wilde *Crugantino hat seine Absichten und verletzt
während eines Rivalen-Duells Pedros Arm. Als Claudine das erfährt,
fällt sie in Ohnmacht, stiehlt sich aber nichtsdestotrotz nachts in
Männerkleidern aus dem Haus, um den leidenden Geliebten zu suchen. Stracks läuft sie Crugantino in die Arme, doch wenn der Leser
jetzt trivialisierend hofft, sie verliebe sich in den Herzensbrecher,
sieht er sich getäuscht. Crugantino bedrängt sie ohne Erfolg, statt
dessen tritt der verwundete Pedro dazwischen, wird natürlich überwältigt, doch nun, von dem Gemenge herangelockt, erscheint die
Nachtwache und sperrt alle ein. Im Kerker fällt Claudine erneut in
Ohnmacht, sie erträgt die Schande und Schmach nicht. Pedro und
Crugantino glauben, sie sterbe (Goethe reimt an dieser Stelle auf 13
kurzen Dialogzeilen dreimal »Not« mit »tot«), doch siehe! Claudine
erhebt sich, nur eben schwächelnd. Nun sind alle selig, und sie und
Pedro ein endgültiges Paar. Crugantino geht leer aus, was aber keine
Rolle mehr spielt:
> »Leuchtet die Sonne
> Über euch gar.
> Ewige Wonne!
> Seliges Paar!«

Clavigo
(Clavigo)
Wankelmütiger Liebhaber, der als Prototyp Goethes gesamtes
Schaffen begleitet. »Mein Held ein unbestimmter halb groß halb klei-
ner Mensch, der Pendant zu *Weislingen im ›Götz‹«, erklärte Goethe
in einem Brief (an Schönborn 01.06.1774).

Als vielversprechender Emporkömmling ist er in der spanischen
Hofgesellschaft zu Rang und Ansehen gekommen, ein Feingeist,
Schriftsteller und Publizist, der Spanien die englische Geisteskultur
nahe gebracht hat, voller Verdienste und entsprechender Anerkennung. Von den Kanarischen Inseln (Lanzarote) kommend, versuchte er in jungen Jahren, im Mutterland Spanien Fuß zu fassen.
Behilflich war ihm vor allem das Haus der Französin *Marie und ihrer Schwester Sophie, hier fand er die geistigen wie menschlichen
Voraussetzungen, um sich von seiner einfachen Herkunft zu lösen.
Vor allem Marie pflegte und hegte den jungen Wißbegierigen, nahm
wesentlichen Anteil an seinem Fortkommen und gewährte ihm

schließlich ihre Hand. Doch eine Heirat ist dem zu Renommee gelangten Clavigo nicht mehr interessant. Schweren Herzens hat er sich gegen eine Beziehung zu Marie entschlossen, auf der goldenen Leiter des Erfolgs wäre sie ihm jetzt ein Klotz am Bein. Maries Bruder ∗Beaumarchais zwingt den Treulosen zu einem schriftlichen Schuldbekenntnis, das Clavigo gegen seinen Willen, doch ebenso aus nicht erloschener Zuneigung zur früheren Geliebten unterschreibt. Endlich hält er erneut um ihre Hand an. Und wird abermals wortbrüchig. Die leidgeprüfte kränkelnde Marie stirbt. Unbeabsichtigt begegnet Clavigo dem Totenzug Maries, er erkennt seine Schuld, wird von dem rächenden Bruder Maries niedergestreckt und vermählt sich sterbend mit der Toten.

Bleibt der Hinweis des Literaturhistorikers, daß das Stück unter anderen Bedingungen seiner Randexistenz enthoben wäre, wenn es dem ›Götz‹ vorausgegangen wäre und ›Werther‹ nicht kurz darauf alle Aufmerksamkeit auf sich gezogen hätte.

In acht Tagen schrieb der überproduktive, von unbändiger Schaffenslust beherrschte 25jährige Goethe das Stück nieder: fünf Akte, klarer Handlungsfaden und nach allen Regeln der (von Lessing geforderten Bühnen-) Kunst gehalten. Es liege an ihm, schreibt er in einem Brief an Charlotte Buffs Ehemann Kestner, Regeln zu beachten; »die Kerls« (seine Kritiker) sollten sehen, daß der formlose ›Götz von Berlichingen‹ nicht Unvermögen, sondern Absicht gewesen sei. Nicht nur in klaren Strukturen und einfacher Rede, sondern dem Tagesgeschehen, beinahe der Boulevardpresse entnommen, zeigt Goethe, daß er für die Bühne komponieren kann. Und was er erzählt, ist bis auf den Schluß wahr. Pierre Augustin Caron de Beaumarchais, Dramatiker und Abenteurer, schilderte in seinen Memoiren, wie er den angesehenen Publizisten und Schriftsteller José Clavijo y Fajardo per Ehrenerklärung zur Rehabilition der gedemütigten Schwester zwang. Beaumarchais bediente sich – ganz im Stil unserer Tage – der Presse, um seine Forderung durchzusetzen. Clavijo mußte sich dem Druck der Öffentlichkeit beugen und sich entschuldigen. Er verlor – wenn auch nur vorübergehend – Amt und Würden.

Goethe liest im Freundeskreis den unterhaltsamen Tatsachenbericht vor, erhält von einer im »Marriage«-Spiel zugesprochenen »Gattin« den Auftrag, die Geschichte zu dramatisieren – so entsteht das nicht eben erstklassige, doch überaus bühnenwirksame, in einer guten Woche zu Papier gebrachte Trauerspiel. Die Frage nach der Aktualität des Stücks ist nicht uninteressant. Einerseits setzt uns

Goethe das Ende des Wortbrüchigen als barocken Budenzauber vor, wo die »enormen« Momente heute recht wunderlich anmuten: Clavigo durch Beaumarchais tödlich verletzt: »Ich danke dir, Bruder! Du vermählst uns. /Marie, deine Hand /Ihre kalte Totenhand! Du bist die Meinige – Und noch diesen Bräutigamskuß. Ah!« Andererseits können wir der ganzen Problematik eines Clavigo ohne weiteres folgen: Die Überlegung, ob und wie das eigene Fortkommen vertretbar ist, ist heute so virulent wie gestern: Kann man sich ohne Berücksichtigung der anderen oder anders Interessierten für ein besseres Recht legitimiert halten? Ist das Genie ein Alleinherrscher, hat es in seinem Willen zur Kunst keine andere Möglichkeit als die Bedenkenlosigkeit? Clavigo muß sich entscheiden, ob er in stallwarmer Mediokrität ein behagliches Normalleben an der Seite der normalen Marie führt oder ob er sich auf nichts als die Karriere in den oberen Etagen konzentriert und selbstverwirklichend seinem Talent als auch seinen Neigungen folgt. Was soll, was darf geopfert werden? Das ist die Frage des Künstlers in einer Leistungsgesellschaft, exemplarisch bei Picasso: der Neuheitenwert einer Liebe, ihm Flügel verleihend, später die Fessel der alten Verbindung. Ein Hinweis, wenn auch keine Entschuldigung, zur allgemeinen Liebesmechanik bei Künstlerpersönlichkeiten, die, um des eigenen Fortkommens willen, das Gebot der Dankbarkeit mit Füßen treten. Und auf Goethes Situation bezogen: Wäre Goethe so weit gekommen, wenn er sich seiner Frauen und Freunde nicht ähnlich wie Clavigo bedient und entledigt hätte? Ist der Verrat etwa im Sinne eines gebrochenen Treueversprechens der Aufbruch zu einem neuen Abschnitt natürlicher und also gesetzlicher Entwicklung oder die rücksichtslose Nutzbarmachung des Weggefährten, Gatten oder Kollegen? Die Frage bleibt zumindest in diesem konkreten Fall zu Clavigos Ungunsten beantwortet. Nicht seine forteilende Begabung hat ihn sich von der Geliebten entfernen lassen, eher die kleingeistige Berechnung des Höflings, der Ehrgeiz des Parvenüs, dem die Geltung bei Hofe mehr zählt als der rücksichtslose Hunger des Künstlers nach schöpferischer Expansion. Goethe jedenfalls heiratete in einer ähnlichen Situation (allerdings in fortgeschrittenem Alter) weit unter Niveau: Christiane Vulpius hatte nie das »Format« einer Marie Beaumarchais.

Crugantino
(Claudine von Villa Bella)
Mantel-und-Degen-Held, der sich aus der, wie er sagt, »bürgerlichen
Gesellschaft« verabschiedet hat, weil sie ihm keine Selbstverwirklichung bietet: »Wo habt Ihr einen Schauplatz des Lebens für mich?
Muß nicht einer, der halbwegs was wert ist, lieber in die weite Welt
gehn?« Also wird er Räuberhauptmann, singt zur Zither ein span-
nendes Bänkellied, dessen Ausgang dem Zuschauer bis zuletzt vor-
enthalten wird, betört viele junge Damen, wirbt um *Claudine,
kommt aber gegen seinen zivilen Widersacher *Pedro nicht an. In einer zweiten Singspielfassung (»Schauspiel mit Gesang«) erhält das
Sturm-und Drang-Existenzchen diesmal als Rugantino eine Lucinde
zur Seite.

D

Daktylen
(Faust» II, Klassische Walpurgisnacht)
Däumlinggroße (Daktylos = Finger) Sklaven der Pygmäen; verglei-
che auch *Seismos.

Direktor
(Faust)
Figur des ›Vorspiels auf dem Theater‹. Für sein Haus wünscht er
Gewinn wie Qualität, in erster Linie aber, »der Menge zu behagen«,
daß sie sich schon des Nachmittags zu den Kassen dränge und »um
ein Billett sich fast die Hälse bricht«, denn das Publikum will insbe-
sonders eins: ein Fest. Groß und lebendig soll es sein, kein Fest der
Dummheit, eines der Allgemeinheit. Der Direktor erinnert an den
Vorsteher einer Bänkel- und Mysterienbühne, der die Welt in ihrer
obskuren Gänze, als »ein Ragout« aufgeführt wissen will. In diesem
Sinne wendet er sich an den *Theaterdichter und die *Lustige Person
(also den Schauspieler):
   »So schreitet in dem engen Bretterhaus
   Den ganzen Kreis der Schöpfung aus
   Und wandelt mit bedächtger Schnelle
   Vom Himmel durch die Welt zur Hölle.«
Vermutlich schrieb Goethe das kurz vor 1800 nieder. Drei Jahre spä-
ter formulierte sein Freund Schiller die berühmten, passenden Wor-
te: »Sehn wir doch das Große aller Zeiten/Auf den Brettern, die die
Welt bedeuten.« (›An die Freunde‹, 1803)
   Der Direktor steckt den Rahmen ab: Das Stück soll vom Himmel
durch die Welt bis in die Hölle reichen. Damit sind wir auf den ›Prolog
im Himmel‹ wie auf das gesamte Fauststück eingestimmt: Wie im barocken Mysterienspiel treffen wir auf Gott, Mensch und Teufel. In
seiner Überlegung, Kunst und Kommerz zu verbinden, erinnert der
Direktor an *Serlo aus ›Wilhelm Meisters Lehrjahre‹.

Dora
(Alexis und Dora)
Siehe *Alexis

Doriden
(Faust II, Klassische Walpurgisnacht)
Seenymphen, Töchter der Doris und des *Nereus. Sie haben gestrandete Seeleute entdeckt und machen diese zu Gespielen, die sie nicht mehr hergeben wollen.

Vater Nereus gebietet freundlich die Rückgabe der Männer mit dem Argument, daß nur Göttervater Zeus eine solche Gabe gewähren dürfe.

Dorothea
(Hermann und Dorothea)
Flüchtling aus dem deutschen Frankreich. Ihr griechisch-römischer Name heißt »Gottesgabe«, und so sieht sie auch aus: Ein kolossales Frauenzimmer, der Dichter spricht von »Heldengröße des Weibes« (VII,98), ihre »starken Schritte« (II, 24) weisen auf eine gewisse Körperfülle. Später erfahren wir, daß sie französische Manieren wie Handkuß und Knicks beherrscht, und wundern uns. *Hermann sieht sie und weiß, sie ist die Richtige:

»Denn der rote Latz erhebt den gewölbten Busen,
Schön geschnürt, und es liegt das schwarze Mieder ihr knapp an;
Sauber hat sie den Saum des Hemdes zur Krause gefaltet,
Die ihr das Kinn umgibt, das runde, mit reinlicher Anmut;
Frei und heiter zeigt sich des Kopfes zierliches Eirund;
Stark sind vielmal die Zöpfe um silberne Nadeln gewickelt;
Vielgefaltet und blau fängt unter dem Latze der Rock an
Und umschlägt ihr im Gehn die wohlgebildeten Knöchel.«
(V, 169 ff)

Der Richter, ebenfalls Flüchtling, erzählt, wie sie und einige junge Mädchen allein auf einem großen Gehöft von räuberischem Gesindel überfallen und bedroht wurden. Sie entriß einem der Bösewichte den Säbel und streckte ihn nieder, vier andere wurden von ihren Hieben verletzt, so daß alle übrigen die Flucht ergriffen.

Ihren Ex-Bräutigam hat sie bei den revolutionären Kämpfen in Paris verloren. Zu seinem Gedenken trägt sie einen Goldring, der Hermann sehr verunsichert, denn Hermann liebt Dorothea, was diese aber nicht weiß. Auf seine Frage, ob sie als Magd sich verdingen wolle, antwortet sie mit ja. »Denn ein wanderndes Mädchen ist immer von schwankendem Rufe.« (VII, 93)

Zudem hat die Frau vor allem eine wichtige Aufgabe, die sie einzunehmen gedenkt:

»Dienen lerne beizeiten das Weib nach ihrer Bestimmung;
Denn durch Dienen allein gelangt sie endlich zum Herrschen,
Zu der verdienten Gewalt, die doch ihr im Hause gehöret.«
(VII, 114 ff)

So nimmt sie Abschied von der Wöchnerin, der sie hilfreich zur Seite gestanden hatte, und folgt dem jungen Mann ins elterliche Anwesen. Der renommiersüchtige Vater, nicht gerade mit Sensibilität und Einfühlungsvermögen gesegnet, der gerne die reiche Nachbarstochter zur Schwiegertochter gehabt hätte, verhält sich derart taktlos, daß Dorothea auf der Stelle kehrtmachen will. Im letzten Augenblick klärt sich, daß sie als Magd geworben, doch als Braut geplant war. Sie willigt in die Verlobung ein, denn Hermann, gesteht sie, habe ihr von Anbeginn gefallen.

E

Eckart
(Der getreue Eckart)

Er ist ein freundlicher Naturdämon zu Eckartsberge, einer Ortschaft, die Goethe auf seiner Reise nach Teplitz 1813 durchfuhr. Den ängstlichen Kindern, die den Erwachsenen das Bier spätabends im Dunkeln nach Hause bringen, verspricht Eckart reichlichen Lohn, wenn sie den »unholdigen Schwestern«, die von der Jagd kommen und aus der Dunkelheit hervortreten, ihre vollen Krüge überreichen. Und in der Tat, als die Kinder zu Hause sind, sind die Bierkrüge nicht etwa leer, sondern bleiben voll bis zum Morgen. Leider machen die Kinder den Fehler und erzählen – gegen Eckarts Gebot – von dem kinderlieben Zauberer ... und von da ab bleiben die Krüge trocken. Moral: »Verplaudern ist schädlich, verschweigen ist gut.«

Eduard
(Die Wahlverwandtschaften)

»So nennen wir einen reichen Baron im besten Mannesalter« – mit diesem lakonischen Satz stellt Goethe ihn gleich zu Beginn des Romans vor. Eduard heißt eigentlich Otto, doch nachdem sein Klassenfreund ebenso heißt, gibt er sich einen anderen, einen wohlklingenderen Namen.

Eduard ist *Charlottes Gatte. Kind reicher Eltern, Sohn einer zärtelnden Mutter und eines habgierigen Vaters. Dem Vater gehorchend, heiratete er eine reiche, wesentlich ältere Frau, nach deren frühem Tod er sich in der Lage sieht, frei und finanziell wohlausgestattet auf Reisen zu gehen. Er wünschte nichts Extremes, bleibt entspannt und sympathisch, aufgeschlossen, wohltätig und – wenn es sein muß – auch mutig. Einer der »leicht auflodertere«, zuweilen ungeduldig, doch so friedfertig »daß man ihn immer noch liebenswürdig finden mußte, wenn man ihn auch beschwerlich fand«. Nach der Rückkehr von seiner ausgedehnten Reise lernt er seine Jugendliebe *Charlotte neu kennen, die als Witwe ebenfalls frei ist. Obgleich ebenso alt wie Eduard ist sie verblüht (so empfindet sie sich ihm gegenüber), aber Eduard sieht in ihr nur die Geliebte von damals, die unerfüllte Sehnsucht, und hält um ihre Hand an. Beide heiraten und ziehen sich auf ein Schloßgut zurück, um das »endlich spät erlangte Glück ungestört zu genießen«. (I,1) Sie residieren auf einer Anhöhe, wo sie über Terassenanlagen hinunter in ein Dorf mit Kirche und Turm blicken, über ein Tal, auf Baumwiesen ...

Die literarisch sachkundige Zeitgenössin Goethes, Therese Huber, schreibt, »die Farben von einer Lebendigkeit, daß man glaubt, eine italienische Landschaft zu sehen, die kein Duft einhüllt«. (Bode, ›Goethe in vertraulichen Briefen seiner Zeitgenossen‹, Bd. 2, Berlin 1921, S. 230) Alles ein wenig artifiziell also und durchaus in entsprechender Absicht ohne Ort und Zeit geschildert. Goethe illustriert damit Eduards Realitätsferne, seinen dem tätigen Leben fernstehenden Habitus. Eduard ist einer, der es nie schwer hatte, der es sich nie schwergemacht hat, und diese hochliegende Insel mit Schloß ist beredtes Zeugnis seiner Isolation im Luxus. Charlotte und er musizieren zusammen, er spielt Flöte, führt »seine Partie sehr ungleich aus, einige Stellen gut, nur vielleicht zu geschwind; bei andern wieder hielt er an, weil sie ihm nicht geläufig waren.« (I,2) Mit solchen und ähnlichen Marginalien führt uns der Erzähler ins Zentrum dieses Charakters.

Eduards Klassenfreund, der *Hauptmann, ist in einer vorübergehenden Notlage, Eduard überlegt, ob er ihn zu sich holen soll. Ganz wohl ist ihm dabei nicht, er grübelt seit längerem, wie er damit Charlotte begegnen soll. Ahnt er kommendes Unheil? Kaum, es ist eher die Taktlosigkeit gegenüber der Neuvermählten, die ihn zögern läßt: So bald nach dem geschlossenen Ehebündnis einen Fremden einzuladen, zeugt nicht eben von tiefer Zuneigung und hoher Achtung. Wie ein Knabe, der sein Spielzeug wiederhaben will, holt er nicht nur Charlotte, sondern auch den alten Jugendfreund zurück, es ist, als wollte er das Frühere ungeschehen machen und von neuem, diesmal nach seinen und nicht des Vaters Plänen anfangen.

Charlotte äußert schwere Bedenken, ein Dritter würde in dieser noch jungen Zweieridylle stören. Doch gerade in und vor allem wegen dieses Pro und Contra will er kein Problem sehen. In seinem Leben hat es keine Probleme gegeben. Wir wissen nicht, ob wir's glauben sollen: doch sagt der Erzähler, Eduard habe sich während dieser Debatte mit Charlotte »zum erstenmal widersprochen« gefühlt. (I,2) Der Hauptmann könne das Land vermessen, führt Eduard an, alles sei von »guter Art. Was ich im Garten leiste, du im Park, soll das nur für Einsiedler getan sein?« (I,1) Charlotte hält sachlich und ahnend dagegen, ihr Gatte antwortet, man sei aufgeklärt, nur bei Menschen, die dunkel vor sich hin lebten, sei das eine Gefahr. Ernst aber ist es

Eduard nur halb. Wenn man nicht weiterkomme, schlägt er zu Charlottes ungläubigem Erstaunen vor, solle das Los entscheiden. Im Hinblick auf die sich entwickelnde Katastrophe, wo von fünf drei Menschen sterben werden, ist sein »bestes« Argument: »Durch die Gegenwart des Hauptmanns würde nichts gestört, ja vielmehr alles beschleunigt und neu belebt.«

Auch Charlotte hat einen Menschen, dem sie helfen will, es ist ihre hübsche Nichte ✶Ottilie, die Eduard kennt. »Hübsch ist sie, besonders hat sie schöne Augen«, sagt Eduard, »aber ich wüßte doch nicht, daß sie den mindesten Eindruck auf mich gemacht hätte.« (I,2) Sie solle sie zu sich nehmen, sagt Eduard. Ihr Ottilie und ihm den Hauptmann. Es sei ein Versuch, sagt er, mehr nicht. Mit dem Hauptmann ist schnell eine neue Freundschaft geschlossen, Eduard zieht sogar zu ihm in den rechten Schloßflügel. Die Arbeit, die systematische Lebensführung und die Ansichten des Hauptmanns gefallen ihm. Es scheint, als sei Eduard froh für vieles an geistiger Anregung, daß er sich dabei von Charlotte entfernt, gibt ihm nicht zu denken. An den Abenden sitzen die drei zusammen, man plaudert, musiziert oder Eduard liest vor.

In der Zwischenzeit ist Ottilie eingezogen. Charlotte und der Hauptmann sind mit dem Fortgang der landschaftlichen Umgestaltung beschäftigt, so kommen sich Ottilie und Eduard näher. Sie wird sein kleiner Schutzgeist und gesprächig in seiner Gegenwart, denn Eduard, den wir als mindestens doppelt so alt wie Ottilie schätzen, hat in den vergangenen Lebensjahren etwas Kindliches behalten. Eines Tages gehen alle vier spazieren, ihre Wege trennen sich, Ottilie und Eduard nehmen eine Abkürzung, Charlotte und der Hauptmann den bequemen, längeren Weg. Und wie Eduard Ottilie nun von den Felsen herabsteigen sieht, wie sie ihm von Stein zu Stein hinabfolgt, glaubt er ein himmlisches Wesen zu erblicken, das über ihm schwebt. Und wenn sie seine helfende Hand ergreift oder sich auf seine Schultern stützt, wünscht er, sie würde stürzen und er könnte sie auffangend an sich drücken. Doch hält er still, aus Angst, sie zu brüskieren.

Unten an der Mühle bittet er sie dringend, das große Medaillon an der goldenen Kette zu entfernen, sie könnte sich verletzen. Ist das ein Trick des Einschmeichlers? Wir vermuten nein (und mit uns Paul Stöcklein, ›Wege zum späten Goethe‹, Hamburg 1949, S. 22), alles ist Vorwand, aber Eduard lügt nicht. Nicht bewußt. Er ist ein so unbewußter Mensch, daß er nichts von der Kraft und Schlauheit seines erotischen Triebes ahnt. Sie nimmt das Medaillon und überreicht es ihm – er nimmt ihre Hand und drückt sie an seine Augen. Und ab jetzt ist ihm, als sei eine Trennwand herabgerissen. An den gemeinsamen Abenden zu viert liest Eduard wieder vor, Ottilie schaut ihm ins Buch ... Eduard rückt heran, um es ihr bequemer zu machen.

Mit dem Besuch des *Grafen und der *Baronesse kommt neues Leben ins Schloß. Im Gegensatz zu Charlotte spürt Eduard, der Kindliche, nichts vom Umbruch, den dieser Besuch bewirkt.

»Leider haben die Heiraten ... etwas Tölpelhaftes; sie verderben die zartesten Verhältnisse«, (I,10) sagt der Graf während einer abendlichen Zusammenkunft, er meint das allgemein, aber es klingt, als wüßte er, was Eduard bewegt. Weiß es auch Eduard? Unbefangen plaudert er mit der Baronesse über Ottilie, ohne Bewußtsein, wie sehr ihn die Leidenschaft seines Vortrags verrät. Die Baronesse spricht ihre Einladung zur Weinlese im Wissen, daß Ottilie nicht zugegen sein wird. Eduard hingegen weiß nichts von Ttilies bevorstehender Abwesenheit und freut sich, daß die Weinlese Ottilie gefallen wird.

Die Stimmung an diesem Abend ist nicht die beste. Charlotte ist einsilbig wie nie, und der Hauptmann tritt kaum in den Vordergrund. Fröhlich spricht Eduard dem Wein zu, und gegen Mitternacht ist er mit dem Grafen allein. Dieser schwärmt von Charlottes schönem Fuß, und nun, da Eduard vom Wein und von des Grafen erotischer Belobigung seiner, Eduards, Frau in Wallung geraten ist und er zugleich Ottiliens gedenkt, beschließt er, mehr aus dem Stegreif als aus Überlegung, zu Charlotte zu gehen. Sie läßt ihn ein, er verkündet feierlich, er habe das Gelübde getan, ihren Schuh zu küssen. Er ist liebenswürdig, »so freundlich, so dringend«, die Kerzen sind gelöscht, nichts hindert ihn, seine Träume von Ottilie aufzunehmen, während er bei Charlotte liegt. »Eduard hielt nur Ottilien in seinen Armen ... Aber als Eduard des andern Morgens an dem Busen seiner Frau erwachte, schien ihm der Tag ahnungsvoll hereinzublicken, die Sonne schien ihm ein Verbrechen zu beleuchten; er schlich sich leise von ihrer Seite.« (I,11)

Am Morgen danach tritt Eduard Ottilie reuig entgegen, sie aber hat nach Tagen der Arbeit eine Abschrift eines wichtigen Fachtextes für Eduard fertig. Beide wollen Original und Abschrift auf mögliche Fehler untersuchen, als Eduard zu seinem – man kann sagen – freudigen Entsetzen die eigene Handschrift vorfindet. Ottilie hat sich seine Handschrift angeeignet. Von nun an ist Eduard nicht mehr zu bremsen, er verliert den Kopf. Für Eduard ist die ganze Welt von Liebe überschwemmt, nichts ist wie ehedem, und nichts liegt ihm ferner, als sich unter Kontrolle zu bringen. Alles ist in ihm in Aufruhr, alles muß zu neuer Bewegung kommen, selbst das Leben seiner Arbeiter muß sich ändern, eine starke Ungeduld bemächtigt sich seiner, er vergißt alles Maß und ist blind für alles und jeden außerhalb seiner Liebe. Bald bemerkt er, daß man Ottilie von ihm fernhält, er sieht in Charlotte und dem Hauptmann Übelwollende. Und als Ottilie naiverweise kolportiert, der Hauptmann habe Eduards Musizieren eine nervenaufreibende »Flötendudelei« genannt, ist er beleidigt und fühlt sich von allen Pflichten der Freundschaft losgesprochen. Er erinnert an einen rasenden Operettentenor, der aus allem seinen Argwohn zu schöpfen weiß. Eduard wird zum Intriganten und Lügner. Auch weiß er sich reinzuwaschen von jedem Selbstvorwurf, denn er ist überzeugt, daß Charlotte und der Hauptmann ein Liebespaar sind und daß Charlotte eine Scheidung wünscht, obwohl darüber keine Silbe verloren worden ist.

Ottiliens Geburtstag steht vor der Tür, und er gedenkt ihn zu feiern, als sei Ottilie eine Königin und Charlotte nichts in seinem Leben. Im letzten Moment verhindert der Hauptmann, daß Ottiliens Namenszug als Blumenornament im Giebelfeld des gerichteten Rohbaus prangt.

Es ist ein großes Fest mit zahlreichen Gästen, manche drängen sich am Seeufer auf einer notdürftigen Konstruktion. Sie bricht, und ein kleiner Junge ertrinkt beinahe. Die Gesellschaft zieht sich wegen dieses Vorfalls erschrocken aufs Schloß zurück, man weiß noch nicht, ob der Arzt den Jungen durchbringt. Nur Eduard bleibt am See zurück, schließlich hat er noch ein großes Feuerwerk für Ottilie. Alleine betrachten er und sie das Pyrospektakel.

Tags darauf will Charlotte mit Eduard reden. Er weicht aus, feige und unaufrichtig sind seine Antworten. Sie sagt ihm auf den Kopf zu: »Du liebst Ottilien ... Sollen wir nicht soviel Vorsicht haben, uns zu fragen, was das werden wird?« (I,16) Er antwortet nicht. Charlotte sagt, sie gedenke Ottilie zurück aufs Pensionat zu bringen, sie weist auf des Hauptmanns Fortgang hin, sie will Eduard zu einer Stellungnahme bewegen. Ihm ginge es nur um Ottiliens Glück, gibt er zurück. Er reitet fort, hinterläßt einen Brief: »Ich verlasse mein Haus ... Du sollst es indessen besitzen, aber mit Ottilien. Bei dir will ich sie wissen, nicht unter fremden Menschen.« Er quartiert sich auf einem Bauernhof (»Vorwerk«) ein und gibt sich den Träumereien aus Liebe und Sehnsucht hin. Dem Besucher *Mittler sagt er: »Ich

will den sehen, der mich im Talent des Liebens übertrifft.« Mittler
solle Charlotte überreden, in die Scheidung einzuwilligen, bittet
Eduard.

Er ist ein gesteigerter *Werther, ein modernisierter *Tasso, nur sein
Empfindungsreichtum ist weniger prächtig, er ruft die Gefühle her-
an, wie andere sich große Zitate ins Gedächtnis rufen. Er will leiden,
Werther und Tasso wollen es auch, aber Werther und Tasso sind jün-
ger, neben ihrer Liebe werden sie noch von anderen Umständen ge-
quält und demoralisiert. Keinem kommt Eduard so nahe wie
*Fernando (›Stella‹). Beide Männer gehorchen einem spielerischen
Trotz oder einem trotzigen Spiel (aus einem Spleen der eine, aus
Müßiggang der andere), der verwöhnten und erfolgsverwöhnten
Muttersöhnchen eigen ist.

Beide zeichnet ein stürmisches Verlangen aus, das man nicht ernst
nehmen kann. Mittler sagt unbeholfen weise, er solle »sich erman-
nen, solle bedenken, was er seiner Manneswürde schuldig« sei. Und
dann muß Eduard erfahren, daß Charlotte von jener Nacht, da er ihr
beiwohnte, schwanger ist. Damit hat Eduard nicht gerechnet. Er »er-
mannt« sich und zieht als Freiwilliger in den Krieg. Es ist ihm eine
»herrliche Empfindung, mit einem Feldherren zu ziehen«, von dem
er sich sagen konnte: »Unter seiner Anführung ist der Tod wahrscheinlich und der Sieg gewiß.«

Zurück aus dem Krieg und mit Ehrenzeichen geschmückt ist er seines Sieges in der Liebe sicher. Daß er überlebt hat, deutet er als Vor-
boten einer glücklichen Zukunft mit Ottilie, seine Vaterschaft gibt
ihm nicht weiter zu denken. »Es ist bloß eine Dünkel der Eltern, wenn
sie sich einbilden, daß ihr Dasein für die Kinder so nötig sei.« (II,12)
Seine Rechnung ist einfach und bekannt: Er an Ottiliens und der
Hauptmann an Charlottes Seite. Sollten diese widerstreben, wird ihn
nichts hindern, Ottilie zur Frau zu nehmen. Seit seiner Rückkehr aus
dem Krieg haftet ihm eine eigentümliche heitere Gewißheit an. In
dieser Angelegenheit, sagt er, obwalte nicht der Wille der einzelnen
vier. Er trage zwar die Schuld am Zusammenkommen mit Ottilie, wie
an jenem des Hauptmanns mit Charlotte, doch dann hätte das
Schicksal die Führung übernommen. »Wir sind nicht mehr Herr über
das, was daraus entsprungen ist, aber wir sind Herr, es unschädlich
zu machen, die Verhältnisse zu unserm Glücke zu leiten.« In einer
Hinsicht hat er wohl recht: eine Neubelebung der ursprünglichen
Verhältnisse, wie sie Charlotte immer wieder und bis zuletzt erhofft,
wäre grotesk.

Der Hauptmann solle mit Charlotte reden, um endlich eine
Lösung zu finden. »Er dachte sich alles nicht als möglich, sondern als
schon geschehen. Alle Teile brauchten nur in das zu willigen, was sie
wünschten; eine Scheidung war gewiß zu erlangen; eine baldige
Verbindung sollte folgen, und Eduard sollte mit Ottilien reisen.« Ein
Zufall will es, daß Eduard seiner Leidenschaft nicht mehr Herr wird.
Von weitem erblickt er das neuerbaute Berghaus, an das sich all die
wunderlichen Geschicke des letzten Jahres knüpfen. Leidenschaftlich bittet er den Hauptmann, bei Charlotte vorzusprechen und ihr
ohne Umschweife die Sache vorzutragen.

Wenn die Katastrophe noch abwendbar war, so sorgt Eduard mit
seinen weiteren Schritten für die Wendungen zum Schlechten. Er
muß in Ottiliens Nähe, er steigt über versteckte Pfade und Wege hinan, bricht übers Gebüsch vor und sieht oben am Bergsee die Geliebte
mit dem Kind. Zum erstenmal wechseln sie »entschiedene, freie
Küsse«. Es ist spät geworden, sie drängt ihn zu gehen, das Kind muß
zurück zur Mutter.

Zurück im Gasthof, erfährt der ahnungslose Eduard, daß nach seinem Fortgang Ottilie mit seinem kleinen Sohn einen Unfall hatte und
der Bub ertrunken ist. Eine Katastrophe? Ihm nicht. Der Vorfall ist
ihm eine Angelegenheit, »wodurch jedes Hindernis an seinem Glück
auf einmal beseitigt wäre«.

Er hat jetzt Zeit. Er glaubt, die Geliebte zu kennen, er muß sie schonen, er hält sich zurück. Doch läßt er, wie seit Beginn seiner Abwesenheit vom Schloß, alles, was um und mit Ottilie geschieht, über-
wachen und sich berichten. So trägt man ihm zu, daß Ottilie ins
Pensionat zurückreisen werde. »Er dachte, er überlegte, oder vielmehr er dachte, er überlegte nicht; er wünschte, er wollte nur. Er
mußte sie sehn, sie sprechen. Wozu, warum, was daraus entstehen
sollte, davon konnte die Rede nicht sein. Er widerstand nicht, er mußte.« (II,16)

Es ist ein Gasthaus, deren Wirtin er kennt, sie gibt ihm den Schlüssel zu Ottiliens Zimmer, er will ihr einen Brief hinterlegen, damit sie
auf das Unerwartete vorbereitet ist, er weiß – zumindest ahnt er –,
daß sie nach dem Tod des kleinen Otto der Liebe abgeschworen hat.
Jetzt hört er sie nahen, schnell aus dem Zimmer, da fällt die Tür ins
Schloß, er ist eingesperrt. Völlig unvorbereitet tritt ihm Ottilie entgegen. Sie spricht nicht. Nachts schläft er an ihrer Türschwelle. Tags
darauf drängt er sie zum Sprechen, ob sie ihm angehören wolle. Sie
sagt nein. Mehr nicht.

Man findet sich wieder im Schloß ein. Eduard, Ottilie, Charlotte und der Hauptmann. Alles wie ehedem. Ottilie liest sogar wieder still mit, wenn Eduard vorliest. Es ist das schönste Bild einer durch und durch körperlosen Liebe. »Nicht eines Blickes, nicht eines Wortes, keiner Gebärde, keiner Berührung bedurfte es, nur des reinen Zusammenseins. Dann waren es nicht zwei Menschen, es war nur ein Mensch im bewußtlosen, vollkommnen Behagen, mit sich selbst zufrieden und mit der Welt. Ja, hätte man eins von beiden am letzten Ende der Wohnung festgehalten, das andere hätte sich nach und nach von selbst, ohne Vorsatz, zu ihm hinbewegt.« (II,17)

Eduards Geburtstag nähert sich, er soll ohne Festlichkeit gefeiert werden, nur Ottilie strahlt eine anwachsende Feierlichkeit aus. Am Vorabend ist Eduard mit dem Pferd unterwegs, als er zurückkommt, erfährt er, daß Ottilie im Sterben liegt. Er setzt sich zu ihr, nimmt ihre Hand, er bittet um ein Wort. Sie ruft: »Versprich mir zu leben!« Er verspricht es. Mit Mühe erhält man seine Erlaubnis, die Geliebte zu bestatten, nach ihrer Aufbahrung wagt er es nicht, sie zu besuchen. Er verweigert das Essen, er will ihr nach. Nicht ohne Ironie läßt ihn Goethe klagen, daß er Unnachahmliches nachahme, daß sich seine Natur gegen seine Lebensverweigerung sperre, daß sein Bestreben ein falsches Bemühen sei. »Was ihr Seligkeit gewesen, wird mir Pein ... Ich fühle wohl ... es gehört Genie zu allem, auch zum Märtyrertum.« (II,18) Endlich findet man ihn tot. Bei ihm liegen Erinnerungsstücke an Ottilie, eine Locke, getrocknete Blumen von ihrer Hand, die Briefchen, die sie ihm geschrieben hat. Man glaubt an Selbstmord. Der Arzt untersucht ihn und stellt fest, daß er im Schlaf verstorben ist. »Und wie er in Gedanken an die Heilige eingeschlafen war, so konnte man wohl ihn selig nennen.« Er wird neben Ottilie bestattet.

Noch kurz vor Ottilies Tod hatte ihn »eine Art von wahnsinnigem Unmut« ergriffen, er wollte, er konnte sich nicht ins Unvermeidliche fügen. Doch später ist er der einzige, der Ottilie begreift und unwissentlich den Tod der noch Lebenden voraussagt: »Ist sie nicht schon von mir entfernt? Es fällt mir nicht ein, ihre Hand zu fassen, sie an mein Herz zu drücken; sogar darf ich es nicht denken, es schaudert mir. Sie hat sich nicht von mir weg, sie hat sich über mich weg gehoben.«

Daß die Anziehung zwischen Eduard und Ottilie wie eine Springflut kommt, ist nicht zu bestreiten. Hat sie auch den Hauptmann zerstört? Nein, der Hauptmann ist nicht der Müßiggänger Eduard. Und in diesem Müßiggang, in all der Ziellosigkeit eines adligen Lebens steckt schon die Saat des Schicksals. Auf eine fundierte Analyse seiner Situation läßt er sich nicht ein, Mittler gegenüber tönt er, er habe stets unter seinen Halbheiten gelitten, nun werde er Weltmeister der Liebe. Er macht sich keine Vorstellung von der Kompliziertheit der Verhältnisse, in denen er und die anderen leben. Die penetrante Rücksichtslosigkeit gegenüber Charlotte, wie ihre ebenfalls penetrante Rücksichtnahme auf Eduard machen ›Die Wahlverwandtschaften‹ – zumindest für uns – zu einem Buch scheiternder Konfliktbewältigung.

Egle
(Die Laune des Verliebten)
Schäferin, Geliebte *Lamons und *Amines Seelenhelferin. Sie ist im Gegensatz zu Amine die erfahrene und gewandte Freundin, ein diesseitiges Frauenzimmer, das genau weiß, wie man das Leben anpackt, und das keine Schwierigkeiten in der Liebe hat. Sie will das Leben in seiner Fülle umarmen und hält in der Tat die ganze kleine Schäferwelt zusammen: ihr Mann – mehr Gefährte als Geliebter – tut das, was sie verlangt, darf aber auch mal andere küssen; die naive sensible Freundin Amine, der sie aus ihren Schwierigkeiten und Nöten heraushelfen will; der außenstehende *Eridon, der sich den Gesetzen Arkadiens nicht unterwerfen kann. Man hat sie als Intrigantin bezeichnet und geht damit an den Tatsachen vorbei. In der Tat verführt sie den verklemmten Eridon, kompromittiert ihn aufs Ärgste, doch tut sie dies nicht um des eigenen Vorteils willen, sondern um diesem seine Selbstgerechtigkeit und Misanthropie auszutreiben. So hilft sie ihm aus seiner Verkrampfung und befreit dessen Geliebte aus den Fängen der Besitzgier. Die klassische Intrigantin ist sie also nicht, sie steht im diplomatischen Dienste Arkadiens, uneigennützig spinnt sie ihre verborgenen Fäden. Sie mag kein Unrecht ansehen und versteht nicht, daß sich Amine unterwerfen läßt. Ihre dezidierte dem Schäferkosmos entnommene Meinung in Sachen Liebe:
»Freundin, glaube mir, es ist geringre Pein,
Nicht gar so sehr geliebt, als es zu sehr zu sein.«
Sie liefert uns mit ihrer Realitätsorientiertheit die charmanten Gesetze der Liebe:
»... sei hart und streng, du wirst ihn zärtlich finden.
Versuch es nur einmal, bereit ihm kleine Pein:
Erringen will der Mensch, er will nicht sicher sein.«

Die Treue kommt aus dem Herzen und gehorcht keinem Versprechen unter Zwang:

»Wo keine Freiheit ist, wird jede Lust getötet.«

Eine kleine Frauenrechtlerin, die sich am Ende der Aufführung an die Männerwelt draußen wendet:

»Ihr Eifersüchtigen, die ihr ein Mädchen plagt,

Denkt euren Streichen nach, dann habt das Herz und klagt.«

Egmont
(Egmont)

Prinz von Gaure (Gavre), Statthalter von Flandern, Ritter des Goldenen Vlieses und Meisterschütze. Seit seinen Schlachterfolgen von St. Quentin und Gravelingen, wo er im Dienste Spaniens den Franzosen zusetzte, ein niederländisches Volksidol.

Wir befinden uns in den Jahren 1566 bis 1568. (Die Handlungsdauer des Dramas hat Goethe auf wenige Tage komprimiert.) Die Niederlande sind (seit Karls des Kühnen Tod 1477) habsburgisch-spanischer Besitz. Obwohl mit *Margarete von Parma, Schwester des spanischen Königs Philipp II., eine abwägende Politikerin an der Spitze der Niederlande steht, kommt es zu Revolten von calvinistischen Gläubigen gegen das spanisch-katholische Regiment. Im Gespräch mit dem abwägend klar denkenden Ratgeber *Machiavell beschwert sich Margarete über Egmont: Trotz der angespannten Lage, bleibe er untätig, tue, als sei er der Herr im Lande und wolle die Spanier »so gerade nicht« verjagen, das würden die Umstände ohnehin mit sich bringen. Egmont sei es, der Schuld am Unglück Flanderns habe, er habe gegenüber den Bilderstürmern Nachsicht statt Strenge geübt.

Auf einem Platz in Brüssel (Residenz Margaretes und Hauptstadt Brabants) hat ein halbgebildeter Agitator namens *Vansen die Bürger in antispanische Stimmung versetzt. Nun tritt Egmont, der den gesamten ersten Akt nur das Objekt der Beurteilung hoher und niederer Öffentlichkeit war, selbst auf. Seine ersten Worte: »Ruhig! Ruhig, Leute!« Und es wird ruhig. In kurzer Zeit wandelt sich der Volksauflauf in einen friedlichen Dialog zwischen dem Grafen und seinen Bürgern.

Nach und nach flicht Goethe seinem Helden den Kranz eines »dämonischen« Menschen. Dämonisch ist mitnichten negativ gemeint, es ist, sagt Goethe, »die magische Wirkung, die von seiner Person ausgeht, so daß die Gesunden ihm anhängen und die Kranken sich geheilt fühlen«. Christus sei eine dämonische Person gewesen und Napoleon. *Mephisto rechnete Goethe nicht dazu. Ein »viel zu negatives Wesen« (Eckermann 28.02.31). Das Dämonische manifestiere sich über die »attrattiva«, »die entschiedene Anziehungsgabe«.

In seinem Kabinett bespricht Egmont mit dem Sekretär seine Entscheidungen. Den Bilderstürmern begegnet er mit Gnade vor Recht, statt sie hinrichten zu lassen, läßt er sie auspeitschen.

Auf *Oraniens Frage nach der Beurteilung des öffentlichen Lebens, gesteht Egmont, er habe in der von Margarete eilends einberufenen Kabinettssitzung »an was anderes« gedacht. Wie sehr Oranien sich auch bemüht, seines Freundes Sinn für die heikle Situation im Lande zu wecken – Egmont will keine Bedrohung erkennen. In dem Gespräch der beiden offenbaren sich zwei Prinzipien: das der Sorge gegen das der Sorglosigkeit.

Die Regentin erwägt ihren Rücktritt, gibt Oranien zu bedenken. Sie werde, erwidert Egmont, wie früher auch, ihren Rückzugsgedanken nicht wahr machen. Und wenn an ihrer Stelle ein anderer käme, fragt Oranien. Ein anderer, entgegnet Egmont, würde wenig ändern, wäre froh, das Schiff im Sturm fern der Felsen halten zu können. Der spanische König werde anders als bisher vorgehen, befürchtet Oranien. Er könnte das Volk schonen und nur die Fürsten belangen. Egmont wiederum ist überzeugt, die Ritter des Goldenen Vlieses wüßten sich in einem standesgemäßen Gerichtsverfahren zu verteidigen.

Oranien: »Und was wäre ein Urteil vor der Untersuchung, eine Strafe vor dem Urteil?« »Eine Ungerechtigkeit, der sich Philipp nie schuldig machen wird«, weiß Egmont. Nun zückt Oranien die letzte Karte: *Alba, der brutalste General seiner Zeit, stehe vor der Tür. »Ich glaub's nicht«, antwortet Egmont.

Trotz einer Vielzahl beunruhigender Zeichen folgt Egmont seinem Glauben von der prinzipiellen Richtigkeit der Verhältnisse. Frappierende Uneinsichtigkeit? Egmonts Haltung wirft eine andere Frage auf. Ob im rationalen Handeln der Weisheit letzter Schluß liegt? Ohne Zweifel ist Egmont der juvenil Unbekümmerte, der selbst auf die Bekanntgabe von *Albas Ankunft, den Ernst der Lage sozusagen vorsätzlich verkennt. Er gehört in die Galerie realitätsverneinender Goethe-Männer wie *Götz, *Werther, *Fernando, *Tasso, *Faust, *Eduard und andere. Egmont ist einer, der hier und jetzt, so und nicht anders lebt: »Ich muß mit meinen Augen sehen«, ruft er – das ist ein Aspekt. Der zweite ist ein ziemlich unzeitgemäßer, daß man nämlich weitermacht, auch wenn man dabei alles riskiert. »Laß uns denken, Egmont!« ruft Oranien aus. Und Egmont antwortet: »Laß dich nicht durch Klugheit verführen.« Egmont ist Goethes Held. Also wollen wir berücksichtigen, daß Egmont, wie viele von Goethes Helden, in weiten Teilen seine Individualität, seine individuelle Heldenhaftigkeit hat. Zwar ist er als Sieger auf dem Schlachtfeld im gesellschaftlich anerkannten Sinne Held, hier aber im Gespräch mit Oranien leitet Egmont eine nur für sich gewonnene Einstellung vom – notwendig wie praktischen – Sinn eines möglichen Opfers: Egmont will bleiben, weil eine Flucht für das Volk ein zu hohes Risiko wäre, ein Signal, das die niederländischen Provinzen »mit einmal« (Hervorhebung Goethes) zu den Waffen riefe, ein Signal, »das jede Grausamkeit rechtfertigt, wozu Spanien von jeher nur gern den Vorwand gehascht hat«.

Hier begegnet uns Egmont also nicht im Jugendkostüm der Unbekümmertheit. Die Erbarmungslosigkeit der Spanier ist ihm sehr wohl bewußt. Wir können uns vorstellen, daß er die geopolitische Situation seines Landes vor Augen hatte: Die Niederlande waren nicht nur die von Spanien besetzte Provinz, sondern – eingekeilt zwischen rivalisierenden Großmächten – ein Pufferstaat, der auf Spanien als Schutzmacht angewiesen war. Also konnte Egmonts Wunsch nach einem gütlichen Einvernehmen durchaus Sinn machen. Oraniens Haltung mutet modern und vernünftig an, von Klugheit geführt.

Hier, in diesen Niederlanden, zählte indes nicht die Wahlmöglichkeit Freiheit oder Fremdherrschaft, sondern, ob die Niederlande ihre Unabhängigkeit ohne die Spanier hätten wahren können oder ob sie zum Exerzierplatz der Großmächte geworden wären. Demgemäß geht es Egmont also auch um die Frage: wie laviert ein (Klein-)Staat mit der Großmacht? Egmonts eigentlicher Fehler ist, die Bedrohung zu verkennen, die speziell von Alba ausgeht.

»Wir haben nicht für den leisesten Fußtritt Platz«, erklärt Oranien und nimmt Abschied von Egmont. Egmont aber bleibt und ist für Momente ein anderer. Die Sorge ist als »ein fremder Tropfen« in sein Blut geraten. Doch dagegen »gibt es ja wohl noch ein freundliches Mittel«. Es ist *Klärchen, die Geliebte. Und als Mitglied des Ordens des Goldenen Vlieses denkt Egmont ähnlich arglos wie der sich unverwundbar dünkende und strahlende Siegfried. Und ebenso siegfriedhaft strahlend tritt Egmont Klärchen im ritterlichen Prachtgewand entgegen. Außer dem Großmeister des Ordens, dürfe ihn keiner auf Erden verurteilen, versichert Egmont.

Mit dieser Überzeugung tritt er dem gefürchteten Alba entgegen. Er sucht nicht nach freundlichen Worten, er ist sich seines Rechtes sicher. Der König solle ein Generalpardon ausschreiben, fordert Egmont, was das Volk auf die Barrikaden getrieben habe, sei mit dem Zustand der Trunkenheit vergleichbar und mit Nachsicht zu behandeln. Kein Wort und wohl auch kein Gedanke Egmonts, daß hier – aus spanischer Sicht – über die religiösen Unruhen hinaus ein Anschlag auf den Souverän verübt wurde, daß eine brisante politische Situation entschärft werden muß, ungeachtet, wer hier Recht oder Unrecht tut. Der König mache den Eindruck, er wolle seine Untertanen »unterjochen, sie ihrer alten Rechte berauben«. Der spanische Katholizismus habe offenbar die Funktion eines prächtigen Teppichs, der jeden Anschlag auf Freiheit und Besitz bemäntele. Egmont vergleicht seine Landsleute mit einem ungezähmten Pferd, dem »mußt du seine Gedanken ablernen, ... nichts unklug von ihm verlangen«.

Goethe spricht hier nicht nur die Begebenheiten einer vergangenen Zeit an, sondern den immer noch praktizierten Absolutismus sowohl seines Landesherren als auch der Hegemonialmacht Wien, die mit ihrer staatlichen Zentralisierung und Rationalisierung (unter Reformkaiser Joseph II.) einen Kleinstaat wie Weimar, wenn auch nicht wie Alba, so doch in hohem Maße von oben herab dirigierte. Zusätzliche Aktualität gewann die Thematik, weil just in jenen Jahren, da Goethe seinen ›Egmont‹ verfaßte, Joseph II. als Eigner Südbrabants seine Reformen gegen den leidenschaftlichen Protest der Belgier durchzusetzen versuchte. (Erlaß von 1784: Deutsch alleinige Amtssprache in Belgien.)

Ohne ein Einvernehmen mit Alba erreicht zu haben, will sich Egmont verabschieden, da wird er auf Befehl des Königs verhaftet. Des Königs? Egmonts Vertrauen auf den Oberherren wie auf seinen Status als Ritter des Goldenen Vlieses hat sich als Illusion erwiesen.

Egmont ist eingekerkert, die Ruhe des Schlafes ist ihm geraubt, allein und verlassen klammert er sich an Wunschbilder, wonach sein Volk sich »zu Tausenden« zusammenrotten werde, um ihn zu befreien. Aus einem lebensfrohen Diesseitigen ist ein eingekerkerter Illusionist geworden. Ihm wird das Todesurteil verlesen, nach der Urteilsverkündung glaubt sich Egmont allein. Da erblickt er im Dunkel der Zelle *Ferdinand, Albas Sohn. Egmont, der sich dem be-

rechnenden Alba ausgeliefert hat, steht, wenige Stunden vor seiner
Hinrichtung, dem Sohn seines Mörders noch gegenüber, und dieser
gesteht, er sei ein Seelenverwandter, ein Bewunderer, ja ein Freund.
Doch fällt kaum ein Wort der Schuldzuweisung und Anklage. Ferdinand beherrscht beinahe trauernde Einsicht über Egmonts bevorstehendes Ende. Egmont indes richtet Ferdinands Teilnahme auf, ja
er vermag, dem Jungen sogar Mut zuzusprechen und darüber hinaus
seine alte Rolle wiederzufinden. »Junger Freund, den ich durch ein
sonderbares Schicksal zugleich gewinne und verliere, der für mich die
Todesschmerzen empfindet, für mich leidet, sieh mich in diesen
Augenblicken an; du verlierst mich nicht. War dir mein Leben ein
Spiegel, in welchem du dich gerne betrachtetest, so sei es auch mein
Tod ... Ich lebe dir und habe mir genug gelebt.« Damit wird vom ur-
sprünglich politischen Konflikt zu einer allgemein menschlichen
Harmonisierung gelenkt.

Durch Ferdinands Anwesenheit versöhnt und getröstet fügt sich
Egmont nicht nur in sein Schicksal, sondern findet eine Rolle, die von
jener des Volksidols, des leidenschaftlichen Kriegers, des Reiters und
Liebhabers Abschied nimmt. Nun ist es an Ferdinand zu übernehmen: »So leb auch du, mein Freund, gern und mit Lust, und scheue
den Tod nicht!«

Er drängt den Jungen aus dem Kerker, hinaus ins Leben, das
Egmont so sehr liebte. In einem von Musik unterlegtem Traum öffnet sich vor Egmonts Augen das Mauerwerk. Eine strahlende Erscheinung zeigt sich »in himmlischem Gewande, von einer Klarheit
umflossen« auf einer Wolke schwebend. Es ist die »göttliche Freiheit«
mit Klärchens Zügen. Man hört Trommeln, deren Klang immer lauter wird, der Vorhang fällt, und eine »Siegessymphonie« setzt ein. 23
Jahre nach Fertigstellung des Stückes schuf Beethoven hierfür seine
Egmont-Ouvertüre (1810). Schiller hat von einem »Salto mortale in
eine Opernwelt« gesprochen, er warf Goethe vor, Egmont habe sein
Ende leichtsinnig, ja sinnlos herbeiprovoziert und verdiene weder
Mitleid noch Verständnis.

Auch uns ist seine politische Unachtsamkeit rätselhaft: In einer
Kabinettssitzung nicht zuzuhören, die über Sein oder Nichtsein
nicht nur der eigenen Person, sondern eines ganzen Volkes berät, ist
mehr als nur Sorglosigkeit, das grenzt an Clownerei. Zudem fehlt das
Verständnis für Goethes Hinwendung zu einem Bilderwerk, wo eine Gestalt – halb Madonna, halb Geliebte – mit blutbeflecktem
Gewande dem Todgeweihten nicht nur Freiheit, sondern auch den

Sieg verkündet. (Stilistisch geht hier Goethe über Leichen: eine Freiheitsgöttin wandelt sich zur Siegesgöttin.)

Zu sehr empört die politische Ungerechtigkeit der Spanier, doch
zu wenig empört sie Egmont. Uns ist nach einem Danton, der trotz
seines Lebensüberdrusses, trotz des Wissens um sein bevorstehendes Ende die Anklageschrift wütend packt und ausruft: »Wenn ich einen Blick auf diese Schandschrift werfe, fühle ich mein ganzes Wesen
beben!« (Büchner, ›Dantons Tod‹, III,4) Man hat Büchners Text als
»Tragödie des heldischen Pessimismus« bezeichnet, ein Gegenentwurf zum ›Egmont‹? Analog wäre ›Egmont‹ die Tragödie des heldischen Optimismus, doch gerade der letzte Akt zeichnet ein anderes
Bild.

Hier weicht der Held zurück; nicht Egmont, sondern das Bild seines Traumes wird zum Zentrum unserer Aufmerksamkeit. Unter diesem Bild stehend wird Egmont immer kleiner, bis er den mächtigen
Kerker als versöhnter und ebenso bedeutungsloser Mensch verläßt.
Wir müssen somit vergessen, was Egmonts bevorstehender Tod wirklich ist: ein politisches Verbrechen. Mit dem 5. Akt ist es, als werde
der Vorhang zu einem neuen Schauspiel aufgezogen. Aus einem
Politstück ist ein gedichthaftes Mysterienspiel geworden. So politisch das Stück beginnt und plausibel die These illustriert, wonach
Politik nichts mit Gerechtigkeit, sondern mit einer eigenen zerstörerischen Mechanik zu tun hat, so »barock gläubig« endet es. Ohne
Zweifel setzt uns Goethe zwei monolithische Blöcke auf die Bühne,
die mit Politik in unserem Sinne nichts zu tun haben: Lebenslust und
Schicksalsglaube. Seine Lebenslust ist eine unreligiöse Freude am
Leben und doch keine moderne, wie wir sie im 20. Jahrhundert vorfinden.

Egmonts Lust am Leben ist leiser, unhysterischer, eben nicht verstört, und erklärt, wieso er keine politische Veränderung anpeilt,
denn alles ist gut, wie es ist: Der Adel bleibt wie seit Jahrhunderten
privilegiert. Das Volk bleibt eine Ansammlung guter Menschen, die
ihr Oberhaupt lieben. In dieser Ordnung läßt es sich echt und fröhlich leben. Und das schafft Lebenslust und die wiederum macht blind
für die Gefahr. Alles und alle ändern sich, nur Egmont bleibt der, der
er immer war. Wie formuliert es Albas Spitzel: »Den ganzen Tag von
einem Pferd aufs andere, ladet Gäste, ist immer lustig und unterhaltend bei Tafel, würfelt, schießt und schleicht nachts zum
Liebchen. Die andern haben dagegen eine merkliche Pause in ihrer
Lebensart gemacht; sie bleiben bei sich; vor ihrer Türe sieht's aus,

als wenn ein Kranker im Hause wäre.« (IV) Egmont »nimmt das Ernstliche scherzhaft; und wir, um nicht müßig und nachlässig zu scheinen, müssen das Scherzhafte ernstlich nehmen«, wirft ihm die Regentin vor – Worte, die ihm ebenso der Freund und Parteigänger Oranien hätte entgegenhalten können. Statt im Stil der Zeit gegen die Bilderstürmer vorzugehen, ist er des »Hängens müde. Man soll sie durchpeitschen, und sie mögen gehen.« Kein Vertreter sorgenvoller Pflichterfüllung, vielmehr einer, der sein Wohlbefinden via Machtentscheid den anderen mitteilt. Freiheit ist Egmont ein Bestandteil seiner Lebenslust und beinahe ein Gegenteil der politischen Freiheit. »Willkommen, Oranien! Ihr scheint mir nicht ganz frei.« Man kann sich lebhaft vorstellen, wie fröhlich Egmont das ausruft. Unfrei erscheint Oranien, weil er sich sorgt. Alba ist Oranien eine Freiheitsbedrohung vor allem politischer Art, Egmonts Freiheitsbegriff ist privater Art, Freiheit ist ihm unbeschwertes Leben.

Schiller fragte nach der Lektüre des ›Egmont‹: »Was tut er eigentlich Großes?« Und antwortete: Er ist »kein großer Charakter«, sondern »ein fröhliches Weltkind«, durch seine Menschlichkeit, »nicht durch Außerordentlichkeit, soll dieser Charakter uns rühren, wir sollen ihn lieb gewinnen, nicht über ihn staunen«. Goethe zu verstehen heißt, stets im Hinterkopf zu behalten, daß ihm das Dynamische, das Aufschäumende, das, was große Geschichte macht, fremd und unbehaglich war. Von Belang ist nicht ein eruptives Vorantreiben im Sinne Shakespeares, sondern ein »Es geschieht«. Und dieses Es ist das Schicksal, das aberwitzige Spiel der Götter mit dem Menschen. Napoleon fragte einmal Goethe, was man mit dem Schicksal wolle. Das sei ein überholtes Denkschema: »Die Politik ist das Schicksal!« Damit meinte er sich.

Der historische Lamoral Graf von Egmont (geb. 1522) sah in Teilen anders aus. Der Jesuit Famianus Strada schildert ihn in seiner Chronik (›De bello Belgico decades due‹) als verheiratet, Vater von knapp einem Dutzend Kinder und über vierzig Lenze zählend. Doch auch Strada erzählt von einem selbstbewußt Sorglosen, dessen Auftreten frei und tolerant war.

Im Krieg gegen Frankreich war er Befehlshaber der spanischen Reiterei. Seine glänzenden Siege bei Saint-Quentin (1557) und Gravelingen (1558), hatten den Frieden von Cateau-Cambrésis zur Folge, wonach Frankreich zugunsten Spaniens auf seine Ansprüche in Italien und Burgund verzichten mußte. Als Statthalter von Flandern und Artois schloß sich Egmont der niederländischen Opposition um Wilhelm von Oranien und Graf Hoorn, dem Statthalter von Geldern, an. 1564/65 reiste er nach Spanien, um eine mildere Herrschaft in den Niederlanden und vor allem die Aufhebung der Inquisition zu erbitten. Philipp II. indes duldete keine politischen und noch weniger religiöse Sonderwege. Nach Egmonts Rückkehr brach mit dem calvinistischen Bildersturm ein offener Aufstand aus. Egmont ging zusammen mit Oranien gegen die Calvinisten vor, trennte sich aber dann von diesem. Beim Einmarsch Albas flüchtete Oranien, Egmont glaubte an eine Versöhnung. Er fühlte sich gegenüber Philipp II. immer noch als loyaler Vasall, doch zusammen mit Hoorn wurde Egmont auf Geheiß Albas verhaftet. Der ließ beide (nach zweijähriger Gefangenschaft) am 5. Juni 1568 auf dem Marktplatz in Brüssel enthaupten. In den Nordprovinzen führte Oranien den Widerstandskampf gegen die Spanier mit kleinen erfolgreichen Attacken fort. 1573 wurde Alba abberufen. Der katholische Süden blieb spanisch, der Norden hingegen erklärte 1581 seine Unabhängigkeit vom spanischen »Tyrannen und Rechtsbrecher«.

Der historische Egmont lebte verschwenderisch, und vielleicht waren seine unordentlichen wirtschaftlichen Verhältnisse und seine große Familie der Grund für sein Ausharren und Nicht-Flüchten. Anders als Oranien war er finanziell von den Spaniern abhängig, eine Flucht hätte ihn um Einkünfte und den Besitz seiner Güter gebracht. »Hätte ich den Egmont«, meinte Goethe zu Eckermann, »so machen wollen, wie ihn die Geschichte meldet, als Vater von einem Dutzend Kinder, so würde sein leichtsinniges Handeln sehr absurd erschienen sein. Ich mußte also einen anderen Egmont haben, wie er besser mit seinen Handlungen und meinen dichterischen Absichten in Harmonie stände.« Goethe verjüngte seinen Helden und schenkte ihm Züge, »die einen Jüngling besser zieren als einen Mann in Jahren, einen Unbeweibten besser als einen Hausvater, einen unabhängigen mehr als einen, der, noch so frei gesinnt, durch mancherlei Verhältnisse begrenzt ist«. (›Dichtung und Wahrheit‹)

Einsiedler
(Satyros oder Der vergötterte Waldteufel)
Der Einsiedler hat den Städtern den Rücken gekehrt, weil sie nur noch »bestehlen und be-...«, und lebt ein hartes unsentimentales Leben in der freien Natur. Er nimmt sich des verletzten *Satyros an und pflegt ihn. Gedankt wird es ihm mit Beschwerden und Beschimp-

fungen. Satyros sucht von der Askese des Einsiedlers wie von dessen
naiver Religiosität angewidert das Weite, nicht ohne ihm seinen Altar
zu verwüsten. In der Stadt treffen sich die beiden wieder. Ahnungslos bezichtigt der Einsiedler den Waldteufel des religiösen Frevels und
der Undankbarkeit und wird von den verblendeten Städtern sogleich
gefangengesetzt und zur Hinrichtung bereitgehalten. Dank einer
Intrige der klarsehenden *Eudora, kommt der Einsiedler mit dem
Schrecken davon.

Elpenor
(Elpenor)
Figur eines Schauspielfragments von 1781/83, Sohn des König
Lykus. Das Stück suggeriert die Vorlage eines antiken Stoffes,
tatsächlich ist es eine Erfindung Goethes. Als Anregung dienten wohl
Werke des Euripides (›Antiope‹, ›Herakles‹, ›Ion‹) und die ›Odyssee‹, ebenso Voltaires ›Mérope‹ (1743). Auch eine Vorlage aus der chi-
nesischen Literatur, ein Drama des 14. Jahrhunderts, ›Die Waise aus
dem Hause Chao‹, werden vermutet.

Elpenor ist nicht am väterlichen, sondern am Hof seiner Tante, der
Königin Antiope, erzogen worden. Auf ihr Bitten hatte König Lykus
den Sohn der Schwägerin anvertraut, weil sie versprach, Elpenor zum
Erbe ihres Reiches zu machen, denn nach dem Tod ihres Gatten wurde ihr auch der einzige Sohn entführt und nicht wieder zurückgege-
ben. Ehe sie den Pflegesohn an den Hof seines Vaters zurück entläßt,
nimmt sie ihm den Schwur ab, daß, wenn er dem Frevler begegnen
sollte, er unerbittlich Rache nehmen müsse. Das Fragment endet mit
dem Selbstgespräch des greisen Polymetis, der den Jüngling zurück
zum Vater holen soll, und darin auf ein vom Vater beabsichtigtes
Verbrechen hinweist: »O weh mir! ... du schöner muntrer Knabe,
sollst du leben? ... Soll die Königin erfahren, welch' eine schwarze Tat
dein Vater gegen sie verübt?« (II,3) Wie sich der unüberbrückbar
scheinende Konflikt löst, kann nur vermutet werden, einige Hinweise
auf den weiteren Handlungsverlauf sind erkennbar: Lykus ist
höchstwahrscheinlich Urheber des an Antiope verübten Verbrechens. Polymetis erinnert an Lykus' »Thron, der über Gräber aufgebaut ist«. Elpenor trägt das gleiche braune Mal im Nacken, wie Antio-
pes geraubter Sohn und ist entweder ein Zwillingsbruder des Ent-
führten, oder aber statt Adoptiv- der echte Sohn der Ziehmutter.
Konzipiert ist ein glückliches oder zumindest gütliches Ende:
Goethe hatte diese Arbeit anläßlich der Geburt von Karl Augusts

Thronfolger angefangen, ein unglücklicher Ausgang kann also ausgeschlossen werden. Sprachlich und stilistisch erinnert das Fragment zudem an die Prosa-*Iphigenie, so liegt noch einmal die Vermutung nahe, daß die Lösung des Konflikts – wohl ähnlich wie in der Iphigenie – unblutig erfolgt.

Empuse
(Faust II, Klassische Walpurgisnacht)
Den *Lamien verwandte Fee oder Hexe, sich immer umgestaltend. Sie tritt dem »Vetter« Mephisto eselsköpfig entgegen und hält ihn zum Narren. (7732 ff)

Epimenides
(Des Epimenides Erwachen)
Ein mythischer Schläfer, Symbol für das schlafende Überbrücken einer schlechten Zeit. Epimenides erwacht, hat die bösen Vorkommnisse der letzten Epoche nicht erlebt und betrachtet solcherart unbeschadet die Welt als unverdorbener Moralist.
Zum Verständnis des Stückes ein Blick in die Politik des frühen 19. Jahrhunderts: Napoleon war auf Elba gefangengesetzt, der Kongreß der Siegermächte tagte (und tanzte) in Wien. Die alten Mächte des Absolutismus waren wieder – wenn auch mit Blessuren – an der Macht. An den verehrten Goethe trat man mit der Bitte heran, ein Spiel, ein großes Schauspiel zum Anlaß der Befreiung vom napoleonischen Joch zu verfassen. Goethe wußte nicht recht wie, zögerte, brachte aber dann ein Stück in kurzer Zeit zu Papier, ein sogenanntes »Festspiel«: eine Mischung aus Theater, gesungenen Rezitationen, großem Chor, Tanz und enormer Kostüm- und Bühnenschau – ein Staatsschauspiel, eigens für das mächtige preußische Berlin von Goethe geschrieben und komponiert von einem heute in Vergessenheit geratenen Freund des August von Kotzebue: B. A. Weber. Goethe lag die Aufführung am Herzen, weil er erstens gerne Theater und Oper miteinander kombiniert sah, zweitens aber, weil hier wirklich Theater im Stil eines Staatsspektakels gegeben werden konnte. Goethe war nicht eitel, aber er hatte Sinn für »Großes«. Groß sollte die Aufführung werden und so notierte er detaillierte Bühnenanweisungen, die an Bombast wenig zu wünschen übrig lassen.
Da hat alles seinen großen Auftritt: Der Dämon des Krieges im römischen Imperatorenkostüm von Riesen umgeben, sein Heer ist eine Trachtenschau aus »Numidier, Mohren, Ägypter, Kretenser,

Mazedonier, Thrazier, Lusitanier, Spanier, Gallier, Germanen u. drgl.«. Danach tritt der Dämon der List und Zwietracht auf, in »Silberstoff und Blau ... mit schwarzer Pelzverbrämung«, ein Herr, der »durch Kleidung und Betragen an einen Staats- und Hofmann des 16. Jahrhunderts« erinnert. Sein Gefolge besteht aus Doktoren und an Richelieu erinnernde Geistlichkeit, aus allerlei Zivilvolk, wobei wohlgekleidete Damen nicht fehlen dürfen. Dann feiert der Dämon der Sklaverei seinen Auftritt. Er erinnert an einen orientalischen Despoten, über seinem braunen Gewand trägt er »ein goldenes, vielfach verschlungenes Netz.« Er dankt dem Dämon der Zwietracht für die geleisteten Dienste, der Bedankte straft den Dankenden mit Verachtung, dieser wiederum fühlt sich provoziert, und auf seinen Befehl wird die Ruine von Vegetation überwuchert, gewissermaßen vom natürlichen Wachstum versklavt. In diesem Moment treten auf: die Liebe in Gestalt einer Schäferin, sie wird gefoltert, der Glaube in Gestalt einer Vestalin und endlich, in Gestalt der Minerva, eine Bewaffnete: die Hoffnung.

Die Genien erwecken Epimenides. Der sieht sich um, erkennt nur die Ruinen und bricht in Wehklagen aus. Zu Unrecht! Zwar liegt alles darnieder, doch von hinten ertönt »kriegerische Musik«. »Die Hoffnung führt ein Heer über die Ruinen herein.« Dieses ist nicht weniger bunt als das des Kriegsdämons, doch moderner. Es sind die Napoleonbezwinger, russische Soldaten des Zaren, die des österreichischen Kaisers, bestehend aus Kroaten, Slavoniern, Illyriern und Ungarn. Besonders prächtig aber die Preußen. Sie tragen die Ordenskleidung der Johanniter mit dem bekannten weißen Sternkreuz. Epimenides fällt darauf auf die Knie, flankiert von zwei Knaben betet er. Aus den Ruinen erhebt sich ein tempelartiges Gebäude. Oben auf der Giebelspitze steht – wir holen ergriffen Luft – der Triumphwagen des Brandenburger Tors (1807 von den Franzosen geraubt, 1814 zurückgeholt).

Der Glaube spricht nun schöne Worte zum Zaren, die Liebe zum Kaiser von Österreich und die bewaffnete Hoffnung richtet ihre Ansprache an den Preußen. Epimenides bleibt stummer Zeuge. Ein mächtiger Schlußchor übervölkert die Bühne, bestehend aus den Kriegsfreiwilligen (zu denen Goethes Sohn August auf Geheiß des Vaters nicht gehören durfte), dem Frauen-Verein, den Patrioten, dekorierten Kämpfern und anderen. Sie preisen die Einigkeit der Monarchen (die, wenn man sich den Wiener Kongreß vergegenwärtigt, nicht sonderlich auffällig war).

Die mythische Figur des Epimenides war den Goethezeitgenossen unbekannt. Freunde des Dichters befürchteten, mit dem Schläfer könne man den Preußenkönig Friedrich Wilhelm III. identifizieren. Um Mißverständnissen entgegenzutreten, verfaßte Goethe ein Informationsschreiben für die Theaterbesucher, in dem er erklärte: »Epimenides, ein uralter Weiser in Kreta, hütete, wie es in früherer Vorwelt die Söhne der Könige zu tun pflegten, in seiner Jugend die Schafe seines Vaters. Als ihm eines Tages ein Schaf von der Herde verlorengegangen war und er, um es aufzusuchen, in eine Höhle gekommen war, bemächtigte sich seiner ein tiefer Schlaf, in welchem er ohne Unterbrechung siebenundfünfzig Jahre lag. Als er wieder erwachte, ahnte er nicht, wie lange er geschlafen. Aber wie groß war sein Erstaunen, als er die Veränderung sah, welche sich seit der Zeit um ihn her zugetragen hatte ... Der lange, wundervolle Schlaf machte den Epimenides durch ganz Griechenland berühmt. Man fing an, ihn für einen Liebling und Vertrauten der Götter zu halten; man fragte ihn um Rat, und seine Aussprüche galten für Aussprüche der Götter ... Nach einem langen, mehr als hundertjährigen Leben ward Epimenides auf Kreta als Gott verehrt ... Welche Schlafsucht lähmte nicht allmählich die Völker, durch den Sirenengesang einer falschen Freiheit bezaubert!«

Am 30. und 31. März 1815 wurde ›Des Epimenides Erwachen‹ im Opernhaus Berlin aufgeführt. Vier Wochen zuvor war Napoleon von Elba aufgebrochen, sein Reich wieder herzustellen, statt Frieden erfolgte eine neue Mobilmachung. (Waterloo: 18.06.1815) Die Berliner, schreibt Freund Zelter an Goethe (11.04.1815), machten aus ›Epimenides‹ ein »I, wie meenen Sie deß?«

Epimetheus
(Pandora/Pandoras Wiederkunft)
Gatte der *Pandora, Bruder des *Prometheus.

Erdgeist
(Faust)
Entweder ein Element des Erdreichs oder eines des irdischen Lebens, wir neigen zu letzterem: In hymnischen Worten preist sich der Erdgeist als einen, der »in Lebensfluten, im Tatensturm« (Vs. 501) Geburt und Grab schaffe. *Faust beschwört sein Erscheinen in der Hoffnung, Antwort auf seine Frage zu bekommen, welche Formel, welche Kraft die Welt zusammenhält.

Er erscheint nicht, wie vielleicht erwartet, von unten hervorbrechend, sondern materialisiert sich aus oder in einer Flamme. Erschrocken wendet sich Faust ab. Höhnisch nennt ihn der Erdgeist einen »Übermenschen« und meint einen, der über menschliches Maß hinauswolle. In Wirklichkeit sei Faust nichts anderes als ein »furchtsam weggekrümmter Wurm« (498). Faust versucht, seine Furcht zu meistern, er fühle sich dem Erdgeist verwandt: »... bin Faust, bin deinesgleichen!« (500) Doch der Geist schleudert ihm entgegen:

»Du gleichst dem Geist, den du begreifst,
Nicht mir!« Und verschwindet.

Goethe folgt dem pansophischen Grundsatz (unter anderen jenem des Paracelsus), der die Existenz bestimmter Elemente, zugleich aber das Rätsel ihrer Beschaffenheit voraussetzt. Die Beschränktheit unserer Sinne läßt uns diese Elemente – wenn überhaupt – nur im Detail oder in Nuancen erkennen. Faust weiß genau, was ihm der Erdgeist entgegenschleuderte, bevor er verschwand. Dem wissenschaftsgläubigen *Wagner wird Faust ähnliches vorwerfen:

»Was ihr den Geist der Zeiten heißt,
Das ist im Grund der Herren eigner Geist,
In dem die Zeiten sich bespiegeln.« (577 ff)

Nach des Erdgeists Verschwinden bricht Faust zusammen. Diese kurze Episode ist von nicht zu unterschätzender Bedeutung: In *Mephistos Gegenwart erwähnt Faust die Zurückweisung des Erdgeistes als sein großes Trauma:

»Der große Geist hat mich verschmäht,
Vor mir verschließt sich die Natur.« (1746)

Der Weißen und eben nicht der Schwarzen, mephistophelischen Magie ist der Erdgeist zugehörig, er ist Fausts Wunschgefährte, ein kongenialer Welt- und Tatengeist. Faust wird ihn immer wieder erwähnen, ihn als höchste Instanz seiner Sucher-Konfession anrufen:

»Nicht darf ich dir zu gleichen mich vermessen!
Hab' ich die Kraft dich anzuziehn besessen,
So hatt' ich dich zu halten keine Kraft.
In jenem sel'gen Augenblicke
Ich fühlte mich so klein, so groß;
Du stießest grausam mich zurücke,
Ins ungewisse Menschenlos.
Wer lehret mich? Was soll ich meiden?« (623 ff)

Mit der Zurückweisung ist Fausts Leben in eine Sackgasse geraten, sein Kernanliegen, die grenzüberschreitende Suche, ist zerstört.

Faust hängt ja der Vorstellung an, daß er mit seiner Wissenschaft wei-
terkommen müsse. Der Erdgeist aber wirft ihn zurück in die Normalität des »Menschenloses«.

»Den Göttern gleich' ich nicht! Zu tief ist es gefühlt;
Dem Wurme gleich' ich, der den Staub durchwühlt,
Den, wie er sich im Staube nährend lebt,
Des Wandrers Tritt vernichtet und begräbt.« (652 ff)

Später (»Wald-und-Höhle-Szene«), nachdem er die Liebe *Margaretes erworben hat, wird sich Faust an den Erdgeist wie in einer Lobpreisung wenden: Er habe alles bekommen, wofür er gebeten habe.
Statt in »kalt staunender« Betrachtung könne Faust die Natur
»fühlen«, ihr ins Herz sehen. Hier in der Höhle erschließt sich Faust
nicht nur das Innere der Natur, sondern auch sein inneres Selbst. Und
wenn wir bedenken, was Faust sagte, als er das Zeichen des Erdgeistes
besah, daß er Mut aufkeimen fühle, in die Welt hinauszugehen und sich
»mit Stürmen herumzuschlagen«, dann ist etwas von dieser Erwartung
in Erfüllung gegangen. Die große Erkenntnis (»was die Welt im
Innersten zusammenhält«) hat er freilich nicht erhalten, wohl aber eine fühlende, eine instinktive nicht analytische Erfassung der Natur,
zum einen. Und zum anderen die erlösende Einsicht, »daß dem
Menschen nichts Vollkommnes wird«. (3240) Dies ist eine Wonne, die
ihn »den Göttern nah und näher bringt«.

Ferner bemerkt Faust, der Erdgeist habe ihm Mephistopheles zur
Seite gestellt, einen »Gefährten«. Die Verse bereiten einiges Kopf-
zerbrechen. Ist Mephistopheles ein Abgesandter des Erdgeists? Der
Faust-Kommentator Trunz: »Damit ist nicht gesagt, daß Mephistopheles von dem Erdgeist kommt, sondern nur, daß Faust es so deutet ... Daß manches in diesem Monolog nicht recht zu dem Anfangsmonolog paßt, hängt natürlich mit der Entstehung in ganz verschiedenen Lebensepochen zusammen.« (Hamburger Ausgabe, dtv, Bd.
3, S. 558) Im Klartext: Goethe könnte die Inkongruenz zwischen
Anfangsmonolog und dem Wald-und-Höhlen-Monolog entgangen
sein. Doch können wir Fausts Glaube an eine Mephisto-Erdgeist-
Verbindung auch auf die Euphorie des Natur-Erschauenden und sein
daraus resultierendes Wunschdenken zurückführen: Alles befindet
sich in einem harmonisch Ganzen und selbst der Teufel ist Teil der
Existenz. Rätsel tun sich trotzdem auf: In diesem Fall müßte Faust
den Erdgeist zur Schwarzen Magie oder Mephisto zur Weißen zählen,
zudem sagt der Erdgeist von sich, er »wirke der Gottheit lebendiges
Kleid«. (509) Ist also Mephisto ein Teil des lebendigen Kleids? Ist das

Wechselspiel zwischen Gut und Böse das Lebensprinzip der Natur?
Wir verweisen an dieser Stelle an die Jahrzehnte während Streit in
der Faust-Exegese zwischen Unitariern einerseits und Fragmentisten
andererseits. Die Fragmentisten (Anhänger der von Gustav Roethe
proklamierten »Fetzentheorie«) behaupten, daß ›Faust‹, geschrieben
über mehrere Jahrzehnte, zwangsläufig den Chrakter einer Zusammenfügung und also ein heterogenes nicht widerspruchsfreies, in
Teilen widersinniges also logisch fragwürdiges Gepräge habe. Woge-
gen die Unitarier sagen, die Offenheit der Konzeption, die ange-
führte ragouthafte Buntheit des ›Faust‹ müsse als Element des dichterischen Gehalts verstanden werden.

Von der gottgleichen Dimension des Erdgeistes gibt uns Goethe
selbst ein Bild. In einem Brief an den Grafen Brühl (2. 06.1819)
schreibt der Dichter, er denke sich den Erdgeist als kolossalen Jupi-
terkopf. Jupiter/Zeus ist der höchste in der römisch/griechischen
Götterhierarchie. Sein Skizzenentwurf für eine Aufführung am
Theater in Weimar zeigt ein riesiges antikisches Gesicht, das hinter einer Fensteröffnung erscheint und in Fausts Studierstube blickt. Der
Ausdruck ist unerbittlich und von »erhabener« Ruhe und erinnert an
Phidias Kopfplastiken. Der Erdgeist ist bei Goethe halb neu, halb
übernommen. Der Astronom Johannes Kepler sprach von Erdseele.

Erichtho
(Faust II, Klassische Walpurgisnacht)
Antike Zauberin, sie kündigt dem Zuschauer in archaischen Vers-
maßen die Klassische Walpurgisnacht und das Nahen eines Meteors
über den Pharsalischen Feldern an. Als sie bemerkt, daß es sich um
Menschen handelt, läuft sie mit langen Schritten davon, da sie deren
böse Nachrede fürchtet. Die »Menschen«, die hier leuchtend nie-
dergehen, sind *Faust, *Mephisto und *Homunculus.

Eridon
(Die Laune des Verliebten)
Der launisch in *Amine Verliebte. Sein leidenschaftliches Streben
nach Alleinbesitz mit der haßerfüllten Angst vor jedem möglichen
Nebenbuhler wird in poetisch wiewohl treffgenauen Worten von der
sachkundigen *Egle so formuliert:
»Kein Wunder, daß er dich bei keinem Feste leidet,
Da er der Wiese Gras um deine Tritte neidet,
Den Vogel, den du liebst, als Nebenbuhler haßt.«

Die Worte schrieb sich Goethe selbst ins (imaginäre) Stammbuch. Seine Liebe zu Käthchen Schönkopf, einer kleinen, adretten, mit zwanzig nach damaligen Begriffen leicht in die Jahre gekommenen Leipzigerin, die in der elterlichen Pension aushalf und dabei mit den Gästen ein freundliches Wort wechselte, dieses Käthchen – eigentlich wenig kokett, weniger als die anderen Frauenzimmer – trieb ihn zu rasenden wie grundlosen Eifersuchtsanfällen. »Es vergnügt sie, einen stolzen Menschen, wie ich bin, an ihren Fußschemel angekettet zu sehen«, schrieb Goethe an Freund Behrisch. Das ist selbstgezüchtetes Liebesleid, Käthchen war wie Charlotte Buff (die Lotte des ›Werther‹) vergeben und bald verlobt. Doch solange sie zu Hause aushalf und das Haus nur gelegentlich verlassen durfte, war Jungkavalier Goethe oft zur Stelle. Goethe, den seine Natur aus einem Extrem ins andere jagte, erklärt in ›Dichtung und Wahrheit‹: »Durch ungegründete und abgeschmackte Eifersüchteleien verdarb ich mir und ihr die schönsten Tage. Sie ertrug es eine Zeitlang mit unglaublicher Geduld, die ich grausam genug war, aufs Äußerste zu treiben. Ich stellte mir ihre Lage, die meinige und dagegen den zufriedenen Zustand eines anderen Paares aus unserer Gesellschaft so oft und so umständlich vor, daß ich endlich nicht lassen konnte, diese Situation, zu einer quälenden und belehrenden Buße, dramatisch zu behandeln.« (7. Buch)

Eridon (von griechisch »eris« – Streit) trägt »Die Stirne voller Falten,/Die Augenbrauen tief, die Augen düster, wild, ... bis Bitten, Küsse Klagen/Den rauhen Winterzug von seiner Stirne jagen.« – Ein Verächter geselligen Lebens, voller Unzufriedenheit und Stolz, der nicht nur einer friedlichen Beziehung, sondern ebenso sich selbst im Weg steht, ein schlechter Tänzer, der Amine das Tanzvergnügen verleidet: »Ihr Götter lebt er denn, mir jede Lust zu stören?«, fragt sie verzweifelt. Und erst als die pädagogisch denkende Egle ihn zu einem Kuß verführt, sieht unser starrer Eridon seine Verbohrtheit ein und läßt sich zum Besseren bekehren. Mit seiner Eifersucht scheint Eridon das ganze dramatische Geschehen zu lenken. 1980 hat Wolfgang Preisendanz eine interessante Sehweise des Stückes vertreten: Nicht das Eifersuchtsmotiv ist das Grundelement des Stückes, sondern das (unbewußte) Nachdenken des 18jährigen Dramatikers über den Lebens- und Kulturstil des Rokoko, Goethes Leipzig in den sechziger Jahren des 18. Jahrhunderts also, wo Scherzen und Tändeln mit Geselligkeitsformen wie Tanz und Fest den Ausgleich zur bürgerlichen Lustfeindlichkeit suchte.

Erlkönig
(Erlkönig)

Balladengespenst nach dem gleichnamigen Gedicht, eigentlich Elfenkönig. Doch weil Herder den »ellerkonge« einer dänischen Ballade mit König der Erlen statt mit König der Elfen übersetzte, ist daraus ein deutscher Walddämon geworden, der ein Kind in den Tod hext. Man könnte annehmen, das Kind sei krank und leide an Fieberphantasien, doch ist davon nicht die Rede. Das Kind, davon gehen wir aus, ist kerngesund, der Erlkönig raunt, redet auf das Kind ein – zu hübsch ist der Knabe; mit dem ließe sich trefflich spielen, und den Töchtern wäre er ebenso ein feiner Zeitvertreib. Doch der Junge fürchtet sich vor dem düsteren, grauen König und seinen furienhaften Töchtern. Umsonst sucht der Vater zu beruhigen, der König sei nur ein Nebelstreif, nichts wirklich Bedrohliches, und die Töchter in Wirklichkeit alte Weiden. Je mehr sich der Sohn fürchtet, um so weniger glaubt der Vater seinen eigenen Worten bei seinem Ritt durch den Wald. Die Szene ist so gespenstisch, daß er sich nur mit Mühe ans Sichtbare klammert. Nur raus aus dem finsteren Gehölz. Erschöpft kommt er zu Hause an, da ist der Sohn tot.

Wer ist der Erlkönig? Eine Naturgottheit? Handelt es sich hier um eine sogenannte naturmagische Ballade? Unter den zahllosen Gedichtinterpretationen scheint eine besonders erwähnenswert. Der Erlkönig ist Goethes erotischer Dämon, der Knabe ist Fritz von Stein. Der Reiter ist der andere Goethe, der sich um den Sohn der umworbenen Mutter kümmert.

Nicholas Boyle stellt die Frage, ob Charlotte dem Dichter ihren Filius auch dann überantwortet hätte, wenn sie das Gedicht als erotisches Schlüsselwerk verstanden hätte.

In den frühen achtziger Jahren verfaßte Goethe diese Zeilen, und seine Biographen vermelden, daß er in dieser Zeit mit dem kleinen Fritz nächtens nach Tiefurt unterwegs war, einem Dorf flußabwärts der Ilm (heute zu Weimar eingemeindet). Gerade in den Flußauen mit ihren aus den Wassern hochsteigenden und gleichsam wandelden Nebelstreifen ist das schaurige Szenario gut nachempfindbar.

Im Tiefurter Schloßpark fanden Theaterabende unter freiem Himmel statt, darunter die Erstaufführung von Goethes Singspiel ›Die *Fischerin‹ (1782). Das Stück beginnt mit Dortchens Gesang: »Wer reitet so spät durch Nacht und Wind?« Hier findet die berühmte Ballade ihre ersten Hörer.

Erwin und Elmire

(Erwin und Elmire)
Liebespaar eines Singspiels. Elmire, ein Frauenzimmer der gehobenen Gesellschaft, Mittelpunkt zahlreicher Zusammenkünfte, eine
Bürgerliche – wir schätzen von 16 Jahren –, versteht es, alle Männer
um sich zu versammeln. Einer, Erwin, gefällt ihr zwar am besten, doch
die kleine Hochnäsige behandelt ihn herablassend. Einmal schenkt
er ihr zwei Pfirsiche. Statt sie, »die ein selbstgepfropftes Bäumchen
zum ersten Male trug« als kostbares und auch intimes Geschenk zu
verstehen und still einzustecken, präsentiert sie die Früchte der Gesellschaft.

Er weicht zurück, erblaßt, sie hat »sein Herz mit Füßen getreten«:
erstens weil sie den Beweis seiner Zuneigung öffentlich macht, und
zweitens, weil in dieser Gesellschaft ein solches Geschenk nicht oder
bestenfalls als harmlos verstanden werden kann, denn Erwin ist, im
Unterschied zu Elmire, schlichter Herkunft. Wegen Elmires gefühls-
armer Reaktion wird ihm klar, daß er sie nie gewinnen werde, und so
zieht er sich enttäuscht als Einsiedler in einen Wald zurück. Wir finden Elmire zu Beginn des Stückes in tiefstem Kummer. Sie hat falsch
an ihm gehandelt, sie liebt nur ihn und will nur ihn. Ihre Mutter
Olimpia und ihr Lehrer Bernardo haben für das Wohl der Liebeskranken indes gesorgt, denn Erwin ist von Bernardo aufgespürt worden. Dieser berichtet seiner Elevin, er habe auf einem Irrweg zufällig einen altrunzeligen Eremiten kennengelernt, der ihre Schmerzen
zu lindern vermag. Sie besucht ihn, Erwin tritt ihr mit der Maske eines alten Mannes entgegen und steckt ihr ein Täfelchen zu, auf dem
geschrieben steht: »Er ist nicht weit«. Kurz darauf kommt es zur
Begegnung der beiden, die der Theaterautor wie folgt in Szene setzt:
Elmire:
»Er ist nicht weit!

...

O Hoffnung! O Glück
Wo geh ich? Wo such ich?
Wo find ich ihn wieder?
Ihr Götter, erhört mich!
O gebt ihn zurück!
Erwin! Erwin!
Erwin: Elmire! (Er springt hervor.)
Elmire: Weh mir!
Erwin (zu ihren Füßen): Ich bins.

Elmire (an seinem Hals): Du bists.
(Die Musik wage es, die Gefühle dieser Pausen auszudrücken.)«
Singend wenden sich beide von Erwins Hütte ab, man ist versöhnt,
wird heiraten. Elmires Mutter hält eine stolze Aussteuer bereit, und
der Minister bei Hofe, erzählt Bernardo, schätzt sich glücklich, den
fleißigen Erwin wieder in seine Dienste nehmen zu können.

Zwischen 1773 und 1775 entstanden, ist das Stück in Teilen auto-
biographisch. Nicht zufällig widmete Goethe das »Lustspiel mit
Gesängen« (Brief an Kestner, alias *Albert, im Oktober 1773) seiner
Verlobten *Lili Schönemann. Ihm war während der Zeit seiner
Beziehung zur schwerreichen Bürgerstochter des öfteren nach Weg-
laufen, was er schließlich auch tatsächlich tat.

Neben allerlei kurzen, geschwinde sich reimenden Versen, enthält
das Singspiel auch ein Gedicht, das man als »alternatives Heide-
röslein« bezeichnen könnte, weil es das Liebesverhältnis umkehrt:
»Ein Veilchen auf der Wiese stand.
Gebückt in sich und unbekannt,
Es war ein herzig's Veilchen.
Da kam eine junge Schäferin
Mit leichtem Schritt und munterm Sinn.«
Das Veilchen wünscht sich, gepflückt und an den Busen der Schäferin
gedrückt zu werden, aber das Mädchen beachtet das Veilchen nicht,
zertritt es:
»Und sank und starb und freut' sich noch:
Und sterb ich denn, so sterb ich doch
Durch sie! durch sie!
Zu ihren Füßen doch!«

Esther
(Das Jahrmarktsfest zu Plundersweilern)
Jüdische Gemahlin des babylonischen Königs Ahasverus. Mardo-
chai, der »Hofjude«, ihr Ziehvater und Onkel teilt ihr mit, er werde
aufgrund Hamans Intrige gehängt werden und bittet um Errettung:
»Erhalt mein graues Haupt, Geld, Kinder, Weib und Ehre!

Esther: Von Herzen gern, wenns nur nicht so gefährlich wäre.«
Allen, auch der Königin, ist unter Todesstrafe nämlich verboten, un-
gerufen vor des Herrschers Antlitz zu treten. Der aber hat sich verstört zurückgezogen, seit ihm Haman eingeflüstert hat, Mardochai
trachte ihm nach dem Leben. Der unschuldige Ziehvater sieht sich
bereits am Galgen:

»Dort nascht geschäftig mir, zum Winterzeitvertreib,
Ein garstig Rabenvolk das schöne Fett vom Leib! ...
Esther: Gewiß groß Herzeleid! Doch kann ich es erlangen,
So sollst du mir nicht lang am leidgen Galgen hangen;
Und mit sorgfältgem Schmerz vortrefflich balsamiert,
Begrab ich dein Gebein, recht wie es sich gebührt.«
Wenig einfühlsam bittet Esther: »Bedenke mich am Ende/ Mit einem
Kapital in deinem Testamente.« Mardochai schließt mit den Worten,
er werde so lange auf sie einreden, bis sie sich entschließe, vor den
König zu treten. Die Szenerie wechselt, wir treten von der Bühne herab, vor uns buntes Jahrmarktstreiben: der Marktschreier, ein Doktor, der Schattenspielmann und allerlei sonstiges Jahrmarktsvolk.
Den Zuschauern damals ging es wenig um Esthers Geschichte, mehr
um die witzigen Dialoge, denn das Schicksal der Beteiligten kannte
man aus der Bibel: Mardochai kommt mit dem Schrecken davon,
denn Esther wirft sich vor den König, um Gnade zu erflehen – vor
lauter Angst verliert sie die Besinnung. Haman ist es, der gehängt
wird, nachzulesen in der Bibel (Buch Ester).

Es ist ein Spiel im Spiel, zunächst nur 350 Verse lang, dann erwei-
terte es Goethe für spätere Aufführungen, die um die Zeit des
Jahreswechsel 1778/79 stattfanden. Einige Textpassagen wurden ver-
tont, und zwar von niemand geringerem als der Herzogin-Mutter
Anna Amalia. Und 1781 schrieb Goethe noch ›Das Neueste von
Plundersweilern – ein Weihnachtsgeschenk für Anna Amalia‹. Heilig
Abend spielte er den Marktschreier in roten Strümpfen und schwar-
zer Perücke.

Eudora
(Satyros oder Der vergötterte Waldteufel)
Der Name stammt aus Johann Georg Jacobis Erzählung ›Charmides
und Theone‹, veröffentlicht im Februar 1773 in der Literatur-
zeitschrift ›Deutscher Merkur‹. Neben *Arsinoe, die einzige, die den
Verführungen des lüsternen Bockes nicht aufsitzt und diesen als
Scharlatan entlarvt.

Eugenie
(Die natürliche Tochter)
Amazone aus Niemandsland, überzeugte Patriotin, uneheliche
(natürliche) Tochter des Herzogs und einer verstorbenen Fürstin.
Die Mutter wollte von ihr nichts wissen, der Vater hingegen nahm

die Tochter auf seinen Reitausflügen und Jagden wie überhaupt bei jeder sich bietenden Gelegenheit mit und erzog die Illegitime zur Adligen in Sinn und Gestalt. Auf einer königlichen Jagd stürzt Eugenie vom Pferd. Die perfekte Reiterin hat eine Abkürzung nehmen wollen, treibt ihr Pferd eine steile Klippe hinab und stürzt im letzten Abschnitt so unglücklich, daß ihr Vater glaubt, sie sei tot. Man bringt die Totgeglaubte heran, und sie erwacht aus ihrer Ohnmacht. In Anwesenheit des Königs bekennt sich der Herzog zu seiner Tochter. Eugenie (griechisch die Wohlgeborene, adlig Geborene) kann sich freuen, in Bälde offiziell, also vor dem Hof, sowohl als Tochter des Herzogs als auch als Nichte des Königs aufzutreten (König und Herzog sind sich Neffe und Oheim).

König: »Die Pforten unsres königlichen Hauses
Eröffn’ ich dir, mit eigner Hand, ich führe
Auf glatten Marmorboden dich hinein.« (322 ff)

Warnende Worte. Vieles werde sich anders als erwartet finden, denn »diese Zeit hat fürchterliche Zeichen, / Das Niedre schwillt, das Hohe senkt sich nieder«. (362 f) Aus diesem Grund verlangt der König auch absolute Diskretion betreffs der anstehenden Erhebung in den Adelsstand. Eugenie schwört, all ihre Kraft und ihren Willen dem König zu widmen. Sie, früh zu einer Art sportlichen Lebensfreude und maskulinem Selbstbewußtsein erzogen, ist voller Optimismus für sich und den König. Dann richten sich ihre Gedanken auf die schöne Garderobe, die zu tragen ihr als Adlige endlich erlaubt sein wird. Der Vater händigt ihr einen Schlüssel für jene Truhe aus, in der die Adelskleider und der Schmuck aufbewahrt sind, doch, so mahnt er eindringlich, sie solle den Schatz nicht öffnen und niemand vertrauen. Eugenies Hofmeisterin indes kennt den Inhalt des »prächtigen Putzkastens«, als dieser in ihre Wohnung gebracht wird. So sieht die werdende Adlige keinen Grund mehr, des Vaters Gebot der Geheimhaltung zu achten. Obwohl die Hofmeisterin vor einer Kostümprobe warnt, kann Eugenie »dieser Wonne Vorgefühl« (1089) nicht widerstehen. Sie legt das »Ordensband der ersten Fürstentochter« an und ruft: »Unwiderruflich, Freundin, bleibt mein Glück.« Es ist ein Unglück, sie hat ihr Versprechen gebrochen, es ist ihr Untergang.

Wieder stürzt Eugenie, doch dieser Sturz ist von anderer Art. Ihrem Vater wird mitgeteilt, daß sie tot sei, während Eugenie sich in einer Hafenstadt am äußersten Ende des Reiches befindet; ihre Hofmeisterin ist mit ihr, sie hat ein königliches Schreiben in der Hand:

Eugenie soll auf eine der berüchtigten Kolonialinseln verbannt werden, ein Grund wird nicht genannt. Der Leser erfährt nur, daß Eugenie das Opfer eines Machtkampfes zweier Rivalen ist, jedenfalls kann der legitime Sohn des Herzogs, Eugenies Stiefbruder, eine Schmälerung seines Erbanteils mit der Legitimierung der Stiefschwester erwarten, doch dies bleibt merkwürdig gegenstandslos.

Warum die Verbannung auf Anordnung des Königs? Goethe hält alles in Andeutungen. Vielleicht weil das Stück als erster Teil einer Trilogie gedacht war. Eine Entschlüsselung der rätselhaften Geschicke wäre wohl mit Vollendung des Dreiteilers erfolgt.

Vorerst kann sich Eugenie nicht in ihr Geschick finden, sie hofft, zu ihrem Recht zu kommen. So wendet sie sich an den Gerichtsrat, der von der Hofmeisterin bereits über den Sachverhalt informiert ist, er bietet ihr die Ehe an, die Eugenie aber gerührt ablehnt. Vergeblich versucht die Hofmeisterin, ihr die Realität ihres Schicksals klarzumachen. Eugenie ruft »die Masse« um Hilfe an. Doch die Menschen reagieren – ganz im Sinne Goethes – als Masse nicht, sie staunen Eugenie an, sie schweigen, gehen ihres Wegs. Nun wendet sich Eugenie an den Gouverneur. Der aber, nachdem er des königlichen Schreibens ansichtig wird, wünscht eine gute Fahrt, Ergebung ins Geschick und bleibende Hoffnung. Schließlich bittet Eugenie eine Äbtissin um Aufnahme im Kloster, doch die Klostervorsteherin verhält sich nach Durchsicht des Schriftstücks ähnlich wie der Gouverneur – eine kafkaeske Situation. Jetzt bleibt Eugenie nur die Wahl, sich entweder einzuschiffen oder dem Gerichtsrat ihre Hand zu versprechen. Sie fragt einen Mönch, welches der beiden Übel sie nehmen solle, der Mönch rät zur Überfahrt, hier im alten Land, sei alles dem Untergang geweiht, alles sei für den Zusammenbruch reif. Genau das verleitet Eugenie zum Bleiben, sie will ihrem Vaterland in diesen Zeiten des befürchteten Umbruchs zur Seite stehen. Sie gibt dem Gerichtsrat ihr Jawort, doch bedingt sie sich aus, daß sie alleine lebt, und daß er sie auch nicht besucht. Der Gerichtsrat willigt ein. Damit endet das Stück, das in vielerlei Andeutungen steckenbleibt.

Das Thema behandelt die Situation vor einem (möglichen) politischen Umsturz wie in Frankreich am Vorabend der Revolution. Darauf weist auch die Vorlage, der sich Goethe bediente. Es sind die Memoiren von Stéphanie-Louise de Bourbon-Conti, die geschrieben wurden, um die Öffentlichkeit aufmerksam zu machen. Die Schreiberin behauptete (und die Forschung unserer Tage neigt dazu, ihr Recht zu geben) sie sei eine echte Bourbonin, gehöre also dem französischen Königsgeschlecht an. Man ging – wie im Goethestück auch – gegen die um ihre Legitimation kämpfende Frau vor, sie starb 1825 in Armut und ohne die angestrebte Anerkennung. Ende 1799 verarbeitete Goethe die Geschichte zum Trauerspiel. Vieles ist wohl im Hinblick auf die beiden fehlenden Teile nur in Ansätzen gehalten, was den Zugang zu dem Text erheblich erschwert. Wesentlich aber ist der Gesamteindruck, den das Spiel vermittelt. Außer Eugenie ist nichts und niemand beim Namen genannt. Der König heißt König, nicht einmal Der König, der Herzog heißt Herzog, der Gerichtsrat Gerichtsrat und so weiter. Alles hält sich im vagen, wir wissen nicht, wann und wo das Stück spielt. Was ihm mehr als anderen schadet, ist seine allgemeine Aussage: Ein Mädchen wird Opfer einer anonymen Gewalt, entsagt ihren Ansprüchen und taucht in der Anonymität einer Provinzexistenz unter, hofft aber, daß sie sich wieder zum König vorarbeiten kann. Getragen wird dies von einer Stimmung aus Untergang und Hoffnung. Das ist alles. Goethe konnte und wollte sich nicht zu einer eindeutigeren Haltung durchringen, seine Maß-Mitte-Verzicht-Axiomatik verbot es. Ob Goethe, wie ihm oft vorgeworfen wird, ein Fürstendiener war, soll dahingestellt bleiben, aber sein Gespür für die politischen Verhältnisse und Umwälzungen seiner Zeit waren eigenartig naiv und – wir möchten fast sagen – vorsätzlich wirklichkeitsfremd. Im Alter hat er dieses Manko gespürt und sich weinerlich bei Eckermann beschwert, daß man seine politischen Ansichten nicht verstehen wolle. Hier einige Problempunkte, die in der ›Natürlichen Tochter‹ zum Ausdruck kommen und typisch Goethe sind:

– Politische Veränderungen geschehen von oben herab und haben nur so eine Legitimationsbasis.

– Die Masse bleibt ein gesichtsloses Etwas. Der dritte Stand, das Bürgertum, beherbergt den Kern von Anarchie, von sinn- und zielloser Gewalt und von Stillosigkeit.

– Die adlige Welt ist zwar instabil, von Machtkämpfen erschüttert, der König mehr ohnmächtig als mächtig, doch wird der Staatsordnung vertraut.

Das betont Eugenie mit ihrem Glauben an den König, obwohl ebendieser sie verbannt. Wie sie hofft Goethe, daß nur oder vor allem die Aristokratie die gestörte Ordnung wiederherstellt. Der Bruder, der inexistent im Hintergrund droht, ist – wenn auch Bösewicht – kein Schurke, sondern Gegengewicht im gleichgewichtigen Spiel aristokratischer Kräfte. Eugenies Vater, der Herzog, weiß

sehr wohl Kritisches anzudeuten, bleibt aber Teil des Systems, an dem
nicht gezweifelt wird. Eine Lösung des Konflikts ist nur über
Entsagung möglich. Wer aber entsagt, wer soll entsagen? Der Schwache. Das ist nicht nur Eugenie, sondern noch deutlicher der bürgerliche(!) Gerichtsrat. Er ist lieber vom Wohlwollen der Mächtigen abhängig, als sich Gedanken über die Denaturiertheit von Eugenies
Situation zu machen. »Ich ... rechne kaum mit solchen Mächten, die
sich solche Handlung erlauben können.« (1794 ff) Er nimmt
Eugenies Situation, die ganz offensichtlich eine Folge von bewußt geleistetem Unrecht ist, als nichthinterfragbare Angelegenheit hin.
Wenn Politik sich moralisch disqualifiziere, sich überhaupt disqualifiziere, dann bleibt immer noch der Rückzug ins Private, da wäre man
sicher:

>»Im Hause, wo der Gatte sicher waltet,
>Da wohnt allein der Friede, den vergebens,
>Im Weiten, du, da draußen, suchen magst.
>Unruh'ge Mißgunst, grimmige Verleumdung,
>Verhallendes, parteiisches Bestreben,
>Nicht wirken sie auf diesen heil'gen Kreis!« (2179 ff)

Konkrete Frage: Was hätte Goethe der um ihre Anerkennung ringenden Bourbonin geraten? Vermutlich zu heiraten und zu entsagen.
Ein privater Ratschlag, der unter Umständen durchaus vernünftig
sein kann. Diesem Ratschlag aber eine politische Dimension zu geben, ist doch etwas problematisch. Halt! ruft der Goetheverehrer, Eugenie heiratet den Gerichtsrat, um sich im Schutz der Bürgerlichkeit
für das Vaterland verdient zu machen. Wir antworten: Sie wird schuldlos verbannt, sie rettet sich in den bürgerlichen Untergrund einer
Scheinehe. Was ist das noch, ihr Vaterland? Was ist mit dem erduldeten Unrecht? Was ist ihr Mann, dem sie keine Frau sein will? Uns stört
nicht die Unausweichlichkeit, die gibt es heute wie damals, uns stört
die Einsicht und die Harmonie, mit der nun alle in der Unausweichlichkeit da unten weitermachen machen sollen. Conrady formuliert es
so: »Immer noch bleibt die Frage, welche politische Perspektive das
Drama eröffnet, das von seinem Dichter als ein Antwortversuch auf
die Herausforderung durch die Französische Revolution konzipiert
war.« (Conrady, ›Goethe‹)

Wir glauben, daß Goethe die geplante Trilogie nicht fortsetzte, weil
ihm seine politischen Modelle auch nicht ganz geheuer waren. Oder
anders formuliert: Die Antworten, die Goethe anbot, waren zu klein
vor den großen Fragen, die sich immer dringlicher aufrichteten. Der

allgemeine Erbauungsspruch für dieses Stück lautet eigentlich: Mach aus der Not eine Tugend. Einem politischen Menschen ist das denn doch zu wenig.

Kleiner Hinweis: Als Goethe stirbt, ist Marx 14 Jahre alt.

Euphorion
(Faust II, 3. Akt)
Sohn *Fausts und *Helenas, der immerzu hüpfend mit seiner vom Vater ererbten Ruhelosigkeit den Eltern Sorge bereitet. In weiten Teilen die allegorisierte Persönlichkeit des englischen Dichters Lord Byron, den Goethe als den größten Dichter der neuen Generation schätzte. Byron reiste 1823 nach Griechenland, um am Freiheitskampf gegen die Türken teilzunehmen. Kurz nach seiner Ankunft starb er. Wie dieser zeigt auch Euphorion den jugendlichen Kampfeswillen.

»Träumt ihr den Friedenstag?
Träume, wer träumen mag.
Krieg! ist das Losungswort.
Sieg! und so klingt es fort.« (9835 ff)

Er verliebt sich in ein widerspenstiges Mädchen, es ist eine Feuernymphe, die bei Euphorions Versuch, sie zu küssen, als Flamme aufgeht und in die Höhe lodert. Das macht ihm Mut, er folgt ihr felsauf.

»Nun fort!
Nun dort
Eröffnet sich zum Ruhm die Bahn.« (9874 ff)

Die Feuernymphe ist der Krieg (vergleiche *Kaiser), dem der ahnungslose, überidealistische Euphorion/Byron folgt. Auf der Felsenhöhe faselt er von einem Flügelpaar,

»Faltet sich los!
Dorthin! Ich muß! ich muß!«

Er wirft sich in die Luft, einige Sekundenbruchteile tragen ihn die »blumenstreifigen Gewande« und sein Mantel, sein Haupt strahlen, er stürzt, ein Kometenschweif folgt. Unten liegt ein schöner Jüngling. Doch kaum sieht man länger hin, verschwindet sein Leib, zurück bleiben Kleider und Lyra. So, wie der *Homunculus reiner Geist ist, soll Euphorion die Poesie (Lyra) sein.

Die Jüngeren, meinte Goethe in bezug auf Byron, könnten nur scheitern mit ihrem »höher und höher«, »wilder und wilder«.

Euphrosyne
(Euphrosyne)
Figur der auf den Tod der Schauspielerin Christiane Becker-Neumann verfaßten Elegie. Euphrosyne bezeichnet den Frohsinn, eine der drei den Charme versinnbildlichenden Chariten. Goethe war auf der Schweizerreise (1797), als er vom Ableben seiner lange schon leidenden Theaterschülerin erfuhr. Die zentrale Aussage ist in der Mitte des 152 Verse zählenden Gedichtes angeordnet:
»Alles entsteht und vergeht nach Gesetz; doch über des Menschen Leben, dem köstlichen Schatz, herrschet ein schwankendes Los.«
Euphrosyne war eine Figur in Joseph Weigls Märchenoper ›Das Petermännchen‹, die letzte Rolle, in der der Dichter die Schauspielerin erlebte.

Euripides
(Götter, Helden und Wieland)
Wie *Wieland Verfasser einer ›Alceste‹, doch ungefähr 2200 Jahre älter als der Rokokodichter. In der Unterwelt führt er ein Leben als angesehener Dichterfürst und blickt zuweilen hinauf zur Erde, um sich literarisch auf dem laufenden zu halten. Wielands ›Alceste‹ empört ihn. Nicht nur, daß dem Antiken eine Art Urheberrecht seiner ›Alkestis‹ und darob ein gewisser Respekt gebühre, nicht nur, daß er den griechischen Stoff einem Nichtgriechen abtreten habe müssen, nein – der neue Verfasser der ›Alceste‹ habe sich erdreistet, ein unbedeutendes Opernlibretto neben das Drama des Griechen zu setzen und die Neuschöpfung als besser gelungene Bearbeitung des Mythenstoffes vorzustellen. Wieland habe ihn als verunglückten, rangniedrigen Mitstreiter hingestellt.

Goethe und den anderen Stürmern und Drängern waren neben Shakespeare die antiken Autoren Ikonen der ungeschliffenen Kraft und Natürlichkeit. Sie genossen die höchste Anerkennung und Wertschätzung. Wieland habe sich – nach Ansicht Goethes und seiner Freunde – eingebildet, das Talent des großen Griechen überbieten zu können. Ein mächtiges, zur Apotheose erhobenes Bild des dichtenden Gottvaters ist in dem gegen Wieland gerichteten Dramenpamphlet die logische Folge.

F

Der Fährmann
(Unterhaltungen deutscher Ausgewanderten/Das Märchen)
Er sitzt in seiner Hütte am Flußufer und setzt jeden über, doch nur
aus *Lilies Land hinaus und niemals zurück. Von den *Irrlichtern erhält er eine Mütze voll Gold zum Lohn für seinen Fährdienst, er aber
verlangt statt Gold drei Kohlköpfe, drei Artischocken und drei
Zwiebeln. Oben in den Bergen schüttet er das Gold in eine Kluft, wo
es von der *Schlange gefressen wird. Die erwarteten Naturalien wird
er nie bekommen, obwohl die *Alte versprochen hatte, sie zu beschaffen. Auch er gehört zum allgemeinen Heilungs- und Erlösungs-
prozeß. An der Seite des *Alten tritt er im weißen kurzen Gewand
auf mit einem silbernen Ruder in der Hand. Schließlich gehört er zum
Hofstaat des neuen Königs.

Faust
(Faust)
Sein Doktortitel war zu jener Zeit der höchste akademische Grad,
höher als der Professorentitel. Hauptmerkmal: Erkenntnis- und
Lebensbegierde und Rücksichtslosigkeit.

I. Teil
Faust befindet sich des Nachts in einem engen und hohen gotischen
Zimmer, symbolisches Indiz für seine geistige Gefangenschaft. Er
kennt das gesamte neuzeitliche Wissen (des 16. Jahrhunderts) und
fühlt sich dennoch als »armer Tor«, denn er kann keine Antwort auf
die wichtigste Frage bekommen: »was die Welt /Im Innersten zusammenhält.« (Vs. 382) Statt wie bisher »in Worten [zu] kramen«
hat er sich zum Ausbruch aus dem Gefängnis der Gelehrsamkeit
entschlossen und sich der Magie verschrieben. Er beschaut das
Zeichen des Makrokosmos, Symbol des Weltalls beziehungsweise
der Pansophie, es ist ein kosmologisches Piktogramm von großer
Schönheit.

Faust gerät zwar in Verzückung, doch letzten Endes ist es ihm nur
ein Schauspiel. So ruft er den *Erdgeist:
»Du, Geist der Erde, bist mir näher;
Schon fühl' ich meine Kräfte höher, /.../

Ich fühle Mut, mich in die Welt zu wagen,
Der Erde Weh, der Erde Glück zu tragen.« (461)
Der Mond schwindet, das Licht verlöscht, rote Lichter zucken um
seinen Kopf, von oben faßt ihn etwas Unsichtbares an, Faust spricht
die Geisterformel, der Erdgeist erscheint in einer Flamme. Lange und
heftig habe Faust versucht, ihn heranzuziehen, dröhnt er, und nun?
Faust muß sich abwenden, er erträgt das Angesicht des Geistes nicht.
Zwar stammelt er: »Ich bin's, bin Faust, bin deinesgleichen!« Doch
fehlt ihm letztlich die Kraft zur Kommunikation mit dem stürmi-
schen Element. Unter schmähenden Worten verschwindet der Erd-
geist. Faust bricht überwältigt zusammen. So bleibt nur der Griff zum
Giftfläschchen, um
»Auf neuer Bahn den Äther zu durchdringen,
Zu neuen Sphären reiner Tätigkeit.«
Mit seinem Selbstmord will er zugleich Gott die Stirn bieten:
»Hier ist es Zeit, durch Taten zu beweisen,
Daß Manneswürde nicht der Götterhöhe weicht ...« (712)
Doch just als er das Giftgefäß an die Lippen setzt, ertönen Oster-
glocken und ein Chorgesang verkündet: Christus ist auferstanden.
Faust ist nicht vom Donner gerührt, ihn kann nichts verwundern, ge-
schweige denn aus der Fassung bringen, aber er setzt das Gefäß ab
und lauscht. In Erinnerung an seine Jugend spricht er räsonierend:
»Die Botschaft hör' ich wohl, allein mir fehlt der Glaube.« Und so ist
es der einfache Rückblick in die Vergangenheit, ein Anflug von
Sentimentalität, eine damit verbundene Entdeckung der eigenen
außerdienstlichen Person, die ihn vom letzten Schritt abhält: »Die
Träne quillt, die Erde hat mich wieder!«
Mit seinem Famulus *Wagner tritt er hinaus, es ist Frühling. Menschen sind unterwegs, wandernde Handwerksburschen, die von
Raufereien und Liebe reden, junge Frauen, die jungen Männern hin-
terherschauen, Schüler, Bettler, Bürger, Bauern, Soldaten ... alles ist
draußen und genießt die schlichte Tatsache des Lebens. Ein alter
Bauer preist den hochangesehenen Doktor als einen Menschen-
freund und Helfer, der in Zeiten schwerer Epidemien selbstlos ge-
holfen habe, doch gerade dieses Lob verdüstert Faust, er gedenkt der
Vielen, die unter seinen Händen starben.
Der Tag neigt sich dem Ende zu, Faust sieht der untergehenden
Sonne nach und wünscht, ihr zu folgen, wünscht sich zu seines
»Geistes Flügel« auch körperliche dazu. Zwei Seelen wohnen in sei-
ner Brust, stellt er summarisch fest. Die eine klammert sich »in der-

ber Liebeslust« an die Welt, die andere sucht ein körperloses Leben zwischen Himmel und Erde. Wenn er doch nur einen Zaubermantel hätte, der ihn hinwegtrüge! Und während sein Famulus vor dem Heraufbeschwören nur dem Schein nach dienstbarer Geister warnt, entdeckt Faust einen rätselhaften schwarzen Pudel, der sich in spiraligem Lauf nähert. Als possierliches Tier sucht es Fausts Zuneigung und darf seinem neuen Herren nach Hause folgen. Faust hat einen wunderschönen Tag verlebt, er spürt die »Liebe Gottes« und greift sogleich zum griechischen Original der Bibel, um sie neu zu übersetzen.

Blicken wir zurück: Tief unzufrieden mit seinem bisherigen Erkenntnisstand hat sich Faust der Magie verschrieben, er schlägt das Zeichen des Makrokosmos auf; er zitiert den Erdgeist; er will seinem Leben ein Ende setzen, um das Tor zu einer neuen Daseinsform zu durchschreiten; er wünscht sich – da er doch lebt – einen Zaubermantel, mit dem er durch die Länder ziehen könnte (kaum ausgesprochen, erscheint die Gestalt des Pudels in der Ferne); Faust spricht von der Liebe Gottes, meint aber nicht sich als von Gott Geliebten, sondern seine in ihm sich regende Liebe zu Gott.

Bilanz: Faust ist das alles dirigierende, die Elemente herbeizitierende Genie der Vermessenheit. Und weil ihn keiner seiner Kontakte befriedigt, pendelt er zwischen Weißer und Schwarzer Magie, zwischen Tod und Leben, um sich schließlich den Teufel dienstbar zu machen. Jedes Mittel ist ihm recht, um auszubrechen, er ist also kaum Opfer, wie sein Vetter Hiob, sondern zu größeren Teilen Täter. Hiob ist gottesfürchtig, Faust ist furchtlos bis ins Mark. Nichts ist ihm heilig, jedes Experiment recht.

Während sich Faust an einer Bibelübertragung versucht, fühlt sich der Pudel in seiner Haut äußerst unwohl. Über eine – ungewollte? – Verformung zum Nilpferd erreicht er menschliche Gestalt. Faust stellt belustigt fest: »Das also war des Pudels Kern!« Es ist *Mephistopheles. Der Doktor wittert eine neue Chance. Ein Pakt! Davon will Mephisto einstweilen nichts wissen! Erst muß er hinaus, und da der selbstbewußte Magier nicht willens ist, ihm zu helfen – das Pentagramm am Eingang des Studierzimmers hat an einem seiner fünf Zacken einen kleinen zeichnerischen Fehler, eine Lücke, die Mephistopheles den Eintritt ermöglichte, nun aber keinen Austritt –, da ihm also Faust nicht zum Abgang verhilft, muß ihn der Bedrängte (mittels eines Knabengesangs über Arkadiens Schönheit, vielleicht ein Hinweis auf den zweiten Teil des Schauspiels) einschläfern. Eine

Ratte nagt ihrem Herrn an einem Zacken des Pentagramms eine Lücke frei.

Mittlerweile ist Faust wieder erwacht. Wir wissen es nicht, doch vermuten wir, daß er wieder Ausbruchs-, sprich Entgrenzungspläne hegt. Er glaubt sich neuerlich, dieses Mal vom Teufel betrogen. Nun erscheint jener im Kostüm eines hochmodischen Adligen, hoffend, Faust fürs Leben, die Welt draußen, zu interessieren. »Was kann die Welt mir wohl gewähren?« (1548), fragt Faust. Er ist immer noch der alte. Die Frage formuliert er vor einem herausgeputzten Mephisto und nimmt des Teufels Hinweis auf den unterlassenen Freitod zum Anlaß, alles zu verfluchen, was dem Normalmenschen von Bedeutung ist: Schönheit, Ansehen, die bürgerlichen Werte Familie, Geld, Besitz und den kleinen Genuß. Gerade hatte er noch die Bibel aufgeschlagen, nun verflucht er Paulus' Wertekanon Glaube, Liebe, Hoffnung.

Vor allem aber verflucht er die Geduld. Mephisto versucht, den Rasenden gnädig zu stimmen, er bietet ihm alle Dienste dieser Welt, wenn Faust das gleiche »drüben« leiste. Und als Faust unbeirrt und uninteressiert fortfährt, heißt ein neues Angebot: »Ich gebe dir, was noch kein Mensch gesehen.« Faust aber fragt mehr mitleidsvoll als höhnisch: »Was willst du armer Teufel geben?« Daß Faust überhaupt mit dem Teufel spricht, erklären wir mit seiner Ratlosigkeit, seinem tiefen Empfinden von Ausweglosigkeit.

Faust hat nichts mehr zu verlieren, der Teufel ist ihm eigentlich (noch) keine Alternative, er ist zu banal. Man spricht an dieser Stelle von der Gelehrtentragödie, eigentlich erleben wir die Tragödie eines Titanen, denn jedes herkömmliche, faßbare Maß des Forschens sucht Faust zu überwinden. Faust sucht die eine Formel, die ihn ermächtigen würde, mit Gott auf gleicher Stufe zu stehen. Zu seinem Verständnis müssen wir anmerken, daß ihn nicht Gottes Machtfülle, sondern dessen Wissen interessiert. Nun aber, da alle Hoffnungen zunichte sind, will er sich im menschlichen Leben versuchen. Und wettet mit dem Teufel, daß der erst dann seiner habhaft werden darf, wenn er, Faust, zufrieden ruhend, man könnte sagen gesättigt, innehält.

»Werd' ich beruhigt je mich auf ein Faulbett legen,
So sei es gleich um mich getan!
Kannst du mich schmeichelnd je belügen,
Daß ich mir selbst gefallen mag,
Kannst du mich mit Genuß betrügen

Das sei für mich der letzte Tag! /.../
Werd' ich zum Augenblicke sagen:
Verweile doch! du bist so schön!
Dann magst du mich in Fesseln schlagen,
Dann will ich gern zugrunde gehn!« (1692 ff)

Topp, sagt Mephisto, und verlangt zur Wette dazu etwas Schriftliches. Aus der Wette wird ein Pakt. Faust muß mit Blut unterschreiben, denn »Blut ist ein ganz besondrer (Lebens-)Saft«. Was aber ist dem Faust dieser Pakt? Wegen seines Wunsches nach einer schriftlichen Bestätigung nennt er Mephisto einen Pedanten. Faust wird den Pakt niemals wieder erwähnen. Wette und Pakt sind ihm nichts als ein nihilistisches Achselzucken wert. Beginnt Faust also ein neues Leben?

Ja, aber er läßt sich Zeit. Zu sehr ist er seiner bisherigen Verfassung verbunden. Der Erdgeist hat ihn verschmäht, das wiegt noch schwer. Gut, er will hin zum Leben, er spricht von »den Tiefen der Sinnlichkeit«, aber Faust ist vor allem wütend und glaubt an nichts mehr. Es ist eine kalte, alles verneinende Wut. Mephistos Verweis auf allerlei irdische Ergötzlichkeiten beantwortet Faust mit dem Hinweis, er, Faust, suche den Taumel, ein ruheloses wütendes Ausloten der Extreme.

Jetzt da er »vom Wissensdrang geheilt ist«, will er alle Höhen und Tiefen, alles Wohl und Wehe in seiner Brust zusammentragen. Mephisto kann da nicht mit, ihm bleibt nur noch, ironisch mäßigend auf Faust einzureden. Kein Mensch könne solche Extreme »verdauen«, die »nur für einen Gott gemacht!« seien. Faust solle sich besser an einen Poeten halten, meint Mephisto, der hätte abwechslungsreichere Offerten. Es ist eben so: des Teufels Angebotskatalog der Verführbarkeiten ist auf den Durchschnittskonsumenten abgestimmt: Sex, Klamauk, Geld, Macht ... das kann er mittels seiner schwarzmagischen Fähigkeiten anbieten. Mehr nicht.

»Und nun?« fragt Faust. »Wir gehen eben fort« antwortet Mephisto. Weder Faust noch Mephisto wissen, was geschehen wird. Beide hatten sie keine oder nur vage Vorstellungen vom jeweils anderen. Mephisto hat nicht damit gerechnet, daß Faust »der Erde Freuden überspringt«, und Faust weiß noch nichts von der Anziehungskraft irdischer Lebensart. Trotzdem: zu Beginn der Bekanntschaft ist Mephisto der Naivere. Und es ist – wenn auch unklar, wer die Wette gewinnt – zweifellos, daß der Teufel kein leichtes Spiel haben wird.

Vorerst entführt er ihn mit seinem Zaubermantel in die Provinz, in ein Studentenwirtshaus. Goethe kannte »Auerbachs Keller« in Leipzig aus seiner Studienzeit. Zwei Wandfresken zeigten Faust zwischen trinkenden Studenten und auf einem Faß reitend. Dem Goethe-Faust ist dieser Besuch nichts als die Betrachtung dümmlichen Studententreibens, so, wie ihm alles akademische Leben dümmlich und zuwider ist. Auf Fausts Geheiß suchen sie das Weite, der verspielte Mephisto wäre noch gerne geblieben, um seinen Spaß mit den deppendoofen Studenten zu haben.

Mephisto weiß, nur eine Verjüngung bringt den Verbohrten von seinem Suchwahn ab. In einer Hexenküche, halb Obskuritätenkabinett, halb Cabaret, wird Faust ein brennender Höllensud gereicht. Er schenkt dem Sinn seiner Regeneration keinen Gedanken und seinem neuen, jugendlichen Aussehen keine Beachtung. Doch erblickt er in einem Spiegel das Bild eines schönen »hingestreckten« Mädchens. Ob es *Margarete (Gretchen) ist oder nur irgendein Verführungsbild, wird nicht gesagt. Von Stund an hat Faust nur ein Ziel. Die Schöne muß seine Geliebte werden.

Margarete verläßt eben die Kirche, als Faust sie überrascht:
»Mein schönes Fräulein, darf ich wagen,
   Meinen Arm und Geleit Ihr anzutragen?«
Und faßt sie an. Gretchen ist erschrocken.
   «Bin weder Fräulein, weder schön,
   Kann ungeleitet nach Hause gehn.« (2605)
Natürlich ist sie kein Fräulein, keine »junge Herrin«, also nicht von Stand. Faust schmeichelt, ködert. Sie macht sich los und läuft davon. Mephisto aber muß ihm die Unschuldige heranschaffen. Die? fragt Mephisto, die sei
»ein gar unschuldig Ding,
   Das eben für nichts zur Beichte ging;
   Über die hab' ich keine Gewalt!« (2624)
Zudem sei sie wohl kaum vierzehn. Faust läßt nicht locker. Auch in dieser nun doch anderen, nicht mehr erkenntnissuchenden Situation, trompetet er seinen Anspruch nach Kompromißlosigkeit hinaus:
»Wenn nicht das süße junge Blut
   Heut nacht in meinen Armen ruht,
   So sind wir um Mitternacht geschieden.« (2636)
Wir ahnen, daß auch ohne Teufelswerk solch stürmisches Fordern kein gutes Ende nehmen wird. Und wenn wir nun das nicht nur naive, sondern tatsächlich liebenswürdige Geschöpf kennenlernen und

sie an Fausts Seite gestellt sehen, schmerzt die vorhersehbare Opferung.

An Fausts Auftritt Anstoß zu nehmen, fällt dennoch nicht leicht.
Margarete ist das erste Wesen, das Faust rührt, er ist in einer Verfassung, die er an sich nicht kennt. Er vermag, einen Erdgeist herbeizu-
rufen, sich Gottähnlichkeit anzumaßen, die Verliebtheit aber ist ihm
neu, darin hat er keine Übung. Und keine Geduld – die ist ihm am
meisten verhaßt. Also alles Schlag auf Schlag. Mephisto muß ein
Schmuckkästchen stehlen. Das legt er Margarete in den Kleider-
schrank. Die Mutter aber händigt es dem Pfarrer aus. Ein zweites Präsent aber behält Margarete auf der Nachbarin Vorschlag. Diese Frau,
*Marthe Schwerdtlein, wird nun in Mephistos Ränkespiel einge-
spannt. In ihrem Garten kommen sich Gretchen und Faust nahe, sie
küssen sich, gestehen einander ihre Liebe. Faust hat für's erste bekommen, was er wollte.

Es ist ein Etappensieg, der ihn beglückt. Nun sucht er die Abgeschiedenheit einer Höhle im Wald, sieht sich in einer neuen Verbindung zur Natur. Dankend wendet er sich an den Erdgeist, der ihm
– nun doch – die Kraft zugestanden hat, in das Innere der Natur zu
blicken wie in das Herz eines Freundes. Zugleich aber erlaubt diese
Betrachtung neue Blicke in sein eigenes Selbst. Er will, daß Margarete
sich ihm hingibt. Mephisto erkennt hellsichtig, daß Faust das
Erlebnis der Liebe zwar gesucht hat, bald aber ist sein Gefühl wie ein
»Bächlein wieder seicht«. Mit heroischem Sturm-und-Drang-Popanz
hält Faust sich selbst eine Gegenrede:

»Mag ihr Geschick auf mich zusammenstürzen
Und sie mit mir zugrunde gehn!« (3364 f)

Daß dabei sie, nicht aber er, zugrunde gehen wird, dürfte mit
Mephisto an der Seite hinlänglich klar sein. Vielleicht lügt er sich nicht
in die Tasche, doch seine Rede enthüllt bestenfalls den Wunsch nach
Vollkommenheit in der Leidenschaft, doch keine Überlegung, was
mit Margarete geschieht, wenn er mit ihr schläft. Und sie? Sie ist von
Faust überwältigt:

»Sein hoher Gang
Sein' edle Gestalt,
Seines Mundes Lächeln,
Seiner Augen Gewalt.« (3394 f)

Um so mutiger ist ihre Frage nach seinem Glauben (Die Gretchenfrage: »Nun sag, wie hast du's mit der Religion?«). Faust redet sich
mit seiner Gott-ist-die-Welt-Maxime heraus. Margarete läßt sich

nicht beirren und verschließt dennoch die Augen, als sie Fausts Begleiter schaudernd erkennt und selbst Faust die Worte entfahren: »Du ahnungsvoller Engel du!« Denn Gretchen will ebenso wie Faust die Liebesnacht. Und als hätte sie nur auf Fausts listenreichen Einfall gewartet, läßt sie die Tür zum Schlafgemach offen. Um ungestört zu sein, mischt sie der Mutter ein Schlafmittel in den Abendtrunk.

Margaretes Bruder *Valentin ist der Lebenswandel seiner Schwester nicht entgangen. In seiner Wut über ihre verlorene Ehre fordert er Mephisto und Faust zum Duell. Mephisto, gerissen genug, gestaltet das Duell so, daß Faust es ist, der Valentin tötet. Margarete stürzt auf die Straße zu ihrem Bruder. Vor dem herbeigeeilten Volk nennt der Sterbende seine Schwester eine Hure. Damit ist sie eine »Gefallene«, sie hat kein Recht mehr, als anständiges Mädchen betrachtet zu werden, sie ist aus der Gemeinschaft ausgestoßen, sie wird von allen gemieden und verachtet und verspottet werden, sie steht mit Bettlern und Krüppeln auf derselben gesellschaftlichen Stufe.

Faust und Mephisto sind geflohen, Faust darf sich bei der Geliebten nicht mehr zeigen, er wird als Soldatenmörder polizeilich gesucht. Margarete ist nicht nur verfemt, sondern allein, ihre Mutter ist an den Folgen des verabreichten Schlaftrunkes gestorben. Der Tochter bleibt nur noch ein zutiefst verzweifeltes Gebet an die Mutter Maria, in dessen Verlauf ein neues Unglück ausgesprochen wird: Sie ist schwanger. Die Naive, die Unbekümmerte, die vor der Bekanntschaft mit Faust in einer engen wiewohl heilen Welt zu Hause war, ist ab jetzt einer solch immensen seelischen Belastung unterworfen, daß sie den Verstand verliert.

Faust aber ist nicht nur flüchtig, sondern hat sich einer neuen Sache zugewendet. Er folgt Mephisto in den Harz zum Hexentreffen der Walpurgisnacht. Es ist ein Schritt aus der kleinen in die offene Welt. Vom Studierzimmer zu Auerbachs Keller, von dort in die Hexenküche und schließlich in Gretchens Vorstadtviertel – das bleibt alles in der näheren Umgebung. Die Walpurgisnacht (die Nacht vom 30. April zum 1. Mai) ist der nächstgrößere Schritt nach draußen. Hier trifft er nicht nur auf die Umgebung des Teufels mit seinen Hexen, Hexenmeistern und obskur-okkulten Geschöpfen, sondern auf Minister, Generäle, Parvenus und sogar auf einen Literaturkritiker. Während sie nach oben steigen – witzigerweise wird nicht geflogen, Faust will das ganze Spektakel Schritt für Schritt erleben – beschwert Faust sich über Mephistos Bequemlichkeit und sein mangelndes Interesse am Zaubergeschehen. Faust will immerzu weiter:

»Droben möcht' ich lieber sein!
Schon seh' ich Glut und Wirbelrauch.
Dort strebt die Menge zu dem Bösen;
Da muß sich manches Rätsel lösen.« (4037)

Angesichts des fantastischen wie spannenden Geschehens verliert Faust keinen Gedanken an sein Liebchen, hier ist er der Faust des Studierzimmers, dem sich eine neue Möglichkeit der Grenzüberschreitung bietet. Doch löst sich ihm kaum ein Rätsel, es bleibt beim erotischen Erlebnis mit der schönen Lilith, einer Fortsetzung der Liebesnacht mit Gretchen ohne Bindung des Herzens. (Lilith, Adams erste, also vor Eva, kam mit Adam zusammen auf die Welt. In der altrabbinischen Sage stritt sie mit Adam, trennte sich von ihm und verband sich mit dem Obersten der Teufel.)

Mitten im Reigen der Walpurgisnacht erscheint Faust ein Gaukelbild: Gretchen. Sie hat das Aussehen einer Toten, ihr Leib weiß, ihre Augen starr, um ihren Hals eine messerrückenbreite rote Schnur, Symbol der Hinrichtung durch das Schwert (ein rotes Bändchen war nach den Massenhinrichtungen der Französischen Revolution bei den Pariserinnen en vogue – Goethe schrieb die Walpurgisnacht zwischen 1797 und 1805). Nach einer Theateraufführung von ›Oberons und Titanias Goldner Hochzeit‹ finden wir Faust und Mephisto auf einem Feld. Es ist ein trüber Tag. Faust richtet wütende Vorwürfe an seinen Gesellschafter. Dieser habe ihm verheimlicht, daß Gretchen als Schwerverbrecherin im Kerker einsitze und entsetzliche Qualen erleide. Er erinnert sich des Treibens in der Walpurgisnacht. »Und mich wiegst du indes in abgeschmackten Zerstreuungen, verbirgst mir ihren wachsenden Jammer und lässest sie hülflos verderben!«

Goethe schreibt den Dialog in ungebundener Rede, in reimloser Prosa, die einzige des gesamten Stücks (um Fausts Fassungslosigkeit zu verdeutlichen): Er ist unfähig zur üblich gehobenen Diktion. Seine Vorwürfe muten – so ehrlich sie gemeint sind – ein wenig ahnungslos an, wenn wir ihn rückblickend auf dem Walpurgisfest betrachten. Er hat sich hier ja weniger als Betrachter, schon gar nicht als ein sich in sehnsüchtiger Liebe verzehrender Außenseiter gezeigt, sondern aktiv am Getümmel teilgenommen.

Genug des Aufrechnens. Faust war noch nie so bestürzt, er nennt Mephisto »Hund«, »Untier«, »Wurm«, er hört sich wie der alttestamentarische zürnende Gott an: »... daß er vor mir im Sand auf dem Bauch krieche, ich ihn mit Füßen trete, den Verworfenen.« Und verflucht Mephisto auf Jahrtausende.

Mephisto – nie oder selten um eine Gegenrede verlegen – kann erwidern:

»Warum machst du Gemeinschaft mit uns, wenn du sie nicht durchführen kannst? Willst fliegen und bist vorm Schwindel nicht sicher? Drangen wir uns dir auf oder du dich uns?« Die letzte der drei rhetorischen Fragen ist natürlich eine anmaßende Lüge. Faust – wir erinnern uns – zeigte sich an einem Pakt mit Mephisto nicht sonderlich interessiert. Nun sind Mephistos Dienste gefragt. Eilig besteigt man die Zauberrosse und reitet in die Stadt, um Margarete aus dem Kerker zu befreien. Mephisto schläfert die Wächter ein. Faust nimmt dem »Türner« (Gefängniswärter) die Schlüssel ab.

Bevor er das Verlies betritt, steht er vor der kleinen Eisentüre, hinter der er Margarete Verse singen hört, die, zwischen Wahnvorstellung und wahrem Bekenntnis, eine neue Untat offenbaren: Margarete hat ihr Kind umgebracht.

Nun betritt Faust die Zelle, er löst ihre Ketten, Margarete aber glaubt, der Henker hole sie zur Hinrichtung. In seiner Verzweiflung wirft sich Faust auf die Knie, die Geliebte erkennt ihn nicht, tut es ihm gleich und ruft die Heiligen an. Erst als er Gretchen beim Namen ruft, erwacht sie in Teilen, glaubt sich in der Hölle und daß der Geliebte von draußen seine Stimme erhebe. Schließlich erkennt sie Faust, umarmt ihn, sie vergegenwärtigt sich die ersten Tage der Begegnung, liebkost ihn. Faust drängt zur Eile. Margarete will geküßt werden, warum er sie nicht wie früher küsse, als seine Leidenschaft sie beinahe erstickte, fragt sie. Faust will fort. Wie gerne würde sie mit ihm gehen. Sie solle ihm folgen, beschwört er, die Tür stehe offen. »Ich darf nicht fort.« Ihre Sinne verwirren sich, sie hetzt Faust zum Teich hin:

»Geschwind! Geschwind!

Rette dein armes Kind.« (4551)

Sie erblickt die Mutter, die auf einem Stein sitzend, leblos mit dem Kopf wackelt.

Faust packt Margarete, er will sie mit Gewalt forttragen:

»Der Tag graut! Liebchen! Liebchen!

Margarete: »Tag! Ja es wird Tag! der letzte Tag dringt herein;

Mein Hochzeittag sollt' es sein!

Sag niemand, daß du schon bei Gretchen warst.« (4578 f)

Zwischen Wahn und Wirklichkeit schwebend, kann Margarete aus ihrem inneren Gefängnis des Gewissens und der christlichen Moral nicht heraus, sie will nicht, sie will die Strafe, nur diese kann die Bürde der Schuld von ihr nehmen. Mephisto ruft von draußen und drängt zur Eile. Margarete erkennt ihn als den Teufel, sie erkennt Fausts Verbundenheit mit ihm. »Heinrich! Mir graut's vor dir.«

»Sie ist gerichtet!« ruft Mephistopheles. Eine Stimme von oben ertönt: »Ist gerettet!« Die letzten Worte gelten Faust. Eine Stimme ruft von innen: »Heinrich! Heinrich!« (4619 f)

Viele Interpretationen suchen eine Schuldbilanz. Wie schuldig ist Faust? Wir antworten: Goethe wollte mit Faust das Prinzip des menschlichen Strebens nach neuem Erleben und Wissen herausarbeiten, nach immer tieferen Erkenntnissen, ohne daß dies alles zu einer inneren Befriedigung führt. Eine Beurteilung oder gar Verurteilung (nicht nur Fausts, auch Mephistos) lag nicht in Goethes Absicht, er war kein Moralist, kein Ideologe und kein Christ. Ihm ging es (auch in seinen naturwissenschaftlichen Überlegungen) um das Wechselspiel zwischen Gut und Böse, um das Wechselspiel der Gegensätzlichkeiten als Prinzipien der Existenz. Und je weiter wir uns vom Kleingetümmel auf Erden entfernen, um so mehr verbindet sich dieses Gut und Böse zu einer Einheit.

Goethes Haltung mag vor den Schrecknissen des 20. Jahrhunderts merkwürdig sein, aber Goethe lebte im 18. und kaum mehr im 19. Jahrhundert. Alles, was er (bis zu seinem Tode 1832) zuwege bringt, ist den Glaubensbekenntnissen des 18. Jahrhunderts verpflichtet: der Aufklärung (zu der er als Dichter nicht, als privater und beruflicher Mensch sehr wohl gehörte) und dem Glauben an einen letztlich edelmütigen Menschen. Goethe kannte sehr moderne Greuel: etwa die zahllosen wie wahllosen Hinrichtungen im Paris des Jahres 1794, sie haben ihn kaum beschäftigt. Er beklagte ausdrücklich die Situation der arbeitslosen und hungernden Strumpfwirker in Apolda, aber ihm machte die Situation zu schaffen und weniger der einzelne. Er hat ein anderes Menschenbild als wir heute. Wiewohl ihn der einzelne wenig interessiert, glaubt er an ein Ideal, demzufolge der Mensch die Krone der Schöpfung ist.

In seinem »Winckelmann«-Aufsatz schreibt er: »Das letzte Produkt der sich immer steigernden Natur ist der schöne Mensch.« (Hamburger Ausgabe, dtv Bd. 12, S.102) Heute wird zunehmend klar, daß der Mensch nicht mehr als Krone der Schöpfung, sondern eher als deren Zerstörer gelten kann. Goethe denkt anders. Er hat noch das Prinzip Mensch im Kopf, seine enorme Leistungsfähigkeit, die für Goethe letztendlich positiv ist. Selbst ein Mephistopheles ist hiervon nicht auszunehmen, auch er führt ja ein menschliches und kein teuflisches Prinzip vor. Goethes Ignoranz gegenüber der elenden Wirklichkeit, nicht nur jener der Französischen Revolution, läßt sich an verschiedenen Stellen beweisen.

Privat ging er vieles als Altruist und Menschenfreund an und ließ ebenso vieles aus Desinteresse und Teilnahmslosigkeit fallen. Vor allem die Gretchentragödie hat einen seltsamen Beigeschmack. Einerseits erwirkte er gegen den Freund und Weimarer Chefprediger Herder, daß die öffentliche »Kirchbuß« aufgehoben wird – nach Goethes Meinung trieb diese Strafe für voreheliche Geschlechtsverkehr die Mädchen zum Kindsmord –, andererseits hat er sich in einer ungleich heikleren Frage weniger verständnisvoll verhalten:

1783 steht im Geheimen Consilium das Schicksal einer Kindsmörderin zur Debatte. Der Herzog will die Verurteilte begnadigen. Goethes Kollegen Schnauß und Fritsch stimmen dagegen. Goethe erbittet Bedenkzeit. Schließlich entscheidet er wie seine Ministerkollegen: Eine Begnadigung würde die abschreckende Wirkung von Hinrichtungen unverantwortlich mindern. Die Hinrichtung der Kindsmörderin wird vollzogen, angesichts der Gretchentragödie eine merkwürdige und bis heute gern verschwiegene Haltung des Olympiers. Man kann davon ausgehen, daß die Kindsmörderin überlebt hätte, wenn sich Goethe auf die Seite des Herzogs geschlagen hätte.

Kenner vermuten, Goethe wollte sich bei den wesentlich erfahreneren Ministerkollegen als qualifizierte Sachautorität zeigen (vergleiche ›Goethes Amtliche Schriften‹, Veröffentlichung des Staatsarchivs Weimar, herausgegeben von Willy Flach, Bd. 1, S. 251).

II. Teil

Faust erwacht in einer anmutigen Gegend. Das Debakel mit Gretchen ist vergessen. Hier in der freien Natur hat er den benötigten Heilschlaf finden können. Nun, da er wach und bei Kräften ist, da er sich der Betrachtung eines gigantischen Naturpanoramas hingibt, erwächst die alte Sehnsucht nach der Verbindung zum Höchsten. Man kann hier eine Parallele zur Beschwörung des Erdgeists im ersten Teil des Dramas finden, doch statt der engen Studierstube hat Faust ein offenes Naturareal um sich, statt der ultimativen Forderung nach transzendentalem Kontakt erfolgt eine lyrische Ansprechung nicht des Erdgeistes sondern der – wenn man will – »verweltlichten«, sichtbaren Ausgabe des Erdgeistes: der Sonne. Faust ist anders geworden. Er ist nicht mehr der wahnwitzige mittelalterliche Forscher, der dumpf suchend auf Teufel komm raus nicht nur die Grenzen seiner Wahrnehmbarkeit übertreten, sondern auch mit den Elementen dieser Jenseitigkeit sprechen will, er sucht keine Hilfe mehr aus Zeichen und Symbolen, seine wütende Lust an der Herausforderung der jenseitigen Elemente ist verflogen, er erwacht und spürt wie jeder gesunde Mensch des »Lebens Pulse«. Er blickt um sich, der Tag zieht auf, »der Wald ertönt von tausendstimmigem Leben«, und in wenigen Augenblicken wird er die »feierlichste Stunde« erleben: das Auftauchen der Sonne. Sie kommt aus »jenen ewigen Gründen«, die er immer er-gründen will, und ihm ist jetzt klar, wie groß, ja unfaßbar mächtig sie ist. Der Mensch will eine Fackel anzünden und findet in der Sonne ein Flammenmeer, das ihn einschließt. Ist das das Prinzip Liebe oder das Prinzip Haß, fragt Faust. Die Frage ist irrelevant. Er blickt in die Sonne – und wendet den Blick ab. Doch tut er dies nicht als Besiegter, wie in der Erdgeistszene, sondern aus Einsicht. Das Auge ist nur ein Sinnesorgan, dem die Qualifikation zur Erkennung des Höchsten fehlt. Das Auge ist aber imstande, das zu betrachten und zu erkennen, was der Weltgeist in Materie gewandelt hat. Der Mensch ist nicht fähig, das Göttliche zu erfassen, er muß sich vom Licht wegkehren, um die Erde anzusehen. Und er kann den *Abglanz* erkennen, eine Art Offenbarungskino des großen Wahren (Abglanz: »ein glänzendes Ebenbild, doch nur von Gott gebraucht« befindet der ›Adelung‹, das Nachschlagewerk). Goethe glaubt, daß die Welt nichts anderes ist, als die Entäußerung einer für uns Menschen unfaßbaren Kraft und Energie. Das Naturbild, welches sich Faust bietet, ist Abglanz, Symbol, Bild, ist Gleichnis eines unfaßlichen Göttlichen. Die Begriffe »Auge« und »Schauen« sind in Goethes Gesamtschaffen maßgebliche Wahrnehmungsmittel, »Licht« und »Farbe« wesentliche Wahrnehmungselemente.

Doch wo bleibt Mephistopheles? Der *Kaiser des maroden Römischen Reiches Deutscher Nation hat auf des Kanzlers Wunsch den Thronrat einberufen. Die allgemeine, alle Bereiche des öffentlichen Lebens erfassende Krise hat sich zugespitzt. Für Mephisto, als Hofnarr getarnt, ist es ein leichtes, den Kaiser für sich zu gewinnen. Er verspricht alle Schätze des Reiches, tut, als müßten diese nur in nächster Zeit gehoben oder ausgegraben und in Verwahr genommen werden. Dem jungen Kaiser ist der Sinn nach Karneval, nach Festlichkeit, nicht nach Problemen. Ein riesiges Hofpanorama aus Wirklichkeit und Mythos, aus Hohem und Niedrigem entrollt sich

vor unseren Augen. Ein Theater im Theater. Ort und Zeit der
Handlung ist die Pfalz, der kaiserliche Festsaal, die Nacht vor Ascher-
mittoch. Eine musicalartige Revue von menschlichen und nicht-
menschlichen Wesen, vom Gärtner zu tanzenden Pflanzen, Sträußen,
von der Mutter, der Tochter, den Gespielinnen zu Holzhauern und
Pulcinellen, vom Betrunkenen zum Satiriker, von mythischen Gra-
zien, Parzen zu antiken und nordischen Mythenfiguren – alles ist vertreten, um als Personifikation, Allegorie oder Symbol den kaiserlichen Hof im besonderen und die Menschheit im allgemeinen, ja die
Gesamtheit des Lebens, in ästhetischer Verbrämung und burlesker
Verzerrung zu illustrieren.

Hier darf Mephisto nicht fehlen, und wo er ist, ist Faust nicht weit.
Unangekündigt und von oben aus dem Sternenhimmel zum Fenster
herannahend, erscheint ein überaus prachtvoller, von vier Drachen
gezogener Wagen. Der *Herold hat Mühe, angesichts dieses Schauspiels nicht aus der Fassung zu kommen und die nichtgemeldeten
Besucher gebührend zu empfangen. Er, der bisher jeden Gast vorstellen konnte, kennt die drei Anreisenden nicht. Es sind vorne sitzend der anmutige *Knabe Lenker, im Wagen thronend Plutus und
hinten kaum sichtbar Avaritia.

Es ist das Bild einer Allegorie: Plutus ist der Reichtum, er kommt
in einem prachtvollen Wagen von oben aus dem Blauen, aus dem
Nachthimmel wie die Sterntaler. Seine Gefährten sind ein märchen-
haft schöner Knabe mit mädchenhaften Zügen, die Verschwendung,
und hinten dürr und häßlich, geradezu erschreckend der Geiz, Avaritia. Die schöne Verschwendung wird bald vom Reichtum fortge-
schickt. Das Terrain gehört dem Reichtum und dem Geiz, hinter denen sich Faust und Mephisto verbergen.

Faust/Plutus hat ein neues Ziel und mit dem Ziel eine neue Etappe
seiner Weltenreise gefunden. Hier am Hof des Kaisers will er die
Staatsfinanzen in die Hand nehmen. Die wichtigste Person des
Abends kündigt sich an. Es ist der Kaiser, als Pan verkleidet, mit großem Gefolge aus Faunen, Satyren und wilden Nordmännern. (Pan
ist nicht nur als Naturgott, sondern auch im Sinne einer Allmacht zu
verstehen.) Die von Faust und Mephisto geplante Ansehung der mit-
gebrachten Reichtümer soll jetzt erfolgen, doch als der Kaiser ins
Goldgefäß blickt, geht er in Flammen (Symbol für den kommenden
Krieg) auf. Die Umstehenden, die ihm rettend zu Hilfe eilen, fangen
ebenfalls zu brennen an. Faust gebietet dem Spuk per Magie Einhalt.
Tags darauf finden sich Faust, Mephisto und der Kaiser im kaiserli-

chen Lustgarten ein, Faust entschuldigt sich für das »Flammen-gaukelspiel«, der Kaiser erklärt, er habe es genossen.

Die Würdenträger des Kaisers vermelden Großartiges: Mit den neuen Schatzbriefen, die er, der Monarch, ausgegeben habe, sei alle Stagnation beendet, Handel und Wandel erfreuten sich neuen Lebens.

»Rechnung für Rechnung ist berichtigt,
Die Wucherklauen sind beschwichtigt.
Los bin ich solcher Höllenpein;
Im Himmel kann's nicht heitrer sein.« (6041 ff)

erklärt der Marschalk (Marschall) euphorisch. Der Kaiser ahnt »un-geheuren Trug« und muß erfahren, daß er während des festlichen Tumults einen Staatswechsel unterschrieben hat, den ihm Kanzler und Schatzmeister vorgelegt haben. Dieser wurde in einer Nacht »durch Tausendkünstler schnell vertausendfacht«. Der Kaiser fragt nicht weiter, er ist's zufrieden.

Allenthalben herrscht nun Wohlstand, selbst der von Mephisto halb umgebrachte Narr vermag mit einer kleinen Spende des Kaisers zum Großgrundbesitzer aufsteigen.

Goethe wird sich bei der Niederschrift dieser Zeilen möglicher-weise an seine Arbeit als Bergbauminister erinnert haben. In den still-gelegten Schächten von Ilmenau vermutete man noch stattliche Mengen Silber. Ähnlich wie hier vom Kaiser wurden Pfandbriefe auf das noch zu fördernde Edelmetall verkauft. Nach einigen Jahren stell-te sich heraus, daß bloß ein Bruchteil der erwarteten Fördermenge zutage gebracht werden konnte. Hauptantreiber zur Wiederbele-bung des Ilmenauer Bergbaus war Goethe.

Faust wird nun von seiten des Hofes alles zugetraut. Er ist ein Magier und soll, nachdem er den Kaiser reich gemacht hat, ihn und seinen Hof amüsieren und zur allgemeinen Erheiterung *Helena und Paris erscheinen lassen. Faust weiß nicht, wie er vorgehen soll, Mephisto erklärt, er müsse ins Reich der Mütter. Mütter? Faust ist wie vom Donner gerührt, er vermag das Wort nicht zu hören. Denkt er an Gretchen, die Mutter seines Kindes, oder an Gretchens ermor-dete Mutter, oder ahnt er Kommendes? Wir wissen es nicht. Im Reich der Mütter, erklärt Mephisto, befinde sich ein Dreifuß, den müsse Faust holen. Mittels dieses magischen Utensils könne er Helenas und Paris' Bild herbeizaubern, wenn ihm eine Rückkehr gelänge.

Was aber ist dieses Reich der Mütter? Zunächst ein Geheimnis. Die Mütter sind etwas, was bisher kein Mensch gesehen hat, ihr Reich kennt weder Ort noch Zeit, kein Weg führt dorthin. Mephisto bereitet ihn auf die Expedition vor:

>Nichts wirst du sehn in ewig leerer Ferne,
Den Schritt nicht hören, den du tust.
Nichts Festes finden, wo du ruhst.« (6246 ff)

Es ist der Ort »im tiefsten allertiefsten Grund«, hier befinden sich die Mütter um einen Dreifuß versammelt (ein Hinweis auf das Orakel von Delphi, wo Pythia auf einem Dreifuß über der Erdspalte sitzend ihre verklausulierten Sprüche formulierte). Um die Mütter schweben Bilder »aller Kreatur«. Faust solle nun mit dem von Mephisto ausgehändigten Schlüssel den glühenden Dreifuß berühren, dann folge ihm dieser auf seinem Weg zurück.

>Und hast du ihn einmal hierher gebracht,
So rufst du Held und Heldin aus der Nacht.« (6297 f)

Faust ist begeistert. Erneut bietet sich ihm die Möglichkeit der Grenzüberschreitung: »In diesem Nichts hoff ich das All zu finden.« Die Situation ist spiegelbildlich, sie weist auf die Osterszene des ersten Teils, da Faust via Selbstmord zu neuen Sphären zu gelangen hoffte. Nur nicht stehenbleiben, sondern weiter und weiter, um zu sehen und zu staunen. Staunen als philosophisches Staunen – Faust nennt es Schaudern – »ist der Menschheit bestes Teil«.

Faust muß nur noch mit dem Fuß aufstampfen und versinkt ins ferne Reich der Mütter. Eckermann wollte darüber Näheres wissen, doch Goethe hüllte sich in Schweigen; die Anregung habe er von Plutarch, die Details selbst erfunden. Legionen von Germanisten haben sich ihre studierten Schädel zerbrochen, Gert Mattenklott hat sympathischerweise von einem provozierenden »Unmaß an Tiefsinn« gesprochen (›Goethe Handbuch‹, Bd. 2, herausgegeben von Theo Buck). Mit einiger Sicherheit kann man die Mütter als ein Sein vor der Schöpfung bezeichnen, zugleich als einen raum- und zeitlosen Zustand, der trotzdem körperhaft genug war, die Bedingung der Schöpfung in sich zu tragen – der absolute Urzustand. Heute, da das Ende des Patriarchats allerorts besprochen wird, sind wir versucht zu glauben, daß vor Gott eben die Mütter herrschten.

Was ist der Dreifuß? Im Altertum, lehrt der Brockhaus, war er ein weitverbreiteter Gegenstand, entweder ein Gestell mit drei Füßen zum Tragen eines (Koch-)Gefäßes oder ein Sitzschemel. Aus der griechischen Antike sind die auf dreibeinigem Gestell ruhenden Kessel bekannt, die im Kult und öffentlichen Leben eine große Rolle spielten. Als wertvolle Kampfpreise waren sie in der homerischen

Zeit und in der Frühzeit der Olympischen Spiele, später als Preise für Chöre bei Wettkämpfen an Dionysos-Festen begehrt. Der Dreifuß symbolisiert wohl das bei den Müttern gewonnene Vermögen, schöpferisch zu wirken. (Dem Mythos nach sitzt Pythia, Priesterin des Delphischen Orakels, auf einem Dreifuß über dem Erdspalt. Herakles wendet sich wegen einer Krankheit an das Orakel, da ihm Pythia keine Antwort gibt, stürmt er die Kultstätte und nimmt den Dreifuß an sich. Sein Halbbruder Apollon, Oberherr des Orakels, und Herakles geraten in einen erbitterten Kampf, den Zeus mittels seiner Blitze abbrechen muß.)

Wie in der Hexenküche des ersten Teils kommt Faust im Reich der Mütter mit dem Weiblichen zusammen. Damals sah er in einem Spiegel einen liegenden Frauenkörper, jetzt findet er die Mütter, um deren Köpfe »des Lebens Bilder, regsam, ohne Leben« kreisen und in deren Mitte der Dreifuß ruht. Er entwendet ihn und tritt im langen Priestergewand vor die Hofgesellschaft. Indem er mit Mephistos glühendem Schlüssel die Schale des Dreifußes berührt, erscheint aus dem Wolkendunst aufsteigend Paris. Die Frauen der Hofgesellschaft sind entzückt, die Herren ergehen sich in neidvollen Bemerkungen, dann tritt Helena auf, die Zuschauerschaft polarisiert sich erneut, diesmal in Ablehnung weiblicherseits und Bewunderung männlicherseits. Allen, so bemerken wir, geht indes das tiefe Begreifen für die Schönheit der antiken Erscheinungen ab. Nur Faust erkennt, was sich seinen Blicken bietet.

»Du bist's der ich die Regung aller Kraft,
Den Inbegriff der Leidenschaft,
Dir Neigung, Lieb', Anbetung, Wahnsinn zolle.« (2498 f)
Völlig geistesabwesend will er Paris Einhalt gebieten, als dieser Helena auf seinen Armen davontragen will. Er geht auf das Paar los, er versucht, Helena an sich zu reißen, er wendet sich gegen Paris und berührt ihn mit dem magischen Schlüssel. Es gibt eine Explosion. Faust bricht zusammen, die Gestalten verschwinden im Rauch, der Zuschauerraum verdunkelt sich und unter der Hofgesellschaft bricht ein Tumult aus. Mephisto trägt seinen ohnmächtigen Schützling schimpfend davon und legt ihn ins Bett seines alten Studierzimmers. Wagner, Fausts ehemaliger Famulus, hat gerade in diesem Moment einen künstlichen Menschen erschaffen, einen *Homunculus, der wenige Augenblicke nach seiner Fertigstellung über Fausts Befindlichkeit Bescheid weiß und als Therapeut und Traumdeuter Mephisto kategorisch mitteilt, daß Faust nicht überlebt, wenn

er weit entfernt von der Geliebten erwacht. Es ist, als halte Faust so lange an seiner Ohnmacht fest, bis er im Land der angebeteten Helena erwacht. Sein neues Leben, bemerkt Homunculus, suche Faust im Fabelreich. So läßt sich der Verdacht nicht von der Hand weisen, daß die gesamte Helena-Handlung von Faust geträumt ist. Zusammen mit dem Reiseleiter Homunculus landen Mephisto und Faust zur Klassischen Walpurgisnacht in Griechenland. Landeplatz sind die Pharsalischen Felder, unweit jener Stadt (heute Farsala), wo Cäsar 48 vor Christus Pompejus besiegend der Republik ein Ende machte und dem Kaisertum auf die Beine half. »Wo ist sie?« fragt Faust erwachend nach Helena. Er weiß augenblicklich, wo er ist, und fühlt sich wie der Riese Antäus, der durch die Berührung der Erde zu neuen Kräften gekommen ist. Im Unterschied zu seinem alten Gesellen Mephisto ist ihm unter *Sphinxen, *Sirenen und *Greifen, unter all den mythischen Ungeheueren wohl.

»Vom frischen Geist fühl' ich mich durchdrungen;
Gestalten groß, groß die Erinnerungen.« (7189)
Helena soll nun gefunden werden. Die ehrerbietige Sphinx, die eben noch Mephisto sehr hochmütig behandelt hat, verweist ihn an *Chiron, einen klugen Kentauren. Der begutachtet Faust und erklärt ihn für geisteskrank, *Manto, Tochter Äskulaps, sollte ihn mit Wurzelkräften heilen. Das weist Faust von sich: »Geheilt will ich nicht sein, mein Sinn ist mächtig.« Auch Manto sieht in Faust keinen psychopathologischen Fall, sie heißt Fausts Absicht gut, denn sie liebt den, der das Unmögliche begehrt. Beide betreten sie den Eingang zum Hades am Fuße des Olymps und steigen hinab. Sie wünscht ihm besseres Gelingen als Orpheus, der Eurydike aus der Unterwelt hinaufzuführen vermochte, sich jedoch auf dem Weg nach oben verbotenerweise umdrehte und infolgedessen die Geliebte verlor. Fausts Anwesenheit in der Klassischen Walpurgisnacht ist damit beendet. Unser Hauptaugenmerk gilt in diesem Handlungsabschnitt dem Neuankömmling Homunculus. Und der schlägt in der Zuschauergunst Faust um Längen.

Als Faust wieder auftritt (Szene »Innerer Burghof«), erleben wir ihn als Kreuzritter. Während Menelaos, Helenas Ex-Mann, auf Raubfahrt war, hat er eine mittelalterliche, uneinnehmbar feste Burg nördlich von Sparta gebaut. Daß es sich hier um einen geschichtschronologischen Bruch handelt, zählt weniger als der Befund, daß er als Kreuzritter das Jahr um 1200 schreibt und seine Zeit, also jene um 1500, verlassen hat, um Helena entgegenzukommen. Faust, der

Neuzeitliche, und Helena, die Antike, treffen sich zwischen den Epochen im Mittelalter. Zu Helenas Begrüßung auf Fausts Burg wartet der Hofstaat mit einem Festempfang auf. Faust begrüßt Helena mit aller Ehrerbietung und bedient sich einer Rhetorik, die an die klassische Tragödie erinnert: langatmige fünf- und sechshebige, reimlose Verse mit Auftakt, sogenannte Trimeter. Damit kann er nicht nur Helena vertraulich begegnen, dieses Versmaß veranschaulicht zugleich seine Wandlung vom unruhig Suchenden zum gelassenen Gebieter. Man kann sagen, er verweilt zum ersten Mal. Mephisto könnte jetzt behaupten, Faust habe die Wette verloren. Doch Faust bewegt sich innerlich.

Er erlebt in diesem Zustand des Verweilens zum ersten Mal die Glückseligkeit, Faust geht auf im engsten Familienkreis. Mit Helena und dem gemeinsamen Sohn *Euphorion leben sie ein idyllisches Leben in Arkadien, doch was Faust an Rastlosigkeit abgelegt hat, hat Euphorion erworben. Die hochstürmende Jugendlichkeit des Sohnes ist jenseits allen Maßes und aller Vernunft. Hier, wo alles Schönheit ist, die Liebe, das Leben und die Natur, vollzieht sich die Katastrophe. Euphorion stürzt in den Tod, Helena entschwindet zurück ins Reich der Toten, woraus Faust sie geholt hatte. Doch Faust hat bei aller Tragik sein Ziel nicht verfehlt, er hat die absolute Schönheit erworben und vor allem gelebt. Die Faust-Exegese spricht in diesem Zusammenhang vom Sinnbild der höchsten Schönheit. Die Betonung liegt auf Sinnbild. Fausts Erleben der Schönheit ist ein erträumtes, symbolisches. Ist Faust seit seinem Zusammenbruch am Hof des Kaisers wirklich erwacht? Hat er alles geträumt, sich erträumt? Faust und Helena ziehen sich in eine Höhle zurück, aus der »ein reizendes, rein melodisches Saitenspiel erklingt«.

Ist Fausts Liebeserlebnis also nur die Konsequenz seiner Sehnsucht, die Helena-Handlung eine Phantasmagorie? Schönheit, so die Botschaft, kann nicht wie ein Reklamephoto betrachtet werden, ist keine Frage der Optik, Schönheit muß erlebt und mit der Seele erkannt werden. Die Wahrnehmung der Schönheit ist durchaus etwas Religiöses, so, wie die Wahrnehmung der Kunst etwas Religiöses ist, oder – um den Gedanken fortzuspinnen: der »Gläubige« (er muß kein Christ sein) kann die Schönheit von Michelangelos Fresken in der Sixtinischen Kapelle erfassen, der »Ungläubige« (er muß kein Atheist sein) kann das nicht. Demnach ist das Begreifen der Schönheit nicht über ein physiologisches, sondern nur über ein geistiges Sensorium möglich. So gesehen findet die Helena-Geschichte nur ein relativ tragisches Ende. Faust hat die Schönheit erlebt. Der Schlußsatz des dritten, des Helena-Aktes, ist bezeichnenderweise unbekümmert vital: »Denn um neuen Most zu bergen, leert man rasch den alten Schlauch.« (10038) Den alten Most schütte man aus, das Gebräu vergangener Geschehnisse soll vergessen sein. Neues steht an. Euphorion und Helena haben die tragische Szenerie verlassen, was übrigbleibt ist Helenas Gefolge, die ehemals gefangenen Troerinnen. Sie haben sich dem vitalen Leben zugekehrt. Bacchaus ist aus »Mysterien« erschienen und stiftet zum lauten Besäufnis an. Ein letztes Bild der verlorenen Geliebten tut sich Faust als riesige Wolke auf. In der Faust/Goethe-Symbolik ist die Wolke »das Irdische in seiner höchsten, leichtesten Form. Sie kann emporsteigen und sich auflösen in Sonnenklarheit.« (Trunz, Faust-Kommentar)

Wie immer, wenn Faust vor einem neuen Lebensabschnitt steht, hält er sich in der freien Natur, diesmal im Hochgebirge, auf (IV. Akt). Ebenso wie nach Gretchens Tod richtet sich sein Blick in die Zukunft. Doch was bleibt zu tun nach all den Etappen seines wechselvollen Lebens? Mephisto bietet ihm die Stadt, die ganze wimmelnde Welt an, doch Faust winkt ab. »Schlecht und modern!« sagt er. Und fügt hinzu: »Sardanapal!« der Name des assyrischen Königs (Assurbanipal/669-627), der ihm, Faust, Symbol für ein ausschweifendes, sinnloses Leben ist. Ihm ist nicht nach Genuß, denn »Genießen macht gemein«. »Dieser Erdenkreis«, läßt er hochfahrend verlauten, »gewährt noch Raum zu großen Taten«, Herrschaft will er und Eigentum, er fühlt Kraft zu neuem Anfang, doch nicht um des Ruhmes willen, sondern der Tat wegen. Er hat einmal am Meeresufer gestanden und zugesehen, wie mit der Flut das Land immer wieder überschwemmt wird. Er will dem Meer Land abgewinnen. Da erklingt aus der Ferne Kriegsmusik: »Schon wieder Krieg! Der Kluge hört's nicht gern«, sagt Faust und meint es auch so. Doch wird er im folgenden ein Kriegsgewinnler.

Der Kaiser steckt in neuen Schwierigkeiten. Er muß sich gegen einen Gegenkaiser zur Wehr setzen. Mephisto hat eine einfache Idee:
»Erhalten wir dem Kaiser Thron und Lande,
So kniest du nieder und empfängst
Die Lehn von grenzenlosem Strande.« (10304 ff)
Der Geselle hat vorgesorgt. Drei Riesen – Raufebold, Habebald und Haltefest – sollen helfen, des Kaisers Schlachtglück maßgeblich zu bestimmen. Denn die Siegeschancen des Kaisers sind eher schlecht. Zu viele seiner einstigen Getreuen sind auf der Feindesseite. Wie aber

dem Kaiser nahetreten, ohne die Grenzen der realen Möglichkeiten zu verletzen? Einst hat der Kaiser zum Anlaß seiner Krönung per Begnadigungsrecht den Nekromanten von Norcia, einen Toten-beschwörer und Zauberer, vor dem Scheiterhaufen bewahrt. Aus Dankbarkeit habe er, erfindet Faust, ihn selbst und dessen Helfer zur Unterstützung geschickt. Nun da der Obergeneral die Formation des Heeres anordnet, schickt Faust je einen von Mephistos Hünen in die Schlacht. Zur ferneren Unterstützung rücken eiligst rekrutierte Geister bereits im Mittelalter verstorbener Krieger und allerlei Bergspuk heran. Und als sich immer noch kein Sieg abzeichnet, stür-zen als Truggebilde riesige Gebirgsströme und ein ebenso schi-märenhafter Meteoritenregen auf die Soldaten des Gegenkaisers nie-der. So werden die Feinde geschlagen, der Gegner muß fliehen, der Heeressold fällt den Siegern in die Hände. Von allen Seiten melden die Kundschafter, daß das Reich befriedet sei. Der Kaiser ist wieder im Vollbesitz seiner Macht. Faust, dem »sehr verrufnen Mann«, wie der Erzbischof betonen muß, wird ein großer Bodenbesitz am Mee-resufer vermacht.

Faust ist damit im fünften Akt und im letzten seines Lebens. Er ist steinalt. Vor seinem Palast erstreckt sich ein riesiger Besitz, das Meer ist hinter mächtige Dämme zurückgedrängt. Mephisto sorgt für die Zunahme seines ohnehin mächtigen Besitzes an Schätzen und Handelsgütern. Er müßte zufrieden sein. Doch da bimmelt von wei-tem ein Glöckchen.

Neben Fausts Hochsitz, von dem aus er sein Reich überschauen kann, wo ihm der Türmer die Ankunft seiner reichbeladenen Schiffe verkündet, lebt ein altes Ehepaar, *Philemon und Baucis. Auf ihrem Grundstück führen sie ein Anwesen mit einer kleinen Kapelle unter Linden. Das ist Faust ein Dorn im Auge. Jener kleine Besitz fehlt ihm, zumal von dort die Sicht besser als von seiner Residenz ist. Er hat für die Alten ein schönes Ersatzgrundstück ausgesucht, dorthin solle Mephisto sie zwingen. In der Nacht meldet der Türmer eine Brand-katastrophe auf dem Nachbargrundstück. Auch Faust beobachtet die Feuersbrunst vom Balkon und hofft, die Alten würden »im Gefühl großmütiger Schonung« nun ihren Lebensabend genießen. Ein we-nig Zwang, sonst nichts. Nun aber vermeldet Mephisto, daß die bei-den dem Zwang nicht weichen wollten, einen Fremden, der sich ein-gemischt habe, hätten seine Helfer hingestreckt, ja und die Alten, die wären verbrannt, sie hätten indes nicht viel gelitten, seien vor Schreck wohl gestorben. Tausch habe er verlangt, empört sich Faust, nicht

Raub. Er verflucht die Täter. Doch bleibt die Frage: Weiß Faust nicht, wer Mephisto ist oder wenigstens wie? Hat er vergessen, wie er für Gretchens Mutter ein Schlafmittel forderte und Gift bekam?

Philemon und Baucis sind Faust mehr als ein Dorn im Auge, nicht nur weil ihr Eigentum einem Keil gleich in seinen Grundbesitz hineinragt, sondern weil die beiden Alten so anders sind als er. Das greise Ehepaar zeigt dem gleichermaßen greisen Faust einen ganz wesentlichen Aspekt seiner faustischen Seele, der bisher nicht klar genug zum Vorschein kam, und für den wir Goethe nicht genug loben können: Faust offenbart neben der ewig suchenden Strebernatur den ewigen Nörgler an seinem Leben und seinem Schicksal. Niemals wird er sich behaglich zurücklehnen und das Geleistete genießen, ihn treibt nicht nur die Frage, was die Welt im Prinzip zusammenhält, sondern eine hochüberschätzte Disziplinlosigkeit. Seine Unruhe ist mithin nicht nur produktiv und sein Teufel kontraproduktiv, wie das so gerne behauptet wird, sondern eine beständig in ihm selbst rotierende Zentrifuge, die laufen und laufen soll, und immer wieder Neuvorhaben auswirft, welche mit aller, eben auch zerstörerischer Konsequenz befolgt und niemals kritisch reflektiert werden.

Vier graue Weiber erscheinen vor Fausts Türe, es sind Mangel, Schuld (im Sinne von Schulden), Not und Sorge. Nur die Sorge vermag durchs Schlüsselloch zu Faust zu schlüpfen, die anderen müssen draußen vor Fausts reichem Anwesen, stellvertretend für sein ganzes Leben, bleiben. Doch auch die Sorge kann Faust abwehren. Sie rächt sich und läßt ihn erblinden. Draußen im Vorhof des Palastes machen sich bereits die Lemuren, die Totengeister, zu schaffen. Mit dem Spaten schaufeln sie ein Grab. »Wie das Geklirr der Spaten mich ergötzt«, spricht der Blinde. Er weiß nicht, was geschieht, glaubt, es werde gearbeitet. Er hat noch Großes vor, hat vielleicht seinen mächtigsten Plan gefaßt. Am Fuß der Berge ist ein gigantisches Sumpfgebiet, es soll trocken gelegt werden, Platz für Millionen Neuansiedler.

Für dieses Projekt ist ihm wieder einmal alles recht:
» ... schaffe Meng' auf Menge,
Ermuntere durch Genuß und Strenge,
Bezahle, locke, presse bei!« (11552 ff)
Das will er noch erleben, »auf freiem Grund mit freiem Volke stehn«. Hier würden die Menschen frei von Abgabelasten leben, nur sich selbst verpflichtet und dem Kampf gegen die widerspenstige Natur. Faust verfällt in einen Höhenrausch:

»Zum Augenblicke dürft' ich sagen:
Verweile doch, du bist so schön!
Es kann die Spur von meinen Erdetagen
Nicht in Äonen untergehn. –
Im Vorgefühl von solchem hohen Glück
Genieß' ich jetzt den höchsten Augenblick.« (11582 ff)
Faust sinkt tot zurück, doch ist er nicht am Ende seiner Reise.
Mephisto glaubt sich im rechtmäßigem Besitz der entfahrenden
Seele, doch Fausts Ende, das Ende eines einzelnen, wendet sich zu ei-
nem kosmischen Spektakel. Die Elemente des Himmels strömen her-
ab, die der Unterwelt fahren herauf, sie sollen Mephisto im Streit um
die Faustseele beistehen.

Doch Fausts Unsterbliches befindet sich bald schon in Bergeshöhe
und wird, je höher es steigt, von immer ranghöheren Himmels-
dienern aufwärts geleitet. Hier haben die Teufel nichts mehr zu suchen. Und wir fragen verwundert, wie konnte das passieren? Goethe
selbst hat sich darüber auch Gedanken gemacht, nicht viele Schuld-
fragen waren ihm fremd, aber in einem Brief meinte er knapp, Faust
sei bei seiner Charakterstruktur nur zur einen Hälfte schuldfähig, zur
anderen eben unschuldig. Hinzu komme das von Gott verliehene
Gnadenrecht. Also ab in den Himmel.

»Wer immer strebend sich bemüht,
Den können wir erlösen«,
können nicht *werden* singen die Engel. Dem einen wird dies Gnadenrecht zuteil, dem anderen nicht. Das ist göttliche Gerechtigkeit,
Erklärung für alles. Faust hat viel gefehlt, doch stand ihm der Sinn
nach Höherem. »Das Ewig-Weibliche Zieht uns hinan« singt als letztes der Chorus Mysticus. Wieso nicht das Ewig-Göttliche? Es liegt,
glauben wir, über dem Göttlichen. Es ist die hohe Anziehungskraft des
Prinzips der Liebe, und die ist weiblich. Faust, dessen Liebesfähigkeit
nur begrenzte Maße hatte, ist Nutznießer dieser verzeihenden weiblichen Liebe, mit irdischer Rechtsprechung hat das nichts zu tun.

Der historische Johann Faust lebte ungefähr zwischen 1480 und
1540. Seine Zeitgenossen waren Kolumbus, Entdecker einer neuen
Welt, Kopernikus, Begründer des neuen heliozentrischen Wissen-
schaftsbildes, Paracelsus, Naturmediziner und Alchemist (von ihm
ist eine Schrift überliefert, die Anleitungen zur Herstellung eines
Homunculus gibt), Luther und Melanchthon, Verkünder eines neuen
kirchlich-religiösen Aufbruchs, Thomas Münzer, Führer im Bauern-

krieg. Die Ära Fausts ist also eine der Umbrüche, man war im Alten verhaftet und richtete den Blick auf das Kommende. Der Intellektuelle dieser Zeit versuchte, zwischen dunkler Ahnung und klarem Wissen seinen Weg zu gehen. Die einen folgten mehr der dunklen, die anderen eher der hellen Seite. Faust hatte wohl von allem etwas, ist aber bei weitem nicht der moderne Mensch wie etwa seine Zeitgenossen Melanchton, da Vinci oder Dürer. Man weiß, er war ein fahrender Gelehrter namens Faustus, »der Glückliche«, schon zu Lebzeiten prominent, Luther etwa erwähnt ihn in seinen Tischreden.

Nicht unerheblich für die vor allem negative Beurteilung Fausts ist der Brief eines Zeitgenossen, des Abtes Johannes Trithemius vom Kloster Sponheim bei Kreuznach. Trithemius empörte sich über den selbstverliehenen Titel, wonach sich Faust »Quellbrunn der Nekromanten« nannte, doch führt er auch andere Bezeichnungen an: Astrolog, Zweiter der Magie, Chiromant (Handleser), Aeromant (Luftdeuter), Pyromant (Feuerdeuter) und Hydromant (Wasserdeuter). Sollte alles Wissen aus Büchern verlorengehen, werde Faust gemäß seiner Prahlerei den Verlust lückenlos wiederherstellen können. Zudem sei er fähig, alle Wunder Christi nachzumachen. Franz von Sickingen, ein »nach mystischen Dingen überaus gieriger Manne« habe ihm eine »Schulmeisterstelle« verschafft, die Faust bald aufgeben mußte, weil er »mit den Knaben die schändlichste Unzucht zu treiben« begann. Soweit Trithemius. Aller Wahrscheinlichkeit nach war Faust ein seriöser Astrologe. Der Fürstbischof von Bamberg konsultierte ihn und zahlte ein angemessenes Honorar, was aus dem Kammerrechnungsbuch eines Bamberger Beamten hervorgeht. Faust war zudem Wahrsager, las aus der Hand und bediente sich einer Kristallkugel; ferner war er Alchemist, Magier und Arzt. Seinen Doktortitel erwarb er sich über seine Heilkunst – alles in allem ist der historische Faust eine Persönlichkeit zwischen Seriosität und Scharlatanerie, die bereits in den Berichten seiner Zeitgenossen sagenhafte Züge bekommt.

Die Faust-Sage hat bereits feste Konturen mit dem 1587 erschienenen Volksbuch ›Historia von D. Johann Fausten‹, in Frankfurt am Main gedruckt bei Spieß. Nach diesem Buch hat Faust Theologie in Luthers Wittenberg studiert, von wo er sich in Krakau der Magie zuwendet. Er schließt mit dem Teufel einen Pakt, studiert viel, geht auf kosmische und irdische Reisen, die ihn zum Vatikan, zum Sultan nach Konstantinopel und an den Kaiserhof führen. Mit Zauberstücken sorgt er für Staunen und Entsetzen. In Wittenberg wird ein Bekehrungsversuch seitens eines weisen Mannes unternommen, der mit einer zweiten Schuldverschreibung an den Teufel endet. Vor Studenten beschwört er die Gestalt Helenas, verliebt sich, heiratet sie und die beiden haben einen Sohn. Faust fühlt sein Ende nahen. Vor Studenten hält er eine Reuerede, sein Haus vermacht er seinem Famulus Wagner. Helena und Sohn entschwinden nach seinem Tod.

Die nächstwichtige Station in der Faustliteratur liegt in England. Christopher Marlowe (1564 bis 1593) dramatisierte den Stoff. ›Doctor Faust‹ (1604, dt. 1818) hat viele Goethesche Züge, wiewohl Goethe das Stück nicht kannte. Ein »latenter Titanismus« (Frenzel, ›Stoffe der Weltliteratur‹: Faust) ist ihm jedenfalls schon eigen. Aus dem Marlowe-Faust entwickelte sich in vielen eigenwilligen Varianten das Faust-Puppenspiel, wie es Goethe als Kind kennenlernte. Einige der nächsten Motiv-Etappen sind Lessings Dramenfragment; die Sturm und Drang Fassungen von Maler Müller (›Fausts Leben, dramatisiert‹), Lenz (›Die Höllenrichter‹, ein Fragment) und Klinger (›Fausts Leben, Taten und Höllenfahrt‹); von den romantischen Bearbeitungen seien erwähnt: Chamissos ›Faust‹ und von Arnims Roman ›Der Kronenwächter‹. Die Franzosen und vor allem die Russen zeigen Interesse am Faustmotiv, große Verbreitung wie literarische Anerkennung findet bis heute Bulgakows ›Der Meister und Margarita‹.

Faustina
(Römischen Elegien, Venetianische Epigramme)
Geliebte aus der ewigen Stadt. Die Elegien, die Goethe ursprünglich ›Erotica Romana‹ nannte, sind im Sinne Schillers Idyllen. Elegien nennt Goethe sie, weil Todes- und Zeitmotiv mit einbezogen sind: »Freue dich also, Lebend'ger, der lieberwärmeten Stätte, ehe den fliehenden Fuß schauerlich Lethe dir netzt.« (X,5). Nur innerhalb dieser zeitlosen Idylle ist der Tod überwunden, das ist Faustina zu danken. Ein einziges Mal wird sie in den Elegien erwähnt (XVIII,9). Wir wissen nicht, wer sie genau war, Goethe nennt ihren richtigen Namen nicht. 1786 bis 1788 weilte er Italien.

In Rom mietete er sich als Filippo Miller, pittore, ein. (Das Incognito liebte er früh, so stellte er sich dem Vater *Friederikes als armer Theologiestudent vor.) Hier in Rom war er ungleich berühmter als seinerzeit in Sesenheim, die Verkleidung hatte also auch praktische, und da er Minister war, sogar politische Gründe. Wer immer Faustina gewesen sein mochte, sie ist so etwas wie die lebendig gewordene Antike, eine Römerin, die stellvertretend für den Chiasmus ROMA = AMOR steht. Goethe, knapp Vierzig, ist vermutlich zum ersten Mal in seinem Leben mit einer Frau zusammen, die ihm erlaubt, sich entspannt zurückzulehnen. Bisher waren alle seine großen und kleinen Affären mit leisen oder auch weniger leisen Gefühlen der Unsicherheit verbunden. In Rom liegt er bei der Geliebten im Bett und versucht sich in einer neuen Versform:

»Oftmals hab' ich auch schon in ihren Armen gedichtet
Und des Hexameters Maß leise mit fingernder Hand
Ihr auf den Rücken gezählt. Sie atmet in lieblichem Schlummer,
Und es durchglüht ihr Hauch mir bis ins Tiefste die Brust. (V, 15)

Wenn Goethe ihr ein antikes Gewand überzieht, dann ist das vor allem Verhüllung, Verhüllung für sich, weil ihm jetzt alles altrömisch sein muß, aber auch und vor allem, um moralisierenden Vorwürfen zu begegnen, die nach Veröffentlichung auch prompt erhoben wurden. Als einige seiner heute harmlos wirkenden Elegien in Schillers ›Horen‹ erschienen, erregten sich die Zeitgenossen, man müsse die »Horen« nun wohl mit »u« schreiben.

Auch in Weimar giftete man gegen den Heimkehrer, man wurde nicht müde, Goethes »ordinäre« Beziehung zu Christiane Vulpius zu kommentieren, die auch Faustina oder zumindest deren legitime Nachfolgerin war. (Goethe schrieb einen Großteil seiner Elegien nach der Rückkehr aus Italien.) Zwei große Themenbereiche beherrschen den Zyklus: die Liebesidylle und deren Integration in das römische Leben einerseits und die Problematik der Erneuerung und Aneignung der römischen Antike durch den modernen Dichter andererseits. Der Zugang in die römische Welt ist für den Fremden aus dem Norden nur durch das Leben selbst möglich, und das vollzieht sich in der Liebe zu der jungen Witwe Faustine.

In den ›Venetianischen Epigrammen‹ wird sie noch einmal erwähnt. Goethe findet aber auf dieser zweiten Italienreise nicht mehr sein vertrautes, sondern ein verändertes Italien vor.

»Jeder sorgt nur für sich, mißtrauet dem andern, ist eitel
Und die Meister des Staats sorgen nur wieder für sich.
Schön ist das Land! doch ach, Faustinen find' ich nicht wieder.
Das ist Italien nicht mehr, das ich mit Schmerzen verließ.« (IV, 5)

Aber auch er hat sich verändert, er ist älter und härter geworden, der Alptraum der Französischen Revolution bricht in Goethes Leben, er versteht vieles nicht mehr, zudem ging er nicht freiwillig nach Italien, sondern in offizieller Mission. Am 13. März 1790 war er von Jena nach

Italien aufgebrochen, um die Herzogin-Mutter Anna Amalia abzu-
holen. Im Dezember des Vorjahres war sein Sohn August geboren
worden, Christiane wartete, und Venedig war ihm nicht antik genug
– also die denkbar ungünstigsten Begleitumstände, um für und über
Faustina erneut zu schreiben.

Felix
(Wilhelm Meisters Lehr- und Wanderjahre)
*Marianes und *Wilhelms Sohn. Wilhelm, der nichts von seiner
Vaterschaft weiß, sieht den Knaben als Dreijährigen an *Arelies Seite:
»Um die offenen Augen und das volle Gesicht kräuselten sich die
schönsten goldenen Locken, an einer blendend weißen Stirne zeigten sich zarte, dunkle, sanftgebogene Augenbrauen, und die lebhaf-
te Farbe der Gesundheit glänzte auf seinen Wangen.« (IV,15) Aus
Felix' Lebhaftigkeit wird Wißbegier, die der stets mit sich selbst un-
einige Wilhelm in beschränktem Maße zu stillen versucht. Zuweilen
setzt es auch Schläge vom empfindsamen Papa. Er kommt immer wieder in Gefahrensituationen: Nach dem großen Häuserbrand am
›Hamlet‹-Abend kann beispielsweise seine Spielgefährtin und Mini-
amme *Mignon dem *Harfner im letzten Augenblick das Messer
entreißen, mit dem dieser den Knaben opfern wollte. Im letzten Buch
der Lehrjahre sorgt er für helle Aufregung, weil alle fürchten, er habe sich mit des Harfners Opiumtrank vergiftet, doch hat der Unge-
zogene nicht aus dem Giftbecher, sondern aus der Flasche mit der
ungiftigen Mandelmilch getrunken, ein Umstand, der ihm das Leben
rettete.

In den ›Wanderjahren‹ begegnet uns Felix als heranwachsender
Jüngling. Er ist mit seinem Vater in den Bergen unterwegs, interes-
siert sich für *Jarnos mineralogische Kenntnisse, freundet sich mit
*Fitz an, der ihm den Weg zum verfallenen Riesenschloß weist. Felix
taucht in den Ruinen unter und folgt einer Schatzstelle, als wüßte er,
wo sie sich befindet. Der Fund ist ein undefinierbares Objekt, halb
Goldschatulle, halb Buch. Die Goldschatulle ist meist ein Symbol für
Erotik und sexuelles Erwachen, das Goldbuch kann der Erwerb der
Erkenntnis, der Sündenfall sein. Unmittelbar nach dem Fund lernt
Felix *Hersilie kennen, sie ist seine erste Liebe. Hersilie aber ist älter
als Felix, und Felix noch zu jung. Er kommt als Zögling in die »Pädagogische Provinz« (siehe dazu auch bei Wilhelm), wo er Sprachen
– vor allem Italienisch – lernt und seiner Leidenschaft für Pferde frö-
nen kann. In einem großen Gestüt wird er mit Wissenswertem über

Aufzucht und Leben der Pferde vertraut und nennt sich Stallmeister. Nach den Schuljahren ist Hersilie nicht vergessen, Felix kommt mit seinem Pferd zum Gut des Oheims geritten, wo Hersilie lebt, erbittet Hersilies Herz und Hand. Erschrocken von der stürmischen Art des Werbers weist sie ihn zurück. »Gut«, sagt Felix, der Unglückliche, »so reit' ich in die Welt, bis ich umkomme.« (III,17) Schwingt sich auf den Rücken seines Pferdes, erreicht das Schloß, wo er seinen Vater mit den Auswanderern vermutet, doch sind diese schon mit dem Boot unterwegs, sprengt hinterher und stürzt im rechten Moment ins Wasser, wo er ertrunken wäre, wäre ihm nicht sein Vater zu Hilfe gekommen. So kommt er etwas umständlich an Bord des Flüchtlingsschiffes, er erlangt sein Bewußtsein wieder, sieht den Vater scharf an und ruft: »Wenn ich leben soll, so sei es mit dir!« Nachdem auf zirka 1200 kleingedruckten Seiten alles gut und schön ausgeht, oder ein solches Ende zu erlangen verspricht, sind wir fest davon überzeugt, daß der sprunghafte, indes »holde Jüngling«, später »holdeste Jüngling« mit den schnell trocknenden, schnell aufrollenden braunen Locken, der beruhigt lächelnd einschläft, ein glückliches Ende an der Seite der Geliebten finden wird, wie alle anderen Liebeleidenden auch.

Ferdinand

1. (Egmont)

*Albas unehelicher Sohn. Er ist sich der Weltrolle seines Vaters bewußt und zeigt sich guten Willens, dem Vater zu Diensten zu sein. Doch Ferdinand wird, wie sehr er seines Vaters Weisungen auch folgt, kein kleiner Alba, zu sehr schlägt die sanguinische Art der Mutter durch. Hingegen kommt Ferdinands Hinwendung zu Egmont doch etwas unerwartet, ist er doch an dessen Verhaftung nicht unbeteiligt. Gerade im Hinblick auf die Widerspruchslosigkeit, mit der Ferdinand den Weisungen des Vaters folgt, ist der Freundschaftsbund, den Egmont und Ferdinand schließen, etwas unplausibel. Kurz vor Egmonts Hinrichtung lernen wir Ferdinand als den kennen, der er gerne wäre, der er seinem Naturell nach ist: ein jüngerer Bruder Egmonts.

2. (Unterhaltungen deutscher Ausgewanderten)

18jähriger Dieb aus Großmannssucht. Die Baronesse von C., Oberherrin der deutschen Auswanderer, hat sich während der Wirren der Französischen Revolution mit ihrem Gefolge aus Verwandtschaft und Dienerschaft auf ihr Besitztum rechts des Rheins zurückgezogen. Um die Zeit zu verkürzen, läßt sie, in ähnlicher Situation wie in

Boccaccios ›Decamerone‹, Geschichten erzählen. So erzählt der
Geistliche unter anderem die sogenannte Ferdinandnovelle.

Um die Geschenke für die anspruchsvolle Ottilie zu finanzieren,
bricht Ferdinand den geldprallen Schreibsekretär des Vaters auf und
bedient sich, doch bald plagt ihn das schlechte Gewissen. Auf eigene
Faust macht er ein Geschäft und hofft, mit dem daraus erwachsenen
Profit seine Schuld zu begleichen. Kurz bevor er das Geld zurückführen kann, wird der Diebstahl, doch nicht der Täter entdeckt. Über
Indizienschritte findet Ferdinands Mutter heraus, wer der Dieb ist.
Sie bereinigt die Sache insofern, als Ferdinand das Geld zurücklegen
darf und der Vater keine weiteren Fragen stellt. Ferdinand aber wendet sich von der verzogenen Ottilie zur Tochter seines Geschäfts-
partners hin, heiratet, und damit endet die Geschichte. Einen hellsichtigen Kommentar zu Ferdinands Diebstahl liefert einer der
Zuhörer, Karl, der Neffe der Baronesse von C.: »Alles ist bepflanzt,
alle Bäume hängen voller Früchte, und wir sollen nur immer drunter
weggehn, uns an dem Schatten begnügen und auf die schönsten
Genüsse Verzicht tun.«

Fernando
(Stella)
*Cäcilies Gatte und Liebhaber *Stellas. Er verließ Frau und Kind und
entführte die blutjunge Stella auf ein abgeschiedenes, eigens für sie
und ihn erworbenes Rittergut. Doch auch an Stellas Seite fand er keine Ruhe, floh, forschte vergeblich nach der verlassenen Gattin und
erhoffte – ähnlich entscheidungsunfähig wie *Eduard in den ›Wahlverwandtschaften‹ – eine Entscheidungshilfe im Kriegsabenteuer,
»half die sterbende Freiheit der edeln Korsen unterdrücken«.

Er kommt unversehrt, doch ohne einen Fahrplan für sein weiteres
Leben zu Stella zurück, immer noch gibt er sich als pubertärer En-
thusiast voller Geist und Liebe zu erkennen, dem in den Jahren un-
steter Wanderschaft augenscheinlich nichts wichtiger gewesen, als in
den Armen der Geliebten, ja zu ihren Füßen zu liegen. »Gott verzeih
dir's, daß du so ein Bösewicht und so gut bist«, stößt beseligt Stella
hervor. Der gute Bösewicht will oder kann nicht verstehen, was wirklich gemeint ist, jetzt zählt sein Glücksrausch. Er zieht Stella den
Kamm aus den Haaren und sie rollen tief herunter. »Mutwille!« ruft
Stella. Und der wesentlich ältere Fernando antwortet wie im Spiel:
»Rinaldo wieder in den alten Ketten!« – ein Hasardeur, der nach drei
Jahren unkommentierten Fernbleibens seine Rückkehr mit der Ge-

fangennahme eines Räuberhauptmanns spaßeshalber umschreibt. Nachdem ihm wenige Augenblicke später die Gattin und Mutter seiner Tochter begegnet, will Fernando stehenden Fußes seine eben angebetete Stella verlassen. Und da ihm das alles trotz einiger Kopfschmerzen recht schnell in den Sinn kommt und er Stella gar im Kloster aufgehoben sehen will, verbleibt zur Begriffsbestimmung solch infantilen Wankelmuts nur etwas wie Ruhelosigkeit, das aus Langeweile erwachsene Umhergetriebensein eines ziellosen, verwöhnten Mannes. Cäcilie erinnert sich Fernandos mit den Worten: »Er begleitete mich den leidlichen Weg, um mich in einer öden fürchterlichen Wüste alleine zu lassen.« Ist er ein Schuldiger? »Er ist's nicht!« Er ist ein Gefangener. »Er wird aus seiner Welt in die unsere herübergezogen, mit der er im Grunde nichts gemein hat. Er betrügt sich eine Zeitlang, und weh uns, wenn ihm die Augen aufgehen!« Er mußte »mit der Lebhaftigkeit seines Geistes meinen Umgang notwendig schal finden«, entschuldigt ihn die in tiefe Not geratene Gattin. Und als sie und Fernando einander erkennen, ist es Fernando, der vor Schmerzen ausruft: »Schone mich! schone mich!« Keine Frage: Fernando leidet, er leidet, weil er Frau und Kind und dann die Geliebte verlassen hat, er leidet, weil man sein Verhalten als Verursacher beträchtlicher Entbehrung und Niedergeschlagenheit nicht mehr auf die leichte Schulter nehmen kann. Und doch: ihm ist alles wie im Spiel, nebenbei lädt er die Pistole, um sich zu erschießen, und tut es dann nicht, als ihm Cäcilie die Entscheidung aus der Hand nimmt. Und wenn ihn Goethe in einer Neubearbeitung doch sterben läßt, dann erfolgt sein Selbstmord aus Gründen der Bequemlichkeit.

Der amerikanische Gesellschaftkritiker Robert Bly plädiert für die Umkehr von Memmen zu einer vitalen aktiven Männlichkeit. »Über die Weigerung erwachsen zu werden« lautet der Untertitel seines 1997 erschienenen Buches ›Die kindliche Gesellschaft‹. Bly schildert das Schreckensbild einer Gesellschaft, die von ihren Vätern verlassen worden ist, einer Jugend, deren Lebensziel die augenblickliche sexuelle oder konsumistische Triebbefriedigung ist. Von kindischen Erwachsenen, die sich unter dem Druck eines Jugendlichkeitskultes zurückverwandeln in den Typus jener Jugendlichen, die das Sagen haben, selbst wenn sie nur Unsinn verzapfen. Indem die kindliche Gesellschaft jedwede Autorität verworfen hat, hat sie sich selbst enthauptet und ihren Geist durch einen Spleen ersetzt (vergleiche Jürgen Kesting in ›Die Woche‹, 21.03.1997). Einem solchen oder ähnlichen

Spleen scheint Fernando zu gehorchen. Sein Leiden ist – wenn auch nicht gespielt – von kindlicher Verdutztheit. Eine Erkundung seiner Taten sucht er nicht, jeder Glaube an eine Idee fehlt, er bleibt ein leichtfertiger Agnostiker. Man hat versucht, ihn als sexuell Gelenkten zu bezeichnen, das hätte er gerne gestanden, wenn es so gewesen wäre, aber Fernando weiß nichts zu gestehen, außer daß es ihm entsetzlich leid tut, und diesen Schmerz läßt er soweit nach vorne in die erste Reihe, daß die traurigen Geschichten der Verlassenen angesichts seines reuigen Affentanzes nur noch Kulisse sind. »Schone mich!« Als müßte er sich eine Schauergeschichte anhören, mit der er nicht das geringste zu tun hätte. Er ist unfähig, die anderen anzuhören, eine Anschauung ihrer, von ihm verursachten Leiden zu zeigen. Selbst mit seinem Verwalter, dem Komplizen seiner Abenteuer, will er kein Gespräch zur Sache. Vorsorglich holt er seine Pistole hervor: lieber Sterben als ein Gespräch zur Wahrheit. »Schone mich!« Das klingt, als hätten nicht Stella und Cäcilie, sondern vor allem er Schweres durchgemacht. Ein moderner kindlicher Mann, wie er uns auch heute noch (nur etwas anders kostümiert) häufig begegnet. Fernando ist zurück, doch wird er wieder flüchten, entweder in ein neues Abenteuer oder in den Tod, der Blick ins Reale wäre zu gewöhnlich und zu langweilig. Unaufhörlich das Ungewöhnliche. Er liebt die Frau, er liebt die Geliebte. Beide sind ihm – konform Goethes Denkart – ein Teil des Ganzen. Eine unklare Abneigung gegen alle Regelhaftigkeit trieb ihn hinaus, die Sehnsucht nach Ungebundenheit, doch fehlt ihm – im Unterschied zu *Werther – jede Erforschung der Welt und der daraus geborenen Rebellenhaftigkeit; er ist bis zur Schmerzgrenze unreflektiert, zur Analyse unfähig und eben darum unentschlossen. Die Starrheit und Gebundenheit des bürgerlichen Lebens zwang ihn zum Ausbruch. Doch bleibt solche Erklärung für uns mehr Annahme als Gewißheit.

Der Fischer
(Der Fischer)
Ertrunkener aus der gleichnamigen Ballade, nach Goethes Auffassung ein unreflektierter Mensch, einer aus dem Volk, jedenfalls kein von der Aufklärung beherrschtes Verstandeswesen. Ein solcher ist nämlich für die Magie der Natur unempfänglich. Darum geht es in dieser 1778 verfaßten Ballade: um die Wahrnehmbarkeit der Natur und ihrer Verführungskraft. Ein Fischer wird an einem heißen Sommertag von einer Wassernixe überredet, sein Leben im kühlen Naß

zu führen. »Halb zog sie ihn, halb sank er hin,/ Und ward nicht mehr gesehn.« Das ist, wie Goethe im Brief vom 19. Januar 1778 an Charlotte von Stein vermerkt, das »gefährlich Anziehende« des Wassers (verwunderlich, daß er das im Januar bemerkt). Anlaß für die Ballade war wohl der Wassertod von Christiane von Laßberg, die Goethes Diener in der Ilm gefunden hatten.

Die Fischerin
(Die Fischerin)
Figur eines Singspiels von 1782. Dortchen ist ungehalten über die immerwährende Verspätung ihres Vaters und ihres Bräutigams. Während die Fischer draußen auf Fang sind und es sich bei der Arbeit gutgehen lassen, steht das einsame Mädchen am heimischen Herd und harrt der Rückkehrenden. Aus Zorn und Übermut beschließt sie, einen Unfall vorzutäuschen. Sie hängt ihren Hut über einen Flußstrauch: »Sie sollen glauben, ich sei ins Wasser gefallen, und am Ende will ich sie recht auslachen.« Die beiden Fischer kehren mit reichem Fang zurück und machen sich ans Essen. Dem Bräutigam Niklas aber wird Dortchens Abwesenheit Grund zur Besorgnis. Nun fürchtet auch der arglose Vater. Man findet den Hut, man ruft um Hilfe, trommelt die Nachbarn aus ihren Betten, da zeigt sich Dortchen und bittet um Vergebung für den derben Schabernack. Die aber wird ihr von Niklas nur unter der Bedingung gewährt, »daß wir von den Fischen, die wir heute gefangen haben, die schönsten morgen zur Hochzeit auftischen.« Allerlei Volksliedhaftes (aus Herders Volksliedsammlung von 1778/79) wird geträllert, zuletzt dann noch Goethes Verse: »Was soll die Aussteuer sein? Der Beifall soll die Aussteuer sein! ... Gebt uns eure Güte ganz, gebt uns eure Güte ganz!« Der Höhepunkt des Stückes ist ein optischer. Der Autor gibt genaue Instruktionen. Es handelt sich nämlich um eine Freilichtaufführung an der Ilm. Und als nach Dortchen gesucht wird, hat jeder der Komparsen eine Fackel in der Hand, so daß sich das Ufer und der Flußlauf in der Dunkelheit auf das Schönste abzeichnen. Das »Wald- und Wasserdrama« (an Merck, 16.07.1782) ist auf die örtlichen Gegebenheiten des Tiefurter Schloßparks abgestimmt, wo am 22. Juli 1782 die Uraufführung stattfand. Corona Schröter (siehe *Iphigenie) schrieb die Musik und sang die Rolle des Dortchens. Die Literaturgeschichte erwähnt das Stück vor allem, weil hier erstmals Goethes *Erlkönig vorgetragen wurde.

Fitz
(Wilhelm Meisters Wanderjahre)

Ein umherstreunender Bengel, den *Wilhelm ablehnt, weil er zu wenig Kind, zu sehr geschliffen, wief und wortschlau ist, den *Felix indes zum Spielkumpan auserwählt hat. Er kennt die Bergwelt aufs beste und führt die beiden Wanderer zunächst zum verfallenen Riesenschloß – wo Felix das seltsame Kästchen hervorholt –, dann über einen unterirdischen Wasserkanal auf das gutbewachte Gut des guten Oheims. Wilhelm und Felix geraten in eine Falle, aus der Fitz im letzten Moment hinausschlüpft, freilich unter Zurücklassung seiner Weste, in der *Hersilie später den Schlüssel zur Schatulle findet und an sich nimmt. Somit ist klar: Fitz war vor Felix am symbolischen Kästchen.

Friedrich
(Wilhelm Meisters Lehr- und Wanderjahre)

*Lotharios und *Natalies Bruder, eine Art männliche Kammerzofe *Philines, für den wir aus Kenntnismangel damaliger Domestiken-verhältnisse kein gebührendes Wort finden. Der Knabe schüttet aus Eifersucht seiner Herrin und ihrem Gast, dem Stallmeister, die Ragoutschüssel über die Kleider, womit er die befürchtete nächtliche Zusammenkunft der beiden zu hintertreiben weiß. Er handelt sich dafür Backenstreiche seitens des verhinderten Amants ein – und dieser im Gegenzug eine Duellforderung von Friedrich. Fairerweise besteht der geübte Stallmeister auf Sportdegen (»Rapiere«) und läßt Friedrich gewinnen. Später nimmt ihn Wilhelm in seine »Familie« auf, doch treibt's den adligen Zigeuner wieder weg, er taucht nur noch blitzlichthaft kurz auf. Am Ende der ›Lehrjahre‹ erfahren wir, daß er mit Philine auf einem verfallenen Schloß lebt und Vaterfreuden entgegensieht. Mittels seines ausgeprägten Gedächtnisses hat er ein stattliches Allgemeinwissen erworben, das er hämisch-parodistisch immer dann zum Besten gibt, wenn er damit den umstehenden Edlen auf die Nerven gehen kann.

In den ›Wanderjahren‹ ist er gewandelt. Sein gutes Gedächtnis, das ihm als Souffleur in den Lehrjahren zustatten kam, hat der *Abbé entdeckt und ihn ermuntert, Schreiber zu werden. So protokolliert er Wilhelms Erzählung seines medizinischen Werdegangs wortwörtlich. Mit seiner geliebten Philine ist er immer noch liiert, und Vater mehrerer Kinder ist er ebenfalls, höchste Zeit also, erwachsen zu werden, um sich dem Kreis der Entsagenden anschließen zu dürfen. Auch er schließt sich dem Bund der Auswanderer an und reist nach Amerika.

Friederike

In den ›Sesenheimer Liedern‹ besungene reale Geliebte des 21jährigen Goethe und zugleich Kunstfigur. Ihr gelten das berühmte ›Willkommen und Abschied‹ (»Es schlug mein Herz ...«), ›Erwache, Friederike‹, das volkstümliche ›Maifest‹ (»Wie herrlich leuchtet / Mir die Natur!...«) und das ›Heide(n)röslein‹, das ja mit Schuberts Vertonung so etwas wie Weltkulturerbe geworden ist. Erst mit diesen, den ›Sesenheimer Liedern‹, gelingt einem deutschen Dichter in lyrischen Worten aufzuzeigen, was Jung-Sein bedeutet. Hier kommt zum ersten Mal eine Jugend zu Wort, die sich *neben* den Erwachsenen eine eigene Kultur schafft. Es ist der Anfang des Sturm und Drangs. Die Leipziger Gedichte, so frisch und witzig sie scheinen, sind am Regelwerk des Rokoko orientiert. In Straßburg aber, zwei Jahre nach seiner Zeit in Leipzig, lernte Goethe Herder (»Von deutscher Art und Kunst«) kennen, der ihm klar machte, daß das Suchen und Finden einer eigenen Sprache und einer aktuellen Empfindung der einzig wahre Antrieb zum Schreiben sein durfte. Und Goethe traf in Sesenheim, passend zu dieser Kunsttheorie, die Tochter des Pfarrers Brion. Sie war von klarer Lebensart, hübsch, mit blauen Augen und normannisch blonden Zöpfen, die bis in die Kniekehlen reichten. Wie später im Haus des Amtmanns Buff (siehe *Lotte) gab es stets Geselligkeit und Spaß, man spielte das beliebte Pfänderspiel, neckte und liebte sich. Goethe war mit Friederike, zumindest anfangs, unbeschwert glücklich (siehe auch *Annette, *Lili, *Lida), vielleicht lag das an ihrer anspruchslosen, nicht fordernden und vor allem, so vermuten wir weiter, vergleichsweise unreflektierten Liebe, und die daraus entstandenen Gedichte haben vor allem den Ton der Begeisterung und Sorglosigkeit.

Doch Goethe verließ Friederike. Sie erholte sich von dieser Trennung nie mehr ganz, Lenz, der Dichterfreund und Rivale bemüht sich um die Verlassene, und verließ sie ebenfalls. Goethe bittet in seinem späteren Werk mit mehreren Gestalten literarisch um Pardon: mit *Marie im ›Clavigo‹, mit *Maria im ›Götz‹ und vor allem mit *Gretchen im ›Faust‹ – Friedrike wird sich schwerlich getröstet gefühlt haben, wie Goethe in einem Brief hoffte. Acht Jahre später – er war jetzt Minister – besuchte Goethe die Unverheiratete, die immer noch in Sesenheim lebte, und er schrieb, sie »hatte mich ehmals geliebt, schöner als ich's verdiente, ... ich mußte sie in einem Augenblick verlassen, wo es ihr fast das Leben kostete.« (Brief vom 25.09.1779 an Charlotte von Stein). Ihre weitere Spur verliert sich nicht ganz. Sie sei, erzählt Friedenthal, zur Erscheinungszeit von ›Dichtung und Wahrheit‹, (wo sie eine ausgedehnte, novellistisch hochwertige Berücksichtigung erfährt) eine einsame alte Frau gewesen, die vermutlich aus materieller Not und gleichsam im Fahrwasser der Gretchentragödie ihr Kind im Findelhaus untergebracht habe.

G

Galatea
(Faust II, Klassische Walpurgisnacht)

*Nereus' schönste Tochter. Wir kennen sie aus der Odyssee: Der einäugige Kyklop Polyphemos (in dessen Höhle Odysseus mit seinen Gefährten gerät) ist unsterblich in die Meernymphe verliebt, diese indessen neckt ihn und entzieht sich durch Untertauchen. *Homunculus wird von ihrer Schönheit heftig angezogen, so daß er sich ihrem von vier Delphinen gezogenen Muschelwagen so leidenschaftlich unvorsichtig verliebt nähert, daß dessen gläserne Hülle daran zerbricht. Sie ist schön wie Fausts *Helena, doch – bis auf einen Satz – stumm wie ein Fisch und unnahbar wie eine Statue. Nur ihrem liebenden Vater erweist sie ein Zeichen der Zuneigung. Er blickt ihr begeistert nach, seine Tochter ist der krönende Abschluß der Klassischen Walpurgisnacht.

Ganymed
(Götter, Helden und Wieland)

Hymnenfigur, die meist im Kielwasser des *Prometheus auftaucht. Beide Hymnen entstanden 1774: ›Ganymed‹ im Frühjahr und ›Prometheus‹ im Herbst, und kamen in der Werkausgabe von 1789 auf die gleichen Seiten. Vielleicht hätte Goethe beide nicht aufgenommen, aber Moses Mendelssohn, geachteter aufklärerischer Philosoph und Literaturkritiker (Vorbild zu Lessings Nathan), verriß den ›Prometheus‹ aufs Ärgste. Goethe, vor den Kopf gestoßen, entschied sich wahrscheinlich aus Trotz für die Aufnahme des ›Prometheus‹ und ließ als ausgleichenden Antipoden ›Ganymed‹ folgen.

In der antiken Mythologie wird der Königssohn Ganymedes von Zeus (in Gestalt eines Adlers) wegen dessen überirdischer Schönheit geraubt und zum Mundschenk an der olympischen Göttertafel bestellt. Seit dem 6. Jahrhundert vor Christus war die Knabenliebe des Götteroberen das Motiv mehrerer Komödien, geriet aber im Lauf der Zeiten in literarische Vergessenheit und blieb als poetischer Stoff weltweit so gut wie inexistent. Die bildende Kunst aber nahm sich seiner oft an. Erwähnt sei hier die klassizistisch »hohe« Darstellung Bertel Thorvaldsens, ›Ganymed, den Adler fütternd‹ und als Gegenstück das derb-ironische Rembrandt-Gemälde ›Ganymed in den

Fängen des Adlers‹, das einen greinenden Säugling am Götterschna-
bel zeigt, dem Betrachter sein wenig begehrenswertes, feistes Hin-
terteil entgegenreckend. Das Bild hing bereits zu Goethes Zeit in der
Dresdner Gemäldegalerie, wir können annehmen, daß der Poet es gekannt hat. »Ich zeichne, künstle pp. Und lebe ganz mit Rembrandt«,
schrieb er an die Freundin Johanna Falmer, einige Monate nach der
Niederschrift des ›Ganymend‹, doch dürfen wir sicher sein, daß der
Sänger bei seiner adligen Komposition niemals an Rembrandts burleskes Kunststück dachte.

Goethes ›Ganymed‹ ist eher die Begleitmusik zu einem Botticelli,
ein hymnischer Anruf an den göttlichen Frühling, eine sich auftür-
mende Woge an Glücksempfindungen:

»Wie im Morgenrot
Du rings mich anglühst,
Frühling, Geliebter!
Mit tausendfacher Liebeswonne
Sich an mein Herz drängt
Deiner ewigen Wärme
Heilig Gefühl,
Unendliche Schöne!«

Da sind Äußerlichkeiten aus dem vertrauten Fundus der Lyrik:
Morgenrot, Frühling, Geliebter. Und sonst? Die Schulgermanistik
gibt bis heute nicht zu, daß das, was wir hier lesen, nicht unbedingt
einen klaren Sinn ergeben muß. (Seine andere Hymne – an Schwager
Kronos – nannte Goethe selbst, nicht eben fachmännisch, einen
»Halbunsinn«.) Wichtig ist: Wir dürfen das nicht abschreckend finden. Räumen wir lieber ein, daß die Sprache auch ohne Logik sein
kann, und erleben wir die Kraft und die Bildhaftigkeit aus Träumen
von großer Energie! Wir können zwar versuchen, den Text in die eigene Sprache zu übersetzen, doch merken wir nun, daß sich das
Gelesene nicht fassen läßt, und selbst wenn uns das gelänge, fühlen
wir, daß wir uns damit nicht zufriedengeben dürfen. Wir müssen wei-
terlesen und suchen, und wir finden, mehr ahnend als wissend,
Ganymed in einem Schwebezustand zwischen Himmel und Erde, der
sich vor allem auszeichnet durch Euphorie, Rausch und Extase –
Empfindungen, die schwerlich in Satzgegenstand und Satzaussage
ihren Ausdruck finden.

Wir wissen aus der Mythologie, Ganymed wird von Zeus himmelwärts hochgezogen. Ist das indes bei dem Gedicht auch erkennbar?
Jedenfalls nicht klar. Alles scheint mit jenem Schwebezustand ver-

gleichbar, der der irrealen Nixe im Wasser zugehörig ist, die sich von den unsichtbaren Strömungen treiben läßt. Bevor Ganymed himmelwärts zieht und Teil des Göttlichen wird, bleibt er noch irdisch, seine Sinneseindrücke und seine zärtlichen Neigungen gehören dem morgendlichen Frühling:

»Ach, an deinem Busen
Lieg' ich, schmachte,
Und deine Blumen, dein Gras
Drängen sich an mein Herz.
Du kühlst den brennenden
Durst meines Busens,
Lieblicher Morgenwind,
Ruft drein die Nachtigall
Liebend nach mir aus dem Nebeltal.«

Dann verläßt Ganymed die Erde, er folgt der Nachtigall, die wir als eine ihm verwandte Schwester bezeichnen können. Aufschlußreich ist, was Goethe in den ›Wahlverwandtschaften‹ über die Nachtigall sagt: »Alles Vollkommene in seiner Art muß über seine Art hinausgehen, es muß etwas anderes, Unvergleichbares werden. In manchen Tönen ist die Nachtigall noch Vogel; dann steigt sie über ihre Klasse hinüber und scheint jedem Gefiederten andeuten zu wollen, was eigentlich singen heiße.« Ganymed verläßt also die Erde, aber nicht durch einfaches Hochsteigen in einem Heißluftballon, den Goethe übrigens kannte, vielmehr gewinnen wir den Eindruck, als ob Ganymed sich auflöst, körperlos wird, nur noch als Seele, frei von irdischer Gestalt nach oben zieht. Goethe sprach von »verselbsten« und »entselbstigen« und meinte so etwas wie Selbstverwirklichung und Selbstaufgabe. Prometheus, der Revolutionär, verwirklicht sich selbst, wohingegen Ganymed sich entselbstigt, seinen Körper ver- oder besser entläßt und sich als immaterielle – sagen wir – Energie nach oben bewegt.

»Ich komme! Ich komme!
Wohin? Ach wohin?
Hinauf, hinauf strebt's,
Es schweben die Wolken
Abwärts, die Wolken
Neigen sich der sehnenden Liebe,
Mir, mir!«

Zeus ist dabei nicht der Aktive und Ganymed nicht der oder das Passive, beide sind beides, also das Ganze und Teil des Ganzen. Und das sind Frühling, der/das Geliebte(r), alles ringsum, Luft, Himmel,

Erde, Jahreszeit, Kosmos. Das alles soll – so unfaßbar es ist – gefaßt werden. Eine Logik und ein damit verbundenes Verständnis sind Nebensache.

»In eurem Schoße
Aufwärts,
Umfangend umfangen!«

Gerade dieses »Umfangend umfangen« macht noch einmal klar, wie sich das Aktive und das Passive miteinander verschränken, ohne daß das eine dem anderen überbürtig ist: Das Individuum, der Künstler und seine Vereinigung mit der Gottheit, Rückkehr aus der Vereinzelung hin zur allumfassenden Einheit. Allgemein gilt die Hymne als religiöser Lobgesang und ist als solcher eben dem Irrationalen nahe. Insofern will und soll dieses Gedicht dem Menschen unserer Tage unverständlich sein, hier geht es gleichsam um ein expressionstisches, beinahe abstraktes Bild; die Sprache ist Farbe und Melodie, ein Hochflug, der von unfaßbarer Feierlichkeit ist. Auch für Ganymed! Eine exakte Nennung wäre ein Armutszeugnis.

Was zählt, ist der Enthusiasmus des himmelwärtsgestreckten Genius, und dieser Enthusiasmus wird ohne Rücksicht auf unsere »wie-wann-warum-Logik« festgehalten. Nennen wir es also Energiefelder, was wir hier vorfinden:

– ein Ich,
– eine göttliche Natur und
– Gott.

Das Ich sucht in einer Art doppelter Bewegung den Weg zur Natur und zu Gott. Freilich fehlt hier die reale Lebensnähe, obwohl Ganymed hochzieht, und die Wolken ihn umfangen, fehlt echte kräftige Dynamik. So körperhaft uns der Mann Prometheus erscheint, so körperlos bleibt der geschlechtslose Jüngling Ganymed. Beinahe eine Luftspiegelung.

Die »niedere« Emotionalität des Prometheus ist einer überlegten Künstlichkeit gewichen. Was indes besonders schön anmutet, ist, daß sich Ganymed nicht von seinem Göttervater Zeus hochtragen läßt, sondern zu ihm hochstrebt – und andererseits dieses Hochstreben nur möglich ist, weil Ganymed in seiner Begeisterung und in seiner Liebe erst hochfliegen kann. Seine Schwerelosigkeit ist zur einen Hälfte ein Bestand seiner selbst und zur anderen eine Kraft Gottes. Jedenfalls bewegt sich die ganze Hymne zu einem endgültigen Zustand hin, der die Nähe zum Göttlichen als höchsten Punkt findet.

»Aufwärts
An deinen Busen,
Alliebender Vater!«

Wir dürfen nicht vergessen, daß sich über Ganymed eine ebensolche
Nähe zum Schriftsteller Goethe finden läßt wie im trotzigen Prometheus. Was Goethe als ekstatische Sehnsucht erlebte, der Traum vom
eigenen Hochschwingen und vom Emporgehobenwerden zu Gott,
das widerfährt hier Ganymed. So bleibt dieses Bild mit seiner schwierigen Anschaulichkeit und Eindringlichkeit – wenn man sich mit ihm
vertaut macht – unvergeßlich.

Ganymed, die Lichtfigur, gehört nicht auf die Erde, er ist das treue
Kind des Zeus, das sich an die väterliche Brust zurücksehnt. Jetzt verstehen wir, warum Goethe bei der Zusammenstellung seiner Werkausgabe diese Zeilen auf ›Prometheus‹ folgen ließ: dem Gottes-
Provokateur sollte das Gegengewicht des Gott-Findenden zugesetzt
werden. Moses Mendelssohn hatte den Prometheus-Dichter scharf
angegriffen, Goethe wurde der Nähe zu Spinoza beschuldigt. Spinoza
vertrat den Glauben an einen unpersönlichen Gott, einen Gott, der
unfaßbar, nur unendliche Substanz ist. Nun hatte Lessing als kon-
fliktfreudiger Ideologe und überzeugter Spinozist den Prometheus
gelobt. Sogleich meinte man, in ›Prometheus‹ einen gegen Gott gerichteten Festgesang zu erkennen. Daß Spinoza selbst mit dem Vorwurf des Atheismus Unrecht getan wurde, gibt der ganzen Sache
noch die Spitze. Der Monotheist Mendelssohn (Gott ist, wie wir ihn
vor allem aus dem Alten Testament kennen: der Einzige) lehnte den
damals hochmodernen, auf Spinoza sich berufenden Pantheismus
(Gott ist Natur) ab. Es kam zum Bruch zwischen Mendelssohn und
Goethe, der auch mit ›Ganymed‹ irreparabel blieb.

Der Gehülfe
(Die Wahlverwandtschaften)

Er ist im Pensionat im Unterschied zur Vorsteherin *Ottilie ein verständnisvoller Lehrer. Später will er sie heiraten, *Charlotte ist nicht
abgeneigt, obwohl er nicht von Stand ist, aber Ottilie ist Vollwaise und
bettelarm, und die Tante ist nicht Sinnes, ihre rabiate Tochter mit einer zu Ottilies Gunsten verkleinerten Erbschaft zu brüskieren. Der
Gehülfe wäre also keine üble Partie, zumal er den vakanten Posten der
Pensionatsvorsteherin übernehmen wird und die ehemals schwache
Schülerin ihre Ausbildung beeenden könnte. In der Pädagogischen
Provinz (siehe auch bei *Wilhelm) hätte er einen schweren Stand als

Pädagoge, dort sind Uniformen verpönt. Er hingegen hat andere Ansichten: »Männer sollten von Jugend auf Uniform tragen, weil sie sich gewöhnen müssen, zusammen zu handeln, sich unter ihresgleichen zu verlieren, in Masse zu gehorchen und ins Ganze zu arbeiten. Auch befördert jede Art von Uniform einen militärischen Sinn sowie ein knapperes, strackeres Betragen, und alle Knaben sind ja ohnehin geborne Soldaten.« (II,7) Ottilie zeigt bei allem Respekt keine Heiratsneigung. So zieht der Herr zurück ins Mädchenpensionat, aus dem er später wohl eine stracke Kadettenschule machen wird.

Die Geschwister
(Die Geschwister)
Sie heißen in diesem Einakter von 1776 Wilhelm und Marianne. Wilhelm ist Witwer, der seine frühverstorbene Gattin Charlotte nicht vergessen kann. Immer wieder nimmt er ihre Briefe zur Hand und liest sie sich und seinem Freund Fabrice vor. Geblieben ist dem Vereinsamten eine reizende Schwester, die nichts anderes wünscht, als ihrem Bruder zu gefallen. Fabrice ist häufig zu Gast, nicht nur wegen Wilhelm, dem er Geld leiht, mehr wegen Marianne. Er hält um ihre Hand an. Ohne zu ahnen, bringt er ihre und ihres Bruders Welt beinahe zum Einstürzen, denn Wilhelm und Marianne lieben sich über alles. Marianne gesteht, daß sie immer an ihres Bruders Seite bleiben wolle: »Es hat dich niemand so lieb wie ich; es kann dich niemand so lieb haben.« Fabrice kommt hinzu, ihm hat Wilhelm bereits alles gesagt, nur Marianne, weiß es nicht. Wilhelm umarmt seine Schwester und küßt sie, wie sich nur Liebende küssen. »Gott! Was ist das?« stammelt sie. »Darf ich dir diesen Kuß zurückgeben? – Welch ein Kuß war das, Bruder?«

Es ist nicht wie in Thomas Manns ›Wälsungenblut‹, wo sich die nicht nur liebenden, sondern in ihrer Zuneigung elitär fühlenden, ja arroganten Geschwister über alle Durchschnittlichkeit erheben und der Welt ins moralische Angesicht lachen – Goethe war solcherlei fremd, wiewohl der Schimmer einer inzestuösen Neigung hier verhalten leuchtet. Die Geschichte endet harmlos wie unglaubwürdig: Wilhelm wirft sich der Schwester zu Füßen: »Marianne, du bist nicht meine Schwester! Charlotte war deine Mutter, nicht meine.« Goethe arbeitet hier mit zwei Formen der Liebe, der platonischen und der anderen, der nichtplatonischen, vielleicht erotischen Liebe. Das hat ihn stets bei der Analyse des Verhältnisses zu seiner Schwester Cornelia beschäftigt und auch geprägt. Die Liebe zu Charlotte von Stein, der

Frau eines Oberstallmeisters, der zumeist abwesend war, galt Goethes zehnjähriges Werben (siehe auch *Iphigenie und *Lida). Solange sein Werben im Konventionellen, sozusagen geschwisterlich blieb, kam ihm Charlotte von Stein entgegen. Ihre Briefe an den sechs Jahre jüngeren Goethe hat sie vernichtet, erhalten sind uns nur Goethes Zeilen, doch unzweifelhaft hat nicht nur sie ihm, sondern auch er ihr geholfen. Einen ihrer Brief haben wir noch (Trunz: mit »an Gewißheit grenzender Vermutung«), es ist der Brief, den Wilhelm Fabrice vorliest: »Die Welt wird mir wieder lieb ... Vor einem halben Jahr war ich so bereit zu sterben, und ich bins nicht mehr.« Goethe, der in seinem Tagebucheintrag vom 26. Oktober 1776 behauptet, er habe die Geschichte »erfunden«, schrieb ›Die Geschwister‹ unter dem wohl unbewußten Eindruck seiner Liebe zur Freifrau von Stein. April 1776 hatte er ihr eine Ode gesandt mit den Versen:
    »Ach, du warst in abgelebten Zeiten
    Meine Schwester oder meine Frau.« (Verse an *Lida)

Die Gesteinsfühlerin
(Wilhelm Meisters Wanderjahre)
Sie ist eigentlich eine Elemente-Fühlerin, die uns merkwürdig abstrakt vorkommt. *Montan erzählt, er habe sie auf seinen geologischen Exkursionen als Helferin zur Seite gehabt. Eine Art menschgewordene, geschlechtslose Wünschelrute, die »sowohl chemische als physische Elemente durchs Gefühl gar wohl zu unterscheiden wisse«, an jeder Stelle Wasser und Quellen und alle Formen und Eigenschaften der Gesteine und des Bodens erfühlt und nur über das Betrachten deren Gewicht erkennt. Sie tritt als »Dienerin« von *Philine und *Lydie auf, »gesellte sich zu den Garten- und Feldgenossen, ergriff den Spaten und arbeitete für zwei bis drei. Nahm sie den Rechen, so flog er auf das Geschickteste über das aufgewühlte Erdreich. « (III,15). Sie ist als *Makaries Gegenpol zu verstehen. Wo Makarie überirdisch-heilig ist, ist sie irdisch-elementar. Daß sie so abstrakt behandelt wird, ohne Namen und Geschlecht, liegt wohl an der Grundidee, die sie verkörpert.

Der Gott und die Bajadere
(Der Gott und die Bajadere)
Sie sind in der gleichnamigen »indischen Romanze« von 1797 ein ungleiches Paar. Er steht ganz oben, ist Mahadöh, »der große Gott« Schiwa, sie steht ganz unten, eigentlich keine Bajadere, keine Tem-

peltänzerin, sondern eine Dirne, die ihr Haus am Stadtrand hat und in Mahadöh einen Freier vermutet. Den bedient sie und merkt nicht, wie aus ihren Künsten »nach und nach Natur« wird. Sie verliebt sich. Am Morgen aber ist der Geliebte tot, und sie ist nicht einmal seine Frau, darf also auf Anweisung des Priesters nicht mit ihm verbrannt werden. So springt sie in den Feuertod, entsteigt aber an Gottes, an des Geliebten Seite den Flammen. »Die Liebesvereinigung von Gott und Geschöpf, von Ich und All ist hier verherrlicht als das Mysterium, das den Kern aller großen Erlösungs-Religionen bildet.« (Karl Viëtor, ›Goethe‹)

Götz von Berlichingen
(Götz von Berlichingen)
Ritter »ohne Furcht und Tadel«, bekannt für seine in den meisten Goethe-Ausgaben durch drei Auslassungspunkte ersetzte Redewendung. Seit ihm bei Landshut die Hand weggeschossen wurde, trägt er eine aus Eisen. Ein Ordensbruder, Miniskizze zu Martin Luther, stellt ihn als Ritter vor, »den die Fürsten hassen und zu dem die Bedrängten sich wenden«. Einer, der sich nur vor Gott, dem Kaiser und sich selbst verpflichtet sieht. Auf seiner Burg Jagsthausen lebt Götz in patriarchischer Behaglichkeit an der Seite seiner tüchtigen Gattin, zusammen mit Söhnchen Karl und der zarten Schwester *Maria.

Götz, der mit dem Bamberger Bischof in Fehde liegt, rächt sich für die Gefangennahme einer seiner Reiterbuben mit der Gefangennahme *Weislingens, dem mächtigsten Mann an der Seite des Bischofs. Nach der Versöhnung mit Götz kommt Weislingen frei – und verrät ihn. Dessen Einflüsterungen folgend entscheidet der Kaiser gegen Götz, nicht ohne Zaudern, denn Götz ist ihm als wagemutiger Soldat in seinen militärischen Unternehmungen in Erinnerung geblieben. Über Götz wird die Reichsacht verhängt, ein Exekutionsheer belagert Jagsthausen. Götz ersucht um freien Abzug, der ihm zugestanden wird, doch wird er beim Verlassen der Burg gefangengesetzt. Er schwört »Urfehde« (Verzicht auf weitere Waffenhändel; ur vergleiche mittelhochdeutsch: »heraus«, also weg von der Fehde). Götz läßt sich zu Hause auf Jagsthausen nieder und verfaßt seine Memoiren. Doch ist ihm das Schreiben »geschäftiger Müßiggang: Indem ich schreibe, was ich getan, ärger ich mich über den Verlust der Zeit, in der ich etwas tun könnte.« Aufständische Bauern überreden ihn, ihr Befehlshaber zu werden. Widerwillig übernimmt er die

Führung und macht sich damit des Wortbruchs schuldig. Im Kampf gegen das Reichsheer, das den Aufstand niederwirft, wird Götz verwundet und eingekerkert. An Körper und Geist gebrochen, haucht er seine freiheitsliebende Seele in Gefangenschaft aus.

Götz endet tragisch, doch nicht überhöht, er bleibt, wenn auch ohne Furcht, nicht ohne Tadel. Goethe gelingt wie ganz selbstverständlich neben einem Prinzip Götz (bestehend aus Edelmut und Freiheitsliebe) auch ein Mensch Götz. Dieser Mensch Götz lebt tatsächlich und kann das ihm auferlegte Prinzip des überhöhten Helden nur in Teilen befolgen. Denn daß Götz einen geleisteten Schwur bricht, ist dem Prinzip, das er personifiziert, nicht eben zuträglich. Aber Götz ist ganz Natur: anarchisch, streitbar, volksnah, unreflektiert und tatenfroh, also nicht fehlerfrei. Goethe hatte eine gesunde Skepsis gegenüber übermächtigen Figuren, auch als Jahre später Napoleon ihn ermunterte, den großen klassischen Helden zu erschaffen. Neben Götz standen noch Cäsar-, Sokrates- und Mohamedstoffe zur Auswahl. Es ist bezeichnend, daß diese über den Status eines Projektes nicht hinauskamen.

Der historische Gottfried von Berlichingen war einer unter vielen Rittern des späten Mittelalters und der beginnenden Neuzeit. Als freier, nur dem Kaiser verbundener Ritter verzettelte er sich in illegalen Kampfaktionen gegen den hohen Klerus und die Fürsten. Geradezu unternehmerisch organisierte er seine Raubzüge gegen vermögende Kaufleute – eine Landplage, wie es das ausgehende Mittelalter zahlreich kannte – und starb im Alter von 83 Jahren friedlich auf seiner Burg. Kein außergewöhnlicher Mann, der historische Götz, den wegen seiner Lebensgeschichte, gerade mal die Provinzchronik im Gedächtnis hatte.

Goethe liest dessen Biographie und ist begeistert, weniger über die Fakten als über das Bild, das sich ihm bietet.

Vom historischen hohenlohischen Ritter nimmt er den Harnisch, das Korsett, in dessen Inneres er neue Wesenszüge, insbesondere aber eine andere Geschichte einfüllt. Der literarische Götz, ein Bild nach dem Geschmack der Stürmer und Dränger, gerät zu einer Kultfigur, wie ihn damals die schwärmerische Jugend herbeisehnte. Man war erfüllt vom Leitwort Freiheit, es irrlichtete in den Köpfen der Jungliteraten. Und so spricht Goethe/Götz diesen aus dem Herzen, wenn es zu Beginn des Schauspiels heißt: »Es wird einem sauer gemacht, das bißchen Leben und Freiheit.« Und knapp sechzig Szenen später sind die letzten Worte des Reichsritters: »Freiheit! Freiheit!« Was zählt, ist die freie Selbstbestimmung. Die Selbstbestimmung des Genies, Individualität und anarchisches Selbsthelfertum – aus dieser Mixtur ist das Wesen beschaffen, welches Goethe und seine literarischen Bundesgenossen priesen: Götz, das Originalgenie ist ein idealer Typ und typisches Ideal. Daß seine Taten oft genug Überfälle sind und Unschuldige dabei zu Schaden kommen, spielt keine wesentliche Rolle. Nur am Rande läßt Goethe Maria seufzen: »Die rechtschaffensten Ritter begehen mehr Ungerechtigkeit als Gerechtigkeit auf ihren Zügen.«

Worin besteht die Größe des Götz? Karl Otto Conrady weiß es nicht – zu Recht, denn diese »ist nicht gezeigt worden; es ist nur davon geredet worden«, ein dramaturgischer Kunstgriff, um aus einem Dramenhelden eine Symbolfigur zu machen: Götz wird für Jugendgenerationen eine Ikone des Widerstands, im Unterschied zu *Werther aber eine des Kämpfers für eine gerechte und große Idee. Als Schwärmer war Goethe weit davon entfernt, Beweise für die Tugenden seiner Figur zu führen. Wenn Götz »Urfehde« schwört und den Schwur bricht, wird das nicht nur halbherzig durch die quasi ausweglose Situation legitimiert, es spielt auch keine zentrale Rolle. Goethe wollte nicht den Zusammenhang von Missetat und Sühne veranschaulichen, hier ging es um das Konterfei eines unabhängigen wie unbeugsamen »Kerls« und »Genies«. Kerl war er, weil er unerschrocken, und das Genie, weil er unabhängig und unbestechlich war.

Goethe-Biographen kommentieren den Götz nicht ohne Ironie. Goethe arbeitete damals in der Kleinstadt Wetzlar am Reichskammergericht, er befand sich in der Situation eines braven Beamten mit Schreibstube, Akten, Dienstzeiten, Vorgesetzten – alles von philisterhafter Beschränktheit. »Es ist traurig, an einem Ort zu leben, wo unsere ganze Wirksamkeit in sich selbst summen muß«, befand Goethe (an Salzmann, November 1771). Und ausgerechnet in der Enge einer Schreibstube stieß er im »Grundriß der Staatsveränderungen des teutschen Reiches« auf die Autobiographie des Raubritters. (Nebenbei erwähnt: Justus Mösers staatsrechtliche Schrift ›Von dem Faustrecht‹ wird Goethe gekannt haben. Das Faustrecht gilt hier »als eigene Nationalgröße« und »Kunstwerk des höchsten Stils«.) Kurzum: Die Gestalt des »rohen wohlmeinenden Selbsthelfers« war Goethe eine Offenbarung, ließ in ihm eine »ganz unerwartete Leidenschaft« nach einem Charakter, wie es eben der gesetzlose Rebell mit der eisernen Hand war, aufkommen. Und so ist das Götz-Wort zugleich jenes des Originalgenies: »Mich ergeben! Auf Gnad und

Ungnad! Mit wem redet ihr! Bin ich ein Räuber! Sag deinem Hauptmann: Vor Ihro Kaiserliche Majestät hab ich, wie immer, schuldigen
Respekt. Er aber, sag's ihm, er kann mich im Arsch lecken.« Daß das
Götzwort, Goethes berühmtestes Zitat, dem jungen Dramatiker
leicht von der Hand ging, hat seinen Hintergrund. Goethe wuchs in
Frankfurt am Hirschgraben unweit eines Bordell- und Amüsiervier-
tels, dem sogenannten »Rosenthal« auf. Eine Dirnen-und-Luden-
Sprache war ihm vertraut, und wo es Sinn oder Spaß machte, bediente er sich ihrer.

Als Stürmer und Dränger ist er doppelt legitimiert. Erlaubt war, was
gefiel. Und dessen Protagonisten, diese »jungen, mutigen Genien«,
schreibt Wieland, sind »wie junge, mutige Füllen; das strotzt von
Leben und Kraft, tummelt sich wie unsinnig herum«. Hier riß einer
den Vorhang auf, der Theaterinhalte und -regeln ebenso wie braves
Bürgerleben mit Paukenschlägen zum Teufel wünschte. Die Jugend
jubelte über ein Schauspiel, von dem Lessing sagte, sein Verfasser fülle Därme mit Sand und verkaufe sie für Stricke. Und Friedrich der
Große konstatierte: »Vor einigen Jahren ist ein ›Götz von Berlichingen‹ auf unserem Theater erschienen, eine abscheuliche Nach-
ahmung jener schlechten englischen (Shakespeare-) Stücke: und
doch bewilligt unser Publikum diesem ekelhaften Gewäsche seinen
lauten Beifall, und verlangt mit Eifer ihre öftere Wiederholung.«

Der Graf
(Die Wahlverwandtschaften)
Ein Jugendfreund *Eduards und *Charlottes, der mit der *Baronesse
in einem Konkubinatsverhältnis lebt, nachdem seinem Scheidungs-
anliegen nicht stattgegeben wurde. Der Graf beklagt den gesetzlichen
Stand der Ehe, der Scheidungen schwer möglich mache und daher un-
gehörige, unsinnige Opfer verlange. Immer noch sei der Tod des einen Ehepartners der beste Scheidungsanwalt. Der Graf plädiert für
eine Modell, das Ehen für einen Zeitabschnitt von fünf Jahren ga-
rantiere, danach könne der Bund verlängert oder aufgehoben werden.
Bei aller Beweglichkeit, die in der Welt obwalte, könne die Ehe keine
Einrichtung von oder für die Dauer sein.

Mit seiner und der Geliebten Ankunft ändert sich schlagartig das
mediterrane Klima unter den vier Wahlverwandten. Jetzt bricht eine
neue Geisteshaltung ein, die in dieser echten und halbechten Idylle
aus Liebe und Lüge einem Knalleffekt gleichkommt. Hier drängt sich
die Kälte der großen Welt mit ihrer Realitätsschwere zwischen die vier

Schloßinsassen. Kaum hat der Graf die Fähigkeiten des braven
Hauptmanns erkannt und gelobt, weiß er, wo und bei wem er ihn zu
allseitiger Zufriedenheit unterbringen kann. Sogleich wird ein Bote
mit der entsprechenden Mitteilung des Grafen losgeschickt – für
Charlotte ein Schock. Eduard, der sich ganz seiner Zuneigung zu
*Ottilie hingibt, wird zu Charlotte gelenkt. Ohne seinen Willen bringt
der Graf den angetrunkenen Eduard dazu, nächtens bei Charlotte an-
zuklopfen und mit ihr zu schlafen. Das labile, aber in der Waage be-
fundene Gleichgewicht der Liebesmächte ist mit einem Mal gestört,
für den Grafen und seine Geliebte ist der Aufenthalt in der Idylle dagegen nichts anderes als die Erneuerung eines bewährten Bündnis-
ses. Sie tauchen immer wieder auf dem Schloß auf, und Ottilie leidet
von Herzen, als sie vom Glück des Liebespaares erfährt, daß die
Gattin des Grafen gestorben ist und einer so aussichtslos erschei-
nenden Verbindung am Ende nichts mehr im Weg steht.

Gräfin
(Wilhelm Meisters Lehrjahre)
Junge Gattin des älteren Grafen, mit dem sie seit wenigen Jahren verheiratet ist. Ganz Anstand und Sitte, verliebt sie sich gegen ihren
Willen in den Schauspieler *Wilhelm, dem sie ansieht, wie sehr er sich
von den übrigen Ensemblemitgliedern abhebt, so, wie auch sie sich
von der übrigen adligen Gesellschaft auf das Vorteilhafteste unterscheidet. Wilhelm drückt sie heftig an sich, stößt ihr dabei das Medaillon so unglücklich gegen die Brust, daß sie wegen dieses Seitensprüng-
chens in anämischer Angst vor einem gottsvergoltenem Krebsge-
schwür lebt. Sie ist die erste Adlige, die Wilhelms Unwiderstehlich-
keit erliegt, und wird vorübergehend Wilhelms Frauenideal.

Greife
(Faust II, Klassische Walpurgisnacht)
Geflügelte Fabeltiere der Klassischen Walpurgisnacht mit Adlerkopf
und Löwenkörper, die schnoddrig selbstbewußt *Mephisto zur
Weißglut bringen. In der mittelalterlichen Kunst auch als Symbol
Christi, allerdings weniger schnoddrig.

Gretchen
(Faust)
Siehe *Margarete.

Der Groß-Cophta
(Der Groß-Cophta)

Betrüger und falscher Prophet des gleichnamigen Lustspiels in fünf Akten, das neben dem ›Bürgergeneral‹ und den ›Aufgeregten‹ zu den Revolutionskomödien zählt. Entlehnt ist die Figur dem historischen Graf Cagliostro, einem Hochstapler, der sich am französischen wie auch an anderen europäischen Höfen eine Anhängerschaft schuf und maßgeblich in die berühmt berüchtigte Halsbandaffäre der Marie Antoinette (1785/86) verwickelt war. Der Betrüger und falsche Prophet, ein auch an Christoph Kaufmann erinnernder Seelenfänger (siehe *Satyros), dem hier die High-Society einer provinziellen Residenz in die Fänge geht, stellt sich zunächst als Graf Rostro vor, um in spiritistisch-esoterischen Sitzungen seine Anhänger verschiedenen Graden der Erleuchtung zuzuführen. Später legitimiert er sich als der immer wieder angerufene ägyptische Groß-Cophta, Magier des Orients, seit Hunderten von Jahren in der Wüste lebend, Herr über Tiger und Löwen und Idol vieler Gläubiger.

Einer seiner besten »Jünger« ist der Domherr (für den in der Halsbandaffäre der Kardinal Rohan Pate gestanden hat). Er hat zwei Probleme: Er ist am Hof wegen eines nicht näher genannten Fehltritts in Ungnade gefallen, und er liebt schwärmerisch die Prinzessin. Eine Marquise, die mit allen Mitteln zu Geld und Reichtum kommen will, macht dem Domherren vor, deren enge Feundin zu sein. (Die Marquise ist eigentlich die Hauptakteurin des Stückes, die ganze Geschichte wäre ohne große Abstriche auch ohne die Figur des Groß-Cophta denkbar.) Sie verspricht dem liebeskranken Domherren die Rehabilitation, wenn er der Prinzessin ein unermeßlich wertvolles Halsband kauft, beziehungsweise die erste Rate davon bezahlt. Die Prinzessin werde ihn, so die falsche Nachricht, mehr als schadlos halten, sie könne den Kauf nämlich nicht selbst tätigen, denn der Prinz würde die hohen Ausgaben nicht gutheißen. Tatsächlich plant die Marquise das Halsband an sich zu nehmen, damit wäre sie alle finanziellen Sorgen los. Sie verspricht ein heimliches Rendevouz zwischen dem Domherren und der Prinzessin. Benommen vor Liebesglück bezahlt der Domherr die erste Rate, um sich nachts in einem Park endlich mit der ihm vorgeblich wohlgesonnenen Prinzessin zu treffen. Die Prinzessin ist natürlich falsch, doch merkt der Domherr nichts (so wie in der wahren Halsbandaffäre statt Marie Antoinette ein – wie Friedenthal bemerkt – angeheuertes »Hürlein« dem Kardinal Rohan die Ehre gab). Die Sache fliegt nur auf, weil die falsche Prinzessin, eine unbedarfte Landnuß und Nichte der Marquise, solchen Mummenschanz schrecklich findet und sich in ihrer Not dem begehrten Ritter Greville mitteilt, der schnurstracks alles dem Polizeichef, Oberst einer Schweizer Garde, meldet. Außer der falschen ehrlichen Prinzessin werden alle Beteiligten, auch der Groß-Cophta, der sich (aus wenig ersichtlichen Gründen) in die Sache eingemischt hat, außer Landes verwiesen. Man hält alles diskret bedeckt, will keinen Skandal. Politische Ruhe ist die erste Regierungspflicht, so zumindest sieht es Goethe. Das Stück hat für Naserümpfen gesorgt, vor allem weil es politisches Hinterwäldlertum verrät. Goethe fehlte so gut wie jedes Verständnis für eine neue politische Ordnung. Selbst jenen Teil einer reformierten Monarchie, wonach der Souverän der »erste Diener des Staates« sei, lehnte Goethe ab. Der Landesherr habe zu herrschen und nicht zu dienen. Allein ein Versager am Thron solle wie mit einem Besen weggefegt werden. An der Richtigkeit und Rechtmäßigkeit des Thrones an sich hatte Goethe indes keine Zweifel.

H

Der Habicht
(Unterhaltungen deutscher Ausgewanderten/Das Märchen)
Er scheint Eigentum des *Jünglings zu sein, erschreckt *Lilies Kanarienvogel, der an ihre Brust flüchtend von der Berührung mit seiner Herrin stirbt. Lilie straft den Habicht mit ihren Blicken, so daß er am Wasser ohnmächtig wird. Später sitzt er mit hängenden Flügeln so lange auf des Jünglings Arm, bis auch dieser von der Berührung mit Lilie stirbt. Nach dem Tod seines Herren erhebt der Habicht sich in den Himmel der Abendsonne und signalisiert goldglänzend dem *Alten, daß dieser herbeikommen solle, um den Jüngling zu reanimieren. Zuletzt trägt er einen Spiegel in der Luft und wendet ihn solcherart, daß die Strahlen der untergehenden Sonne durch die geöffnete Kuppel des Domes auf das junge Königspaar fallen. Das Bild, das beide ausstrahlen, zwingt die ergriffene Menschenmasse zu Boden.

Hafis
(West-östlicher Divan)
Bedeutendster persischer Lyriker (1326 bis 1390 in Schiras). Nur der Koran ist als Zitatenschatz populärer als sein Werk, er gilt bei den Iranern als »Zunge der unsichtbaren Welt« (Hafez: »der den Koran auswendig weiß«). Goethe hatte über verschiedene Übersetzungen den in Deutschland so gut wie unbekannten Dichter kennengelernt, ihm verdankte er neuen dichterischen Schwung: Des Persers stille Weltbetrachtung, die lächelnde Distanz zu den Dingen, die den Menschen gemeinhin in Atem halten, hatten es Goethe angetan. Seit den europäischen Umwälzungen zwischen 1789 und 1815 fühlte er sich nicht mehr wohl. Ihm war, als sei die Welt aus den Fugen. Hafis lehrte ihn, die Welt gelassener zu betrachten und aus dieser Gelassenheit, Weisheit zu entwickeln.

Einen »Zwilling« nennt er ihn in seinem Gedicht ›Unbegrenzt‹ mit dem er »wetteifern« wolle. Was macht diese Nähe zu dem geographisch wie zeitlich Entfernten aus? Goethe ist wie Hafis in einem Stadium, wo Geist und Sinnlichkeit zusammenwirken. Die Sinnlichkeit ist ihm vitale Wahrnehmung des Lebendig-Kreatürlichen, der Geist schafft notwendige Distanz. Kein pubertärer Erkundungsdrang, wiewohl er, Goethe, ausdrücklich betont, daß er mit seinen 65 Jahren eine neue Pubertät erlebe. Gemeint ist vor allem eine neue Lust am Erleben, ob das jetzt die Leidenschaft zu Marianne »*Suleika« Willemer ist oder die Lust am Reisen und Kennenlernen. Tatsache ist, daß sich Goethe wie Hafis der Lust am Erkunden hingibt und dem Geist freien Lauf gewährt. Entspannt sieht er sich seine neue Welt an. »Übersicht des Weltwesens« und »Ironie« – das zeichnet ihn wie den Zwilling Hafis aus. Besonders sein Pendeln zwischen Ost und West, das Verlassen eines Standpunktes zugunsten des anderen, der Wechsel vom Feinen zum Derben, vom Ernst zur Komik, vom Metaphysischen zum Banalen, dieses geistige hin und her hat es dem alten Goethe angetan. Überdies hat Hafis – das darf nicht vergessen werden – die gleiche undogmatische Religiosität. Goethe hatte allerdings nicht im Entferntesten die Schwierigkeiten, die Hafis wegen seiner freidenkenden Glaubenshaltung widerfuhren (Hafis fiel durch Intrigen einer pharisäerhaften Camarilla am Hof zu Schiras in Ungnade), Goethe wurde wegen seiner antidogmatischen und unchristlichen Religiosität von der gleichen Klientel immerhin attackiert und gescholten. Was die beiden verbindet, ist ihre Religion der Wahrnehmung und des Erkennens. Goethe wie auch Hafis hatte ein Auge fürs bunte und natürliche, naturgegebene Leben, beide betrachteten die Welt als Abglanz, als Offenbarung Gottes. »Vom Irdischen auf das Ewige schließen«, wie Trunz in der Hamburger Ausgabe bemerkt, »Gedichte von Liebe, Wein, Nachtigall und Rose ... das Eigentliche nicht ein Gegenstand, nicht eine Stimmung, sondern Geist.« Trunz nennt Hafis – und das gilt hier für Goethe ebenso – einen »weltfrohen Mystiker«:

»Daß aber der Wein von Ewigkeit sei,
Daran zweifl' ich nicht.
Oder daß er vor den Engeln geschaffen sei,
Ist vielleicht auch kein Gedicht.
Der Trinkende wie es auch immer sei,
Blickt Gott frischer ins Angesicht.« (Aus dem ›Schenkenbuch‹)
Der Wein, dem Goethe ja sehr zusprach (Mediziner sprechen von Goethes Alkoholkrankheit) ist Mittel zum Rausch, der Rausch Mittel zur Erfassung des Göttlichen.

Auch hinsichtlich historischer Erlebnisse stehen sich die beiden Dichter nahe. Hafis erfuhr den Einbruch des gewalttätigen zugleich faszinierenden *Timur, so wie Goethe Napoleon erfahren mußte. Wenn Goethe bis Fertigstellung seines Divans auch andere orienta-

lische Dichtungen kennen- und schätzen lernte, etwa jene von
Ferdousi, Enveri oder Djami, und ihre Ideen und stilistischen
Kunstgriffe in seinem Divan aufnahm, so bleibt doch Hafis der
Dichter, der ihm am nächsten steht.

Hanswurst
(Hans Wursts Hochzeit. Ein mikrokosmisches Drama)
Possenreißendes, mal gutmütiges, mal bauernschlaues Urgestein
deutscher Komödientradition, dessen sich selbst Lessing in seinem
17. Literaturbrief annahm und ihn, Hanswurst, gegen den hochden-
kenden Gottsched verteidigte. Die Namen der Geladenen liest sich
illuster: »Schnuckföczchen, Sauschwanz, Spritzbüchse, Dr. Bone-
furz« und so weiter, und so fort. Sie sind dem Hanswurst wie auch
die ganze Hochzeitsfeier – wir können's nicht anders sagen – wurst.
Umsonst mahnt sein Adoptivvater (?) Kilian Brustfleck Wohlverhalten an, wenn er von den Vorbereitungen der Hochzeit redet. Hanswurst will sich lieber allein mit der Angetrauten vergnügen, und liefert mit seinem Idiom den Beweis für Goethes polyglotte Reimes-
kunst, die aus reiner Klatschsucht angeführt werden soll:
>   »Indes was hab ich mit den Flegeln?
>   Sie mögen fressen und ich will vögeln.«
Das schrieb Goethe um 1775, er hatte Hans Sachs und Johann
Fischart gelesen, und versuchte sich als kleiner Rabelais eben auch im
Derben. In ›Dichtung und Wahrheit‹ nennt er das Modell für sein
»tolles Fratzenwesen«: Christian Reuters Stück ›Des Harlequins
Hochzeit-Schmauß‹ von 1695.

Harfner
(Wilhelm Meisters Lehrjahre)
Er heißt eigentlich Augustin, ist ein entlaufener italienischer Mönch
und gehört neben *Mignon zu *Wilhelms Schützlingen; er singt
Goethes bekannte Ballade ›Der Sänger‹, passend dazu trägt er ein langes, ans Mittelalter gemahnendes Kleid und einen wallenden Bart,
von dem einer der adligen Theaterfreunde glaubt, er sei falsch und
werde nur aus Gründen der Rollenidentifikation permanent anbe-
halten. (Zu jener Zeit waren Bärte nur unter Juden üblich.) Obwohl
auf Wilhelms Hilfe angewiesen, will er sich von diesem trennen, weil
er glaubt, daß er »durch Zufall oder Schickung eine große Schuld auf
sich geladen hat«. (IV, 2) Während eines großen Häuserbrandes will
er in geistiger Umnachtung, ähnlich Abraham mit Isaak, den kleinen

*Felix opfern. Daraufhin glaubt der Alte flüchten zu müssen. Wilhelm weiß ihn zurückzuhalten, weil er sonst der Brandstifung verdächtigt würde. So kommt er in die Pflege eines protestantischen Geistlichen, wo er sich bald erholt. Die große Schuld, von der er sprach, wird uns Lesern im letzten Buch über eine Schauergeschichte erklärt, der wir jedes Verständnis versagen müssen. Als Mönch hatte er ein Liebesverhältnis zu seiner Nachbarin namens Sperata, die ihm ein Kind – Mignon – gebahr. Diese Nachbarin aber war seine Schwester, was der Mönch nicht wußte. Er verfiel dem Wahnsinn, floh aus dem Kloster, schlug sich über Graubünden nach Deutschland durch und traf auf Wilhelm und Mignon, ohne zu ahnen, daß diese seine Tochter ist. Er gesundet in dem Moment, als er die Möglichkeit bekommt, eine Flasche Opium, damals ein Gift, immerzu und zum sofortigen Gebrauch mit sich zu tragen. Zufällig liest er in einem vom *Abbé erstellten Gesprächsprotokoll seine Lebensgeschichte und erfährt, daß die eben verstorbene Mignon seine Tochter war. Er entschließt sich, seinem Leben ein Ende zu bereiten, weniger wegen Mignon, vielmehr wohl aus Trauer und Bitterkeit über sein unglückliches Leben. Er gießt Opium in ein Glas Mandelmilch, kann sich zum Trunk aber nicht entschließen, sondern rennt in den Garten, um nochmals »die Welt zu sehen«, kehrt zurück, sieht Felix das Glas nachfüllen, befürchtet das Schlimmste. Er verständigt in Panik die anderen Hausbewohner, nimmt eine Schere und schlitzt sich am Hals die Luftröhre auf; doch er stirbt nicht, wird gerettet und muß nun erleben, wie Felix ärztlich behandelt und aller Voraussicht nach seinem Gift erliegen wird, zieht sich abermals zurück, reißt den Verband auf und verblutet. Am Ende erfahren wir, daß Felix über einen glücklichen Zufall kein Gift getrunken hat, doch da ist der Alte schon tot. In Wirklichkeit muß der Harfner sterben, weil er in Wilhelms neuer Welt keinen Platz mehr findet. Denn unter den Schauspielern hatte er noch seine Bedeutung, das war noch seine Welt, hier war er Sänger und Poet, ein enigmatischer Apostel des grausamen Schicksals.

In der neuen Welt der Turmgesellschaft, wo von Nutzen und dem Nützlichsein gesprochen wird, von der Welt der Arbeit, wo es um nichts als Wirtschaftlichkeit und um Rekrutierung von Arbeitskräften geht, hat ein Sänger mit Harfe, Relikt eines romantisierten Mittelalters, nichts zu suchen. Novalis bemerkte bei aller Bewunderung, daß das Romantische und das Wunderbare im ›Wilhelm Meister‹ zugrunde gehe: »Die ökonomische Natur ist die wahre Übrigbleibende.« Wilhelms neuer Weg erlaubt nichts Poetisches, nichts Obskures mehr, deshalb müssen sich Mignon und der Harfner davonmachen. Oder kann man sich den Harfner unter den Männern des Auswanderbundes vorstellen, die dieses Lied singen:

»Wo an wohlgebahnten Straßen
Man in neuer Schenke weilt,
Wo dem Fremdling reicher Maßen
Ackerfeld ist zugeteilt,
Siedeln wir uns an mit andern.
Eilet, eilet, einzuwandern
In das feste Vaterland.
Heil dir Führer! Heil dir Band!« (III,12)

Hatem
(West-östlicher Divan)
Goethes lyrisches Ich. 1812/13 las Goethe *Hafis/Hafez (1326 bis 1390 in Schiras) zum ersten Mal, dessen Texte waren ganz sein Stil. Goethe wollte ebenfalls ein Moslem sein. Unstreitig fließen in seine lyrischen Betrachtungen östliches Gedankengut. Aber er reiste auch – nicht nach Osten, sondern nach Westen. Es ist typisch für ihn: Erfüllt vom Geist des persischen Dichters, neigte sich Geothes Herz gen Osten, aber er bestieg die Kutsche, es ist Juli 1814, das Wetter lind und fuhr nach Westen in Richtung Rheinland. Napoleon war geschlagen, man konnte wieder reisen. Die östliche Lektüre immer zur Hand. Gleich am ersten Tag entstanden die ersten Gedichte. ›Liebliches‹ heißt eines davon. Ein früher Morgen, die Nebel verhüllen die Sicht. Sind das dort die »Zelte des Vesirs«? Rot und weiß schimmert es in der Ferne. Nein, es sind die »bunten Mohne«, die dem Kriegsgott höhnen. Der Reisende ist glücklich über den neuen Frieden. So verweben sich die Bewegungen des Geistes gegen Osten mit der Bewegung des Reisenden nach Westen.

Unweit seiner Heimatstadt Frankfurt besuchte er den Freund Johann Jakob von Willemer, Vorstand am Frankfurter Theater. Dessen junge Gattin hatte er vor wenigen Wochen in Wiesbaden kennengelernt. Wäre er jetzt dreißig Jahre jünger gewesen, hätte er sich im Divan Jussuph nennen können, wenn er Marianne schon mit *Suleika anspricht. Für den Schönen des Korans (wie der Bibel; Jussuph ist Joseph, Jakobs Sohn) war Goethe jetzt aber zu alt. Also erwählte er eine Kunstfigur als alter ego. Hatem setzt sich aus zwei Personen zusammen, aus Hatem Thai, einem Araber, der wegen seiner Freigebigkeit und Hochherzigkeit berühmt unter seinen Landsleuten war, und Hatem Zograi, den man nicht genau zurückverfolgen kann. Vermutlich meinte Goethe Hassan Thograi, einen arabischer Dichter.

Jussuph und Suleika sind das berühmteste Paar der arabischen Literatur. Was als liebelnder wie poetisch geistvoller Umgang zwischen Goethe und Marianne Willemer begonnnen hatte, entwickelte sich zur kräftezehrenden Liebesaffäre, wobei – wohlgemerkt – nicht Mariannes Liebe, sondern sein eigener Seelenzustand dem Dichter zu viel wurde. Goethe, wiewohl in bester Verfassung, mußte mit seinen Kräften haushalten. Eine große Liebe ist strapaziös. Das war in jungen Jahren mit Charlotte (*Lotte) Buff und *Lili Schönemann so und war jetzt nicht anders. Wie gewinnbringend die Verbindung für den Dichter, wie einzigartig sie in ihrem Bilderreichtum auch gewesen sein mag, so verausgabend war sie dem Menschen Goethe zugleich. Um sich am Leben zu halten, mußte Goethe sehen, daß er diese Liebe auf ein erträgliches Maß reduzierte. Er flüchtete – und zwar aus Liebe.

»Was ich mit äußerm Sinn, mit innerm kenne,
   Du Allbelehrende, kenn’ ich durch dich;
Und wenn ich Allahs Namenhundert nenne,
   Mit jedem klingt ein Name nach für dich.«

Das sind die letzten Zeilen des Suleika-Buches. Goethe war am Ende seiner Kräfte. Sein Begleiter, der Gemäldesammler Sulpice Boisserée, vermerkt in seinem Tagebuch, Goethe sei im Begriff, sein Testament zu machen. Hatem/Goethe muß sich abwenden, gibt sich der derben Weinpoesie hin, im Schenkenbuch wird Suleika kaum mehr gedacht. Wie aus der Ferne hört man ihren Ruf: »Warum du nur oft so unhold bist?« Aber Hatem ist betrunken. Statt einer Antwort folgt die Bemerkung, daß sich das Liebchen »so seltsam gebärdet«. Jetzt beschäftigt ihn vor allem die Unfreundlichkeit des Kellners: »Setze nicht, du Grobian,/ Mir den Krug so derb vor die Nase!«

Dann aber steht ein Knabe vor ihm, der Schenke. Auf ihn konzentriert sich ein Großteil des Schenkenbuches. Der vertreibt erst einmal die »verschmitzte Dirne« mit den »braunen Locken«.

»Deine Wangen, deine Brüste
Werden meinen Freund ermüden.«

Niemand ist hilfreicher als der »geliebte Knabe«. Der umwirtet den Dichter mit einer Leichtigkeit und einem Liebreiz, der die Geliebte, diese Verursacherin aller inneren Pein, zumindest zeitweilig vergessen läßt. Überdies bechert der Dichter kräftig, und das wird west-östlich vom Schenken kommentiert.

»Welch ein Zustand! Herr, so späte
Schleichst du heut aus deiner Kammer;
Perser nennen's Bidamag buden,
Deutsche sagen Katzenjammer.«

Nach dem Liebesrausch der Weinrausch, alles leicht und schön, und schön derb. Dafür eignet sich allem Anschein nach der Junge besser als die anstrengende Geliebte. Aber der Katzenjammer ist nicht komisch, sondern vor allem kosmisch. Im Rausch herrscht über den Zustand des Besoffenseins der einer anderen, gesteigerten Wahrnehmung. »Der Wein ist der Wein und zugleich berauschendes Übermaß des Anteilhabens am Göttlichen der Welt. Alles ist zugleich sinnlich und geistig, dinglich und geheimnisvoll«, erklärt Trunz, der Kommentator. »Diese mohammedanische Religion, Mythologie, Sitte geben Raum einer Poesie, wie sie meinen Jahren ziemt« erklärte Goethe in einem Brief an Zelter vom 11. Mai 1820.

Die großen Themen seines Lebensabends klingen an: Die Liebe, einerseits als erotische Angelegenheit andererseits als allgemeines Prinzip; die irdische Existenz als eine Entäußerung, Konkretisierung einer höheren Welt; die liebende, völlig unzynische Distanz der Betrachtung, die das Große oder Hohe mit leichtem Ton bespricht; der Glaube an die Präsenz des Göttlichen in allen Elementen – zugleich Glaube an eine Urreligion.

Wer den Lyriker Goethe nicht oder wenig schätzt, kann den ›Divan‹ zur Hand nehmen. Auch wenn die eine oder andere exotische Floskel unverständlich bleibt, entrollt der Dichter einen bunten Teppich mit Motiven für jeden Gustus, öffnet seine lyrische Hausapotheke für jedermann und für jede Stimmung. Gelegentlich ist er überhöht und rätselhaft, dann derb, wütend oder fröhlich, ja auch witzig. Goethe hatte damals, wie er wiederholt betonte, eine wiedererstandene Jugend, er selbst spricht von Pubertät. Er durchkostete wechselhafte Stimmungen und schmiedete unverständliche Verse:

»Wisset ihr, wie Schehâb – eddin
Sich auf Arafat entmantelt?«

(›Geheimstes‹ aus dem ›Buch der Liebe‹)

Nein, wissen wir nicht. Aber das ist eben er, unser Goethe, der immer auch Arbeit beim Lesen verlangt.

Der Hauptmann, später Major
(Die Wahlverwandtschaften)

Er ist ein alter Jugend- und Schulfreund *Eduards. Er befindet sich in einer hochmodernen Situation: Er ist »außer Tätigkeit«, also arbeitslos, und will auch keine Stelle antreten, die unter seiner Qualifikation liegt. Der militärische Grad ist unwesentlich, alle Adligen befanden sich damals, um 1800, im Soldatendienst und schieden früher oder später aus, um entweder als Privatier zu leben oder eine neue berufliche Laufbahn einzuschlagen. Der Hauptmann hat gegenwärtig nur die Wahl, die Hände in den Schoß zu legen oder Studien zu betreiben, die ihn weder weiterbringen noch interessieren.

So nimmt er das Angebot Eduards an und bezieht eine Wohnung im rechten Flügel des Schlosses. Er ist anders als Eduard, das merken wir früh, er schläft wenig, jeder Tag ist einem Zweck gewidmet und jeden Abend ist etwas getan. Auch *Charlotte ist eine tätige Natur, schnell sind ihre ursprünglichen Befürchtungen zerstreut: »Soviel Deutlichkeit über sich selbst, soviel Klarheit über seinen eigenen Zustand, über den Zustand seiner Freunde gab eine heitere und fröhliche Aussicht.« Goethe läßt ihn Worte sagen, die wir uns als Wandspruch ins Büro hängen könnten: »Das Geschäft verlangt Ernst und Strenge, das Leben Willkür; das Geschäft die reinste Folge, dem Leben tut eine Inkonsequenz oft not.« (I,4) Es sind schöne Worte, die er aber vergessen wird. Er arbeitet lieber, als zu leben, beruflich ist er ein kalkulierender, wohlbedachter, gleichwohl passionierter Landschaftsarchitekt. Man ist übereingekommen, daß er das große Areal um das Schloß als englischen Garten anlegt. Mit Eduard und Charlotte sondiert er das Terrain und macht Vorschläge, die sich im Rahmen des Möglichen halten. Sogleich beginnt er mit den Vermessungsarbeiten und fertigt die ersten Skizzen von Eduards Besitzungen an. Es sind sauber und genau gearbeitete Blätter; einmal greift Eduard zum Stift und setzt mit fetten, groben Strichen Korrekturen an, der Hauptmann ist über solche Ungezogenheit erschrocken, doch beherrscht er sich und schweigt. In einem Gespräch mit Eduard lehnt er die Hilfe Charlottes ab. Er fürchtet ihre dilettantischen, vor allem typisch weiblichen Landschaftskorrekturen, sie seien zu sehr am Probieren und Abwägen, am Erhalten und kaum am fundamentalen Umgestalten orientiert. Er ist ein Handelnder und meint mit seinem Widerspruch nicht die konkrete Charlotte, sondern ebenso auch Eduard wie viele der Adligen jener Zeit: »Es ist ihr wie allen denen, die sich ... mit solchen Dingen beschäftigen, mehr daran gelegen, daß sie etwas tue, als daß etwas getan werde.« (I,3) Auch da ist der Hauptmann – diesmal als Diagnostiker eines blinden Aktivismus – hoch modern.

Goethe stellt ihn ein wenig bloß, als der Hauptmann die chemischen Reaktionen beschreibt, die mit »Wahlverwandtschaften« umschrieben wurden. (Goethe entnahm die Bezeichnung dem 1775 erschienenen Werk des Schweden Torbern Bergmann ›De attractionibus electivis‹, die Hein Tabor mit »Wahlverwandtschaften« übersetzte.) »Wir werden sie gleich in ihrer vollen Kraft und Bestimmtheit kennenlernen«, sagt der Hauptmann und erklärt, wie sich die chemischen Substanzen A und B und C und D über Kreuz verbinden. Hier spricht ein Intellektueller, der sich einen geradezu leidenschaftlichen Begriff von der organischen Natur, jedoch nicht von der Natur seines Wesens und jenem seiner Gastgeber zu machen imstande ist.

Charlotte verwaltet die Finanzen. Sie wird »nunmehr fast täglich Zeuge seines ernsten und bestimmten Sinnes. Auch er lernte sie näher kennen, und beiden wurde es leicht, zusammen zu wirken und etwas zustande zu bringen.« Bald merkt er, »daß eine unwiderstehliche Gewohnheit ihn an Charlotte zu fesseln drohte«, er ist der erste, der nicht nur ein Gespür hat für den Gang der Dinge, sondern sich auch Rechenschaft von deren Gefährlichkeit gibt. Um so heftiger kniet er sich in seine Arbeit und seine Ordnung, und beides mündet in die Vorbereitungen zu *Ottilies Geburtstagsfeier. Er müht sich nach Kräften, den geplanten Wegbau und auch die hausbaulichen Maßnahmen soweit voranzutreiben, daß sie zur Feier ihres Tages den Grundstein des neuen Berghauses legen darf. Vieles ist unter seiner Leitung neu eingerichtet, trotzdem entspricht das Leben hier nicht seinen Vorstellungen, es ist ihm »halbtätiger Müßiggang«. Der Besuch des *Grafen und der *Baronesse stellen eine Veränderung in Aussicht. Er könnte einen Posten annehmen, der seinen Fähigkeiten und Wünschen entspricht.

Eines Abend rudern Charlotte und er über den See, den er angelegt hat. Der Kahn läuft am seichten Ufer fest, er sieht sich genötigt Charlotte ans Ufer zu tragen. Als er sie niederläßt, küßt er sie. Es geschieht beinahe gegen seinen Willen, er bittet um Vergebung. So sehr er und Charlotte sich fassen, so sehr verliert Eduard Maß und Anstand. Wir können nachvollziehen, wie unverständlich es dem Hauptmann ist, seinen Freund davon abzuhalten, Ottilies Namenszug ins Giebelfeld des Richtbaus zu setzen. Ihm geht es hier weniger um seine Neigung zu Charlotte, als mehr um ihre Würde. Er hat ein unbestimmtes Gefühl, daß dies Leben hier auf schwankendem Boden steht. Während Ottilies Geburtstagsfeier weist er Eduard auf die unsichere Uferbefestigung hin, Eduard will davon nichts hören, doch schon nach kurzem bricht sie auseinander. Ein Junge treibt zum See hinaus, er ist am Ertrinken, der Hauptmann springt und rettet ihn. Noch an diesem Abend nimmt er Abschied von Charlotte.

So herzlich ihn Eduard empfangen hatte, so still vollzieht sich seine Abreise. Ein Entsagender ohne große Worte, aber auch einer, der im Entsagen einen vielversprechenden Anfang zu finden hofft. Sicher ist er neben der Trauer um Charlotte auch froh, alles hier – so bewegend es war – zu verlassen. Charlotte hat ihm unmißverständlich klargemacht, daß sie bei Eduard bleiben will. Er ist nicht der Mann, eine verheiratete Frau zu umwerben, selbst wenn es zu seiner Logik des selbstgestalterischen Lebens paßt.

Später ist er Major und erfolgreicher Aufsteiger. Ohne ein Gespür für die Verfahrenheit der Situation tritt er in einem Gespräch mit Eduard für einen Neuanfang zwischen den beiden Gatten ein. Eduard hat natürlich anderes im Sinn, er will zu Ottilie und der Major solle zu Charlotte. Mehr gezwungenermaßen übernimmt er die Rolle eines Vermittlers. Dies tut er mit einer seltsamen Art von Leidenschaftslosigkeit, obwohl er als Charlottes möglicher Gatte eine betontere Rolle spielen könnte, doch scheint es, als folgte er mehr dem Wunsch nach Ruhe und Frieden. Nach dem Tod des kleinen *Otto, den er erst als Toten kennenlernt und der ihm frappierend ähnlich sieht, hält er halblaut um Charlottes Hand an. Sie weicht aus. Er indes glaubt sich bald als Gatte an ihrer Seite. Nach seiner Einschätzung stehen alle Beteiligten vor einer glücklichen Lösung.

Helena
(Faust II, 3. Akt)

Schönste Frau aller Zeiten. *Faust muß sie für den kaiserlichen Hof aus dem Hades hochzaubern. Er hat dabei mit einem nicht gerechnet: daß ihm das selbsterstellte Zauberbildnis alle Ruhe nimmt und er hinfort nur ein Ziel kennt: Helena zu besitzen – eine sagenhaftklassische Situation: Faust erleidet das Schicksal des Bildhauers Pygmalion, der sich in seine Elfenbeinstatue verliebte und Aphrodite bat, seinem Werk Leben zu schenken. Faust ist in den Hades gestiegen und hat Helenas Ausreise aus dem Totenreich erwirkt. Nun finden wir – zu Beginn des 3. Aktes – Helena aus Troja zurück in Sparta. Sie hält sich im Palast ihres Vaters Tyndareos auf, wohin sie der düstere Exgatte Menelaos gebracht hat. Die genauen Umstände ihrer Existenz kennt sie nicht, doch ahnt sie etwas von der Unwirklichkeit ihres Zustandes, sie beklagt, daß sich die ganze Welt von ihr ein Bild mache, bedauert, ein »Idol« zu sein. Sie kann also als Gegenstand schwärmerischer Verehrung oder als Zauberbild gleichermaßen gelten, was aber ist sie wirklich? Sie weiß, daß die Literatur aus den schrecklichen Begebenheiten ihrer Entführung, eines brutalen Krieges und der nachfolgenden Zerstörung Trojas, aus all den fürchterlichen Geschehnissen eine Sage und schließlich aus dieser ein Märchen gemacht hat.

Für sie ist die Situation folgende: Sie ist unter Zwang im Palast ihrer Eltern, der öde und leer und ohne Dienerschaft einen erschreckenden Eindruck macht. Nur eine alte Schaffnerin (die Gutsverwalterin) ist da, die scheinbar ohne Rücksicht auf ihre königliche Würde, zunehmend heftige Angriffe gegen sie führt. Die Alte ist *Phorkyas, der verwandelte *Mephisto. Er/Sie rührt in Helena genau jenen Punkt, der ihr unbewußt ungeheuerlich ist – die Frage nach der Identität. Wer ist sie wirklich, fragt die Alte. Helena sei als »doppelhaft Gebild« in Troja und zu gleicher Zeit in Ägypten gesehen worden, auch habe sie mit dem aus dem Totenreich aufgestiegenen Achilles ein neues Leben geführt. Für Helena ist das eine Ungeheuerlichkeit. Sie weiß, sie ist eben aus Troja angereist, wo sie erlebte, wie Paris Achilles tödlich verwundete. Die Kontinuität ihrer Biographie ist in Gefahr, eine festgegründete Selbstverständlichkeit ist zerstört. Sie weiß, die Literatur hat – wie heute etwa die Boulevardpresse – von ihr Besitz ergriffen. Das ist Bürde genug. Nun muß sie sich fragen, ob sie außerhalb der Fiktion noch einen Platz hat. Oder ist sie nichts als ein Idol, ein Bild?

»Ich als Idol, ihm [Achill] dem Idol verband ich mich.

Es war ein Traum, so sagen ja die Worte selbst.

Ich schwinde hin und werde selbst mir ein Idol.« (8879 ff)

Das geht über ihre Kräfte, sie fällt in Ohnmacht, dabei kennt sie das gesamte Ausmaß ihrer Schimärenhaftigkeit nicht. Um der ganzen Angelegenheit eine zusätzliche Dimension der Entwirklichung zu geben, erklärte Goethe die Helena-Handlung zur Phantasmagorie, wonach Faust den 3. Akt träumt.

Als Helena wieder bei Sinnen ist, weist ihr Phorkyas die Aufgabe zu, den Altar für die bevorstehende Opferung vorzubereiten. Wo das Opfergut sei, fragt die Heldin. Phorkyas: »Königin, du bist gemeint.«

Und die Gespielinnen würden hübsch »der Reihe nach« an »des Daches Giebel« (8928 f) aufgehängt. Helena und ihr Gefolge erstarren. Doch, so Phorkyas, es gebe einen Ausweg. Während Menelaos plündernd und mordend von Bucht zu Bucht gezogen sei, habe sich unweit der väterlichen Residenz nordwärts in den Bergen ein edler Herr eine Burg erbaut, die um Vielfaches imposanter sei, als es alle hellenische Baukunst bisher zuwege gebracht habe.

»Himmelan sie strebt empor, [die Burg]
So starr, so wohl in Fugen, spiegelglatt wie Stahl.
Zu klettern hier – ja selbst der Gedanke gleitet ab.« (9022 ff)

Helena aber ist bei aller Würde und Ehre eine Nachfahrin *Margaretes, sie erkennt, daß sich hinter der Retterin jemand anderes verbirgt als die häßliche Phorkyas. »Ein Widerdämon bist du, das empfind' ich wohl.« Doch anders als Gretchen tritt sie Faust im Bewußtsein ihrer königlichen Würde entgegen. Dieser setzt ihr statt eines freundlichen Willkommensgrußes den gefangenen Turmwächter Lynkeus vor die Füße. Der habe nämlich ihr Kommen nicht angekündigt, aus diesem Grunde verdiene er die Todesstrafe. Doch solle Helena, als »erhabne Herrscherin« ein Urteil über den Missetäter sprechen. Helena antwortet:

»So üb' ich nun des Richters erste Pflicht,
Beschuldigte zu hören. Rede denn.«

Lynkeus stammelt, er habe in Ansicht solcher Schönheit seine Aufgabe vergessen. Alles andere als geschmeichelt, sondern unglücklich antwortet sie:

»Wehe mir! Welch streng Geschick
Verfolgt mich, überall der Männer Busen
So zu betören, daß sie weder sich
Noch sonst ein Würdiges verschonten.« (9247 ff)

Helena ist sich der Verhängnishaftigkeit ihrer Schönheit bewußt, hat sie doch eine ganz bestimmte Rolle: die der reinen und absoluten Schönheit, von der gesagt wird, daß selbst die Sonne im Vergleich »matt und kalt« erscheine. Faust gibt sich alle Mühe zu glänzen. Helena ist besonders von seiner »Sprechart« angetan, »wie sprech' ich auch so schön?« fragt sie. Und Faust bringt ihr die Sprache des Herzens bei.

Das ist nicht selbstverständlich, sie ist eine Antike, die, wie die gesamte Literatur und Kunst ihrer Zeit, das Unverwechselbare des Einzelcharakters nicht kennt. Hier begegnen sich nicht nur zwei verschiedene Menschen, hier treffen auf der einen Seite die abendländisch-moderne – Goethe nannte sie die romantische – und die mediterran-antike – Goethe nannte sie die klassische – Welt zusammen. Das Liebespaar zieht sich von der Burg in einen Hain mit Höhle zurück. Helena gebiert *Euphorion, das euphorische Kind, Produkt ihrer gemeinsamen Liebe. Von der Mutter hat er die Schönheit, von dem Vater das stürmische Wesen, das keine Mäßigung kennt. Euphorion folgt einem wilden Mädchen, will sie küssen. Sie hüpft hoch, er folgt ihr in die Felsen, wirft sich vom höchsten Punkt in die Lüfte und stürzt dem Ikarus ähnlich in den Tod.

Mit des Sohnes Hinscheiden ist für Helena auch das Band ihrer Liebesbeziehung zu Faust zerrissen. Ein letztes Mal umarmt sie Faust, das Körperliche der Geliebten entschwindet in seinen Armen, Kleid und Schleier bleiben als symbolische Hülle der Schönheit zurück. Friedenthals Fazit: Goethe/Faust sieht sich allein mit seinem Griechentum.

Herkules
(Götter, Helden und Wieland)

Waren Alceste, Admet und *Euripides bereits drohende Erscheinungen, die *Wieland beunruhigten, so ist Herkules ein Koloß, wie er wohl Kindern als knüppelbewährter Rübezahl gegenwärtig ist: übergroß, überlaut und übellaunig. Gerade hat er seinen Rausch ausgeschlafen, als er mit der Imposanz des Giganten auftritt: »Was redt ihr von Jupiters Sohn? Ich bin Jupiters Sohn ... Was soll der Lärm?« Wieland sei da. Der Riese sieht sich um. »Ei wo?« Da stehe er. »Der! Nun, der ist klein genug.« So einfach macht sich Goethe die Konfrontation zwischen Herkules und einem Graziendichter. (Wäre sie nicht von Goethe, kaum ein Kritiker würde die platte Komik durchgehen lassen.) Ob er, Wieland, der Mann sei, der stets den Namen Herkules im Munde führe? »Ich habe nichts mit Euch zu schaffen, Koloß.« Herkules: »Bin ich dir als Zwerg erschienen?« Die turmhohe Figur vergißt bei Ansicht des Zwerges das höfliche »Euch«. Wieland trotzig: sein Herkules sei ein wohlgestalteter Mann, mittlerer Größe. »Mittlerer Größe! Ich! ... meine Gottheit ist dir niemals im Traum erschienen.« Ein schwerer Vorwurf des jungen phantasievollen »Genies« gegen den etablierten Schriftsteller. Ein Kräftemessen. Und Goethe fühlte, welche schöpferischen Reserven er neben einem Wieland hatte. So, wie Herkules hier stehe, sagt Wieland, habe er sich den hellenischen Heros nicht vorgestellt. Das sei sein Problem, entgegnet der, was könne er dafür, daß Wieland keine Vorstellungskraft habe.

Und die Tugend, von der er rede – er habe »das Wort erst hierunten von ein paar albernen Kerls gehört« – nach Herkules/Goethe ein abstrakter Begriff: »Ist mir nichts so begegnet ... Ein Unding ist sie, die mit dem Gang der Welt nicht bestehen kann.« Nicht die Tugend zähle, sondern deren Träger, der »Kerl«. Das ist einer, erzählt Herkules, der sich nicht mit »Geringern« abgebe, »nur mit seinesgleichen, auch Größern wohl. Hatte einer denn Überfluß an Säften, machte er den Weibern so viel Kinder, als sie begehrten, auch wohl ungebeten. Wie ich denn selbst in einer Nacht funfzig Buben ausgearbeitet habe.«

Man kann sich lebhaft vorstellen, wie Goethe solchen Protzschmarrn im Freundeskreis vortrug und seine Zuhörer den Sketch bejubelten. Hier stellte sich ein vulgärer Sturm und Drang gegen ein porzellanhaftes Rokoko. Moralischer Sieger war schließlich auch nicht Goethe, sondern die Schlafmütze Wieland: Er zeigte das Stück im Juniheft 1774 des ›Deutschen (später: Teutschen) Merkur‹ an und schloß: »Wir empfehlen diese kleine Schrift ... als ein Meisterstück von Persiflage und sophistischem Witze.« Wieland muß es nicht schwergefallen sein, still in sich hineinzulächeln und öffentlich großzügig zu loben.

Goethe begriff bald, welches Eigentor er sich geschossen hatte. Heinse und einige Stürmer und Dränger mochten es, doch Schubart (›Die Fürstengruft‹, ›Kaplied‹) und Bürger (›Lenore‹, ›Münchhausen‹) tadelten es. Lessing lehnte es als »klaresten Unsinn« ab, Goethe habe Euripides noch weniger als Wieland verstanden.

Hermann
(Hermann und Dorothea)

Schüchterner Hexameterheld – ein Widerspruch in sich, denn man kann nicht schüchtern sein und in sechshebigen Daktylen sprechen. Obendrein ist er nicht einmal antik, sondern agiert im Spätsommer 1796, Sohn des reichen und angesehenen Wirts »Zum goldenen Löwen« und einer mildtätigen Mutter. Eigentlich soll er auf Wunsch des Vaters die mitgiftreiche Nachbarstocher Minchen ehelichen, die aber lacht ihn aus, denn Hermann versteht nichts von Mode und Mozart und ist auch sonst alles andere als ein Intelligenzler. »Nicht wahr, mein Freund, Er kennt nur Adam und Eva?« frotzelt Minchens Vater. Und auch der eigene Vater wirft ihm vor, daß er ihm wenig Freude mache, denn mit ihm könne er sich »vor andern Bürgern« nicht zeigen: daß er sich nur für Pferde und Acker – Domänen des Knechtes – interessiere, Lesen und Schreiben sei ihm nicht geläufig, er sei »immer der

Unterste« in der Schule gewesen. Zum Ausgleich ist Hermann aber pa-
triotisch:

> »Ja, mir hat es der Geist gesagt, und im innersten Busen
> Regt sich Mut und Begier, dem Vaterlande zu leben
> Und zu sterben und andern ein würdiges Beispiel zu geben.«
> (IV, 95 ff)

*Dorothea ist anders als Minchen, sie spielt nicht Klavier, sie treibt
mächtige Rinder mit langem Stabe am Flüchtlingskarren. Hermann
gefällt dieses Bild, er reicht ihr die Geschenke für die Flüchtlinge aus
den linksrheinischen Gebieten und entscheidet sich in diesen Augenblicken für die appetitliche Matrone. Der Pfarrer und der Apotheker,
beide Honoratioren des Ortes, nehmen die Auserkorene unter die
Lupe, befragen einen würdigen – ebenfalls flüchtigen – Richter und befinden Dorothea für paarungswürdig.

Jetzt aber quälen Hermann Zweifel. Wird sie überhaupt frei sein?
Wird sie ihn haben wollen? Er entdeckt einen Goldring an ihrem
Finger. Das nimmt ihm beinahe allen Mut. Am Brunnen fragt er, ob
sie als Magd im elterlichen Hause dienen wolle. Er ist zu schüchtern,
um mit seinen wahren Absichten an die Schöne heranzutreten. Sie
sagt zu. Erst über eine peinliche Szene, die nicht entstanden wäre, hätte Hermann den Mund geöffnet, klären sich einige Mißverständnisse.
Die beiden sind zur Verlobung bereit. Innerhalb von 24 Stunden lern-
ten sie sich kennen und gaben sich das Jawort.

Wenige Goethe-Werke waren zu Lebzeiten des Dichters so populär
wie dieses. »In ›Hermann und Dorothea‹ habe ich, was das Material
betrifft, den Deutschen einmal ihren Willen getan, und nun sind sie
äußerst zufrieden«, schreibt er an Schiller (3.1.1798). Goethe selbst
liebte es und las gerne daraus vor, dabei konnte er kaum seine
Rührung über die eigenen Zeilen verbergen. Man weinte damals leicht
und viel, auch Wieland weinte, als Goethe ihm den ›Hermann‹ vorlas. Heute ist das kaum nachvollziehbar, aber bis 1918 war das Werk
neben ›Götz‹ und ›Werther‹ die Goethe-Lektüre schlechthin, dafür
gibt es verschiedene Erklärungen. Zwei wollen wir anführen:

Das Werk war erstens ein Epos. Noch zu Goethes Lebzeiten wurde eine lateinische Übersetzung geschrieben, die dem Dichter überaus gut gefiel, erinnerte es doch an die großen antiken Vorlagen. Das
Epos galt lange als höchste literarische Kunstform, es hatte also einen Gattungsbonus. Realität war kein Thema. »Man will Wahrheit,
man will Wirklichkeit und verdirbt dadurch die Poesie«, sagte
Goethe zu Eckermann (27.12.1826). Realitätsferne und Einfachheit

der Bilder sind Hauptmerkmale und Ursache für den breiten Erfolg beim Publikum.

Das Werk ist zweitens eine Idylle, ein episch-dialogisches Gedicht mit lyrischen Einlagen und beschaulich-heiterer Stimmung. Es preist das einfache ländliche Leben, dessen Ursprünglichkeit dem überfeinerten Stadtleben entgegengesetzt wird. Goethe bediente sich des Hexameters und kleinen, manchmal größeren mustergültigen Bildern. Die Arbeit mit der Wiedererkennung, dem Klischee, garantiert fast immer einen Erfolg – ob es nun in der Architektur, der Musik, der bildenden Kunst oder der Literatur ist. Hier nun einige dieser idyllischen Bilder, zunächst die kleinen: »die kluge, verständige Hausfrau« (I,22), »der gute Vater« (I,44), »der edle, verständige Pfarrer« (I,77), »der wohlgebildete Sohn« (II,1). Oder ein etwas größeres:

»Sorgsam brachte die Mutter des klaren, herrlichen Weines
In geschliffener Flasche auf blankem, zinnernem Runde,
Mit den grünlichen Römern, den echten Bechern
des Rheinweins.«

In seinem eigentümlichen Deutsch führte Hegel diese Zeilen in seinen ›Vorlesungen über die Ästhetik‹ lobend an als »Zusammenstimmen des konkreten Ideals mit seiner äußerlichen Realität«. Hier würde Behaglichkeit gezeigt, die sich aus der nächsten Umgebung definieren lasse. Man trinkt einen heimischen Wein (nicht den exotischen, aber populären Kaffee) aus heimischen Gläsern, »und bald werden wir auch in die eigenen Weinberge hinter dem Hause des Besitzers geführt, so daß hier nichts aus der eigentümlichen Sphäre eines in sich behaglichen, seine Bedürfnisse innerhalb seiner sich gebenden Zustands hinausgeht«. (I. Teil, 3. Kap.) Vor allem die brav-biedere Geschichte aus Bürgerwelt und Gefühlswärme fand einen begeisterten Widerhall beim deutschen Bürgertum, das sich hier in den schönsten Farben geschildert fand. Die Welt hier im kleinen, vor allem jene der beiden Liebenden war den Damaligen wert, allgemeine Ordnung zu werden. In diesem Sinne und in Anbetracht der revolutionären Unruhen im Nachbarland sagt Hermann:

»Desto fester sei bei der allgemeinen Erschüttrung,
Dorothea, der Bund! Wir wollen halten und dauern,
Fest uns halten und fest der schönen Güter Besitztum.
Denn der Mensch, der zur schwankenden Zeit auch schwankend
                                        gesinnt ist,
Der vermehrt das Übel und breitet es weiter und weiter;

Aber wer fest auf dem Sinne beharrt, der bildet die Welt sich.
Nicht dem Deutschen geziemt es, die fürchterliche Bewegung
Fortzuleiten und auch zu wanken hierhin und dorthin.«
(IX,299)

Herold
(Faust II)

Zeremonienmeister des kaiserlichen Mummenschanzes. Als Zeichen
seiner Würde trägt er einen Zauberstab, mit dessen Hilfe er seinen
Forderungen und Anordnungen Nachdruck verleiht. Als Zoilo-
Thersites von dem Hoheitsstecken getroffen wird, verwandelt sich
der Übelredner in eine Schlange und eine Fledermaus. Mitunter hat
der Herold die aufreibende Aufgabe, neben den vermerkten Neuan-
kömmlingen auch unangemeldete, wiewohl hohe Gäste anzukündi-
gen.

Bei Fausts Ankunft in Gestalt des Plutus kommt er in Verlegen-
heit, aus der er sich mehr oder weniger respektabel herauswindet, indem er die prächtige Erscheinung einfach beschreibt, statt beim Namen zu nennen. Zuweilen tut er etwas, was gegen seine Amtswürde
verstößt: Er überläßt den Herrscherstab und damit seinen Aufgaben-
bereich vorübergehend Plutus/Faust, doch als der Kaiser, der wichtigste Besucher des Karnevals, sein Kommen ankündigt, packt er den
Zeremonienstab und hält ihn mit Faust zusammen fest. Denkbar ist,
daß es sich hier um eine symbolische Verbindung zweier Welten handelt: jener des Kaisers und die Fausts.

Seit dem Mittelalter gab es am Hofe des Kaisers und der Fürsten
Herolde. Sie leiteten die Turniere und mußten alle Wappen kennen
(daher: Heroldskunst oder Heraldik: Wappenkunde), sie waren die
Ordner bei Festen, und wenn ein Herrscher gestorben war, standen
sie bei der aufgebahrten Leiche. Sie mußten in ihrer Tätigkeit erfahren, sicher und sprachgewandt sein, deshalb waren es meist vornehme Männer. Sie trugen die Farben des Fürsten, ihr Abzeichen war der
Heroldsstab. Bei Festen hatte jeder Teilnehmer dem Herold (Ehren-
herold) zu gehorchen. Im 17. Jahrhundert ging der Beruf des Herolds
zum Teil in den des Zeremonienmeisters über (nach Trunz, Faust-
kommentar, Hamburger Ausgabe).

Der Herr
(Faust)
Figur des ›Prologs im Himmel‹, laut *Mephistopheles hat Gott
früher gelacht. Wir, und Goethe wohl auch, glauben, Gott hat sich
mit dem Einzug der Menschen das Lachen abgewöhnt. Ein toleran-
ter Herr ist er, der Mephisto als Attaché einer seiner Provinzen
freundlich zuredet:
»Ich habe deinesgleichen nie gehaßt.
Von allen Geistern, die verneinen,
Ist mir der Schalk am wenigsten zur Last.« (Vs. 337 f)
Daß die beiden zusammenkommen, hat Goethe dem ersten Buch
Hiob entnommen, wonach Gott eine Kongregation von Engeln empfängt, unter die sich Satan gemischt hat. Diesem gestattet Gott, Hiob
auf seine Rechtgläubigkeit hin zu prüfen. Eine Wette wird, wenn
überhaupt, höchstens in der Bibel (Buch Hiob I,11), nicht aber im
Faust-Prolog geschlossen. Mephistopheles bietet diese an, Gott
übergeht das Angebot, als hätte er es nicht gehört. Demgemäß läßt
er sich am Ende von ›Faust II‹ auf kein Gespräch ein, als dem keifen-
den Mephisto (der sich ganz »hiobsartig« schlecht fühlt, Vs. 11809)
Fausts Seele abgenommen wird. Überhaupt schweigt er das ganze
Geschehen über, denn Gott steckt nicht im Detail.

Die Herren von Revanne
(Wilhelm Meisters Wanderjahre)
Vater und Sohn aus der Novelle ›Die pilgernde *Törin‹. Beide ma-
chen zwei Jahre lang der schönen wie geistvollen Pilgerin den Hof.
Ohne Erfolg.

Hersilie
(Wilhelm Meisters Wanderjahre)
Briefschreiberin, Nichte *Makaries, lebt mit ihrer Schwester Juliette
auf dem Mustergut des *Oheims. *Felix ist vom ersten Augenblick
an von ihr gefesselt, er spürt, er ist aus dem gleichen Holz geschnitzt
und läßt sie nicht aus den Augen. Dieser Begegnung verdanken wir
einen der wenigen symbolisch-amüsanten Augenblicke der ›Wanderjahre‹. Hersilie und Felix sitzen sich gegenüber. »Nun aber, als er beim
Nachtisch über einen Teller Äpfel zu ihr hinsah, glaubte sie, in den
reizenden Früchten ebenso viel Rivale zu erblicken. Gedacht, getan,
sie faßte einen Apfel und reichte ihn dem heranwachsenden Abenteurer über den Tisch hinüber; dieser hastig zugreifend, fing sogleich

zu schälen an; unverwandt aber nach der reizenden Nachbarin hin-
blickend, schnitt er sich tief in den Daumen.« (I,5) Während Felix sie
nicht mehr losläßt, ist Hersilie weniger eindeutig, Felix mag reizend
sein, aber noch jung, *Wilhelm, sein Vater, hingegen läßt ihr zuweilen keine Ruh. Sie ist ein leicht entzündbares, *Philine nicht unähn-
liches Temperament, das auf Wilhelm sicherlich so wie seinerzeit Philine, seine Wirkung haben wird. In *Fitzens Jackentasche hat sie den
Schatullenschlüssel gefunden, den Felix und Wilhelm vermissen. Sie
schreibt an Wilhelm: »Ich habe sonst auch an Sie gedacht, aber mit
Pausen, jetzt aber unaufhörlich; jetzt, wenn mir das Herz schlägt und
ich ans siebente Gebot [des Nicht-Ehebruchs] denke, so muß ich
mich an Sie wenden als den Heiligen, der das Verbrechen veranlaßt
und mich auch wohl wieder entbinden kann;« (III,2) Der Schlüssel
sähe einem Pfeil mit Widerhaken ähnlich, schreibt sie und denkt,
mutmaßen wir, an Amors Liebesgeschosse. So ist es dichterische Fügung, daß ihr nach dem Schlüssel auch die Schatulle, die Felix im
Riesenschloß ausgegraben hatte, in die Hände fällt. Schatulle und
Schlüssel – beides Symbole für Erotik und Offenbarung – sollen nach
Felix' ungestümer Forderung geöffnet werden. Kaum wird der
Schlüssel ins Schloß geführt, bricht er, doch ist die Bruchstelle glatt.
Bei näherer Betrachtung stellt sich heraus, daß zwei Magnete den
Schlüssel wieder zusammenfügen. Nun aber ist der stürmische Felix,
den Hersilie ebenso stürmisch zurückgewiesen hat, fort. Keiner hat
den Mut, den Inhalt des Kästchens zu untersuchen. »An solche
Geheimnisse sei nicht gut rühren«, erklärt ein Juwelier. Unruhig
bleibt Hersilie zurück.

Sie ist die einzige der ›Wanderjahre‹, die echte Röte auf den Wangen
und echtes Blut in den Adern hat, Felix sollte ihr gleichstehen, aber
dem Erzähler ist nichts als das Bild eines unzivilisierten Schönlings
gelungen. Hersilie hingegen hat die Unruhe der verbotenen
Neigung, sie will provozieren, um die Grenzen ihrer artigen Umgebung, die allzusehr an eine Schweizer Katechetensiedlung erinnert,
zu verletzen. Sie ist eine der wenigen, die ihre Ungeduld und Ge-
spaltenheit zu schildern und auf überzeugende Weise zu reflektieren
weiß.

Ihr legt Goethe jene Worte aufs Briefpapier, die auch heute einen
Teenager auszeichnen. Sie beginnt ihre Mitteilung an Wilhelm so:
»Ich saß denkend und wüßte nicht zu sagen, was ich dachte. Ein den-
kendes Nichtdenken wandelt mich aber manchmal an, es ist eine Art
von empfundener Gleichgültigkeit.« Und sie schließt: »Ich unterdes

werde nicht beruhigt sein.« (III,17) Kürzer und trefflicher kann man eigentlich den Zustand Jugend nicht skizzieren.

Hilarie
(Wilhelm Meisters Wanderjahre)
Eine – schätzen wir – kaum Zwanzigjährige, die sich in ihren Onkel, einen fünfzigjährigen Major, verliebt, diesem einige Herzverletzungen zufügt, als sie sich ein Jahr später zu dessen Sohn Flavio hingezogen fühlt, dem sie eigentlich von Beginn an zugedacht war. Später steigen Hilarie und die schöne Witwe (sie ist Flavios Angebetete) aus ihrer Rahmennovelle (›Der *Mann von funfzig Jahren‹) heraus und treffen auf *Wilhelm und den Maler.

Aus Gründen der Entsagung sind sie unterwegs, doch nicht im unwirtlichen Alaska oder Sibirien, wo sich gar trefflich entsagen ließe, sondern in Italien, genauer am und auf dem Lago Maggiore. »Aber wenn die Anmut einer herrlichen Gegend uns lindernd umgibt, ... so kommt etwas Eigenes über Geist und Sinn.« (II,7) Hilarie beginnt zu malen – und ist (mehr als 200 Seiten später) mit Flavio verheiratet.

Homunculus
(Faust II)
Zu deutsch »Menschlein«, *Wagners Schöpfung und *Fausts Wahlverwandter. Ein Destillat experimenteller Wissenschaft, die Reinkultur des Geistes. Goethe nannte Homunculus auf Eckermanns Anfrage »reine Entelechie« – die im Organismus liegende Kraft, die seine Entwicklung bewirkt. »Rein« heißt also, daß der Organismus noch nicht gefunden ist, Goethe nannte es auch noch Geist im Zustand vor der ersten Erfahrung. Kaum ist er »gemacht« (6835), schwebt er in seiner Flasche zu Faust, als wäre klar, wessen Angehöriger er eigentlich ist. Überhaupt scheint er vom ersten Augenblick an alles Wissen zu haben. Das Schöne an ihm ist, daß ihm Goethe neben der Komponente absoluter Geist, absoluter Intellekt auch etwas gegeben hat, was ihn von einer reinen Denk- und Wissensmaschine, also vom perfekten Computer unterscheidet. Homunculus' Lebensmotivation ist die Sehnsucht nach einer Vollkommenheit, die wir im ersten Reflex als Unvollkommenheit bezeichnen würden. Homunculus, der ungepanschte Intellekt, will sich seiner beneidenswerten Schwerelosigkeit wie einer Behinderung entledigen, er will sich verkörperlichen, will neben Geist auch Materie sein. Kaum ist er »gebo-

ren«, wendet er sich daher von Wagner ab, um mit Mephisto und Faust
nach Griechenland zu ziehen. Homunculus hat die Gabe, Fausts
Träume wie einen Film vor seinem inneren Auge ablaufen zu sehen
und dolmetscht dem unverständigen Mephisto, was Faust nötig hat.
Der träumt vom klassischen Griechenland. Wenn Faust hier statt in
Griechenland aufwache, so der Flaschengeist, werde er das nicht
überleben. Als Komet geht er über den Pharsalischen Feldern nieder,
seine Reise durch die griechische Antike macht ihn in seiner leuchtenden und schwebenden Phiole zum Sternchen. Wie auf dem
Brockenfest in der Walpurgisnacht des ersten Teils verkehren neben
den typischen Ungeheuern auch die Intellektuellen.

>»Denn wo Gespenster Platz genommen,
  Ist auch der Philosoph willkommen.« (7843 f)
In *Thales findet Homunculus einen geistverwandten Mentor und
Begleiter. Der Mathematiker ist auch Naturphilosoph, geeignet also,
dem Flaschenmännchen auf seiner Suche nach körperlicher Seins-
werdung zu helfen. »Mein Thales« nennt er ihn. Dieser weist ihn zum
Meeresgötterfest, und beide machen sich auf den Weg dorthin. Das
Fest findet in einer Bucht des Ägäischen Meeres statt. Neben
*Sirenen, *Nereiden, *Doriden, *Telchinen, *Tritonen und *Kabi-
ren erscheinen allerlei Mischwesen wie Meerkälber und Meerwid-
der – eine vielgestaltige, vor allem friedliche Welt des Wassers. Thales
geht *Nereus an, der Meeresgott kann mit seiner hellseherischen
Gabe Homunculus vielleicht helfen. Nereus aber hat anderes im
Kopf, erstens ist er in Gedanken bei den anstehenden Feierlichkeiten,
wo er *Galatea, die geliebte Tochter, sehen wird, zum anderen ist er
müde, den Menschen Ratschläge zu geben, die sie nicht befolgten.
Doch verrät er den beiden Bittstellern des Problems Lösung. Homunculus soll sich an *Proteus wenden, denn der ist »ein Wundermann«,
der weiß, »wie man entstehn und sich verwandeln kann«.

Proteus tritt den Suchenden als Riesenschildkröte in Erscheinung.
»Was leuchtet so anmutig schön?« will der Neugierige wissen. Schnell
verhüllt Thales die Phiole. Er werde sie erst aufdecken, wenn sich der
Verwandler in seiner wahren Gestalt zeige. Die Thales-Rechnung
geht auf, Proteus tritt in seiner echten Gestalt in Erscheinung und
staunt:

>»Ein leuchtend Zwerglein. Niemals noch gesehn!
  Thales: Es fragt um Rat und möchte gern entstehn!
  Er ist, wie ich von ihm vernommen,
  Gar wundersam nur halb zur Welt gekommen.

Ihm fehlt es nicht an geistigen Eigenschaften,
Doch gar zu sehr am greiflich Tüchtighaften.
Bis jetzt gibt ihm das Glas allein Gewicht,
Doch wär' er gern zunächst verkörperlicht.
Proteus: Du bist ein wahrer Jungfernsohn,
Eh' du sein solltest, bist du schon!
Thales, leise: Auch scheint es mir von andrer Seite kritisch:
Er ist, mich dünkt, hermaphroditisch.« (8245 ff)

Dieser humorige Dialog ist typisch für den alten Goethe. Doch ist
zugleich die Gesamtszenerie gleichsam als Weisheitsessenz zu verstehen, wo das Schöne, das Tiefgründige und das Spaßige sich zusammenfügen. Man kann sich ein Arnold-Böcklin-Thema vorstellen:
Eine Bucht am Mittelmeer, es ist Nacht, der Mond steht im Zenit, in
der Ferne der Olymp, alle Wesen des Wassers sind zum Fest zusam-
mengekommen, es wimmelt von singenden Phantasiegeschöpfen,
die sich neckischerweise zum Fest junge Matrosen errettet haben –
»Wir haben's nie so gut gehabt/ Und wollen's nicht besser haben«,
singen die Seeleute (8422 f) – alle nur denkbaren Mythenwesen des
Wassers sind zu sehen, und am Ufer stehen zwei alte edel gestaltete
Männer und begutachten ein leuchtendes Menschlein in einer
schwebenden Phiole, von denen einer befürchtet, daß das Menschlein ein Zwitter ist. Proteus sieht darin kein Problem. Homunculus
soll ins Meer, hier sei der Anfang und das Wachstum des Lebens.
Homunculus sieht das ebenso, die Luft ist weich, alles duftet nach
Vegetation, das behagt ihm. Draußen im Meer sei es noch behagli-
cher, antwortet Proteus:

»Das Erdetreiben, wie's auch sei
Ist immer doch nur Plackerei;
Dem Leben frommt [etwa: nützt] die Welle besser;
Dich trägt ins ewige Gewässer
Proteus-Delphin.
(Er verwandelt sich)
        Schon ist's getan!
Da soll es dir zum Schönsten glücken:
Ich nehme dich auf meinen Rücken,
Vermähle dich dem Ozean.« (8313 ff)

Hier im Wasser, sagt Thales, werde er sich nach ewigen Gesetzen in
Tausende von Formen wandeln, und bis Homunculus den Zustand
der menschlichen Existenz erreicht habe, sei noch Zeit. Proteus rät
gar vor dieser letzten Übernahme ab.

»Strebe nicht nach höheren Orden:
Denn bist du erst ein Mensch geworden,
Dann ist es völlig aus mit dir.« (8330 f)
Homunculus hat also Proteus, den Delphin, bestiegen, da kündigen
*Psyllen und Marsen »die lieblichste Herrin«, Galatea an, die schön-
ste von Nereus Töchtern im Muschelwagen der Venus (es ist ein
Leihwagen). Alle jubeln in hymnischen Tönen: Nereus, als er seiner
schönen Tochter ansichtig wird; Thales, als er den Ozean als jenen
Bereich der Erde preist, »der das frischeste Leben erhält«; und die üb-
rigen Mythenwesen erheben ihre Stimmen zum Chor: »Du bist's
[Ozean], dem das frischeste Leben entquellt.« (8443 f) Homunculus
ist von Galateas Schönheit wie Faust von *Helena unwiderstehlich
angezogen. Der Delphin kommt mit seinem Reiter an den Muschel-
wagen heran, es
»flammt um die Muschel, um Galateas Füße ...
Bald lodert es mächtig, bald lieblich, bald süße,
Als wär' es von Pulsen der Liebe gerührt.« (8466 ff)
Homunculus Phiole zerschellt an der Venusmuschel,
»Und ringsum ist alles vom Feuer umronnen;
So herrsche denn Eros, der alles begonnen!« (8478 f)
Das Zauberspiel der Klassischen Walpurgisnacht klingt aus mit einem
Segensruf auf die vier Elemente, mit denen sich Homunculus bren-
nend und leuchtend vom Eros geleitet, verbindet.
»In dieser holden Feuchte
Was ich auch hier beleuchte,
Ist alles reizend schön.« (8458 f) –
kein Tod also, sondern seine erstrebte Einbettung in die ewige
Metamorphose der Natur.

Die Homunculus-Geschichte ist wohl die schönste und rührend-
ste des gesamten Faust-Dramas, sie ist leicht und doch tiefgründig,
humorvoll und nachdenklich, unterhaltsam und belehrend. Besonders das »Ende« des Phosphormenschleins hat etwas unübertroffen
Lindes, Helles.

Honorio
(Novelle)
Begleiter der Fürstin auf einem Ausritt. Er erschießt den der
Schaustellerfamilie entlaufenen zahmen Tiger, um die Fürstin vor
dem vermeintlich gefährlichen Tier zu schützen. Eine zweite Groß-
katze, den Löwen, verschont er, weil der kleine Sohn der Schausteller

mit dem Spiel seiner Flöte das Zirkustier lammfromm hält. Goethe wollte in seiner berühmten Novelle den Gegensatz zwischen roher Natur und Zivilisation veranschaulichen. Als rohe Natur gelten die beiden Wildkatzen, aber auch der Brand, der die Flucht der Tiere aus ihrem Gehege zur Folge hat. Für die Zivilisation steht der mutige Honorio, und als höchste zivilisatorische Verfeinerung gilt die gewaltlose Beherrschung des Löwen, des Naturhaft-Wilden, durch das überirdisch melodiöse Spiel des Zirkusknaben. Meisterhaft erzählt, meisterhaft das allegorische Spiel. Die Wahl der Vorlagen indes, insbesonders Goethes gläubige Sympathie für das Establishment (Fürst, Fürstin, Oheim und Honorio) nötigen dem heutigen Leser ein hohes Maß an Verständnis ab. Wir wundern uns weniger, daß der Tiger erschossen wurde, obwohl er nicht die mindeste Bereitschaft für einen Angriff zeigte, wir wundern uns über die Selbstverständlichkeit, mit der diese existentielle Katastrophe der Schaustellerfamilie als zur Normalität gehörig behandelt wird.

Wenn zudem die ungezwungenen, entspannten Fürstenleute als Paradebeispiele für eine verbesserte Weltordnung gelten, blättert man im schönen Text doch etwas hitzköpfig weiter. Goethe an Eckermann: »Zu zeigen, wie das Unbändige, Unüberwindliche oft besser durch Liebe und Frömmigkeit als durch Gewalt bezwungen werde, war die Aufgabe dieser Novelle«. Damit sollte nur der musizierende Knabe gemeint sein. Welche Rolle aber weist er den Oberhäuptern zu? Sowohl die Wildkatzen als auch der Brand sind Hinweis auf politischen Wandel: Frankreichs Revolution von 1789. Wie so oft sind Goethes Fürsten und Feudalherren vor allem eines: Menschen, verpflichtet zur Menschlichkeit, doch nicht zu politischer Einsichtsfähigkeit – frei nach dem *Iphigenie-Motto: Alle politischen Gebrechen sühnet fromme Menschlichkeit.

Hudhud
(West-östlicher Divan)
Arabischer Name für Wiedehopf, *Hatems und *Suleikas Liebesbote. » Er ist als Bote zwischen Salomo und ... der schönen Königin von Saba, Bakis, hin- und hergegangen, im Koran noch in dem ernsten Auftrag, ein weiteres Reich für den wahren Glauben zu gewinnen. Bald ist er der Liebesbote des Märchens, und im Volksglauben führt er ein Zauberkraut im Schnabel, das verborgene Schätze aufschließen kann; seine Federn, aufs Haupt gelegt, stillen das Hauptweh, sein Herz das Herzweh.« (Friedenthal, ›Goethe‹)

I

Iphigenie
(Iphigenie auf Tauris)

Schwester der Elektra und *Orests, Tochter Agamemnons und Klytämnestras, wohl die reinste unter Goethes Frauenfiguren. Will man sie optisch erleben, betrachtet man das Iphigenie-Gemälde Anselm Feuerbachs (1829 bis 1880): ein nichtatmendes Wesen in einer regungslosen Welt. Goethe wie Feuerbach wollten inneres, seelisches Geschehen, das nach außen kaum sichtbar werden sollte. Iphigenies Richtlinien – Schönheit und strenge Eleganz – verhindert jede Handlung, konsequenterweise müßte sie als nicht faßbare, nicht identifizierbare Existenz eigentlich unsichtbar nur als Stimme oder als Engel von oben agieren – so weit weg hat sie Goethe nicht nur für uns, sondern auch für seine Zeitgenossen und sich selbst angesiedelt. »Verteufelt human«, räumt er in einem Brief an Schiller (19.1.1802) fast entschuldigend ein. Und doch standen für diese lautlose Erscheinung mehrere Frauen aus dem tatsächlichen Leben Goethes Modell: die Schauspielerin Corona Schröter, Goethes Schwester Cornelia und Charlotte von Stein.

Corona, »die Schröter« war damals der Bühnenstar. Sie war eine Schönheit und kleidete sich beruflich wie privat antikisch. Goethe holte sie nach Weimar an die dortige Liebhaberbühne. Goethes Schwester Cornelia, die ihn als (weiblichen) Teil seiner selbst nie losließ und deren Nähe er über zahllose Briefe suchte, lebte und verstarb an der Seite eines trockenen (wiewohl liebenden) Juristen unter lebensfeindlichen Umständen. Ihr Schicksal bewegte Goethe ein Leben lang. Charlotte von Stein, die stets weißgewandete, sehr kultivierte und mit besten Manieren ausgestattete, aber ausgesprochen temperamentslose Hofdame, sie lenkte Goethes genialisches Stürmen und Drängen in geordnete Bahnen. Goethe begehrte sie – im Kopf und auf dem Papier. Ein Gedankenspiel von hoher Minne, wie es damals nicht selten und für Goethe am bequemsten war. Er schrieb der Gattin des Oberstallmeisters und Mutter vieler Kinder mehrmals täglich seine Briefe, die diese ihm prompt beantwortete. Beide lebten nur wenige Häuser voneinander entfernt.

Während *Gretchen sich zu dem charismatischen und gutaussehenden *Faust auch erotisch hingezogen fühlt, empfindet Iphigenie wahrhaft platonisch. Die Geschlechtslosigkeit der Priesterin war Anlaß für boshafte Kritik. Eine Dame ohne Unterleib wurde sie genannt. Maß. Mitte. Verzicht. Das sind die Ideale, die Goethe entgegenhält und seine, die goethesche, Klassik durchziehen. In diesem Sinne war eine klar benannte Geschlechtszugehörigkeit unerheblich, wenn nicht gar unerwünscht.

Iphigenie lebt auf Tauris weit weg von Griechenland, steht krank vor Heimweh an der Küste, das »Land der Griechen mit der Seele suchend« und darf kaum auf Rückkehr hoffen. Jahre vorher war ihr Vater Agamemnon, Oberbefehlshaber der griechischen Flotte, gerade im Begriff, von Aulis nach Troja auszulaufen, um seinem Bruder Menelaos die gestohlene Helena zurückzuholen, als anhaltende Windstille sein Fortkommen hinderte. Die Göttin Artemis/ Diana zürnte Agamemnon, dieser hatte sie beleidigt. Ein Ende der Windstille, ließ die Gekränkte über den Seher Kalchas wissen, gäbe es nur ein Opfer. Und dieses sollte Iphigenie sein. Glücklicherweise entführte die Göttin Iphigenie einige hundert Kilometer östlich an die Krim. Hier nun muß sie als Priesterin unter dem Taurer-König *Thoas der Göttin dienen, was nicht unproblematisch ist, denn zur Liturgie der Barbaren gehören Menschenopfer. Freilich hat Iphigenie diese weitgehend abgeschafft, doch ist dies nur möglich, weil der Skythenkönig Iphigenie liebt und zur Gattin nehmen will. Eine Ehe aber wäre das endgültige Aus für die ersehnte Rückkehr. Iphigenie gibt ihre fluchbeladene Herkunft zu bedenken, eine Vermählung gegen den Willen der Götter brächte Unheil über den edlen Herrscher. Thoas sieht sich verschmäht und befiehlt zwei an der Küste aufgegriffene Fremdlinge zur Opferung. Die beiden sind die Griechen *Pylades und dessen Freund Orest. Orest aber ist Iphigenies Bruder. Nun heißt es, die Gefangenen zu retten und an die gemeinsame Heimkehr zu denken. Pylades hat einen Plan: Unten am Meer wartet das versteckte Schiff, es müßte nur seeklar gemacht werden, und die drei könnten die Rückfahrt antreten. Um Zeit zu gewinnen, läßt die Priesterin gegenüber dem königlichen Würdenträger *Arkas verlauten, Orest habe das Bild der Diana entweiht, das Heiligenbild müsse zur kultischen Reinigung ans Meer. Arkas aber drängt auf die sofortige Opferung, lange genug warte Heer und Volk auf die »blut'gen Dienste«. Iphigenie schwankt zwischen Loyalität gegenüber dem König, der ihr »zweiter Vater ward«, und der Aussicht auf die Heimkehr und das Wiedersehen der Lieben. Hätte sie doch nur »ein männlich Herz«, klagt sie, »das, wenn es einen kühnen Vorsatz hegt, vor jeder andern Stimme sich verschließt«. Vertauensmißbrauch gegenüber Thoas und ersehnte Rückkehr oder aber das Bekenntnis zur Wahrheit und das damit verbundene Risiko, den eigenen Bruder auf die Opferbank zu führen: das ist Iphigenies fast unlösbares Dilemma. Sie entschließt sich zur Wahrheit und bekennt im Vertrauen auf des Königs edle Gesinnung den Fluchtplan. Thoas scheint nachzugeben. Da naht der bewaffnete Orest! Es ist ein Bürgerkrieg im kleinen. Orest und Thoas machen Geschichte durch Blutvergießen, zwischen beiden aber steht Iphigenie. Ihr verbleibt nur das Klagelied der Frau, stellvertretend für die ganze Zivilbevölkerung. »Der rasche Kampf verewigt einen Mann. Allein die Tränen, die unendlichen der Überbliebenen, zählt keine Nachwelt; und der Dichter schweigt von tausend durchgeweinten Tag- und Nächten.« (2067) Iphigenie will um jeden Preis den Kampf verhindern. Unversehens (und wenig glaubhaft) erkennt Orest, daß er den Götterspruch, der ihn in die Fremde wies, falsch verstanden hat. Um sein Gewissen als Muttermörder zu reinigen, soll er nicht Apollos Schwester Diana zurück nach Griechenland holen, nein, die eigene Schwester ist gemeint. Thoas, derart vor göttlichen Ratschluß gestellt, murmelt denn nur: »So geht.« Iphigenie aber bittet um ein freundliches Wort des Abschieds. »Lebt wohl«, spricht schließlich König Thoas. Und läßt die Griechen ziehen.

Gut zwanzig Jahre später distanzierte sich Goethe von seinem Theaterstück. Denn als er dieses verfaßte und aufführte, verfolgte er neben der künstlerischen Absicht ein konkretes Anliegen. Anna Amalie, die Herzoginmutter, hatte Geburtstag, eine Aufführung mit einer weiblichen Zentralfigur die zudem »gehoben« in Erscheinung trat, paßte zum Anlaß. Karl Augusts Mutter war für ihren hohen Anspruch an eine gute Erziehung bekannt, der bekannte Schriftsteller Wieland lehrte und betraute ihre beiden Zöglinge. Weiterführend sorgt demgemäß Iphigenie für die Zivilisierung des Königs als auch für Orests Befreiung aus dem Wahnsinn. Und Anna Amalies Sohn, der spätere Weimarer Herzog, war infantil und übermütig bis zur orestschen Verrücktheit.

Wie aber geht Iphigenie als Erzieherin vor? Am auffälligsten ist ihre Lautlosigkeit. Man möchte sagen, daß eine solche von Mord, Rache und Verrat dominierte Vergangenheit einzig in großer Stille begriffen und geordnet werden kann. Zu Recht warnt Iphigenie den von Leidenschaft beherrschten König, wenn dieser den Brauch des Opfermordes allein wegen einer zurückgewiesenen Werbung wiedereingeführt wissen will. Übersteigerte Gefühlsvorstellungen führen zur Gewalttat. Den Untaten der Männerwelt setzt Iphigenie die eigene gewaltlose Tat entgegen: die Rede. Da steht kein Gott zur Seite. Die göttliche Gewalt geht dem Bühnengeschehen ab – und das bei antiken Figuren! Selbst das Bild der Diana, wesentlich für den Gang der Handlung, bleibt unsichtbar. So ist also Iphigenie eine sich selbst leitende Figur und stellvertretend für die Autonomie des Menschen. »Edel sei der Mensch, hilfreich und gut! Denn das allein unterscheidet ihn von allen Wesen, die wir kennen.« Das schrieb Goethe dem übermütigen Karl August ins Stammbuch. Wichtig dabei ist der zweite, nicht der erste Satz. Der Mensch: autonom. Das Sittengesetz: in ihm selbst. Erstaunlich modern, befand Schiller über das verteufelt humane Werk.

Die Irrlichter
(Unterhaltungen deutscher Ausgewanderten/ Das Märchen)
Geschwätzige männliche Leuchtkörper von amorpher Beschaffenheit, die gegenüber der *Alten so zudringlich werden, daß sie sich schämt, daran zu denken. Jeden beschenken sie mit Goldstücken und bewirken damit den Anfang vom Ende des verzauberten Reiches. Sie sind es, die bei aller Infantilität die Dinge ins Rollen bringen. Eigentlich suchen sie *Lilie, warum und zu welchem Zweck wird nicht gesagt. Ihr Großmut hat etwas Wahnsinniges, und es scheint eher dem Zufall oder einer anderen Macht überlassen zu sein, ob ihre Geschenke gut oder schlecht wirken. Der Fährmann sammelt ihre Taler erschrocken in seinem Hut, denn Gold darf gemäß seiner Aussage nicht in den Fluß kommen, und schüttet sie in einen Felsspalt, wo sie die *Schlange findet und mit großem Genuß verzehrt. Die Schlange erhält kurz darauf ein zweites Münzgeschenk der Irrlichter, so daß sie nun leuchtend den unterirdischen Tempel erhellt (siehe der *Alte). Dem Mops bringt die goldene Gratifikation den Tod. Er verzehrt die Taler und wird zu leblosem Onyx.

Ihre wichtigste Stunde haben sie, als sie dem Zug – bestehend aus den beiden Alten, dem erweckten *Jüngling und Lilie – folgen und das goldene Schloß und den goldenen Riegel der ehernen Pforten des unterirdischen Schlosses mit der Kraft ihrer Lichter wie mit einem Schweißgerät »aufzehren«. Hier treffen alle auf die vier Könige. Sie wollen gleich auf den goldenen König los, doch weist er sie von sich, sie schmiegen sich an den silbernen, der sie willkommen heißt, doch sie nicht »ernähren« kann, zum ehernen König zieht es sie gar nicht, dem gemischtmetalligen indes saugen sie sämtliche Goldadern aus dem Leib, so daß der zur Formlosigkeit zusammensinkt. Nach der Entstehung des neuen glücklichen Reiches entschwinden sie in der Luft, nicht ohne ihre halb systemlose, halb systematische Verschwendungslust erneut unter Beweis zu stellen. Zum Abschied streuen sie Goldstücke unters Volk. Dabei verlieren sie an Körpergröße, aber niemals an Heiterkeit. Sie stärken sich durch Neuaufnahme des Edelmetalls. Ihr bester Spruch: »Wer kein Gold nimmt, mag umsonst arbeiten.« Gegenüber der leuchtenden Schlange bezeichnen sich die hüpfenden Wesen mit ihren Mini-Protuberanzen als »Herren von der vertikalen Linie«.

J

Jarno
(Wilhelm Meisters Lehrjahre)

Später Montan (›Wilhelm Meisters Wanderjahre‹), illegitimer Sohn eines Prinzen, Mitglied der Turmgesellschaft, von gradliniger Aufrichtigkeit. Er verbindet Musisches mit Kriegerischem: Als kultivierter wie kaltschnäuziger Feldzugsteilnehmer macht er *Wilhelm mit einigen Shakespeare-Werken bekannt. Auch rät er ihm von seiner Fürsorge für *Mignon und den *Harfner ab, ebenso wie er Wilhelm klipp und klar sagt, er habe zum Schauspielern kein Talent. Nach des Prinzen Tod ist ihm die Lust am Soldatenleben vergangen, der gelegentliche Misanthrop sagt: »Das Menschenpack fürchtet sich vor nichts mehr als vor dem Verstande; vor der Dummheit sollten sie sich fürchten, wenn sie begriffen, was fürchterlich ist.« (VII,3) Als Wilhelm sich mit großer Beredsamkeit über die Niederungen der Schauspieler-Existenz ausläßt, antwortet Jarno: »Wissen Sie denn mein Freund, daß sie nicht das Theater, sondern die Welt beschrieben haben.«

Ganz pragmatisch nimmt er jene Frau zur Gattin, *Lydie, die niemand sonst nehmen würde und verzieht sich. In den ›Wanderjahren‹ erfahren wir, daß er sie von ihrer frühen Jugend an geliebt, daß *Lothario sie ihm entführt hat und daß er sich beglückt fühlt, als sie ihm »offen und liebevoll« entgegenkommt und ihn ans Herz drückt. Meistenteils finden wir ihn in den Bergen, er hat sich den beziehungsreichen Namen Montan zugelegt, und während Wilhelm mit allerlei besinnlichen Erlebnissen Herz und Sinne kultiviert, ist Montan mit seiner sachlich-handwerklichen, zugleich wissenschaftlichen Arbeit um sein Spezialistentum bemüht. »Narrenpossen«, sagt er Wilhelm, »sind eure allgemeine Bildung und alle Anstalten dazu.« Er klopft Steine und besieht und begutachtet geologische Formationen. Er ist Fachmann für Bergbau und Mineralogie (ein Aufgabenfeld, welches Goethe, Eigner einer stattlichen mineralogischen Sammlung, als Bergbauminister innehatte). Kein Mann der Worte, Montan glaubt an die Aktivität, an die therapeutische Wirkung des Tuns: »Seelenleiden, in die wir durch Unglück oder eigene Fehler geraten, sie zu heilen vermag der Verstand nichts, die Vernunft wenig, die Zeit viel, entschlossene Tätigkeit hingegen alles.« (II,11) Im Falle seiner Lydie hat er unrecht. Aktivismus hat sie beruhigt, kuriert hat es sie nicht. Erst *Makaries liebevolle Zuwendung vermag ihr Seelenleiden zu beenden.

Montans Wissen beeindruckt Wilhelm. Er bittet um Unterweisung in einigen Fragen der Materie, Montan aber hüllt sich in Schweigen. Das paßt zu seiner störrischen Art, enthüllt aber auch jene These des Wissenschaftlers, die besagt, je weiter wir mit unserem Wissen vordringen, desto mehr ist uns unser Unwissen gegenwärtig. Jarno ist bei all seiner reduzierten Kommunkationsbereitschaft, die auf seine große Skepsis gegenüber der menschlichen Entwicklungsfähigkeit beruht, dennoch ein Pädagoge, und zwar dort, wo er einen Sinn zu finden hofft. So, wie er Wilhelm geradewegs die Schauspielerei ausredete, so drängt er ihn zum Arztberuf, weil er hier dessen wahre Bestimmung erkennt.

Jery und Bätely
(Jery und Bätely)
Schweizer Senner und Sennerin des gleichnamigen Singspiels von 1779/80. Der wohlhabende und geschäftige Jery will die Bätely, aber Bätely will nicht. Auch Bätelys Vater will, daß seine Tochter will. Aber nichts zu machen. Wir stellen uns die junge Tüchtige, die den Haushalt für sich und den Vater hoch in den Bergen führt, als Johanna Spyris geschlechtsreife Heidi vor: eigensinnig, lebhaft, verliebt in die Bergwelt, aber nicht in den Freier Jery. Zufällig kommt Jerys Kumpel aus früheren Tagen vorbei. Er hat den Soldatendienst quittiert, ist in der Welt herumgekommen – ein Weltmann, der sich für zehn Doublen bereit erklärt, als Werber seines Amtes zu walten. Doch stellt er sich so ungeschickt an, daß Bätely reißaus nimmt. Nun kommt es zum Handgemenge zwischen den beiden Freunden. Jery unterliegt und erregt, lädiert, Bätelys Mitleid und in Folge ihre Liebe. So versprechen sie einander.

Goethe hatte den Stoff von seiner Schweizerreise 1779 mitgebracht. Im Dezember schickte er den Text zum Vertonen zunächst an seinen Lieblingskomponisten Philipp Christoph Kayser. Damit begann eine zehn Jahre währende Zusammenarbeit zwischen Goethe und dem Komponisten, der zahlreiche Lieder des Dichters bearbeitete. Dieses Singspiel aber setzte der Komponist und Leiter von Hofkonzerten und Theateraufführungen in Weimar, Carl von Seckendorff, in Musik. Kayser kam mit der Komposition nicht voran, vermutlich weil Goethe den Sensiblen mit genauen, allzugenauen Vorstellungen zur

Vertonung blockiert hatte. Am 12. Juli 1780 kam das Stück in Weimar auf die Bühne. Die Rolle der Bätely sang Corona Schröter (siehe *Iphigenie).

Johanna Sebus
(Johanna Sebus)
Historisch verbürgte Heldin der Ballade von 1809. Das 17jährige Bauernmädchen versuchte während einer Hochwasserkatastrophe eine im Haus ihrer Mutter wohnende Familie zu retten und kam dabei ums Leben. Ihr widmete Goethe die schlichten, in volkstümlicher Diktion gehaltenen fünf Strophen. Die Verse wurden während der Gedächtnisfeier im benachbarten Cleve vorgetragen.

Josef
(Wilhelm Meisters Wanderjahre)
Genauer: Sankt Josef, dem Goethe eine eigene Existenz gegeben hat. Ort und Zeit der Handlung: ein Bergdorf, etwa im Jahr 1800. Daher Sankt Josef der Zweite. Der Zimmermann, der auch fürstlicher Steuereinnehmer ist, hat eine alte Kapelle ausgemistet, die als Lagerhalle diente, und lebt hier nun mit seiner Maria und dem Kind. An den Wänden ist in katholischer Manier die Geschichte von Maria und Josef dargestellt. Dem zweiten Josef ist die Bilderfolge religiöse Erbauung.

   Goethe verwebt hier Elemente seines Romans: Familie und Beruf, Glaube, Sitte und Arbeit, Handwerk und Kunst, Überlieferung und Gegenwart. Dennoch wirkt dieses runderneuerte Josefsbild ein wenig ironisiert und wie aus Plastik. Es weist auf den religiösen Aspekt der Arbeit hin, gleichwohl spielt Josef in der weiteren Personenkonstellation mit den wiederkehrenden Figuren keine Rolle mehr. Es ist, als wollte Goethe die Welt der Tätigkeit mit dem archaischen Bild des biblischen Zimmermanns als goldgeprägtes Symbol auf der ersten Buchseite seiner Geschichte schmücken – ein schönes Logo, mehr nicht.

Der Jüngling
(Unterhaltungen deutscher Ausgewanderten/Das Märchen)
Schöner Königssohn, er liebt *Lilie, lebt bei ihr in »einer getrennten Gegenwart« und hat ihretwegen alles, ja sich selbst verloren. In seiner Trauer, die eigentlich Apathie ist, tut er nichts anderes, als immer wieder den Fluß entlangzulaufen und zu überqueren. Er trägt so et-

was wie die Paradeuniform eines ranghohen römischen Legionärs, was darauf hinweist, daß er in seinen glücklichen Tagen ein Held gewesen ist. Er trifft die *Alte am Fluß und folgt ihr zu Lilie, der er mit jenem *Habicht entgegentritt, der den Tod von Lilies Kanarienvogel verschuldet hat. So muß er sich nicht wundern, daß Lilie ihm Vorwürfe macht, als sie seiner ansichtig wird. Nun küßt sie den Onyx-Mops auf die Schnauze. Da regt sich ein letztverbliebener Heldenfunke in ihm, und er richtet auf die Geliebte zustürzend die schönen Worte an sie: »Wenn Steine an deinem Busen ruhen können, so möge ich zu Stein werden; wenn deine Berührung tötet, so will ich von deinen Händen sterben.« Entseelt sinkt er zu Boden. In der Hoffnung, ihn retten zu können, bildet die *Schlange einen Kreis um den Toten. Ihr Körper leuchtet, der *Alte leuchtet mit seiner Lampe, Lilies Schleier leuchtet ebenfalls, und die herbeigeeilten *Irrlichter tun das ihrige. Nach Mitternacht wandern alle hinab zum Fluß in einer feierlichen Prozession. Der reglose Jüngling liegt in einem Korb und schwebt über den Köpfen der Alten. Unten überqueren sie den Fluß auf der leuchtenden Brückenschlange. Am anderen Ufer schließt die Schlange erneut einen Kreis um den Jüngling. Auf Geheiß des Alten berührt Lilie mit der Linken die Schlange und mit der Rechten den Jüngling. Der Jüngling erhebt sich und der belebte Kanarienvogel flattert auf seiner Schulter, es ist wieder Leben in ihm, »aber der Geist war noch nicht zurückgekehrt«. In der unterirdischen Kathedrale erhält er von den *Königen Schwert, Zepter und Eichenkranz. Diese Gaben machen erst einen Menschen aus ihm, er findet zu seinem menschlichen Bewußtsein und richtet seine ersten Worte an die Geliebte. Die Liebenden bilden das neue Königspaar eines Reiches, das durch die Schlangenbrücke beidseitig verbunden ist. Um sich zurückzuziehen, betreten sie das Altarhaus, von wo sie über unterirdische Gänge in den Palast gelangen.

K

Kabiren
(Faust II, Klassische Walpurgisnacht)
Sie gelten im Mythos als Söhne des Hephaistos, hier treten sie in ihrer ursprünglichen Form als vormythische Vegetationsgottheiten und Fruchtbarkeitsdämonen auf und übernehmen als Seegottheiten den Schutz der Seeleute. Sie werden feierlich singend von den *Sirenen angekündigt, von den *Nereiden und *Tritonen auf »Chelonens Riesenschild« durchs Wasser gefahren (Chelone bedeutet Riesenschildkröte). Sie sprechen nicht.
»Klein von Gestalt,
Groß von Gewalt,
Der Scheiternden Retter,
Uralt verehrte Götter.« (8174 ff)

Kaiser
(Faust II)
Hochverschuldetes gleichermaßen prachtliebendes Staatsoberhaupt des Heiligen Römischen Reiches Deutscher Nation. Wir lernen ihn zunächst offiziell als Dienstvorgesetzten des Thronrats kennen, den der Kanzler wegen unaufschiebbarer Probleme einberufen hat. Doch kümmert den Kaiser auf der Dringlichkeitssitzung mehr die Symmetrie seiner imperialen Aufmachung als der bevorstehende Staatsbankrott. Ihm fehlt neben dem Astrologen zur Rechten der Hofnarr zur Linken. Erst als die vakante Stelle von einem neuen Narren – *Mephisto – besetzt ist, wendet er sich den politisch dringlichen Tagesordnungspunkten zu. Geradezu aktuell ist er, wenn er in der großen Staatskrise an die »Getreuen, Lieben« zweckoptimistische Appelle richtet: Er weiß, der Staat steht kurz vor seinem Zusammenbruch, doch – betont er – die Sterne stünden günstig. Zudem sei ihm der Sinn nach anderem. Es sei Karnevalszeit, also verwerfe man alle Sorgen und genieße die Heiterkeit der Feiertage. Kanzler, Schatzmeister, Heermeister und Marschall schildern die Probleme ihres jeweiligen Ressorts, eines haben sie gemeinsam: Ihnen fehlt Geld. Als sich Mephisto mit keck verheißungsvollem Geschwafel als Heilsbringer anbietet, schenkt ihm vor allem einer Gehör: der Kaiser. Auf dem Karnevalsfest fordert Plutus/*Faust den Imperator auf, einen Blick in

die Schatztruhe zu werfen. Kaum ist das geschehen, beginnt dieser zu brennen – alles nur Magie und ein bißchen Spaß, wie ihm später versichert wird. Er wünsche sich mehr von solchen Scherzen, er habe es genossen sich mitten im Feuerelement als »Fürst von tausend Salamandern« zu fühlen, doch ist die Flamme symbolische Vorwegnahme kommender Probleme, sie bedeutet Krieg (vergleiche *Euphorion). Und in der Tat: Der Kaiser hat sein Land über die Jahre in Anarchie versinken lassen. Als die Lage unerträglich geworden ist, schließen sich seine Gegner zusammen, rufen einen Gegenkaiser aus und stellen sich mit einem großen Heer zum Kampf. Der Kaiser hat Glück, Faust steht ihm mit Mephisto abermals zur Seite und gewinnt. Er weiß, daß wieder einmal vieles nicht mit rechten Dingen zugegangen ist, doch der Kampf ist gewonnen. Über die Jahre ist er ein wenig weiser geworden, verspricht, aus dem Schaden, den er und das Reich genommen haben, klug zu werden. So laviert er zwischen allen Stühlen, schenkt Faust das Gestade und befriedigt im Gegenzug die Raffgier des argwöhnischen Erzbischofs mit Pfründen und Titeln. Überhaupt verspricht er mit allen maßgeblichen Politikern zusammenzuarbeiten, auf daß es dem Reich zum Wohle gerate. Wir hoffen mit ihm.

Klärchen
(Egmont)
Zu Beginn Klare genannt, von der Literaturgeschichte notorisch verklärte Kindfrau, obwohl sie nicht den Bruchteil von *Gretchens Präsenz, bestenfalls Konturen eines Scherenschnitts zeigt, wie er zu Goethes Zeiten hochmodern war. (Goethe selbst besaß eine ansehnliche Sammlung solcher Frauenbildnisse.) Im Grunde ist sie eines unter mehreren Ausstattungsmerkmalen des glänzenden *Egmont. Wie Gretchen ist sie eine Tochter des Volkes, was ihre spießige Mutter in bösen Vorahnungen redselig belegt. Stets hat das hübsche Klärchen den devoten Brackenburg zur Seite, ein unbedeutendes Subjekt, dem sie gestattet, ihr den Hof zu machen. Doch liebt sie nur ihren Egmont. Auf die Nachricht von seiner Verhaftung versucht sie in kindlicher Fehleinschätzung zusammen mit ihren Standesgenossen eine Revolte anzuzetteln. Sie wird dafür nicht einmal von Albas allzeit präsenten Schergen hochgenommen. Brackenburg stiehlt sie das Gift, das dieser eigentlich für sich selbst bereitgehalten hat, und nimmt es ein, als sie erfährt, daß der Geliebte hingerichtet werden soll. Kurz vor seiner Exekution erscheint sie Egmont im Traum, doch nicht als Geliebte, sondern als Freiheits- und Siegesgöttin, strahlend

und von einer Wolke umflossen. Die Weimarer Frauenschaft um Caroline Flachsland, der Gattin Herders, monierte, daß Egmont sich gerade mal hin und wieder der Geliebten entsinne. Obwohl ihr Goethe in seinen Stellungnahmen zu ›Egmont‹ eine Schlüsselrolle zusprach, ist sie neben der resoluten Margarete von Parma eine Randfigur. Und als Angehörige des niederländischen Volkes zeigt sie kaum mehr Format als der Agitator Vansen. Ihre Aufgabe ist, Egmont als rührend liebendes Kind zu umschwärmen.

Knabe-Lenker
(Faust II)
Personifizierte Verschwendung und Sinnbild der Poesie. Begleiter des Reichtums, des Plutus, Lenker von Plutus/*Fausts Drachenkarosse, die in majestätischen Kehren vom Himmel durch das Fenster des Festpalastes vor den Augen des erstaunten *Herolds wie seiner zahlreichen Gäste niederschwebt. Auf dem Kutschbock sitzt der Jüngling mit den feminin-feinen Zügen, schwarzen Augen und einem Juwelenband in den nachtschwarzen Locken. Er trägt ein knöchellanges glitzerndes Gewand mit einem purpurnen Saum. Wiewohl er recht mädchenhaft aussähe, würde er dennoch jeder Frau gefallen, erklärt der Herold begeistert. Der Knabe hüpft vom Bock und fragt den Herold selbstbewußt, ob er wisse, wer er sei. Der Herold vermag es nicht zu sagen, also stellt er sich selbst vor.

»Bin der Poet, der sich vollendet,
Wenn er sein eigenst Gut verschwendet.
Auch ich bin unermeßlich reich
Und schätze mich dem Plutus gleich,
Beleb und schmück im Tanz und Schmaus
Das, was ihm fehlt, das teil ich aus.« (5574 ff)

Wenn er die Wahrheit sage, antwortet darauf der Herold, dann sollten den Reden Taten folgen, er solle einen Beweis seiner Identität liefern. Nun schnippt der Knabe wiederholt mit dem Finger und mit einem Male springen Perlenschnüre, Goldspangen, Kamm und Krönchen und Juwelen auf den Boden. Gierig und wie von Sinnen grapscht die Menge nach den Schätzen, doch als sie diese in den Händen hält, sind es nichts als Insekten, die umherkrabbeln und davonfliegen: Hinweis auf die Unfaßbarkeit dichterischer, poetischer Gaben – das waren buchstäblich Perlen vor die Säue. Plutus bezeichnet den Knaben als »Geist von meinem Geiste«, reicher als der Reichtum, und spricht schließlich die biblischen Worte: »Mein lieber Sohn, an dir hab ich Gefallen.« Er entläßt den schönen Jüngling, den der fratzenhafte Pöbel umdrängt, ohne Sinn für die Kostbarkeiten der Poesie, die er verschwenderisch verschenkt hat.

»Nur wo du klar ins holde Klare schaust,
Dir angehörst und dir allein vertraust,
Dorthin, wo Schönes, Gutes nur gefällt,
Zur Einsamkeit! – Da schaffe deine Welt.« (5693 ff)
In der Helena-Handlung tritt er erneut, nur leicht gewandelt, als hüpfender *Euphorion auf.

König von Thule
(König von Thule, Faust)
Figur der Ballade von 1774. Thule ist die vom griechischen Entdecker Pytheas aus Massilia im 4. Jahrhundert vor Christus beschriebene Insel, sechs Tagesfahrten nördlich von Britannien gelegen, später sprichwörtlich das äußerste Land im Norden. Vermutlich kannte Goethe Thule von Seneca oder Vergil, die es beide erwähnen.

Der König von Thule (später: König in Thule) hat von seiner verstorbenen Geliebten einen goldenen Becher, aus dem er an sie denkend mit Tränen in den Augen trinkt. Kurz vor seinem Tod teilt er das Reich unter seinen Erben auf, dann wirft er den Becher vom hohen Felsenschloß hinab ins Meer:

»Er sah ihn stürzen, trinken
Und sinken tief ins Meer.
Die Augen täten ihm sinken;
Trank nie einen Tropfen mehr.«
»Es ist eines der größten und tiefsten Gedichte der Menschheit. Wie ist hier das Goethesche Urerlebnis der Treue, verschmolzen mit der untragischen, antik-klassischen Tiefe des Todesgedankens, Bild geworden in dieser schlichten Zeichnung voll konkreter Anschaulichkeit! Ohne jede Problematik des Inhalts oder der Form steht das Gedicht da in vollendeter Einfachheit, aber auch in vollendeter Tiefe.« (Hefele, ›Geschichte und Gestalt‹, zitiert nach Trunz im Kommentar der Hamburger Ausgabe) Gesungen wird die Ballade von *Gretchen im Faust (Vs. 2759 ff). Obwohl sie in keinem unmittelbaren Zusammenhang zum Folgegeschehen steht, weist sie mit ihrer ahnenden Trauer auf künftiges Leid. Vielleicht ist gerade der vage Zusammenhang zwischen Ballade und Handlungsverlauf Ursache für den geradezu magischen Standort des Gedichts innerhalb der Gretchentragödie.

Die Könige
(Unterhaltungen deutscher Ausgewanderten/Das Märchen)
Einer von Gold, einer von Silber, einer von Erz und einer von allen drei Materialien. Sie befinden sich in einer unterirdischen Kathedrale, die ersten drei sitzen, der Gemischte steht. Der Goldkönig führt mit der *Schlange folgendes Frage-Antwort Gespräch: »Was ist herrlicher als Gold?« »Das Licht«, antwortet die Schlange. »Was ist erquicklicher als Licht?« »Das Gespräch«, versetzt die Schlange.

Kurz vor der Befreiung aus dem Zauberbann, erscheinen die *Irrlichter, die beiden *Alten, *Lilie und ihr nur halblebender *Jüngling in der Kathedrale. Der goldene König fragt, woher sie kämen. »Aus der Welt«, antwortet der Alte. Wohin sie gingen, fragt der silberne. »In die Welt«, antwortet der Alte. Was sie wollten, fragt der eherne König. »Euch begleiten«, antwortet der Alte. Dann ruft der gemischtmetallige König, wer wird die Welt beherrschen? Und der Alte erwidert, derjenige, der auf seinen Füßen stehen könne. Das sei er, ruft der Mischkönig. Doch der Alte antwortet, das werde sich zeigen, »denn es ist an der Zeit«. Damit hat er zum dritten Mal das Initialwort gesprochen. Wie ein U-Boot bewegt sich der Tempel der Könige durch die Erde und steigt nach oben. Bevor er endgültig hält, fallen mit viel Krach von oben Holzbalken aus der Kuppel herab: Der fahrende Tempel ist unter der Fährmannshütte aufgestiegen. Die Baracke setzt sich erneut zusammen und schwebt zum Schrecken der Anwesenden auf den Alten und den Jüngling herab und bedeckt beide. Der Alte tritt aus einem silbernen Schrein hervor und ruft: »Drei sind, die da herrschen auf Erden: die Weisheit, der Schein und die Gewalt.« Nun stehen der goldene, der silberne und der eiserne König auf, während der bisher stets stehende, gemischtmetallige König sich setzt und in sich zusammenfällt, denn die Irrlichter haben die Goldadern aus seinem Inneren aufgezehrt: »Das Mittelding zwischen Form und Klumpen war widerwärtig anzusehn.« Vom ehernen König empfängt der Jüngling ein Schwert mit den Worten: »Das Schwert an der Linken, die Rechte frei«, vom silbernen einen Zepter mit den Worten: »Weide die Schafe«, vom goldenen einen Eichenkranz aufs Haupt. »Erkenne das Höchste«, sagt er zum Jüngling. Jetzt erst kommt der Jüngling vollends zu sich. Die drei Könige bleiben stehen und werden zu heiligen Bildsäulen, über den vierten, zusammengesunkenen hat »wohlmeinende Bescheidenheit« eine prächtige Decke geworfen, die nicht aufgehoben werden darf. Der Tempel aber wird »der besuchteste auf der ganzen Erde«.

Kronos

(An Schwager Kronos. In der Postchaise den 10. Oktober 1774)
Verwandter des kraftstrotzenden Stürmer und Drängers – ein über-
mütiger, ja größenwahnsinniger Erfolgsautor Goethe schrieb diese
Hymnenzeilen. Kronos, kaum der Kinderfresser als eher Chronos,
der Zeitverschlinger, sitzt auf dem Kutscherbock, und unten aus dem
Abteil ruft ihm der rasende Reisegast zu: »Spude dich, Kronos!/Fort
den rasselnden Trott!« Dem Gast ist nach wilder Lebensfahrt, er sagt
zu allem ja, ob mühevoller Aufstieg oder rumpelnde Abfahrt.
Goethe war jetzt der Autor des ›Götz‹ und des ›Werther‹ und hatte
den ersten, vielleicht sogar höchsten Gipfel seiner Popularität erreicht. Er war Fünfundzwanzig, das ganze Leben, die große fließen-
de Zeit fordert er heraus. Zuletzt bezeichnet er sich als Fürsten, der
hinab zum Orkus komme, auf daß »Drunten von ihren Sitzen/ Sich
die Gewaltigen lüften.« Er hat sich nie mehr zu solch titanischer Provokationslust hinreißen lassen, zumindest nicht mehr in so engen
biographischen Bezügen. Spätestens in Weimar, als ihm die Erfordernisse des Tages das Leben zur Mühsal werden lassen, legt er diesen
Ton der erhobenen Faust ab.

L

Laertes
(Wilhelm Meisters Lehrjahre)
Schauspieler, *Philines Begleiter. Weiberfeind, doch ohne Prinzip. Nachdem er sich springend und hüpfend bewegt, genießt er so wie alle springenden Wesen (vergleiche *Mignon und vor allem *Euphorion) Goethes Bewunderung und Neigung. Er kann gut fechten, trainiert gelegentlich mit *Wilhelm und schlägt sich wacker gegen die Räuber. Wenn er sich nicht in Kneipen und Cafés herumtreibt, studiert er Reisebücher (was später des Biedermeiers liebste Hauslektüre wird). Im Gegensatz zu Wilhelm, der vor lauter Idealismus blind durch die Gegend rennt, verfaßt Laertes ein Reisejournal für Wilhelms Vater, er besitzt also Fähigkeiten, die ihn über das Schauspielern hinausheben. So nimmt er das Angebot eines Handelunternehmens an und wird »Capitalist«, nach damaligem Verständnis jemand, der in Geldgeschäften tätig ist. Wir verstehen nicht, wieso der Erzähler, der sonst so eifrig die Fäden der Handlung zu knüpfen sich müht, diesen fähigen Gesellen aus den ›Wanderjahren‹ fernhielt, man hätte ihm mit neuem, weniger poetischem Namen, ähnlich wie bei *Jarno eine treffliche Aufgabe als Kartograph und Kassenwart zuweisen können.

Lamien
(Faust II, Klassische Walpurgisnacht)
Eigentlich: Lamia, die im Wahnsinn ihre Kinder tötete; hier: Vampirfrauen, die unter der Maske schöner Mädchen junge Männer anlocken. *Mephisto will mit ihnen tanzen (den Beischlaf ausüben) und wird von ihnen verspottet, indem sie sich in Wesen (etwa eine Eidechse – Lacerte, siehe Vs. 7774) oder in Gegenstände (zum Beispiel einen Besen, siehe Vs. 7770) verwandeln.

Lamon
(Die Laune des Verliebten)
Siehe *Amine und *Egle

Lenardo
(Wilhelm Meisters Wanderjahre)
Neffe des *Oheims und *Makaries. »Von Jugend auf entwickelte sich in ihm eine gewisse muntere, technische Fertigkeit, der er sich ganz hingab und darin glücklich zu mancher Kenntnis und Meisterschaft fortschritt. Späterhin war alles, was er von Reisen nach Hause schickte, immer das Künstlichste, Klügste, Feinste, Zarteste von Handarbeit, auf das Land hindeutend, wo er sich eben befand und welches wir erraten sollten. Hieraus möchte man schließen, daß er ein trockener, unteilnehmender, in Äußerlichkeiten befangener Mensch sei und bleibe; auch war er im Gespräch zum Eingreifen an allgemeinen sittlichen Betrachtungen nicht aufgelegt, aber er besaß im Stillen und Geheimen einen wunderbar feinen praktischen Takt des Guten und Bösen, des Löblichen und Unlöblichen, daß ich ihn weder gegen Ältere noch Jüngere, weder gegen Obere noch Untere jemals habe fehlen sehen.« (I,10) So wird er von Makarie gesehen. Juliette hingegen wirft dem »immer verzogenen Neffen« vor, er habe sich über drei Jahre mit keiner persönlichen Nachricht gemeldet, und *Hersilie verlangt mehrfach, daß die Tante den Schweiger kurzhalten solle.

Nach drei Jahren hat er »die herkömmliche Kreisfahrt durch das gesittete Europa« hinter sich gebracht. Und er hat ein schlechtes Gewissen: Das Schicksal der *Nachodine, des »nußbraunen Mädchens«, das zusammen mit dem verwitweten Vater vom Oheim des Gutes verwiesen wurde, läßt ihm keine Ruhe. Er will erst dann zu Hause eintreffen, wenn er sie in geordneten Verhältnissen weiß. *Wilhelm geleitet ihn zu dem Anwesen, wo sie vermutetet wird, und findet statt ihrer die blonde Valerine. Lenardo bittet Wilhelm, nach Nachodine zu suchen. Als diese gefunden ist und er sie in guten Verhältnissen weiß, kann er sich beruhigt der Turmgesellschaft zuwenden. Vom Oheim hat er ein Stück Land zur Bewirtschaftung erhalten, das er mit jenem der nachbarschaftlichen Organisation zusammenlegt. In den Bergen wird über Hunger und Überbevölkerung geklagt, dort soll sich Lenardo »umsehen, Menschen und Zustände beurteilen und die wahrhaft Tätigen ... in unsern Zug [nach Amerika und Rußland] mit aufnehmen«. Er hat eine stattliche Menge Handwerker rekrutiert, sie sind zum »Band«, zum »Weltbund« zusammengeschlossen, deren Leiter er ist. Doch ist nicht jedem Ausreisewilligen der Beitritt erlaubt: »Niemand tritt in unsern Kreis, als wer gewisse Talente aufzuweisen hat, die zum Nutzen oder Vergnügen einer jeden Gesellschaft dienen würden.« Man muß also nützen können, ein nützliches Glied der Gesellschaft sein. Lenardo: »Man hat gesagt und wiederholt: ›Wo mir's wohl geht, ist mein Vaterland!‹; doch wäre dieser tröstliche Spruch noch besser ausgedrückt, wenn es hieße: ›Wo ich nütze, ist mein Vaterland!‹« (III,9) So wie Wilhelm und Jarno hat auch er einen Beruf gelernt, sein Tagebuch gibt beredte Auskunft über seinen Bildungsgang zum Fachmann für Weberei- und Spinnereiwesen. Wir staunen über Goethes detaillierte Fachkenntnis und kommen bei seinem Fachjargon in einen literarischen Schlingerkurs, dem wir uns durch ignorantes Weiterblättern entziehen. Später berichtet Lenardos Chronik vom Zusammentreffen mit Susanne, die endlich als die langgesuchte Nachodine erkannt und eigentlich begehrt wird. Doch muß sich Lenardo noch in Enthaltsamkeit üben, was dem überzeugten Textilfachmann kaum schwerfallen wird, ist er doch einer, der seinem Tagebuch nur selten eine innere Regung anzuvertrauen gezwungen ist. Er ist der Schöpfer des unoriginellsten Kosewortes der Weltliteratur. Er nennt seine Nachodine, die er all die Jahre gesucht hat, ganz spontan »die Gute-Schöne« und fügt rabulistisch hinzu: »Sie verdient überhaupt, besonders aber alsdann so zu heißen, wenn man sie mit den übrigen vergleicht.« (III,13) Welch ein Feuer! Also verwöhnen wir unsere Leser mit einem letzten, seinem Tagebuch entnommenen Zitat: »Sie zeigte mir einige Blumentöpfe, worin ich aufgekeimte Baumwollstauden erkannte.«

Leonore Sanvitale
(Torquato Tasso)

Gräfin von Scandiano, Freundin des Hauses Este, berufen, als irdisch profaner Charakter das weniger Hohe vorzuführen. Wenn wir die Sache vereinfachen, haben wir den Eindruck, sie sucht die Nähe zur Prinzessin, um Tasso für sich zu gewinnen. Eitel und etwas gelangweilt hofft sie, der angesehene Dichter werde sie nach Hause begleiten und sie dort umschwärmen und besingen. Jedenfalls wäre seine Anwesenheit zu Florenz eine schöne Prestigeaufwertung. Sie denkt da männlich, wie *Alfons: Tasso ist ein Einrichtungsstück, das jedem Fürstenhof gut stünde. Der Dichter würde ihr Leben um ein Weiteres bereichern. Wie sehr sie mit der Prinzessin verbunden ist, können wir nicht sagen, einerseits ist sie deren einzige Freundin, eine verständnisvolle und kluge Zuhörerin, weniger anämisch als diese und der Fülle des Lebens zugeneigt, andererseits hat sie keine Hemmungen, ihr Tasso wegzunehmen, kann nicht verstehen, welchen – gewissermaßen ideellen – Wert Tasso für die Prinzessin hat. Sie ist gesund

und munter, die Prinzessin nicht. Sie besitzt alles, was sie braucht –
auch privat –, die Prinzessin hat eigentlich nur Tasso. Daß sie schließlich leer ausgeht, liegt darin, daß sie die Rechnung ohne den Wirt gemacht hat. Tasso verläßt zwar Belriguardo, doch nicht Florenz ist sein
Ziel, sondern Rom. Außerdem:

> »So liebenswürdig sie erscheinen kann,
> Ich weiß nicht wie es ist, konnt ich nur selten
> Mit ihr ganz offen sein, und wenn sie auch
> Die Absicht hat, den Freunden wohlzutun,
> So fühlt man Absicht und man ist verstimmt.« (Vs. 965 f)

Leonore von Este
(Torquato Tasso)

Schwester des Herzogs *Alfons, Tassos Angebetete. Eine literarische
Verwandte der *Iphigenie. Es ist, als sei Iphigenie aus ihrer Verbannung, diesem Ort des Ausgeliefertseins und der schweren Prüfung
glücklich zurück. Aus der heimgekehrten Priesterin ist eine aus
schwerer Krankheit genesene Prinzessin geworden, die das Priestergewand gegen das Kostüm der arkadischen Schäferinnen getauscht
hat. Aus der feierlich in gemessenen Bewegungen sich darstellenden
Mythengriechin ist eine wache Renaissance-Intellektuelle geworden.
Vieles an ihr ist menschlicher, weniger abgehoben. Iphigenies beinah
reglose Podestexistenz hat sich gewandelt, wir treffen auf eine dis-
kutierfreudige, sensible Dame, die sich frei und natürlich bewegt. Das
hängt mit Goethes nüchternem Verhältnis zu seinem früheren Idol
Charlotte von Stein zusammen. Kam sie in der Iphigenie noch »verteufelt human« über die Bühne, wirkt sie im Tasso realer. Zum
Durchschnittsmenschen, wie etwa ihre Freundin *Leonore Sanvitale,
darf sie freilich nicht werden. So ist es nicht verwunderlich, wenn sie
Tasso lediglich ein recht antiseptisches Mensch-zu-Mensch-Ver-
hältnis gestattet. Als Schülerin Platos steht sie nicht nur Tasso,
sondern ebenso sich selbst platonisch, sinnesfeindlich und ideen-
orientiert gegenüber. Mäßigung ist ihr Lebensmotto – verständlich
angesichts ihres labilen Gesundheitszustandes. Maßvolle Menschen
haben zudem die Gabe, die eigene Subjektivität zu relativieren und
damit andere verständnisvoll zu beurteilen. Obwohl gerade Tasso mit
seiner Fiebrigkeit ihr Furcht und Schrecken einjagen müßte, steht er
ihr näher als die anderen Hofangehörigen, aber sie hält ihn auf
Distanz, seine Maßlosigkeit würde sie ruinieren. So muß diese
Freundschaft derart beschaffen sein, wie sie und nicht wie Tasso es

wünscht, und wenn Tasso seine Zuneigung intensiviert, bleibt ihr nichts als Zurechtweisung. Daß sie seine Umarmung als Affront empfindet, ist verständlich, daß sie sich wortlos entfernt, hingegen bedauerlich. Ihre sehr viel regungslosere Schwester Iphigenie hat in ähnlicher Situation gesprochen (»Leb wohl und reiche mir/ Zum Pfand der alten Freundschaft deine Rechte«). Tasso und die Prinzessin – ein Verhältnis, das zwei gegensätzliche Lebenskonzepte, eigentlich Wunschvorstellungen offenbart: Auf der einen Seite steht Tasso mit seinem »Erlaubt ist was gefällt« auf der anderen die Prinzessin mit ihrem »Erlaubt ist was sich ziemt«. Zwei unterschiedliche Charaktere, zwei unterschiedliche Lebensentwürfe, doch zwei gleiche Seelen.

Tasso, der Dichter, hat sie wie ein Musketier angefallen, nicht erschreckt hat er sie, sondern tief getroffen, jenen Sektor verletzt, der ihr so wichtig ist: die Konvention. Tasso hat kein Gespür für den Sinn, den Bedeutungsumfang dieser, ihrer Konvention. Die Prinzessin ist nicht konservativ. Wenn sie von Sitte spricht, meint sie niemals die unter bürgerlichen Moralvorstellungen apostrophierte Anständigkeit. Sitte ist Zivilisation, Kultur der Würde, eine Frage des Respekts. Sie zollt Tasso Respekt und verlangt von ihm das gleiche, als er sie euphorisch umwirbt, weil sie seine Verse lobt und die daraus erwachsene Gunst der Frauen für eine wohlverdiente Bevorzugung hält, muß sie ihn kategorisch in die Schranken weisen: Vieles erwerbe man nur durch Mäßigung und Entbehren.

Später, nach Tassos katastrophaler Begegnung mit * Antonio, ist ihr sofort klar, daß sie Tasso verlieren wird. Und nun herrscht kein Zweifel: Sie liebt Tasso – ihren Tasso, der sie auf dem Weg der Genesung begleitet hat, und den sie ihrerseits auf seinem Weg der Genesung begleiten will. Nur liebt sie ihn eben entsprechend ihres Vermögens. Wenn sie Tasso verliert, ist der Verlust ebenso groß wie für Tasso. Beide müssen nun auf ihre kleine, aber einzige Welt des Verständnisses verzichten, Tassos Schmerz ist nur aufgrund seiner zerrissenen Persönlichkeit unfaßbarer. Größer ist er nicht.

Man muß sich die tiefe Trauer der nach Ferrara Zurückkreisenden ausmalen, ihren stummen Monolog der Einsamkeit, nachdem Tasso sie ebenso brüskiert hat wie der arrogante Antonio Tasso.

Lida
(Verse an Lida)

Geliebte eines Gedichtzyklus' des ersten Weimarer Jahrzehnts. Lida ist die sieben Jahre ältere Charlotte von Stein (1742 bis 1827), wohl Goethes korrekteste Liebe – korrekt deshalb, weil er um eine Frau warb, der nur an einer geistigen Beziehung zum Dichter gelegen war. Wie schöpferisch sich das auswirkte, erkennen wir unter anderem an der Figur der *Iphigenie und den an sie gerichteten Gedichten, deren bekanntestes ›An den Mond‹ (»Füllest wieder Busch und Tal...«) ist. Mehr Aufsehen erregt eine andere Komposition: ›Warum gabst du uns die tiefen Blicke‹. Die Frage, hochpoetisch gestellt, ist persönlicher Art und nicht für den Druck, sondern für Charlottes private Zettelsammlung bestimmt. Goethe sucht hier eine Antwort auf die Frage, wie es zu der Annäherung dieser doch so unterschiedlichen Individuen kommen konnte. In einem Brief an Wieland vom April 1776 sagt er, daß er sich diese Nähe nur mit Seelenwanderung erklären könne und fährt fort: »Ich habe keinen Namen für uns: die Vergangenheit – die Zukunft – das All.« Warum gabst du uns beiden, fragt er Charlotte, die Fähigkeit, uns gegenseitig so tief ins Herz zu sehen und weit darüber hinaus das zu erkennen, was wir einander in einer Dimension der Zeit- und Raumlosigkeit waren? Das ist Goethes enormes Geschenk der Anerkennung, wenn wir das so aufrechnend sagen dürfen. Sie war es also gewesen, die ihn befähigte, weiter und tiefer zu sehen. Es gibt in dem Verhältnis zu dieser Frau zwei Vergangenheiten, eine urzeitige, er nennt es »abgelebte Zeiten« und eine ganz junge, gegenwärtige. In der urzeitigen war sie ihm »Schwester oder Frau« und in der jüngsten, gemeint ist die Weimarer Zeit, ist sie jene, die «jeden Zug« an ihm kannte, die ihn »mit einem Blicke lesen« konnte, die seinem »heißen Blute« Mäßigung »tropfte«. Das klingt nach Erziehung und ist es auch, und bedeutet also in der Folge schmerzliche, indes redliche Distanz. Trotzdem: So werden sie beide sich keinem trügerischen Traumglück hingeben, denn sie haben die »tiefen Blicke«, die sie davor bewahren, in eine profane, allseits vorfindbare Bindung zu geraten.

In all der Überhöhung liegt zugleich die Tragik von Goethe und Charlotte. Zehn Jahre hatte er um sie geworben, und sie erwiderte sein Werben, aber eben auf eine eigene, hochplatonische, an die Minneverhältnisse des Mittelalters erinnernde Art, wo ein verheirateter, meist sozial tieferstehender Mann seiner Herrin lyrisches Lob schenkt, ohne daß es zu einer körperlichen Begegnung gekommen wäre. Goethe hat neben all der unwirklichen Dante-Beatrice-Liebe auch die höchstpersönliche, mit allen Konsequenzen verbundene Leidenschaft eingefordert, je länger und je besser er und Charlotte einander kannten. Charlotte stellte sich, so wird vermutet – ihre Briefe an ihn hat sie nach seiner Rückkehr aus Italien zurückverlangt und vernichtet, wir können also nur mutmaßen –, Charlotte stellte sich gegenüber den zunehmend zudringlicher werdenden Angeboten taub. Das hatte weniger mit Konvention zu tun, der sie sich zweifellos verpflichtet fühlte, das hatte vor allem etwas mit ihrem jede physische Nähe ablehnenden Naturell zu tun. Als Goethe nach zwei Jahren Italienaufenthalt von 1786 bis 1788 dieses Verhältnis so nicht mehr aufrechterhalten wollte, mußte die Verbindung auseinanderbrechen. Die hohe Charlotte hat dem Dichter die niedere Minne zum »Bettschatz« Christiane (siehe auch *Faustina) weniger als Treuebruch, sondern vielmehr als Stilbruch übelgenommen: sie hat den aus Italien Heimkehrenden vor allem nicht mehr verstanden, woran Goethe einen Gutteil »Schuld« trägt, denn in den ersten Weimarer Jahren nahm der Lernhungrige die klassizistisch anmutenden Vorgaben Charlottes dankbar auf und erhöhte die Leiterin ins Absolute. Erst knapp dreißig Jahre später, nach Christianes Tod (1816) kam es zu einer freundschaftlichen Annäherung, doch ohne die Intensität früherer Tage.

Lila
(Lila)
Figur eines in mehreren Varianten verfaßten Schau- und Singspiels anläßlich des Geburtstags der Herzogin Louise am 30. Januar 1777. Lila, Gemahlin des Barons Sternthal, hat die falsche Nachricht vom Ableben ihres Mannes erhalten. Sie verliert darob den Verstand, lebt zurückgezogen in einem Gartenhaus und nimmt die Wirklichkeit samt lebendem Gatten nicht mehr wahr. Nach zehn Wochen vertraut sie ihrer Dienerin Nette an, sie wisse, ihr Mann sei gar nicht tot, sondern werde von allerlei Geistern und Dämonen festgehalten. Also beschließt der Arzt Verazio, das, woran sie glaubt, in Szene zu setzen. Alle Anwesenden beteiligen sich an dem Märchenspiel. Die Fee Almadaide formuliert, was die Kranke vermutet: Ihr Gatte »ist in der Gewalt eines neidischen Dämons, der ihn mit süßen Träumen bändigt und gefangen hält ... Er kann nie wieder erwachen, wenn du ihn nicht weckst.« (2. Akt) Ein Phantasiereich aus Spinnerinnen, Gefangenen, einem weisen Magus und einem bösen Oger, zudem Dämo-

nen und Feen, aber auch reale Charaktere wie Graf Friedrich bevölkern Lilas Umkreis. Sie alle sind auf Lila angewiesen, nur Lila kann sie befreien, indem sie dem schrecklichen Oger zeigt, daß sie ihn nicht fürchtet. So erhält die Psychopathin die Möglichkeit, ihren vermeintlich toten Gemahl ins Leben zurückzuholen. Phantasie und Wirklichkeit fallen zusammen. Dank ihrer Tatkraft kann sich ihr Gatte aus den Fängen des Dämons befreien. Sie umarmen einander, küssen sich, alles singt und tanzt. Lila ist von ihrem todessüchtigen Wahn geheilt.

Lili
(Lili)
Auch Belinde, Lyrikfigur eines Gedichtzyklus', mal das »liebe lose Mädchen« (›Neue Liebe, Neues Leben‹) mal die Fee, die den Bär Goethe gezähmt hat (›Lilis Park‹). Eigentlich aber ist sie Projektion eines liebesverzweifelten, tief leidenden Herzens, eher die lieblose als die »liebe lose« und auch weniger »die Fee«, sondern eine französisch sprechende Dompteuse, die den Bären, an einen Seidenfaden gleichsam an der Kette hält:
»Sie streicht ihm mit dem Füßchen übern Rücken;
Er denkt im Paradiese zu sein,
Wie ihn alle sieben Sinne jücken!
Und sie – sieht ganz gelassen drein.«
Goethes Liebe zu Anna Elisabeth »Lili« Schönemann (1758 bis 1817) war die heftigste, kräftezehrendste Liebe seines Lebens. Es gab wohl keine andere Frau, die ihn so mächtig anzog und die er zugleich so heftig fürchtete. 1775 verlobte er sich mit ihr. 1778 heiratete sie den Bankier Bernhard Friedrich von Türckheim und siedelte nach Straßburg um. Die Mondänität der jüdischen Bankierstochter, ihren gesellschaftlicher Schliff, auch ihr persönliches Auftreten empfand Goethe als schwere Herausforderung, der er sich nicht gewachsen fühlte:
»Bin ich's noch, den du bei so viel Lichtern
An dem Spieltisch hältst?«
Goethe ging lieber im unansehnlichen Biberrock wandern, als sich die Nächte um die Ohren zu schlagen. Überhaupt hat er Zeit seines Lebens die große Welt gemieden, sie war seine Sache nicht. Unmittelbar nach Lilis Heirat brach das Haus Schönemann finanziell zusammen, selbst der Flügel, an dem Goethe die Geliebte kennengelernt hatte, wurde, wie Friedenthal berichtet, versteigert. Lili Schö-

nemann entwickelte sich vom Mädchen aus großem Haus zur feinen
Dame, die Leid und Wirrnis (der Französischen Revolution) mit
Würde und Anstand zu tragen wußte.

Die Lilie
(Unterhaltungen deutscher Ausgewanderten/Das Märchen)
Wunderschönheit mit blauen Augen, die mit ihren Berührungen
Lebendiges tötet und Totes belebt. Alle Pflanzen ihres Gartens tragen
weder Blüten noch Früchte, faßt sie totes Reisig an, grünt es auf der
Stelle. Aus Schreck vor einem *Habicht flüchtet der geliebte Kanarien-
vogel, der auf der Harfe sitzend ihr Spiel begleitete, an ihre Brust und
stirbt. Die *Alte bringt den zu Onyx erstarrten Mops, der von ihrer
Berührung zu halbem Leben erwacht: Er tollt im Garten mit Lilie um-
her, doch bleibt sein Leib kalt und durchsichtig. Sie weiß, daß sich der
fluchbeladene Zustand erst lösen wird, wenn der Tempel am Fluß und
hier eine Brücke steht. Überdies muß sie dreimal die Worte hören:
»Es ist an der Zeit.« Zu ihrem großen Leid wirft sich auch der geliebte
*Jüngling an ihre Brust und stirbt. Dienerinnen bringen ihr einen el-
fenbeinernen Feldstuhl, einen leuchtenden Schleier, setzen ihr einen
»hellen, runden« Spiegel vor und reichen ihr die Harfe zum Spiel. »So
sehr man hoffte, ihre traurige Lage verändert zu sehen, so sehr
wünschte man ihr Bild ewig, wie es gegenwärtig erschien, festzuhal-
ten.« Die Verschleierte begleitet den Zug der *Schlange und des
*Alten mit dem leblosen Jüngling im Korb hinunter zum Ufer. Hier
belebt sie den Geliebten zur Hälfte. Im Dom angekommen, hört sie
den Alten zum drittenmal die ersehnten Worte sprechen. Nun weiß
sie, daß der böse Zauber bald sein Ende haben wird. Sie erlebt alle
Etappen des Wunders, wie aus der Schlange eine mächtige Brücke
wird, wie der Dom auftaucht und wie ihr der beseelte Geliebte die
Treppen des silbernen Altars entgegeneilt. In seinen Armen kann sie
den Schleier fortwerfen, an seiner Seite betritt sie die geheimen Stufen
unter dem Altar hin zum Königspalast.

Lothario
(Wilhelm Meisters Lehrjahre)
Herzensbrecher und Visionär. *Aurelie litt bis in den Tod darunter,
daß er sie verließ, seine Derzeitige namens *Lydie ist seinetwegen
dem Wahnsinn nahe.

Aurelies letzten Brief liest er ohne erkennbare Rührung. Kein
Wunder, denn er steht gerade vor einem Duell in einer anderen Her-

zensangelegenheit. Er wird schwer verwundet. Kaum genesen, erzählt er von einer Margarete, die ihm vor zehn Jahren den Kopf ver-
drehte und deren »Muhme«, (eigentlich Tante, hier eher Nichte) ihn
jetzt fesselt. Vor allem gibt es *Therese, die Land- und Hauswirt-
schafterin, die er über alles schätzt, doch darf er sie nicht heiraten,
weil er mit ihrer Mutter in amourösen Verbindungen gestanden hatte. Ist sie etwa seine Tochter?

Was ist an ihm beherrschender? Seine Leidenschaft für Frauen (die,
permanent erwähnt, von Goethe so leidenschaftslos kommentiert
wird, als handle es sich um einen Schwammerlsucher und nicht um
einen Casanova) oder seine Träume von einem besseren Leben in
Europa? Die Literaturkritik spricht fast nur von jenem politisch kor-
rekten Lothario, der eine Vision aus Amerika mitgebracht hat. Seit
dort die Menschenrechte erklärt wurden, wünscht er sich ähnliche
Verhältnisse für Deutschland. »Hier oder nirgends ist Amerika!« Der
Baron Lothario will einiges an Besitz und adliger Bevorzugung abgeben, doch ist er, um überleben zu können, auf bestimmte feudal-
rechtliche Mindestprivilegien angewiesen. Aber er läßt keinen Zweifel, daß ihm der »Lehns-Hokuspokus« nicht paßt und daß die Land-
arbeiter an einem Profitüberschuß beteiligt werden sollen. Ganz im
Sinne Goethes stellt er indes den Feudalismus an sich nicht in Frage.
*Wilhelm kann schon nach zwei oder drei Tagen von ihm sagen, er
sei ein Mann, »den ich höher schätzen muß als irgend jemand, den
ich vorher kannte«. Den Leser wunderts, denn Wilhelm kennt ihn
kaum, er hat nur einen unbestimmten positiven Eindruck, der sich –
wenn auch später – bestätigt.

Lotharios Schloß hat einen Seitentrakt mit einem Turm, es ist der
Sitz der Turmgesellschaft – einer Loge, die in pädagogischer wie
emanzipatorischer Absicht vor allem sozial- und wirtschaftspoliti-
sche Reformen durchsetzen will.

Auch Goethe war für wenige Jahre Mitglied einer Loge, jener der
Freimaurer. Gegen Ende der »Lehrjahre« kündigen sich Lotharios erste Erfolge an: Er übernimmt die hinterlassenen Güter seines verstorbenen Oheims. Dann erfährt er vom *Abbé, Thereses Mutter sei
doch nicht Thereses Mutter, so kann ihm die Tüchtige als Gattin,
mehr noch als Geschäftspartnerin, bei seinen großen Sanierungs-
plänen beistehen. Die Sache ist ein wenig verfahren, weil Wilhelm inzwischen um Thereses Hand angehalten und Therese ihr Jawort gegeben hat. Lothario aber bleibt gelassen. Bisher hat er jede bekommen, und so geschieht es nach einigen Tagen: Wilhelm nimmt seine

langgesuchte Amazone *Natalie, und Lothario bekommt Therese. Beide Frauen haben ihre Güter in der Nachbarschaft, beide sind eminent tüchtig – vor allem Therese –, und Lothario macht keinen Hehl daraus, daß er für die Bewirtschaftung seiner Güter eine Fach- und weniger eine Ehefrau benötigt.

Lotte
(Die Leiden des jungen Werther)

*Werthers Angebetete, Braut und Gattin *Alberts. Viele Zeichner, Maler und Kupferstecher bildeten sie nach, berühmt ist Daniel Chodowieckis Radierung, die uns Lotte zeigt, umringt von ihren jüngeren Geschwistern, einem jeden eine Scheibe Brot reichend. Als älteste Tochter eines Amtmanns führt sie den Haushalt der kürzlich verstorbenen Mutter und sieht nach den acht jüngeren Geschwistern. Sie empfindet in vielerlei Hinsicht wie Werther, obwohl nicht ganz klar wird, ob sie Werthers »Genie« erkennt und zu schätzen weiß – in Werther also eine Bereicherung sieht –, oder ob sie aus naiver Rührung dem empfindsamen Menschen naherückt. Grundsätzlich bestehen für sie keine Zweifel darin, daß sie an die Seite Alberts gehört. Bezeichnenderweise bleibt Lotte, wenn auch klar konturiert – sie liebt wie Werther die Kinder, die Natur und die Poesie –, nur ein Schattenbild, denn Werther spricht in seinen Briefen mehr über seine Liebe als über die Geliebte. Die verwandte schöne Seele hebt er in den Himmel und besingt sie wortreich, doch bleibt sie ein Traumbild ohne Nuancen und Widersprüche. Das ist, obwohl Lotte in groben Zügen der Wirklichkeit entnommen, ein wenig rätselhaft, liegt möglicherweise aber an der gewählten Form des Briefromans.

Die wirkliche Lotte war die Verlobte Kestners, Tochter des Amtmanns Buff, eine lebensfrohe, tatkräftige und diesseitige Person. Sie steht mit beiden Beinen auf der Erde, sorgt wie die literarische Lotte nicht bloß für acht, sondern für elf Geschwister. Mühelos scheint sie aus ihren Träumen, wohin Goethe sie entführte, in die Wirklichkeit zurückzufinden. Daher glauben wir, daß sie dem tüchtigen und sachlichen, weder ungebildeten noch ignoranten Verlobten Kestner vorbehaltlos näherstand als Goethe. Der junge Stürmer wird ihr gefallen haben, doch muß sie geahnt haben, daß hier der Affekt vor der ernsthaften Liebe stand und daß sie nur mit Einschränkung begehrt wurde. Bemerkenswert ist jedenfalls, daß der feurige Goethe für Lotte keine Liebesgedichte geschrieben hat, wie etwa für *Friederike Brion, trotzdem hat ihn seine aussichtslose Zuneigung zu Lotte genug Reserven gekostet, um kurz entschlossen und nahezu ohne Abschied nach Hause zu reisen. Bevor er aber Frankfurt erreicht, macht er einen Zwischenhalt in Ehrenbreitstein. Hier lernt er die 16jährige Maximiliane, Tochter der berühmten Romanschreiberin Sophie von La Roche (›Geschichte des Fräuleins von Sternheim‹) kennen, die auch vergeben ist und in die er sich ebenfalls verguckt. Von Maximiliane La Roche erbt die Roman-Auserwählte außer den schwarzen Augen etwas Stil, Esprit und Grazie dazu.

Luciane
(Die Wahlverwandtschaften)

*Charlottes Tochter, ebenso alt wie *Ottilie, doch von anderer innerer Beschaffenheit. Wenn Ottilie früh schon eine weltfremde Innerlichkeit zeigt, ist Luciane für die Welt geboren und willens, sich in der Welt zu entwickeln und zu behaupten. Sie lernt leicht und ohne innere Teilnahme. »Wenn bei einer lebhaften Natur und bei einem glücklichen Gedächtnis sie [Luciane], man möchte wohl sagen alles vergißt und im Augenblicke sich an alles erinnert; wenn sie durch Freiheit des Betragens, Anmut im Tanze, schickliche Bequemlichkeit des Gesprächs sich vor allen auszeichnet und durch ein angeborenes herrschendes Wesen sich zur Königin des kleinen Kreises macht«, so ist Ottilie genau das Gegenteil. Es gehört zur antithetischen Kompositionsweise Goethes, einen Charakter durch sein Gegenteil zu veranschaulichen. Und so wird Ottiliens heilige Blutarmut erst durch Lucianes gottlose Gesundheit anschaulich. In einem darwinischen Kampf ums bequemere Dasein würde sich eine Luciane nicht nur ohne weiteres durchsetzen, sondern sich auch recht wohl dabei fühlen, während Ottilie in der Abgeschiedenheit einer pietistischen Adelsfamilie mit ihrer verkümmerten Lebendigkeit ihr eigentliches Zuhause fände. Goethe mag Luciane nicht, dafür liebt er Ottilie zu sehr, heute aber würden wir Luciane als kontaktfreudige, sportliche Klassensprecherin erleben, die es allen recht macht, weil ihr nichts schwerfällt, und von der alle Lehrer sagen würden, daß aus ihr »was werden wird«. Sie hat den Charakter jenes durchaus heutigen Menschen, der – vom Wohlstand geprägt – sich mit unverschämter Leichtigkeit um seine Selbstverwirklichung kümmert. Sie weiß früh viel, kennt allerlei Dinge, die sie als »intelligent« erscheinen lassen und schert sich wenig um das, was man Herz und Seele nennt. Was sind Herz und Seele überhaupt, würde Luciane fragen. Und wenn ein Pastor oder Poet mit großem Aufwand Erklärungen anbieten wollte, würde sie aufmerksam zuhören, kritische Fragen stellen, die Anworten würde sie behalten, speichern, um bei Bedarf alles zusammenzurechnen. Kurz: Sie ist eine von uns.

Nachdem sie – im Unterschied zu Ottilie – das Pensionat mit einem Bestnotenzeugnis verlassen und einem jungen, sehr reichen Mann ihr steinernes Herz geschenkt hat, besucht sie Charlotte und Ottilie. Dieser Besuch kommt wie ein Sturm über das verschlafene Schloß, denn Luciane ist sichtbar gewordene Agilität. Sie hat einen riesigen Troß aus Mensch und Material im Gefolge, die zukünftige Verwandtschaft, allerlei Personal, eilig herbeigeladene Gäste, eine Unmenge an Gepäck und Kleidern – ein kleiner Hofstaat auf Reisen. Kaum angelangt, wird alles erkundet, Wind, Regen, Schnee oder Sturm – nichts hält sie von ihren Durchforstungsvorhaben ab. »Als wenn man nur lebte, um naß zu werden und sich wieder zu trocknen ... Was nicht zu Pferde geschehen konnte, wurde zu Fuß durchrannt.« (II,4)

Sie hat und will keine Ruhe. Auf Besuche folgen Gegenbesuche, es werden alle nur denkbaren Spiele in großer Gesellschaft gespielt, jeden bindet sie in irgendeine gesellige Tätigkeit ein, immerzu gibt es einen Grund zur Feier. Von allen, insbesondere von wichtigen Gästen, kennt sie den Namens- oder Geburtstag, sie hat das Talent, jedem das Gefühl zu geben, besonders begünstigt und hervorgehoben zu sein. Keinen läßt sie zur Ruhe kommen, jeder wird von ihr mit einem Wort, einer kleinen Zärtlichkeit, einer mehr oder weniger unverschämten Neckerei bedacht, keinen läßt sie zur Ruhe kommen, außer Ottilie. Mit der kann sie nichts anfangen, zumal Ottilie in der Zwischenzeit zu einer gewissen stillen Souveränität gefunden hat.

Luciane und Ottilie sind wie Feuer und Wasser. Wo Luciane nach außen lebt, lebt Ottilie nach innen. Luciane besitzt alles, Ottilie nichts, Luciane zieht sich mehrmals am Tag um, sie verkleidet sich als Bäuerin, Fischerin, Fee oder Blumenmädchen, Ottilie trägt immerzu das gleiche und ist immer sie selbst. Lucianes Leben ist ein lautes Fest, Ottiliens eine leise Trauer. Lucianes Leben ist eines der sich öffnenden Tore und Türen, Ottiliens das der Enge und Stille. Luciane ist immerzu ein gesellschaftlicher Mittelpunkt, Ottilie steht still daneben oder zieht sich zurück in die Einsamkeit der Tagebuchschreiberin. Luciane ist ein ewiges Feuerwerk, Ottilie eine still brennende Kerze. Dem jungen *Architekten ist Luciane ein Grund zur Flucht, die antithetische Ottilie hingegen die Erscheinung seiner künstlerischen Sehnsucht.

Ein wenig läßt Goethe Luciane Gerechtigkeit widerfahren, wenn er erzählt, daß sie nicht nur laut und vulgär, sondern auch freigebig und in ihrer stürmischen Besichtigung des Lebens caritativ ist. Sie hilft allen, die einer materiellen(!) Hilfe bedürfen oder zu bedürfen scheinen. Bald eilt ihr der Ruf einer Wohltäterin voraus, ob sie mit Anteilnahme schenkt oder hilft, ist zweifelhaft.

Einen jungen Mann, der seinen rechten Arm im Krieg verloren hat und seither jeden menschlichen Umgang meidet, fordert sie auf, aus seiner selbstgewählten Zurückgezogenheit herauszutreten und bittet so lange, bis er unter Leute tritt. Er faßt Mut und beginnt ein neues Leben. In einem zweiten, ähnlichen Fall ist sie erfolglos. Die Tochter eines angesehenen Hauses hat – wegen des Todes einer ihrer Geschwister – einen schweren Schuldkomplex. Luciane versucht gewissermaßen mit der Brechstange eine Therapie und scheitert – allerdings eher wegen der übertriebenen Reaktion ihres »Publikums«, das der lange Abwesenden keine Ruhe läßt. Das Mädchen verfällt dem Verfolgungswahn und muß in eine geschlossene Anstalt gebracht werden.

Lucianes zwei Monate während Verschwendungs- und Selbstdarstellungsorgie wird von Ottilie in ihren Tagebuchnotizen nicht kommentiert, doch führt sie den wunderbaren Satz an: »Es gibt eine Höflichkeit des Herzens; sie ist der Liebe verwandt.« Luciane ist meilenweit davon entfernt. Ist sie aber wirklich so schlimm, wie sie scheint? Hat Ottilie in ihrer Not eine helfende Freundin, etwa Charlotte? Kaum. Und wie steht es mit *Eduard, den Ottilie liebt? Kann etwa er sich vor Ottilies Angesicht am Maßstab dieser Höflichkeit messen?

Lucidor
(Wilhelm Meisters Wanderjahre)
Figur der Novelle ›Wer ist der Verräter?‹ (I,8), Zauderer, dem seine Schwäche beinahe zum schicksalhaften Verhängnis wird, ein junger Mann, der auf ein Beamtenverhältnis hoffend früh die Entschlußunfähigkeit eines Beamten entwickelt hat. Er soll um Julies Hand anhalten, verliebt sich aber in deren Schwester Lucinde. Julie ist ihm zu aufgeweckt und schnippisch, Lucinde hingegen hat den seinem Charakter nahestehenden Ernst. Er überlegt und überlegt und verpaßt stets das rechte Wort zur rechten Zeit. Die daraus erwachsenden Empfindungen schluchzt er mit solcher Inbrunst ins Bett seines Schlafgemachs, daß die Beteiligten im Nebenraum ungewollt seinen

Seelenzustand erfahren. Die schalkhafte, gleichwohl wegen der Zurückweisung gekränkte Julie entführt ihn in einer Reisechaise und plaudert all seine Wünsche munter aus. Schockiert und erschrocken verlangt er nach dem Verräter seiner Geheimnisse. Wer aber ist der Verräter?

Lucie
(Stella)
Tochter *Cäcilies und *Fernandos, ein resolutes wie lebensfrohes und entscheidungsfreudiges Kind. Doch stellt Goethe sie uns nur an der Seite der Mutter vor. Für Fernando spielt sie keine wesentliche Rolle, sie fällt diesem lediglich als wohlerzogene und liebenswürdige kleine Person auf, Tochter nur ihrer Mutter ist sie, selbst nachdem sie eigentlich in Fernando ihren Vater wiedergefunden hat. Als Fernandos Nachkomme hat Goethe sie vergessen.

Lustige Person
(Faust)
Figur des ›Vorspiels auf dem Theater‹. Theaterschauspieler, im Unterschied zum *Theaterdichter, dem aktuellen Leben verbunden, denn die Kunst des Schauspiels ist nur in der Gegenwart erlebbar. Neben »Vernunft, Verstand, Empfindung, Leidenschaft« müsse auch die »Narrheit« auf die Bühne. Ganz im Sinne des distanzierten Goethe: Im Hinblick auf das zu erwartende Faustspektakel schenkt erst die Narrheit der Theaterwelt die notwendige Vollständigkeit.

Lydie
(Wilhelm Meisters Lehr- und Wanderjahre)
Schauspielerin. Ihre Herkunft bleibt unklar, mit *Thereses liederlicher Mutter verjubelte sie ein Vermögen, nach deren Tod wird sie *Lotharios kräftezehrende Geliebte, die für die Zeit seiner Genesung von ihm ferngehalten werden muß, da man sonst um das Leben des Duellverletzten fürchtet. Wenn sie nicht gerade jammert, spricht sie mit Anstand, so wie alle in diesem Buch. Zuletzt nimmt *Jarno sie zur Frau, gefragt wird sie dabei nicht, doch sind hier alle Frauen mehr oder weniger darauf aus, Männer zu bekommen.

    In den ›Wanderjahren‹ erfahren wir, daß sie gezügelt und an *Philinens Seite Näherin geworden ist. *Makarie hat auf sie eine heilende, ja erlösende Wirkung: Sie weint, ihren Kopf auf Makaries Schoß gebettet, »bitterlich«, doch als sie sich aufrichtet, ist sie alle

Bitterkeit los, sie blickt der Wohltäterin mit Heiterkeit in die Augen. Es ist, als ob ein Alpdruck von ihr gewichen wäre: »Ich kann nun frei in die Höhe sehen, meine Gedanken in die Höhe richten, und ich glaube, mein Herz will nach.« Wir hoffen, sie hat in diesen Momenten den Mut zu einem neuen Leben gefunden, die unruhige Vergangenheit abgestreift, um sich den Dingen der Zukunft zuzuwenden. Einen ersten Schritt tut sie, als sie den wenig geliebten Jarno an ihr Herz drückt.

M

Machiavell
(Egmont)
Ratgeber *Margaretes von Parma. Ginge es nach ihm, hätten die revoltierenden Antikatholiken ein größtmögliches Maß an Freiheit in den Niederlanden – nicht aus humanen Motiven sondern aus Gründen der Staatsraison: Bürgerfriede ist ihm wichtiger als die religiösen Prinzipien des bigotten Philipp II. Goethe gab ihm den Namen in Anlehnung an den bewunderten Staatstheoretiker Niccoló Machiavelli.

Madame Sommer
(Stella)
Siehe *Cäcilie

Mahomet
1. (Mahomets-Gesang)
Hymnenheld. Vielleicht bedeutet der Titel nicht Gesang *des* Mahomet, sondern Gesang *auf* Mahomet (so zumindest Trunz im Kommentar der Hamburger Ausgabe). Die Sprachform Mahomet für Mohammed war zu Goethes Zeiten allgemein üblich. Vermittelt wird zunächst das Bild eines optisch nicht vorstellbaren Schöpfers, ein Element aus Impulsivität, Irrationalität und Originalität. Dieser Mahomet ist das riesige Schattenbild des jungen Goethe. Des Lesers Aufmerksamkeit gilt also nicht dem historischen Stifter des Islam (570 bis 632), sondern einem Genie, das allein durch sein Erscheinen und sein Auftreten wirkt und schafft.

»Drunten werden in dem Tal
Unter seinem Fußtritt Blumen,
Und die Wiese
Lebt von seinem Hauch.«

Ausgerechnet einen Wüstensohn macht Goethe zu einer Quellgottheit, doch das ist gerade das Großartige: daß der Gesetzgeber eines Wüstenvolkes Wiesen, Blumen und vor allem Wasser mit sich führt. Mit dem Koran hat das alles nichts zu tun, es geht um Hervorquellen und Hinströmen zu dem großen Ganzen. Mahomet tanzt aus der Wolke auf den Marmorfelsen herunter. Sein Tritt führt von »Gipfel-

gängen« das Tal hinab durch die Wiese. Die Blumen, die sein Knie um-
schlingen, können ihn nicht halten. »Schlangewandelnd« tritt er »sil-
berprangend« in die Ebene »Und die Ebene prangt mit ihm.« Er ist
ein Fluß, und die anderen Flüsse rufen,

»Bruder, nimm die Brüder mit
Mit zu deinem alten Vater,
Zu dem ew'gen Ozean«

Mahomet zieht weiter und weiter, läßt die Brüder zurück, denen die
Sonne in der Wüste das Blut aussaugt. Mahomet gibt den Ländern
Namen, und unter seinem Fuß entstehen Städte. Als Atlas trägt er auf
seinen riesigen Schultern Schiffe (»Zedernhäuser«), und tausend Segel
wehen auf seinem Haupt zum Himmel. Ein großer stürmischer, feier-
licher Umzug. Seine Brüder, seine Schätze, seine Kinder trägt er »dem
erwartenden Erzeuger« ans Herz. Mahomet nimmt, einem Propheten
gleich, alle mit und führt sie zu Gott, dem Ozean. Doch ist er keiner
der Propheten, die kraft einer Überzeugungsarbeit andere zum einzig
wahren Glauben anstiften, er ist einer, der ohne Wollen und Absicht
mittels seines überzeugenden Charakters mitreißt – ein Genie, ähnlich wie *Ganymed als Gegenstück zu *Prometheus. Kein Halten, keine Ruhe und kein Stillstand. Aller Nachdruck liegt auf der Bewegung.
Das Gedicht wirkt zumindest beim ersten Lesen zergliedert, ja kon-
fus: Zum einen, weil es Gefühlslage und sprachlichen Ausdruck eines
23jährigen genialischen Goethe widerspiegelt, zum anderen, weil erst
über einen wirren, deklamiernden Ton das Brodelnde, Brausende,
Schäumende seinen Ausdruck finden kann. Mahomet ist als Gedicht
Teil eines geplanten, nie ausgeführten Dramas gleichen Titels. Das
Gedicht war als komprimierter Höhepunkt des Stückes gedacht.
Mahomet sollte in dem Moment sterben, da er das Höchste, seine
größte Nähe zu Gott erreicht hat. Er wird – so die Planung – von der
Witwe eines von ihm Hingerichteten vergiftet.

2. (West-östlicher Divan)

Prophet und Religionsstifter. Im ›Buch des Paradieses‹, dem letzten
des Divans, verspricht er den Gefallenen einer Schlacht (Goethe bezieht sich am Rande auf die Schlacht bei Bedr im Jahre 624) herrliche
Paradiesesfreuden mit herrlichen Wunden, eigentlich Ehrenabzei-
chen, und eine vom Ostwind mitgeführte »Himmelsmädchenschar«
– eine Hommage an den Glaubenshelden. Hier soll das Sprich- und
abgewandelte Bibelwort (Markus, 16, 16) wahr sein: »Wer glaubt,
wird selig.«

Major
(Die Wahlverwandtschaften)
Siehe *Hauptmann

Makarie
(Wilhelm Meisters Wanderjahre)
Höheres Wesen, halb Heilige, halb Mensch. Als Mensch ist sie leidend, ihr Körper ist krank, sie wird im Rollstuhl gefahren. Heilig ist
sie ohne Gott, sie ist göttlich durch ihre eigene Seele, die sich über alles Menschliche hinaushebt – durch einen Zustand, den Goethe
Entelechie nennt, eine Art Monade, ein unteilbares Element aus Wille
und Geist.

Einigen Auswanderern, die sich bei ihr den kraftspendenden Segen
für die Zukunft holen, ist sie eine Wunderheilerin, auf *Lydie wirkt
sie krampflösend. Aufschlußreicher ist ihr Einfluß auf *Wilhelm.
Nach seinem Antrittsbesuch geht er nicht erschüttert oder überwältigt von ihr, ihre Wirkung ist verborgen wie eine Strahlung, deren
Kraft erst nach und nach wirkt. Es ist bezeichnend, daß sich Wilhelm
mit dem Astrologen wissenschaftlich austauscht und danach von ihr
träumt, und das nicht im üblichen Nachtschlaf, sondern als er, vorübergehend eingenickt, auf das Erscheinen des Morgensterns Venus
wartet. Sein Traum enthüllt die Wesenhaftigkeit Makaries, daß sie etwas in sich bündelt, was über menschliches Vermögen hinausgeht.
Während *Faust in stetiger Renitenz eine Entgrenzung erzwingen
will und sie letztendlich nicht erreicht (oder erst mit seinem Tod),
während er sich mit Mephisto einer Stütze bedienen muß, um weiterzukommen, ist Makarie aus sich heraus viel weiter. Sie ist bereits
Entgrenzung, sie trägt – wir können es nicht anders formulieren – ein
Gefäß in sich, das das Unfaßbare faßt: Mensch, Natur und Kosmos.

Das heißt nicht, daß sie uns Welträtsel entschlüsselt, sie ist auch
kaum ein Medium, das sich uns mitteilt, sondern sie vereinigt im
Spirituellen diese drei Dimensionen. Man erlebt dieses Unsagbare
zum Beispiel, wenn man sich einen Begriff machen will vom »Ich«
(also Geist ohne Körper) oder dem »Hier und Jetzt« im Bezug zum
räumlich wie zeitlich unendlichen Kosmos. Makarie hat dies in sich,
so, wie jemand von uns eine natürliche Begabung etwa zum Zeichnen mitbringt.

Wilhelms Traum ist eine mystische, halb religiöse Szene. Ein grüner Vorhang (grün als Symbol für das Leben und die Erde) geht auf,
Makarie sitzt auf einem goldenen Stuhl (Gold als Symbol für das Edle,

das Unvergängliche, das Göttliche) und fährt in die Höhe, sie wird von Wolken hinaufgetragen (Wolken als Symbol für höchstes irdisches Sein, welches in die Höhe strebend sich aus Form und Zustand löst). Makaries Antlitz wandelt sich. An dessen Stelle tritt ein leuchtender Stern (Symbol für das die Finsternis durchdringende geistige Licht). »Sie wandelt seit ihrer Kindheit um die Sonne, und zwar ... in einer Spirale, sich immer mehr vom Mittelpunkt entfernend und nach den äußeren Regionen hinkreisend.« (III, 15) Das Bild der Spirale ist Ausdruck geistiger Entwicklung, die nicht als Linie oder Stufe gedacht ist, sondern als langsame, in Kurven sich vollziehende Entwicklung fort von ihrem Mittelpunkt, von der Sonne zum Licht des Weltalls. Demnach ist das Zentrum die Materie, die Begrenztheit und das irdische Leben. Die Peripherie, also das Ziel der Spirale, ist der Kosmos, die Entgrenzung, die Wahrheit. Warum aber eine Spirale? Weil wir – so Goethe – auf geradem Weg schnell an unser äußerstes Ziel kämen. »Wenn man annehmen darf, daß die Wesen, insofern sie körperlich sind, nach dem Zentrum, insofern sie geistig sind, nach der Peripherie streben, so gehört unsere Freundin zu den geistigsten; sie scheint nur geboren, um sich von dem Irdischen zu entbinden.« (III, 15)

Makarie ist nicht nur jenseitig, sie ist in zwei Domänen irdisch: Sie kennt von Kind auf die wissenschaftliche Astronomie und kann sich mittels ihrer ausgesuchten Bildung und ihres wissenschaftlichen Interesses mit dem Astronomen über Mathematik aussprechen. Die andere Domäne entspricht dem Praktisch-Helfenden, ihr Menschenbild ist von vorbildlicher Unvoreingenommenheit: »Von Natur besitzen wir keinen Fehler, der nicht zur Tugend, keine Tugend, die nicht zum Fehler werden könnte. Diese letzten sind gerade die bedenklichsten.« (I,10) Sie hat für jeden ein Ohr, und Lenardo schickt ihr gar seine Tagebuchaufzeichnungen, denn sie erkennt, erfaßt den Menschen und ihn betreffende Angelegenheiten in seinem ungetrübten Kern. Der Erfaßte vermag wie regeneriert neu anzufangen. Am augenfälligsten ist das Beispiel Lydie, die ihren Kopf in Makaries Schoß legt und in befreiendes, krampflösendes Weinen ausbricht. Aus einem Prinzip der Polarisierung setzt Goethe neben Makarie die *Gesteinsfühlerin, eine sehr irdische, dem Erdreich verhaftete Person.

Zu Makarie verhält sie sich antipodisch, neben der Entgrenzten ist sie begrenzt im Irdischen, ihre Aufmerksamkeit gilt dem, was im Erdreich liegt: Steinen, Erdformationen, dem Wasser und dem Metall. Ihre Hinwendung geht zum Dunklen, zur Tiefe des irdischen und areligiösen Lebens.

Anders Makarie. Sie hat ihren Anfang, wenn man bei ihr von »Anfang« überhaupt sprechen darf, dort, wo Faust aufhört. Um ihre Qualität uns Ungläubigen zu veranschaulichen, hat ihr Goethe einen Wissenschaftler, den Astrologen, zur Seite gegeben. Er ist zugleich Mathematiker und Mediziner. Er denkt und forscht, wie es uns Wissenschaftsgläubigen vertraut ist – wissenschaftlich. Im Verlauf seiner Arbeit, wird ihm klar, daß Makaries innere unaussprechliche Schau der Welt seinen Forschungsergebnissen voraus ist. Makarie verkörpert das weibliche Denkprinzip, das jenseits des männlichen Denkens zu einer tieferen Schau, einer tieferen Erkenntnis jener Dinge gelangt, die den faustischen Menschen nicht zur Ruhe kommen lassen. Makarie selber tut im Unterschied zu ihrem tätigen Wissenschaftler nichts, sie weiß, daß das wissenschaftliche Suchen, das sie niemals geringschätzen würde, eine Arbeit an der Fassade der Eigentlichkeit ist. Es ist kein Zufall, daß sich Makarie bei Wilhelms Besuch zunächst um das Wohlergehen des jungen Felix kümmert. Das hat nichts mit Zuneigung zu tun, sondern offenbart ein Gesetz der Verschränkung zweier Prinzipien: das der Mutter und das des Kindes. Makaries Freundlichkeit gegenüber *Felix ist nicht konformitätsbedingt.

Wir müssen uns daran gewöhnen, daß sich Goethe im ›Wilhelm Meister‹ sehr häufig einer Banalität bedient, um einen Leitgedanken zu offenbaren. Das ist auch der Grund, wieso Goethe seinen Wilhelm staunen läßt, denn der sieht seinen Sohn gegen jede Erwartung still an einem Tisch sitzen und schreiben. Felix habe erklärt, er wolle nur zwei Dinge: schreiben und reiten. Felix findet unbewußt in Makaries Nähe zu einer eigenen Klarheit und damit zu einer ihm entsprechenden Konzentration auf die beiden Fixpunkte seines jungen Lebens: Schreiben, als Dialog mit der Geliebten, und Reiten, die Entäußerung eines vitalen jungen Lebens. So, wie der Dichter die Elemente der äußeren Welt in seinem Inneren versammelt hat und sie über den schöpferischen Prozeß in Teilen zum Ausdruck zu bringen vermag, so sind in Makarie »die Verhältnisse unsres Sonnensystems von Anfang an, erst ruhend, sodann sich nach und nach entwickelnd, fernerhin sich immer deutlicher belebend, gründlich eingeboren«.

Makarie, Kind einer modernen Zeit, litt zunächst unter ihrer Fähigkeit. Schließlich half der Wissenschaftler. Er ließ sich »dasjenige, was sie schaute, welches ihr nur von Zeit zu Zeit ganz deutlich war, auf das genaueste vortragen, stellte Berechnungen an und folgerte daraus, daß sie nicht sowohl das ganze Sonnensystem in sich trage, sondern daß sie sich vielmehr geistig als ein integrierender Teil darin bewege«. Ihre Familie weiß nichts von ihren Wahrnehmungen, stellt sich bei ihr eine solche Phase der Anschauung und Bewegung ein, wird von ihr als einer Kranken gesprochen, die unter Migräne leidet. Daß Makarie neben *Faust eine Unbekannte ist, hat vor allem zwei Gründe: Zum einen handelt Makarie nicht wie Faust, ihr fehlt jede Aktivität, es gibt kaum Bewegung in ihrer Geschichte. Zum anderen – und das ist wesentlicher – hat Goethe sie nicht kompakt gehalten, sie tritt in den ›Wanderjahren‹, wenn auch als Zentralfigur, nur gelegentlich in Erscheinung, ihr ist kein eigenes Buch gewidmet.

Der Mann von funfzig Jahren
(Wilhelm Meisters Wanderjahre)
Held der gleichnamigen Novelle, kommt überraschend an seine Nichte *Hilarie, die eigentlich seinem Sohn Flavio zugedacht war. Hilarie will niemand anders als ihren Onkel, den Major, heiraten. Geschmeichelt willigt der Fünfzigjährige ein. Umständehalber lernt er die Angebetete seines Sohnes, eine schöne, etwas bejahrte Witwe kennen. Der jugendliche Flavio wird, trotz stürmischer Werbung, von der Witwe nicht ernst genommen. Nach einer apodiktischen Zurückweisung sprengt Flavio in einem Gewaltritt zum Schloß der Tante, wo seine Cousine Hilarie lebt und wo er seinen Vater anzutreffen hofft. Er kommt krank ins Bett, gesundet und tritt Hilarie in des Vaters Kleidern entgegen. Genierliche Zurückhaltung, sittlich verbrämter Takt und allerlei anständige Bekenntnisse. Endlich, als dem Major einer, dann ein zweiter Vorderzahn ausfällt, kommen alle auf die logische Lösung: Die junge Hilarie heiratet den jungen Flavio und der Major die schöne Witwe, alles schelmisch und schön erzählt – die Wahlverwandtschaften mit Happy-End.

Manto
(Faust II, Klassische Walpurgisnacht)
Eigentlich Hellseherin, Tochter des blinden Sehers Teiresias, hier Gegenstück zum rastlosen *Chiron (»Ich harre, mich umkreist die Zeit«), Tochter des Heilsgottes Äskulap (Asklepios), Wurzelheilerin mit Fährtenkenntnis zur Unterwelt. Chiron hofft, sie werde den liebeskranken *Faust heilen, doch gerade dessen Streben nach dem

Unmöglichen regt ihre Hilfsbereitschaft an. Sie hatte bereits Orpheus zur Seite gestanden, als dieser Eurydike zu den Lebenden zu holen versuchte, nun will sie Faust in gleicher Weise helfen und hofft, daß er bei seinem Unternehmen erfolgreicher ist.

Margarete, auch Gretchen
(Faust)

*Fausts Objekt der Liebe und Begierde. Über ihn und seinen Begleiter stürzt sie in Intervallen immer tiefer ins Unglück, bis sie am Richtblock endet. Wie konnte das geschehen? In erster Linie ist sie das Opfer einer Ungleichheit.

Faust tritt ihr als Galan mit offensiver Überrumpelungstaktik entgegen. Margarete, das Kleinstadtmädchen, kann nur verschüchtert dagegenhalten. Nach einem kurzen Wortwechsel läuft sie davon.

Faust ist ein in die Jahre gekommener Herr, Margarete ist um die vierzehn, mehr Kind als Frau. Dank seines verjüngten Aussehens muß er ihr wie ein Märchenprinz vorkommen, voller Versprechungen und Verheißungen. Heute wäre die Situation vergleichbar mit der Liaison zwischen einer Kindergärtnerin und dem Prinzen eines Königshauses. Faust tritt auf als Kraftmensch, der die Welt herausfordert, Margarete hingegen als »Gretchen«, »Gretl«, »Puppe«, »Geschöpfchen« und »Kind«. Die kleine Welt aus Familie und Nachbarschaft hat es vor allem verstanden, das Mädchen zu einer wichtigen Grundhaltung zu instruieren: das der eigenen Geringfügigkeit. Als *Mephisto sie in *Marthes Haus mit dem Adelsprädikat »Fräulein« anspricht, wird sie gleich »schamrot«, als Faust ihr artig schwadronierend den Hof macht, erklärt sie:

»Ich fühl' es wohl, daß mich der Herr nur schont,
Herab sich läßt, mich zu beschämen.« (3073 f)

Und als sich Faust von ihr verabschiedet, steht sie benommen still:

»Du lieber Gott! Was so ein Mann
Nicht alles, alles denken kann!
Beschämt nur steh' ich vor ihm da,
Und sag' zu allen Sachen ja. (3211 ff)

Zweifelsohne schämt sie sich doppelt: einmal für ihre soziale, zum anderen für ihre individuelle Minderwertigkeit. Während Faust als unabhängiger Erlaubt-ist-was-gefällt-Kosmopolit alles erleben will, bleibt Gretchen eine Gefangene philisterhafter Normen. Lieschen erzählt (Szene ›Am Brunnen‹) von Bärbelchens Schicksal, wie diese an einem Kerl »gehangen« und ehrlos genug war, «sich nicht zu schämen,

Geschenke von ihm anzunehmen«. (3558 f) Auch Margarete hat ein Geschenk bekommen, sie entdeckt es in ihrem Schrank, hat aber nicht die geringste Ahnung, daß es ihr zugedacht ist. Sie besieht staunend begeistert die Kleinodien, legt einiges an und tritt vor den Spiegel. »Ach wir Armen!« seufzt sie. Der Angehörigen einer unteren Kaste ist verboten, Insignien der Upperclass zu tragen, Gretchen aber gehört nicht zur Unterschicht, ihre Mutter hat vom verstorbenen Gatten ein »hübsch Vermögen« (3117) übernommen, und der Bruder ist als Berufssoldat im Unterschied zu Gretchen ausgesprochen stolz auf sich. Gretchen hat neben Faust soziale Komplexe, doch die nichtsozialen, die individuellen kommen ebenso zum Tragen. Daß dieses erste Geschenk Fausts weniger für sie bestimmt und mehr ein Köder ist, bedenkt sie nicht einen Augenblick lang. Sie händigt es der Mutter aus. Erst beim zweiten Präsent begreift sie, daß die Aufwendigkeiten ihr gelten und behält sie, diesmal ohne etwas der Mutter zu sagen und ohne zu erahnen, wie sie sich jenseits ihrer sozialen Zugehörigkeit kompromittieren läßt.

Neben dem Bewußtsein ihrer sozialen steht die ausdrücklich formulierte Gewißheit ihrer persönlichen Geringfügigkeit, die sich sehr komplex in ihrer Frage nach Fausts christlichem Glauben, der Gretchenfrage, offenbart. Denn Gretchen erkundigt sich nicht nur nach Fausts Gewissen, sondern auch nach der ihr zustehenden Achtung: »Nun sag, wie hast du's mit der Religion?« Faust antwortet als Allerweltsintellektueller, läßt sich nicht festlegen, aber sie scheint froh darüber. Sie beharrt nicht weiter auf einer eindeutigen Antwort, obwohl sie eindeutige Fragen stellt und Faust auf den Kopf zusagt: »Du hast kein Christentum.« (3468) Faust darauf: »Liebs Kind!«, was nichts anderes heißen soll als, davon verstehst du nichts. Gretchen erweitert ihren Vorwurf:

»Der Mensch, den du da bei dir hast,
Ist mir in tiefer, innrer Seele verhaßt;« (3472 f)

Faust entfährt »Du ahnungsvoller Engel du«. An dieser Stelle hätte sie weiterdrängen, mit Nachdrücklichkeit um eine Antwort bitten können. Doch um so heftiger drückt sie die Augen zu in einer Sache, die ihr von fundamentaler Wichtigkeit ist. Alles, was sie wissen oder an Rechtschaffenheit durchsetzen will, ist dieser Empfindung der Geringfügigkeit unterworfen. Faust hat ihr ja mit seinem Lapsus linguae die beste Vorlage geliefert. Nur ein wenig Selbstbewußtsein, und sie hätte den Geliebten zur Offenbarung gebracht. Und wäre ihr dies nicht möglich gewesen, hätte sie zumindest eines gewonnen: mehr

Klarheit. Genau das will sie nicht. Faust muß nur seine schmachtende Liebe ins Feld führen, da hat Gretchen ihre inquisitorische Dringlichkeitsbesprechung stante pede vergessen und damit ihre eigene Persönlichkeit zur Seite geräumt. Hätte sie sich trotzdem von Faust abwenden können? Ja, wenn sie nicht aus Fleisch und Blut gewesen wäre. So aber ist Faust nicht nur ein wahr gewordenes Traumgebilde, edler Herr aus großer Welt, sondern auch Gegenstand fleischlicher Begierde. So, wie es Faust nach Margarete gelüstet, so quält sie nicht nur platonische, sondern auch die körperliche Liebesnot. Margarete ist – ohne Zweifel – Wachs in Fausts Händen, aber die Heftigkeit ihrer Liebe geht ebenso auf ihre innerste Lust zurück.

»Mein Busen drängt
Sich nach ihm hin.
Ach dürft' ich fassen
Und halten ihn,
Und küssen ihn,
So wie ich wollt',
An seinen Küssen
Vergehen sollt'!« (3406 f)

Im ›Urfaust‹ nennt Gretchen die Sache noch beim Namen:

»Mein Schoß, Gott! drängt
Sich nach ihm hin.
Ach dürft ich fassen
Und halten ihn.« (Urfaust, 1098 f)

Es ist also nicht nur die Ungleichheit zu Faust, ob diese nun sozialen oder emotionalen Ursprungs ist, sondern zusätzlich die Unumkehrbarkeit der Liebe, die sie in die Katastrophe treibt. Margarete hatte das Mißgeschick, Faust im »richtigen« Augenblick zu begegnen. Wiewohl sie als folgsames Kind in die Kirche geht und beichtet, wo es nichts zu beichten gibt, beginnt sie, nachdem ein Mann sie umwirbt, die Kontrolle über sich zu verlieren. Unmittelbar nach der Beichte, erinnert sie sich zu Hause dieses »kecken Herren« und singt das ahnungsvoll traurige Lied von Liebe und Treue:

»Es war ein König in Thule
Gar treu bis an das Grab,
Dem sterbend seine Buhle
Einen goldnen Becher gab.« (2759 ff)

Dann finden wir Faust und Margarete in *Marthes Garten, sie zupft eine Sternblume und schenkt dem einfachen Blumenorakel bereitwillig Glauben: »Er liebt mich!« und erwidert, ohne eine Ahnung vom

notwendigen Taktieren gerade unter ungleichen Paaren: »Bester Mann! Von Herzen lieb' ich dich!«
Faust ist bei aller Aufrichtigkeit von der Liebesbahn abgekommen. Zunächst kreiste seine Leidenschaft um die Person Margarete, dann um das allgemeine Erlebnis Liebe, dann aber sieht er seine Liebe als Bestandteil einer Weltordnung namens Natur, wo auch die Begierde ihren Stellenwert hat. Mephisto bringt es sarkastisch auf den Punkt:
»Dein Liebchen sitzt dadrinne,
Und alles wird ihr eng und trüb.
Du kommst ihr gar nicht aus dem Sinne,
Sie hat dich übermächtig lieb.« (3303 ff)
»Mich dünkt, anstatt in Wäldern zu thronen,
Ließ' es dem großen Herren gut
Das arme affenjunge Blut
Für seine Liebe zu belohnen.« (3311 ff)
Und je mehr Faust dank seiner Liebe seinen Geist hinaussenden kann und die Tiefe der Natur zu erfassen imstande ist, um so mehr zieht sich in Margarete alles zusammen. Faust setzt seinen Blick hinaus, Margarete den ihrigen in sich hinein. Faust wird zunehmend freier, Margarete zunehmend unfreier:
»Meine Ruh' ist hin,
Mein Herz ist schwer;
Ich finde sie nimmer
Und nimmermehr.« (3374 ff)
Je mehr Faust von Mephisto in die weite Welt geführt wird, um so mehr wird Margaretes Lebensraum von ihren Bestimmern (Freundin am Brunnen, Bruder *Valentin, Gewissensgeister) reduziert, je mehr Margaretes Nöte wachsen, um so mehr sucht Faust – auch im übertragenen Sinn – das Weite. Zuletzt finden wir Gretchen im Kerker, Faust reitet auf Mephistos Zauberrossen in die Welt hinaus.

Faust geht auf die Weiterreise, Gretchen ist Fausts Lebensstation, eine Episode, die langsam im Hintergrund immer kleiner werdend verschwindet. Natürlich wird Gretchen gerettet, aber es ist und bleibt eine »Gretchentragödie«. Die Rettung des Himmels können wir nur als ausgleichende Wiedergutmachung verstehen: Ihr ist Unrecht geschehen, obwohl sie Mutter und Kind auf dem Gewissen hat, Gott möge sie zu sich nehmen. Im Unterschied zu Faust wird ihr im Leben vor dem Tod niemals auch nicht die geringste Errettung zuteil.

Die historische Margarete, die 24jährige Susanna Margareta Brandt, zehn Jahre älter als das literarische Gretchen, war keine Zeit-

genossin Fausts sondern Goethes, der in seinen Examens-»Thesen«
unter anderem die Frage vom Schuldmaß einer Kindsmörderin erör-
tert hatte. 1772, als Goethe von Straßburg zurück in Frankfurt als
Rechtsanwalt praktizierte, fand die Hinrichtung der jungen Frau
statt, Goethes Familie war an dem Prozeß beteiligt. Im Nachlaß von
Goethes Vater findet sich eine Teilabschrift der Gerichtsakten.
Susanna Margareta Brandt, Kind eines Soldaten im unteren Dienst,
wurde früh Vollwaise und nahm im »Gasthaus zum Einhorn« eine
Stelle als Magd an. Weihnachten 1770 schlief sie mit einem einquar-
tierten Holländer, dessen Namen sie nicht kannte und den sie nicht
wiedersehen sollte. Sie wurde schwanger. Im Verhörsprotokoll gab
sie an, sie sei zu Ostern 1771 in der Waschküche tätig gewesen und
habe eine Sturzgeburt gehabt. Sie habe das halbtote Kind mit Heu
und Stroh zugedeckt. Der Teufel habe von ihr Besitz genommen, sie
habe den Säugling im Gesicht verstümmelt und ihn mit dem Kopf gegen die Wand geschlagen, bis er tot gewesen sei. »Zu was Ende oder
aus was Ursache sie dann ihr eigen Fleisch umgebracht?« wollte der
verhörende Justizbeamte wissen. »Um der Schande und des Vorwurfs
der Leute zu entgehen ... und weilen sie geglaubt, daß sie in dem gro-
sen Hauß gar leicht heimlich gebähren könte, so daß es niemand gewahr würde.« (›Leben und Sterben der Susanna Margaretha Brandt‹,
Insel-Bücherei Nr. 969, Frankfurt/M. 1973, S. 38 ff) Friedenthal führt
aus:
   »Der Richter verkündet das Urteil im schwarzen Rock, mit Stiefeln
und Sporen, mit rotem Mantel, unter dem er das kleine rote Stäbchen
hervorholt. Er zerbricht es und wirft es dem Mädchen vor die Füße.
Im Armesünderstübchen die Henkersmahlzeit mit üppigen Gängen,
und nach der Sitte der Zeit sind außer dem Henker auch die Richter
dabei und die Geistlichkeit; die Pastoren nehmen nur wenig, das Mädchen bloß einen Schluck Wasser. Mit Stricken umwunden, schleppt
man die Verbrecherin in großer Prozession durch die ganze Stadt ...
Der Henker führt sie am Seil schließlich hinauf zum Schafott, zum
Blutstuhl. ›Unter beständigem Zurufen der Herren Geistlichen wurde ihr durch einen Streich der Kopf glücklich abgesetzt‹, wie das Pro-
tokoll erleichtert berichtet.« (Friedenthal, ›Goethe‹, dtv München
1968, S. 691)
   Die Verführte, die ihr Kind umbringt, weil sie keinen Ausweg sieht,
ist ein vieldiskutiertes Thema unter Stürmern und Drängern.
Heinrich Leopold Wagner, zwei Jahre älter als Goethe, verfaßte mit
der ›Kindermörderin‹ ein Drama, das die Gretchentragödie ähnlich

wie im Faust bearbeitet. Goethe verübelte Wagner den literarischen Diebstahl, berücksichtigte indes nicht, daß das Thema in der Luft lag, von Stäudlin, Lenz und Klinger behandelt wurde und zum geistigen Allgemeinbesitz seit der Aufklärung gehörte. Zudem war gerade Goethe in Plagiatsangelegenheiten ziemlich unbefangen. Als er seinen Vorwurf erhob, hatte er sich für seinen ›Clavigo‹ eben kräftig bei Beaumarchais bedient.

Margarete von Parma
(Egmont)

Generalstatthalterin der Niederlande und Schwester des spanischen Königs Philipp II. »Klug ist sie, und mäßig in allem, was sie tut; hielte sie's nicht so steif und fest mit den Pfaffen«, erklärt Jetter, ein Brüsseler Bürger während eines Straßengesprächs. Jetter spielt auf Vorgänge an, die historisch sind und sich vor Beginn des Stückes abgespielt haben. Die Niederländer fühlten sich vom Einfluß Granvellas auf Margarete übervorteilt. Granvella war ein katholischer Kardinal, Vertrauter Philipps und Leiter von Margaretes Kabinett. *Egmont setzte Granvellas Sturz durch, damit verzichtete Margarete auf einen Berater, dessen Politik gegen die protestantisch gesinnten Niederländer gerichtet war. Dennoch – und hier setzt das Stück ein – entflammen neue religiöse Revolten. Im Auftrag Margaretes berichtet der Ratgeber *Machiavell nach Madrid: In St. Omer haben notdürftig bewaffnete Calvinisten die katholischen Kapellen, Kirchen und Klöster überfallen und verwüstet.

Die Einwohner von Ypern haben ihnen die Stadttore geöffnet, daraufhin sind der Dom und die Bibliothek des Bischofs zerstört worden. Der Aufstand pflanzt sich über kleine Städte fort, und mit einemmal ist das ganze Land von Revolten überzogen – für Margarete fatal, denn nun wirft ihr Madrid Führungsschwäche vor. Machiavells Vorschlag, die neue Religion zu dulden, kann Margarete nicht gelten lassen, zu starrsinnig richtet sich Philipps Politik gegen Andersgläubige, die ihm Ketzer und als solche nichts als unruhestiftende, die Stabilität gefährdende Elemente sind.

Aus diesem Grund sendet er nun General *Alba nach den Niederlanden, der soll mit militärischen Mitteln für Ruhe und Ordnung sorgen, Margarete aber ist empfindlich getroffen. »Sie möchten's gern gesäubert und gekehrt haben: und weil sie selbst nicht zugreifen, so findet ein jeder Vertrauen, der mit dem Besen in der Hand kommt ... Das Gute, was ich hier getan habe, sieht gewiß in der Ferne wie nichts

aus, eben weil's gut ist ... ich werde vor meinen Augen mein Werk verloren sehen und überdies noch seine [Albas] Schuld zu tragen haben.«
(III) Strenggenommen ist Albas Ankunft nicht mehr vonnöten,
denn die Unruhen sind mittlerweile gestillt, so hat Margarete beschlossen: Eher will sie dem unerbittlichen General Platz machen,
statt als machtlose Marionette an seiner Seite zu stehen.

Margarete von Parma (1522 bis 1586) war die illegitime Tochter von
Karl V. und Johanna van der Gheenst, sie wurde in den Niederlanden
geboren und war in zweiter Ehe mit Ottavio Farnese, dem Herzog
von Parma und Piacenza, verheiratet. Ihr Halbbruder Philipp II.
übergab ihr die (durch die beginnende Rebellion schwierige) Aufgabe
einer Statthalterin. Eine auf Zusammenarbeit mit dem niederländischen Adligen ausgerichtete Vernunftpolitik nahm mit Albas
Ankunft ein jähes Ende. Nach 18 Jahren Regentschaft zog sie sich
auf ihre Güter in Italien zurück, wo sie im Alter von 64 Jahren starb.
Die gegen ihren Willen eingesetzte Politik der Strenge erwies sich als
verhängnisvoll für die weitere Stellung Spaniens in den Niederlanden – für Margarete eine Genugtuung: Fünf Jahre nach seiner
Ankunft wird der erfolglose Alba aus den Niederlanden abberufen.
1581 erklären die Nordprovinzen ihre Unabhängigkeit von Spanien.
Man kann annehmen, daß es – wäre Margarete geblieben – zu einer
weniger ungünstigen politischen Entwicklung für Spanien gekommen wäre.

Maria
(Götz von Berlichingen)
Für aufstrebende Charakterdarstellerinnen eine kaum hervortreten-
de, wohl undankbare Rolle. Im Kloster erzogen, bleibt Götzens
Schwester bescheiden im Hintergrund – ein wenig zu Unrecht, denn
sie ist die einzige aus Götzens Umkreis, die das ritterliche Treiben
kritisch reflektiert. Um so unverständlicher ist, daß sie nach der
Mesalliance mit Weislingen den Götzkumpanen Sickingen heiratet,
der es ebenso kriegswild treibt wie ihr Bruder. Goethe hat sich mit
diesem feinen wie hübschen Geschöpf für die Trennung von
*Friederike Brion entschuldigen wollen. Der schwache Weislingen
übernimmt die Rolle Goethes, Maria die Friederikes, und Goethe
hofft, Friederike möge sich über die Rollenverteilung – Goethes Alter
ego stirbt einen unrühmlichen Tod – getröstet sehen.

Mariane
(Wilhelm Meisters Lehrjahre)

*Wilhelms erste und größte Liebe. Liebreiz und Wohlgestalt in Mannskluft, mit Norberg verlobt, mit Wilhelm im Bett. Sie kam ihm näher, indem sie ihn hinter der Bühne bat, er möge ihr ein Glas Zitronensaft besorgen.

Nichts Billiges oder Niedriges kann sich Wilhelm bei ihr vorstellen, obwohl er aus wohlhabendem Hause und als Pedant obendrein Anlaß genug hätte. Denn in Marianes Behausung ist alles eine Kategorie weniger vornehm, als er es von daheim gewohnt ist. »Musikrollen und Schuhe, Wäsche und italienische Blumen, Etuis, Haarnadeln und Schminktöpfchen und Bänder, Bücher und Strohhüte, keines verschmähte die Nachbarschaft des andern, alle waren durch ein gemeinschaftliches Element, durch Puder und Staub, vereinigt.« (I,15) Aber sie ist ihm ja nicht nur Geliebte, sondern die wahr gewordene Sehnsucht seines ersten Traumes: sie ist Schauspielerin, sie gehört zum Theater, und dieses zu Wilhelms Idealwelt. Wen wundert's, daß er in sie alles hineinprojiziert, was schön und anbetungswürdig ist. Zudem ist sie immer für ihn da. Fast immer. Leider ist sie auf Norberg, ihren abwesenden, wohl handlungsreisenden Verlobten angewiesen, der schickt Geld und Geschenke, doch davon hat Wilhelm keine Ahnung. Und Geld auch nicht. Vielleicht würde sie es Wilhelm eines Tages sagen, nur wie? Wilhelm ist zu schwärmerisch, als daß sie ihm beikommen könnte. Und außerdem hat sie noch zwei Wochen Zeit, bis der Verlobte eintrifft, bis dahin wird sie eine Entscheidung fällen: entweder Norberg und ein sorgenfreies oder Wilhelm und ein verliebtes Leben. Doch dann findet Wilhelm Norbergs Brief und bricht jeden Kontakt ab. Über einen ehemaligen Kollegen Marianes erfährt Wilhelm, daß sie schwanger geworden ist und ihre Stelle am Schauspielhaus verloren hat. Schließlich teilt ihm die alte *Barbara das weitere Schicksal der Unglücklichen mit: Sie habe sich von Norberg ferngehalten, habe nur noch in Treue auf Wilhelm gehofft und sei wohl aus Kummer über Wilhelms Fernbleiben an der Geburt des Sohnes Felix gestorben.

Marie
(Clavigo)

Schwester *Beaumarchais'. Großmütig nimmt sie den mittellosen Neuling *Clavigo in ihr Haus auf und gewährt ihm schließlich ihre Hand. Sechs wichtige Jahre ihres Lebens vergehen, bis Clavigo das

Verlöbnis löst und Marie darob in größten Kummer und Verzweiflung verfällt. Sie ist gedemütigt und ihrer besten Jahre beraubt, der Gram hat sie schnell altern lassen. Eine »kleine, hohläugige Französin, der die Auszehrung aus allen Gliedern spricht«, sagt *Carlos. Clavigos neuerliche Werbung kann die Gezeichnete kaum wieder aufrichten. Sie bleibt ein dünnes Pflänzchen, kraft- und initiativlos und in ihren Verhältnissen gefangen. Der abermalige Treuebruch Clavigos treibt sie in den Tod. Bruder, Schwester und Freunde führen sie auf den Friedhof, die Situation ist von shakespearehafter Schauerästhetik: die schneeweiße Tote im Sarg, ihre schneeweißen Hände, ein Fackelzug bei Nacht, Totenmusik zum letzten Geleit. Die Blutspritzer des im Duell gerächten Clavigo breiten sich wie Rosen über das Totenkleid Maries.

Laut ›Dichtung und Wahrheit‹ wollte Goethe mit dem treulosen Clavigo wie mit dem wesensverwandten *Weislingen seine Trennung von *Friederike Brion entschuldigen, doch können wir das getrost als nachträgliche Fassadenverschönerung verstehen. Wesentlich ist: Maries Liebe hat das Talent Clavigos entfaltet, nun aber, da er forteilt (»fort« im Sinne von weg und weiter – ein Lieblingswort Goethes), ist sie nicht nur gesellschaftlich wenig repräsentativ, sie steht auch als Individuum nicht mehr an seiner Seite, nicht mehr in seiner Nähe. Marie ist stehengeblieben, Clavigo hat sich entwickelt, ist an ihrer Seite gewachsen, weitergegangen. »Man wird der Weiber gar bald satt«, moniert Clavigo. Erst viel später wird dieses Stehengebliebene bei Goethes Frauenfiguren als große Ruhe und tiefes Bewahren positiv besetzt. »Das weibliche Geschlecht hegt ein eigenes, inneres unwandelbares Interesse, von dem sie nichts in der Welt abtrünnig macht«, erfahren wir in den ›Wahlverwandtschaften‹.

Marthe Schwerdtlein
(Faust)

Nachbarin *Margaretes. Während Margarete und *Faust ein pastellfarbenes Bild eines Liebespaares zeigen, bilden Frau Marthe und *Mephistopheles das burlesk schwülstige Zerrbild, die geschwätzige Parodie zum Original. Marthes Gatte hat das Weite gesucht, sie – schon etwas in die Jahre gekommen – vermißt einen Mann, Mephisto soll ihr recht sein. Sie spürt nichts von seiner zerstörerischen, gefährlichen Macht; vielleicht ist sie in ihrer spießigen Saturiertheit auch kein Objekt diabolischer Begierde. Dummschlau geht sie ihr kurzgestecktes Ziel wacker an: »Sagt grad’, mein Herr, habt Ihr noch

nichts gefunden? ... Ich meine, ob Ihr niemals Lust bekommen?«
Mephisto weiß sich in Allerweltswendungen herauszureden. Marthe
geht leer aus.

Melina
(Wilhelm Meisters Lehrjahre)
Schauspieler aus Not, dem eine bürgerliche Existenz genehmer wäre als das unstete unsichere Wanderleben. *Wilhelm hilft ihm, seine
zukünftige Gattin, mit der er zunächst geflohen, dann gefangen ist,
zu ehelichen, schließlich streckt er ihm 300 Taler zur Gründung eines kleinen Theaterunternehmens vor. Von Räubern überfallen verliert er alle Einnahmen, und wir erfahren, daß Wilhelm dem Unsym-
pathen sein Geld nicht hätte vorstrecken müssen, da Melina selbst
im Besitz der notwendigen Summe war. Als Nachfolger Wilhelms einigt er sich mit *Serlo, indem er diesem größeren Geldgewinn verspricht: durch Kürzung der Gagen und Herabsetzung des künstlerischen Niveaus. Ein Manchesterkapitalist der Theaterbühne.

Die neue Melusine
(Wilhelm Meisters Wanderjahre)
Heldin der gleichnamigen Märchen-Novelle. Melusine, Tochter des
Königs Eckwald, des mächtigen Zwergenfürsten, muß unter die
Menschen und sich einen Mann suchen, denn bei weiterer Paarung
mit ihresgleichen droht dem Geschlecht die Verwinzlichung. Der
Bruder der Prinzessin ist so kleinwüchsig zur Welt gekommen, »daß
ihn die Wärterinnen sogar aus den Windeln verloren haben«. Sie tritt
dem Erzähler, einem lebensfrohen Tausendsassa, als Schöne entgegen, die Geld und Lebensart hat. Er verliebt sich, sie erwidert seine
Gefühle, entweicht jedoch immer wieder und verlangt von ihm, er
solle Wein und Weib meiden, was er hoch und heilig verspricht, jedoch nicht einhält, vielmehr ihr Geld auf das Prächtigste verschwendet. Doch immer, wenn er in ausweglosen Schwierigkeiten
ist, taucht sie als gute Fee auf. Sie wird schwanger, verschwindet, er
entdeckt sie als Zwergin wie in einem Schloßgemach lebend in der
Schatulle, die er in der Kutsche mitführt. Sie erscheint wieder, um
Abschied zu nehmen, er bettelt, sie möge bleiben, so bleibt sie ein
letztes Mal, doch nur unter der Prämisse, daß er sie niemals öffentlich als Zwergin bloßstelle. Doch auch dieses Versprechen kann er im
Suff und aus Eifersucht nicht halten. So ist jede Chance eines
Aufenthalts unter Menschen vertan, doch ist bei all seinen Fehlern

und Versäumnissen die Liebe so mächtig, daß er ihr ins Zwergenreich
– als Zwerg – folgt. Dort muß er sie gegen seinen Willen heiraten.
Über kurz oder lang will er wieder seine ursprüngliche Gestalt, den
Ring, der ihn zum Zwerg verkleinerte, feilt er auf und schafft sich
seine menschliche Größe zurück, findet die Schatulle und öffnet diese mit einem Schlüssel. Er lebt eine Weile von dem reichhaltigen
Inhalt und verkauft, nachdem er alles verbraucht hat, nach langem
Zögern die Schatulle, von der er hoffte, sie werde sich eines Tages
wieder füllen. Ursprünglich ist Melusine eine Meerfee der altfran-
zösischen Literatur. Die älteste erhaltene Fassung stammt aus der
Feder des Jean d'Arras (14. Jahrhundert). Statt der Zwergin ist
Melusine hier eine Wassernixe und der prinzipienlose Liebhaber ist
der Ritter Raimund, dem Melusine zehn Kinder schenkt. Eines
Sonnabends beobachtet er heimlich Melusine im Bad und sieht, daß
sie einen Fischleib hat. In Drachengestalt entweicht Melusine,
Raimund wird Einsiedler. Warum ändert Goethe die Geschichte? Er
wußte, wie sehr eine heiratswillige Frau alte Junggesellenängste
hochkeimen läßt. Die Zwergin bietet sich dem Barbier an, so daß
»wenn ich [der Barbier] mich entschlösse mit ihr so klein zu werden, als ich sie schon gesehen, so könnte ich auch jetzt bei ihr bleiben, in ihre Wohnung, in ihr Reich, zu ihrer Familie mit übertreten. Dieser Vorschlag gefiel mir nicht ganz, doch konnte ich mich
einmal in diesem Augenblick nicht von ihr losreißen.«

Eine Frau, die den Mann in ihre zwergenhafte Wohnung lockt, in
ihr zwergenhaftes Reich mit den zwergenhaften Dimensionen, kann
einem Mann – und sicher unserem Freund Goethe – bei aller Liebe
ein Schrecknis, eine recht üble Perspektive sein. Er liebt seine Braut,
aber er weiß, der Ehestand wird ihn zum Zwerg machen. Eine ganze
Armee Ameisen wird eingesetzt, um ihn im Zwergenreich, dem
Fahrwasser bürgerlicher Anständigkeit zu halten. Gefangen träumt
unser Mann in »einsamen Stunden« von seinem vorhergehenden
Zustand. »Ich hatte ein Ideal von mir selbst,« erzählt er, »und erschi-
en mir im Traum wie ein Riese. Genug, die Frau, der Ring, die Zwer-
genfigur, so viele andere Bande machten mich ganz und gar unglücklich, daß ich auf meine Befreiung im Ernst zu denken begann.« (III,6)

Mephistopheles
(Faust)
Handlungssaboteur und Anti-Produktionstalent in erster Linie, da-
neben *Fausts Handlanger und Dialogpartner, vergnügter Kom-

mentator, Gottes kleiner Rivale mit Neigung zu Wetten und Pakten und betrogener Betrüger. Wer Mephisto tatsächlich ist, weiß Faust nicht genau. Einmal beklagt er sich beim Erdgeist über Mephistos Dienstleistungen, als sei der Erdgeist und nicht Gott Mephistos Superintendent. (Szene ›Trüber Tag, Feld‹). Manche Forscher glauben, Goethe habe bei der Schlußrevision seines Textes geschlampt, denn diese Szene schrieb Goethe in jungen Sturm-und-Drang-Jahren, den ›Prolog im Himmel‹, wo Gott und Mephisto ihr Abkommen über Fausts Werdegang schließen, hingegen als Fünfzigjähriger. Ob Absicht oder Versehen: unverständlich bleibt, daß Faust die Selbstbeschreibung Mephistos beim Vorstellungsgespräch nicht diagnostizieren kann.

Wir lernen Mephisto als akzeptierten Gast der göttlichen Hofhaltung kennen. Mephisto macht in der Gottesresidenz eine seltsame Figur. Hier im Himmel ist alles ein Altargemälde, nichts ohne Schönheit und Würde. Bis auf ihn. Er muß mit seinen albernen Manieren aus der Reihe tanzen. Keiner der erhabenen Residenzbeamten würde ihn verscheuchen, vermeidet aber jeden Wortwechsel mit dem Frechling. Beide, Mephisto wie der *Herr, scheinen gutnachbarschaftliche Beziehungen zu pflegen und versichern sich ihrer gegenseitigen Wertschätzung. Gott ist Mephisto ein Schalk, einer der verneinenden Geister, die er nie gehaßt hat, Mephisto erwidert das Kompliment mit kesser Diktion:

»Von Zeit zu Zeit seh' ich den Alten gern,
Und hüte mich, mit ihm zu brechen.
Es ist gar hübsch von einem großen Herrn,
So menschlich mit dem Teufel selbst zu sprechen.« (350 ff)

Nur nebenbei erkundigt sich der Herr nach den Erdenbewohnern, ihr Elend, antwortet Mephisto, sei auch ohne teuflisches Dazutun groß genug, es gehe ihnen so schlecht, daß selbst er sie nicht mehr plagen möge, denn die Vernunft gebrauchten sie, um »nur tierischer als jedes Tier zu sein«. Ob er Faust kenne, fragt Gott. Ja, antwortet Mephisto und trägt ihm eine Wette an. Er werde Faust vom rechten Weg abbringen. Gott erlaubt Mephisto, Faust zu versuchen, doch geht er mit keinem Wort auf die Wette ein. Der Wortverdreher tut indes, als habe Gott eingeschlagen.

Nun nähert sich Mephisto Faust als Pudel – nach Goethes Maßgabe eine widerwärtige Tarnung. Goethe hatte eine geradezu pathologische Abneigung gegen Hunde (und Pfeifenraucher). In den Volksbüchern und Puppenspielen hat Mephisto vereinbarungsgemäß die

Aufgabe, Faust Reichtum, Sinnengenuß und Zauberkraft zu verschaffen. Im Gegenzug wird ihm Faust nicht nur nach dem Tod, sondern in wesentlichen Punkten auch im Leben gehören. Zudem muß Faust Gott abschwören, gegen Kirche und Klerus arbeiten und aller Menschen Feind sein. Bei Goethe ist wenig von dem alten Teufel übriggeblieben. Seine Ausgangslage ist eine andere.

Faust und Mephisto sind sich ebenbürtig. Vor Abschluß des Paktes ist Mephisto Faust psychologisch sogar unterlegen, weil Faust den Pakt als eine unter mehreren Kursrichtungen seines Lebenslaufs sieht. Erst über den gemeinsamen Weg wird Mephisto der, der er ist, wandelt sich nicht nur aus einer teuflischen Lust an der Maskerade, sondern ist an der Seite eines so ungebrochenen Individualisten wie Faust zur Wandlung verurteilt. Ganz traditionell tritt er als Tier auf, als Pudel, erreicht über eine nilpferdähnliche Figur, klassisch gestaltet als »Höllenbrut« mit »feurigen Augen, schrecklichem Gebiß«, weiter über eine Elefantenfigur endlich menschliche Abmessungen. Mephisto tritt als fahrender Scholast hinter dem Ofen hervor, Faust kann darüber nur in höhnisches Gelächter ausbrechen. Bezeichnend: Faust duzt Mephisto, Mephisto spricht Faust mit »Ihr« an.

Ausgesprochen belustigend, jedenfalls undiabolisch, klingt es, wenn er sich über die stets neu erwachsende Lebenskraft auf Erden beklagt, gegen die seine Katastrophen der Fluten, Stürme, Brände und Erdbeben letzten Endes nichts ausrichten. Faust erkennt also ganz recht: »Du kannst im Großen nichts vernichten / Und fängst es nun im Kleinen an.« Recht beschränkt wirkt Mephistos Unternehmen auch, wenn er gegen ein Pentagramm (Drudenfuß: im Volksglauben Zeichen gegen Zauberei) ohnmächtig ist und einem Gesetz folgen muß, wonach der Teufel nur an jener Stelle hinauskann, wo er seinen Eingang hatte. Er muß Faust einschläfern, um als »Herr der Ratten und der Mäuse, / Der Fliegen, Frösche, Wanzen, Läuse« einem seiner Untertanen zu befehlen, das Pentagramm anzunagen, damit Mephisto den Weg aus der Gefangenschaft antreten kann. Ein leicht unbeholfener, vor allem veralteter Teufel. Erst an Fausts Seite emanzipiert er sich zum modernen Bösewicht, stiehlt, lügt, schwindelt, mischt Gift, duelliert sich und weiß im rechten Moment das Weite zu suchen.

Nicht nur Faust wird verjüngt, auch Mephisto. Aus einem Verkleidungs- und Verführungsartisten wird ein Propagandist der Leichtlebigkeit. Ausgesprochen pädagogisch, ja therapeutisch geht er Faust an, als sich dieser in titanischen Verwünschungen gegen Welt,

Leben und Mensch ergeht. Faust solle aufhören, mit seinem »Gram zu spielen«, sich statt dessen dem Leben zuwenden, denn selbst
»Die schlechteste Gesellschaft läßt dich fühlen,
Daß du ein Mensch mit Menschen bist.« (1637 f)
Faust ist, auch wenn der Osterspaziergang in eine andere Richtung weist, an Geselligkeit nicht gelegen. Buchstäblich ahnungslos zeigt sich Mephisto, als er Faust zum Anfang des lehrreichen Kurses in »Auerbachs Keller« einlädt. Mephisto zaubert dort für jeden der anwesenden Studenten die bevorzugte Weinsorte aus der Tischplatte, Faust imponiert das nicht, er will weiter. Mephisto macht noch etwas Hokuspokus, dann verschwindet er zusammen mit seinem Schützling. Bei aller Schlagfertigkeit und Gerissenheit – Mephisto wird Faust nicht nahekommen. Mephisto ist nichts anderes als ein kritischer Kabarettist, ein erfrischender Materialist und lebensfroher Pragmatiker. Vielleicht ist das der Grund für das hohe Interesse, das er neben dem eigentümlichen Faust genießt. Doch ist es Faust, der die Handlung vorantreibt und wesentliche Akzente setzt. Wenn Faust klagt, er sei dem »Unendlichen nicht näher« gekommen, antwortet Mephisto verständnislos:
»Wir müssen das gescheiter machen,
Eh' uns des Lebens Freude flieht.
Was Henker! freilich Händ' und Füße
Und Kopf und Hintern, die sind dein;
Doch alles, was ich frisch genieße,
Ist das drum weniger mein?
Wenn ich sechs Hengste zahlen kann,
Sind ihre Kräfte nicht die meinen?
Ich renne zu und bin ein rechter Mann,
Als hätt ich vierundzwanzig Beine.« (1818 ff)
Ausgesprochen schwer fällt es, das Verhältnis zu *Margarete zu beurteilen. Die gesamte Faust-Gretchen-Affäre ist nicht nach Mephistos Geschmack, zuweilen scheint er über seine zerstörerische Lust hinweg so etwas wie Mitgefühl zu entwickeln. Faust ist es, der Gretchen gefügig machen will, Mephisto rät ab, sie sei zu unverdorben, über die habe er keine Gewalt. Und Mephisto ist es, den das »arme affenjunge Blut« dauert:
»Dein Liebchen sitzt dadrinne,
Und alles wird ihr eng und trüb.
Du kommst ihr gar nicht aus dem Sinne,
Sie hat dich übermächtig lieb.« (3303 ff)

Man kann sich vorstellen, daß Margarete seiner Verspieltheit nicht entspricht. Ihre fehlende Eitelkeit, die Unbedingtheit ihres Lebenswandels haben etwas Faustisches. Mephisto weiß wohl, wohin die ganze Liebesgeschichte führen wird: in die Katastrophe.

Wenn Faust in Gretchens Kammer wie angenagelt steht, dann deswegen, weil Gretchen in einer Welt lebt, die etwas mit dem paradiesischen Zustand vor dem Sündenfall zu tun hat. Auf Fausts Geheiß muß Mephisto sofort die Kammer verlassen, er will allein sein. Faust erfaßt die Makellosigkeit Gretchens, er spürt, wie neben seinem sinnlichen Verlangen die Liebe von ihm Besitz ergreift. Er will fort und nicht wiederkehren, doch nun erkennt Mephisto eine Chance, Fausts Herzensangelegenheit in den Schmutz zu ziehen. Er nötigt ihm das Schmuckkästchen auf. Faust hatte es geordert, Mephisto hat es beschafft. Aber auch hier bricht sich das Bild des schadenfrohen Teufels. Mephisto betont, er tat in die Schatulle die »Sächelchen hinein/Um eine andre zu gewinnen«. Mephisto versteckt die Schatulle im Schrank in der Hoffnung, Gretchen bloßzustellen. Gelegen kommt Mephisto *Valentins Kleinstadt- und Soldatenehre, wie ihm alle Mittelmäßigkeit und Kleinkariertheit gelegen kommt. Mit Valentins selbst provoziertem Tod ist Faust gezwungen, von Gretchen fortzugehen. Gretchens ist alleine, sie hat weder Mutter noch Bruder, der Geliebte darf sich nicht zeigen. Während Faust auf dem Blocksberg die Walpurgisnacht genießt, ist Gretchen der menschlichen Rechtssprechung ausgeliefert. Noch nie war Mephisto seinem Ziel näher als jetzt: Faust ist aktiv am Hexenfest beteiligt, Gretchen scheint vergessen. Mephisto hat ihn in heimische Gefilde geholt, hier nun unter seinesgleichen erfahren wir etwas über Mephistos Position in der Unterwelt: Mephisto ist kein Unterteufel, der sich von Satanas die Befehle holt, er ist auch nicht Satanas selbst. Die Teilnehmer der Walpurgisnacht erweisen ihm Respekt, behandeln ihn indes nicht als Zentralfigur des Festes. Mephisto ist in erster Linie Fausts Begleiter und wie so oft dessen Negativabdruck: Wo Faust Universitätsgelehrter ist, ist Mephisto dessen realsatirische Persiflage, wo Faust Liebender ist, ist Mephisto der Heiratsschwindler, wo Faust hier oben auf dem Blocksberg eine junge Hexe in seinen Armen hält, nimmt Mephisto eine abstoßende Vettel.

Aber die Entfremdung zu Margarete gelingt nur vorübergehend. Faust erblickt das totenbleiche Antlitz der Geliebten, sofort wendet er sich vom Lustreigen ab. Und Mephisto bleibt wieder nur die Reaktion eines Unbeholfenen: »Laß das nur stehn! Dabei wird's niemand wohl.« Kaum die Spur von Triumphgeheul, als Faust das Schicksal Gretchens erfährt, eher eine Verteidigung, wenn Mephisto zu Gretchens nahem Ende sagt: »Sie ist die erste nicht.« Noch nie war Faust so zornig über seinen Schutzbegleiter, aber Mephisto ist ebensowenig unbeteiligt. Vor allem gebärdet sich Faust, als trage Mephisto die Hauptschuld an der Teilnahme am Hexentreffen. Die Vorwürfe müßten ihn kalt lassen, ja sogar mit Genugtuung erfüllen, schließlich steht Margarete kurz vor dem Ende, doch das Gegenteil ist der Fall. Als Faust seine Wut kaum mehr zu bezähmen vermag, entgegnet Mephisto mit den denkwürdigen Worten des Menschenkenners, die ohne die üblichen ironischen Akzente auskommen: »Greifst du nach dem Donner? Wohl, daß er euch elenden Sterblichen nicht gegeben ward! Den unschuldig Entgegnenden zu zerschmettern, das ist so Tyrannenart, sich in Verlegenheiten Luft zu machen.« Der Vorwurf sitzt, auch wenn Mephisto kein »unschuldig Entgegnender« ist. Da ist einer, der sich über die typische Ungerechtigkeit beklagt, daß alles Übel der Teufel zu verantworten habe. Goethe verweist hier im besonderen wie mit Mephisto im allgemeinen auf das Prinzip der Selbstverantwortung, Hauptschuldiger ist und bleibt Faust. So gesehen hat Mephisto recht gesprochen, er ist namentlich in der Gretchentragödie der dienstbare Geist und weniger der aktive Missetäter.

Er solle Margarete retten, verlangt Faust. Das sei nicht ohne weiteres möglich, entgegnet Mephisto. Er hat seine Machtgrenzen. Gegen den Spruch des Gerichts komme er nicht an, und er könne die Riegel von Gretchens Kerker nicht öffnen.

Gehen wir zurück zur Kontaktaufnahme zwischen Faust und Mephisto: Was bietet der Verführer an? Einen Doktorschmaus, dann das Lustleben in seiner hemdsärmligen Fasson: Auerbachs Keller, Walpurgistreiben – derbe Lust also. Wir können uns vorstellen, daß dem verspielten Mephisto die Tragödie der Margarete mißfällt, sie steht in keinem Verhältnis zu seinen verführerischen Absichten. Daß er Faust von tiefen Erschütterungen des Herzens zu bewahren gedenkt, liegt auf der Hand. Mephisto weiß gleich zu Beginn der Liebesgeschichte, daß eine junge hübsche Frau, die nicht aus Bigotterie jeden Tag zur Kirche geht und beichtet, sondern aus echter Unschuld, daß so eine nicht verführt werden kann; und wenn doch, dann wird das bei Faust ein starkes Schuldempfinden auslösen. In der Tat gerät Faust in eine moralische Krise, die er nur über die tiefe Trauer über sich und sein Versagen zu bewältigen versuchen wird. Solch innere

Regung bedeutet Mephisto ein Machtverlust, an einer Katastrophe ist ihm – so paradox es klingt – also nicht gelegen. Er ist ein Leichtfuß. Wenn es nach ihm ginge, würde aus Faust ein Bonvivant: »Den edlen Müßiggang lehr ich dich schätzen.« Genau das ist ihm nicht gelungen. Selbst am Blocksberg zieht es Faust nach Höherem, und die erotische Episode ist nur von kurzer Dauer. Es ist völlig klar: Nach der Katastrophe mit Gretchen ist Mephisto seinem Ziel, Faust zur Leichtlebigkeit zu verführen, weiter denn je entrückt. Würde Mephisto zum Ende des ersten Teils Bilanz ziehen, so fiele sie ernüchternd aus: Drei Tote, doch ein Faust, der mit dem Ausloten der Extreme weit ab vom genüßlich-gemütlichen Treiben des Verführers Mephisto steht.

Im zweiten Teil der Tragödie nimmt der Maskenfetischist gleich zu Beginn im schnellen Wechsel verschiedenartige Gestalt an und wandelt sich, wenn wir eine Linie in seinen Umwandlungsprozessen erkennen, vom feinen Junker immer mehr zum unappetitlichen Wesen. »Je näher wir der Helena-Handlung kommen, um so mehr wird das Böse zugleich das Häßliche«, bemerkt Ernst Beutler. Dennoch: eine Zunahme des symbiotischen Umgangs zwischen Faust und Mephisto ist, wie wir sehen werden, unverkennbar. Während Faust die Größe der Natur als kräftigendes Pharmakon erfährt, bereitet Mephisto ihm den Weg in die große Welt, zum Hof des Kaisers. Dieser hält gerade Audienz, fragt nach seinem abwesenden Hofnarren. Mephisto tritt an seine Stelle, den früheren Amtsinhaber hat er vorübergehend außer Betrieb gesetzt.

Man bespricht die Krise des Reiches, wie nicht anders zu erwarten, lenkt Mephisto die Aufmerksamkeit auf sich, indem er vorgibt, die allumfassende Krise bewältigen zu können. Mephisto ist zwar nur der Hofnarr, aber der Kaiser ist in Karnevalsstimmung und auch sonst, wie es scheint, albern genug, dem Narren und seinem nicht weniger närrischen Astrologen Glauben zu schenken. Man müsse nur das Gold der Erde und die zahllosen vergrabenen Kostbarkeiten heben und schon seien Armut und Not gebannt. Mephisto gibt an, daß er einen Krisenmanager in der Hinterhand habe – Faust –, und daß dieser Schätze von ungeahntem Wert zugänglich machen könne. Der Kaiser kann ihm nicht glauben, da hilft der Astrologe und bittet um Geduld. Mephisto selbst ist, wenn nicht vom Erfolg seiner Versprechen so doch einerseits von seiner Intelligenz, anderseits von der Dummheit der Staatsbeamten wie der des Kaisers überzeugt:

»Wie sich Verdienst und Glück verketten,
Das fällt den Toren niemals ein;
Wenn sie den Stein der Weisen hätten,
Der Weise mangelte dem Stein.« (85061 ff)
(Der Stein der Weisen war die wichtigste magische Substanz der mittelalterlichen Alchemie, er barg die Lösung aller Rätsel und machte aus unedlen edle Stoffe. Konkret bezieht sich Mephisto auf die Eigenschaft des Steins, Metall zu verwandeln.)

Auf dem Karnevalsfest tritt er zunächst als Doppelfigur namens *Zoilo-Thersites und, nachdem ihn der *Herold verjagt, an Plutus/Fausts Seite auf. Im altgewohnt subversiven Kontrast steht er als Trittbrettfahrer hinter dem verheißungsvoll aussehenden Gott Reichtum und der schönen Verschwendung. Er ist »Der Abgemagerte«, symbolisiert die Habgier, nennt sich Avaritia, »bin männlichen Geschlechts, der Geiz!« Gerade setzt der edle Plutus/Faust seine Kiste mit allen nur denkbaren Kostbarkeiten den Karnevalsbesuchern vor, da faßt der Geiz hinein und »knetet alles Gold zu Teig«, den schönsten Zierat und die teuersten Pretiosen macht er zum wertlosen Klumpen. Zugleich blickt er auf die umstehenden Frauen, die angewidert auseinanderdrängen. Sie verstehen die Knetbewegungen, es sind Anzüglichkeiten, Anspielungen auf den Zusammenhang von Gold (Geld) und sexueller Lust.

Eigentlich könnte der Herold mit einem einzigen Schlag seines Zeremonienstabs die Aufführung Mephistos unterbinden, doch Faust hält den Empörten zurück, bald werde ein Ranghöherer erscheinen: Es ist der Kaiser, der die Szenerie betritt; kaum blickt er in das Innere der Schmuckkiste, geht er mit den Umstehenden in Flammen auf. Mephisto hat wohl dafür Sorge getragen. Faust beendet mit magischen Mitteln den Spuk. Eine schwankhafte Aufführung zweier Rivalen, ohne daß der eine dem anderen in die Parade fährt. Faust ist Reichtum und Mephisto ist wie nach der Yin-Yang-Gesetzmäßigkeit die Kehrseite; beide zeigen über ein abgekartetes Rollenspiel mehr als die Summe ihrer beiden Teile.

Erneut wird er von Faust aus seinem Element gerissen. Ob denn das bunte Hofleben ihm keine Lust bereite, will Mephisto wissen. Faust hat dem Kaiser, vermutlich aus Angeberei, Helena und Paris zur Ansicht versprochen, nun soll Mephisto Mittel und Wege finden, das Mythenpaar aus der antiken Versenkung zu holen. Mephisto ist verärgert, er hat, so bemerken wir, als christlicher und nicht-griechischer Teufel hier nur beschränkte Macht.

»Das Heidenvolk geht mich nichts an,
Es haust in seiner eignen Hölle.« (6209 f)
Um Helena zu holen, müßte Faust ins Reich der Mütter, und zwar
ohne Mephistos Begleitung. Er gibt ihm aber ein magisches Requisit
auf den Weg:
»Hier diesen Schlüssel nimm.
Faust: Das kleine Ding!
Mephisto: Erst faß ihn an und schätz ihn nicht gering.
Faust: Er wächst in meiner Hand! er leuchtet, blitzt!
Mephisto: Merkst du nun bald, was man an ihm besitzt?
Der Schlüssel wird die rechte Stelle wittern,
Folg ihm hinab, er führt dich zu den Müttern.« (6258 ff)
Was dieser Schlüssel ist? Wiederum streiten die Gelehrten. Zwei
Gegenpole seien angeführt:
Der Schlüssel ist für die einen der Mut, ins Innerste der Welt zu
dringen, die andere Seite verweist darauf, daß der Schlüssel vom
Pferdefüßigen ausgehändigt nichts anderes sein könnte als ein
Phallussymbol. (Allgemein ist der Schlüssel Symbol für Öffnen und
Schließen. Bei Petrus ist der Doppelschlüssel die Vollmacht, zu lösen
und zu binden.) Tatsache ist, daß der Schlüssel Faust ins Reich der
Mütter lotst, daß Faust damit den Dreifuß berührt und unbeschadet
aus dem Reich der Mütter zurückfindet. Helenas Erscheinen kommentiert Mephisto lakonisch: »Hübsch ist sie wohl, doch sagt sie mir
nicht zu.« Verständlich, denn über sie hat er – wie bei Gretchen – keine Gewalt, Helena gehört anderen, eben den klassisch-griechischen
Mächten. Überhaupt ist Mephisto bemerkenswert wenig präsent: Er
vollführt einige Zauberstückchen an den Damen des Hofes, befreit
etwa eine Blondine (Goethe bedient sich ebendieses Wortes) von
Sommersprossen, eine Braune von Erfrierungen an ihrem Fuß, jetzt
kann sie wieder tanzen und unter Tisch füßeln. Sonst aber führt Faust
die Regie.
Wir glauben auch zu wissen, warum: Die Mütter sind das Urpro-
duktive, Faust ist es, der ihnen nahetreten kann, weil er ihnen we-
sensverwandt ist, Mephisto hingegen ist seinem Naturell gemäß kontraproduktiv. Der Mensch Faust macht aufgrund seiner schöpferischen Energie Helenas Erscheinung möglich, Mephisto gehorcht den
Gegengesetzen, also denen der Zersetzung und Zerstörung. Zudem
steht Helena, wie wir bereits gesagt haben, außerhalb seiner Einfluß-
sphäre. Fausts gesamtes Helena-Unternehmen ist Mephisto unbehaglich, das beginnt bereits da, als er sich um Fausts Rückkehr aus

dem Reich der Mütter sorgt. Als Faust bei der Berührung Helenas buchstäblich zusammenkracht und Mephisto ihn auf seine Schultern laden muß, bleibt nicht viel von seinem Zynismus, allenfalls Selbstironie übrig:
»Da habt ihr's nun! mit Narren sich beladen,
Das kommt zuletzt dem Teufel selbst zu schaden.« (6564 f)
Noch unbehaglicher wird es Mephisto, als *Homunculus erklärt, Fausts Genesung sei nur in Griechenland möglich. Unser Teufel versteht sich als westeuropäischer Teufel. Erst als Homunculus mit den Thessalischen Hexen lockt, die ihm alles andere als sympathisch, aber durchaus interessant scheinen, ist er bereit, seinen Zaubermantel auszubreiten und mit dem schlafenden Faust und dem Phiolenmännchen ins alte Griechenland zu segeln.

Faust und Homunculus finden hier ihre Aufgabe, nur Mephisto ist ohne wirkliche Arbeit – er wirkt weder auf Faust ein, noch auf Homunculus – und wird gegen seinen Willen zum Hauptdarsteller eines äußerst witzigen Schwankes. Vom ersten Augenblick ist ihm hier, im südlich-antiken Walpurgistreiben, nicht geheuer:
»So find ich mich doch ganz und gar entfremdet,
Fast alles nackt, nur hie und da behemdet:
Die Sphinxe schamlos, unverschämt die Greife,
Und was nicht alles, lockig und beflügelt,
Von vorn und hinten sich im Auge spiegelt...
Zwar sind auch wir von Herzen unanständig,
Doch das Antike find ich zu lebendig.« (7081 ff)
Mephisto versucht's mal anbiedernd mal bösewichtig und kommt auf keinen grünen Zweig. Unter all den Dämonen und Schreckgespenstern kann er nirgends seinesgleichen finden, auch die Thessalischen Hexen, mit denen Homunculus gelockt hatte, sind in der erhofften Fasson weit und breit absent. Fast zu Herzen gehend ist sein Getue, als die Sphinx ihn auffordert, seinen Namen zu nennen. Wahrheitsgemäß müßte er sagen, ich bin ein armer Teufel, den man hierher verschleppt hat. Er antwortet auch nicht, er sei drüben im kalten Nordwesten das Laster und das Böse, sondern bedient sich eines allegorischen Begriffs des Shakespeare-Theaters, eines Fremdworts, das keiner der Antiken versteht: »Im alten Bühnenspiel / Sah man mich dort als old Iniquity.« (Allegorie des Lasters) Die Greife sagen's klipp und klar:
»Den mag ich nicht! Was will uns der?
Der Garstige gehöret nicht hierher!« (7138 f)

Mephisto, sonst glatt und souverän, verliert nun die Contenance. Wenn die Greifen es darauf anlegen wollten, antwortet er, könne er sich mit ihnen auch prügeln, die Sphinx erwidert schlichtend, daß man ihm ansehe, wie schlecht ihm hier zumute sei. Mephisto pöbelt, sie sei ja wegen ihres Frauenkopfes oben recht appetitlich, unten hingegen grauenhaft. Die Angepöbelte weiß, was sie antworten soll:

»Du Falscher kommst zu deiner bittern Buße,

Denn unsre Tatzen sind gesund;

Dir mit verschrumpftem Pferdefuße

Behagt es nicht in unserem Bund.« (7148 ff)

Als die Sirenen ihren verführerischen Gesang anstimmen, nennt das unser arbeitsloser Bösewicht »Trallern«, ohne Wirkung auf sein Herz.

»Sprich nicht vom Herzen!« ermahnt ihn die Sphinx,

»das ist eitel;

Ein lederner verschrumpfter Beutel,

Das paßt dir eher zu Gesicht.« (7178 ff)

Schließlich hat sie Mitleid mit ihm. Versöhnlich empfiehlt sie ihm eine andere Gesellschaft:

»Begebt Euch fort!

Ich sehe, jener Chorus dort

Macht Euch zum Wendehals. Bezwingt Euch nicht,

Geht hin! begrüßt manch reizendes Gesicht!

Die *Lamien sind's, lustfeine Dirnen,

Mit Lächelmund und frechen Stirnen,

Wie sie dem Satyrvolk behagen;

Ein Bocksfuß darf dort alles wagen.« (7231 ff)

Doch auch bei den Lamien hat er kein Glück, sie umtanzen ihn, sie verführen ihn, er folgt ihnen paradoxerweise gegen seinen Willen, mit der Zeit will er die eine oder andere packen, doch verwandeln sie sich augenblicklich zu unappetitlichen Gebilden. So will er zur Sphinx zurück, aber durch ein Erdbeben steht nichts mehr, wo es war. *Oreas, die Bergnymphe, weist ihm einen Weg, ächzend steigt er den vom Beben unbehelligt gebliebenen Fels empor ... Mephisto ist wahrlich am Ende seiner Kräfte, wenn er – der Teufel! – schon vom verlorenen Paradies spricht:

»Man denkt an das, was man verließ;

Was man gewohnt war, bleibt ein Paradies.« (7963 f)

Endlich findet er die *Phorkyaden, scheue, in eine Berghöhle sich kauernde Wesen. Sie sind eigentlich nicht nur der Gipfel der Häßlichkeit, sie sind darüber hinaus Krüppel, behindert und als solche dem Mephisto nicht weiter gefährlich. Bei ihnen nistet er sich ein, nimmt ihre Gestalt an, die so häßlich ist, daß er zugibt, selbst seine Teufelskollegen könne er mit diesem Erscheinungsbild erschrecken.

Im Augenblick seiner Ankunft auf klassischem Boden wird Faust heimisch, wohingegen Mephisto gerade noch geduldet, gehänselt und verspottet, orientierungslos umherstolpert. Charakteristisch ist, daß er und Faust auf antikem, eben heidnischem Boden nicht miteinander kommunizieren, Faust braucht Mephisto nicht. Eher umgekehrt, Mephisto könnte sich gut an Fausts Rockzipfel hängen, denn Faust weiß sich nicht nur in der »normalen« klassischen Antike, sondern auch unter deren Schreckgebilden, Sphinxen und Greifvögeln, souverän und leicht zu bewegen.

Nichts ist von dem früheren Mephistopheles übrig, der in der Gelehrten- und der Gretchenhandlung wie auch am Hof des Kaisers, wo er ja zum Mittelpunkt der höfischen Damenwelt avancierte, ein selbstbewußt auftretender Edelmann war. Hier, in der Klassischen Walpurgisnacht gebärdet er sich wie ein vom Erdreich ausgeworfener Maulwurf, der blind und verzweifelt ein Unterkommen sucht. Erneut wird offenbar: Faust hat die Welt im Griff, er ist neuzeitlich, er ist Kosmopolit, Mephisto ist bei allen Qualitäten ein Schmalspurfahrer des Mittelalters, ein Provinzgeist. Der Zuschauer und Leser aber wird's ihm danken, er sorgt für herrliches, sehr menschliches Gelächter.

In der Helena-Handlung bekommt Mephisto in Gestalt der *Phorkyas wieder festen Boden unter die Füße. *Helena braucht Hilfe, da hat Mephisto/Phorkyas eine Aufgabe: Helena zu Faust führen. Man merkt, wie Mephisto in seiner neuen Rolle zur alten Kondition findet. Zunächst rechnet er/sie (die Phorkyas) in inquisitorischer Manier mit Helenas Liebesleben ab. Er tut das mit den Mitteln der Moral, denn er weiß, daß er nur innerhalb der moralischen Grenzen Macht über die Menschen hat, ohne allerdings zu begreifen, daß Helena in ihrer ganzen Schönheit und daraus erwachsenden Sittlichkeit eine Heidin mit eben unchristlicher Vitalität ist. So wird er im Vergleich zur Gretchenhandlung keinen echten Einfluß auf Helena nehmen können. Mephisto ist und bleibt ein dem christlichen Mittelalter verhafteter Bösewicht. Als er allmählich die mythischen Gefilde des südlichen Heidenreiches verlassen kann, bemerkt man eine rührende teuflische Freude. Er schildert Fausts mittelalterliche Burg auch deshalb so überaus großartig, weil er nach dem erlittenen Debakel der Klassischen Walpurgisnacht sich eine Rückkehr in den heimisch-christlichen Einflußbereich verspricht. Nach Helenas Tod nimmt er wieder sein ursprüngliches Aussehen an. Als könnte er nur mittels eines Mobils dem Ruhelosen folgen, tritt er in Siebenmeilenstiefeln an Fausts Seite und bietet ihm hier oben auf den Bergen die ganze Welt, vor allem die Stadt – das Sündenbabel? – an. (Das Bild entnahm Goethe der Bibel, hier versucht Satan auf einer Anhöhe stehend Jesus und verspricht ihm die ganze Welt. Matthäus, IV,1 ff.) Doch Faust will Landbesitzer werden. Land kann aber nur der Kaiser vergeben, da trifft es sich gut, daß der Kaiser in einer anstehenden Schlacht dringend Hilfe benötigt. Mephisto hat gleich die drei Gewaltigen zur Stelle, Raufebold, Habebald und Haltefest, die sich – nach Fausts Kommando – in der Schlacht bewähren. Ferner hat er alle mittelalterlichen Waffensäle ausgeräumt, denn in den alten Rüstungen leben allerlei Geister, die sich auf des Teufels Anordnung an die Front melden. Als Schlachtenspäher hat er zwei Raben. Dem Kaiser wird es unheimlich, Faust beruhigt ihn:

»Die Taubenpost bedient den Frieden,
Der Krieg befiehlt die Rabenpost.« (10677 f)

Das Schlachtenglück des Kaisers schwankt noch, nun übernimmt Mephisto die Arbeit des Obergenerals. Dieser und sein Kaiser ziehen sich ins Zelt zurück, ihnen ist unheimlich – gut für Mephisto, denn nun kann er seinen Zaubereien freien Lauf lassen. Er verwirrt die Sinne der gegnerischen Soldaten, so daß sie glauben, ihnen kämen wahre Sturzfluten statt harmloser Bergbächlein entgegen. Zusätzlich erbittet Mephisto von den Zwergen aus dem Bergwerk Hilfe. Sie verwandeln ihr Schmiedefeuer zu niedergehenden Sternen. Und oben von den Felsen tönen schauerlich und überlaut die Geister mit ihren hohlen Rüstungen. »Ein wunderbarer falscher Ton«, der zum wilden Orchestereinsatz wird und, als der Feind besiegt ist, sich zur »militärisch heitren Weise« wandelt, wie uns die Regieanweisung zu bemerken aufträgt.

Also hat Faust vom Kaiser ein langes Strandstück erhalten, das mittels riesiger Deichanlagen zu enormen Dimensionen herangewachsen ist. Mephisto ist Chef der Handelsflotte. Wir erleben gerade seine Ankunft im Hafen. Mit zwei Schiffen war er fort, mit zwanzig kommt er zurück.

Die Wirtschaftsbasis von Faustland ist »Krieg, Handel und Piraterie,/Dreieinig sind sie, nicht zu trennen.« (11187 f) Mephisto erhält einen neuen Auftrag von Faust: Er soll *Philemon und Baucis vom Nachbargrundstück auf ein anderes verfrachten, wo sie ihn nicht stören. Mephisto pfeift seine drei Riesenhelfer herbei, es gäbe ein Fest, sagt er. Sie zünden das Nachbaranwesen an, so würden die Alten wohl oder übel auf das von Faust ausersehene Grundstück gezwungen. Doch die Alten bleiben. Ein Fremder, der die beiden verteidigen will, wird umgebracht. Mephisto berichtet im trockenen Wilhelm-Busch-Stil:

>»Von Kohlen, ringsumher gestreut,
>Entflammte Stroh. Nun lodert's frei,
>Als Scheiterhaufen dieser drei.« (11367 ff)

Es ist Mephistos letzte »große« Tat, Faust ist steinalt und blind, endlich stirbt er. Mephisto legt Faust ins bereitstehende Grab, sollte die Seele entfliehen, will er sogleich »den blutgeschriebnen Titel«, den von Faust unterschriebenen Vertrag, vorzeigen. Doch den Rosen streuenden himmlischen Heerscharen sind weder die »Dickteufel vom kurzen, graden Horne« noch die »Dürrteufel vom langen, krummen Horne« gewachsen. »Ärschlings« stürzen sie zurück ins »heiße Bad« der Hölle. Die schwebenden Rosen, Symbole der Liebe, machen auch Mephisto schwer zu schaffen, sie umkreisen ihn drohend wie ein Wespenschwarm, die Engel kommen ihm ganz gegen seine Natur »gar zu lieblich vor«.

>»Ihr [die Engel] schwanket hin und her, so senkt euch nieder,
>Ein bißchen weltlicher bewegt die holden Glieder;
>Fürwahr, der Ernst steht euch recht schön;
>Doch möcht' ich euch nur einmal lächeln sehn! ...
>Dich, langer Bursche, dich mag ich am liebsten leiden,
>Die Pfaffenmiene will dich gar nicht kleiden,
>So sieh mich doch ein wenig lüstern an!
>Auch könntet ihr anständig-nackter gehen,
>Das lange Faltenhemd ist übersittlich –
>Sie wenden sich – von hinten anzusehen! –
>Die Racker sind doch gar zu appetitlich!« (11787 ff)

Man hat das gerne als des Teufels Neigung zum Perversen gesehen, doch wir sollten das anders verstehen: Die Engel in ihrer seraphischen Überhöhtheit sind genauso »pervers« wie der Teufel in seiner lachhaften Selbstironie. Dem alten Goethe geht es um den Gegensatz von Humor und Höhe.

Die Humorlosen jedenfalls erheben sich in die Höhe und führen die »Beute« himmelwärts. So ist zuletzt der Teufel angeschmiert – ein armer kleiner Teufel, der die Grenzen seiner Macht im Haushalt Gottes uns Lesern und Zuschauern vorführen muß.

Ist er das Böse? Was wäre das Böse ohne Faust? Wie böse ist das Böse? Hätten Gretchen und die anderen ohne Mephisto überlebt? Und ohne Faust? Wer ist gefährlicher, Mephisto oder Faust? Sind die Opfer schuldlos? Das Urteil überlassen wir den Pfarrern und Richtern, den Lehrern und Kritikern, den Regisseuren und Schauspielern und auch uns, den Lesern und Zuschauern.

Mercurius
(Götter, Helden und Wieland)

Wie alle griechischen Gottheiten, mehr menschlich als göttlich. In Goethes Farce um eine weitere Potenz nicht nur vermenschlicht, sondern zum achselzuckenden Leichtblütler gewandelt. Ihm ist Menschentreiben einerlei und unverständlich.

Die halbe Totenwelt ist dem Boten und Seelenübersteller gram, erzählt der Totenfährmann Charon, vor allem die Heroine Alceste, ihr Mann Admet und ganz besonders deren geistiger Vater *Euripides. *Herkules habe ihn gleich einen »dummen Buben geheißen, der nie gescheit werden würde«, doch Mercurius versteht kein Wort. »Du hast«, fragt der Fährmann, »in Deutschland jetzt ein Geträtsch mit einem gewissen Wieland?« Mercurius kennt niemand solchen Namens. Um die Sache zu bereinigen, setzt er mit Charon über. Hier wird er gleich von Euripides gescholten, er verkehre mit Leuten, die keine Ader griechischen Bluts hätten. Ein eben von oben eingetroffener Literator versucht zu vermitteln, ob vielleicht der Deutsche Merkur gemeint sei, der sei mit seinen goldenen Papierchen den Philologen und Schriftstellern »die Wonne und Hoffnung von ganz Deutschland«. Der Zuschauer begreift – wenn er literaturgeschichtlich kundig ist – lachend und schnell: Hier wird das damalige Zentralorgan der deutschen Literatenszene mit dem Erfinder der Lyra gleichgesetzt. Der aber steht versteinert.

Alceste, die Heroine aus Euripides' gleichnamiger Tragödie stürmt auf Mercurius ein und ihr Gatte, Admet, schließt sich den Vorwürfen an: Dieser Wieland habe sich erdreistet, die eigene ›Alceste‹ vor die des Euripides zu stellen. Mercurius reißt der Geduldsfaden, als Fürst der Träume zitiert er den schlafenden Wieland in den Orkus. Bei Ansicht der mythischen Urgeschöpfe verschlägt es dem Träumer die Sprache. Mercurius will wissen, warum die untadeligen Leute und er selbst öffentlich »prostituiert«, bloßgestellt, würden. Wieland erklärt sich, und Mercurius – gewohnt, seinen Namen und Konterfei auf Tabaksdosen und Vignetten zu sehen – schaut großzügig über das bereitete Ungemach hinweg. Er entfernt sich, nachdem er klarstellt, daß er noch nicht so tief gesunken sei, sich mit »allerlei Leuten zu assoziieren«.

Der erschrockene Wieland glaubt, die Sache sei ausgestanden, doch Euripides, Alceste und Admet setzen ihm weiter zu. Er habe, lautet der Vorwurf, sie ohne Wissen und Verständnis verniedlicht und damit verunstaltet, und habe die wahre Geschichte für seine Ideen mißbraucht. Zu allem Überfluß taucht nun der lärmende *Herkules auf, bis Pluto wütend mit den Worten dazwischenfährt: »Herkules, dich hört man überall vor. Kann man denn nicht einmal ruhig liegen bei seinem Weibe, wenn sie nichts dagegen hat.« Solche Beanstandung versteht der Halbgott und läßt den armen Poeten straffrei nach oben und in sein Bett zurück.

Mignon
(Wilhelm Meisters Lehrjahre)

13jähriges Knabenmädchen, Zirkusartistin. Italienerin, wie das berühmte Mignon-Lied (»Kennst du das Land, wo die Zitronen blühn ...« – III, 1) uns vermuten läßt. Ihre genaue Herkunft wird sie nie verraten, wir erfahren nur, daß sie geraubt und entführt wurde. Beweglichkeit und Aussehen sind unirdisch elfenhaft. Für *Wilhelm tanzt sie »wie ein aufgezogenes Räderwerk« einen Fandango mit verbundenen Augen zwischen rohen Eiern, ohne eines zu berühren, geschweige zu zerbrechen. Wilhelm kauft sie dem prügelnden Zirkusdirektor ab, wofür sie ihm alle Liebe ihres verletzbaren Gemüts schenkt. (Ihr epileptischer Anfall ist ein Paradebeispiel für die prononcierte Realitätsferne, die idealistische Erzählweise Goethes. Der schwere Anfall wird nahezu als Ausdruckstanz am Rande des Pittoresken beschrieben.) Als neuen »Vater« liebt sie Wilhelm zärtlich, später nennt sie ihn Meister, und ihre Liebe gewinnt etwas von naiver Begehrlichkeit. Dem schwerverletzten Wilhelm stillt sie die Wunde mit ihren Haaren. Sie hat ohne viel Worte ein gutes Gespür für Kommendes, so will sie Wilhelm daran hindern, den Kontrakt mit *Serlo zu unterschreiben, weil sie weiß, daß dies letztendlich Wilhelms Zielen zuwiderläuft. Und während der Feuersbrunst ist sie nicht nur die erste, die Wilhelm warnt, sondern kann auch des *Harfners unzurechnungsfähige Absicht, den kleinen *Felix zu töten, im letzten Augenblick vereiteln. Wilhelm vergißt sie danach, während sie sich in Liebe nach ihm verzehrt. Sie wird jetzt herumgereicht und landet bei *Natalie, trägt keine Knabenkleider mehr –

nicht etwa, weil sie sich ihrer Weiblichkeit bewußt geworden wäre, vielmehr weil sie im langen weißen Kleid einem Engel ähnlich sieht: Sie weiß, daß sie bald sterben wird. Eines Tages rennt sie zusammen mit Felix um die Wette, wer als erster »Mutter *Therese« begrüßen könne, doch als Mignon hereinstürmt, muß sie zusehen, wie sich Therese und Wilhelm stürmisch umarmen. »O meine Therese!« ruft Wilhelm. »Mein Freund! mein Geliebter! mein Gatte! Ja, auf ewig die Deine!« antwortet Therese unter lebhaften Küssen. Mignon faßt an ihr schwaches noch atemloses Herz, weist mit der anderen Hand wortlos zu den beiden und bricht tot zusammen.

Vom *Abbé erfahren wir in der Totenfeier, daß sie das auf ihrem Arm eintätowierte Kruzifix in ihren letzten Augenblicken inbrünstig küßte. Sie ist ein Engel, der über die Schwelle des Todes zurück in seine himmlische Sphäre kehrt, nachdem ihre Liebe zu Wilhelm unerfüllt blieb. Natürlich muß der geschwätzige Goethe Mignons Geheimnis preisgeben, und wir erfahren, daß sie die Nichte des eben angereisten Marchese ist, daß sie einer unglücklichen Geschwisterliebe entsproß, früh schon das Klettern und Balancieren wie die Besuche in der nahe gelegenen Basilika liebte. Ihren Vater habe sie nie gekannt, weil er als Mönch im Kloster lebte. Es ist der Harfner. Wir hören uns ihr letztes Lied an, Verse voller Todesahnung und Sehnen eines körperlosen Wesens.

»So laßt mich scheinen, bis ich werde,
Zieht mir das weiße Kleid nicht aus!
Ich eile von der schönen Erde
Hinab in jenes feste Haus.
Dort ruh' ich eine kleine Stille,
Dann öffnet sich der frische Blick,
Ich lasse dann die reine Hülle,
Den Gürtel und den Kranz zurück.
Und jene himmlischen Gestalten,
Sie fragen nicht nach Mann und Weib,
Und keine Kleider keine Falten
Umgeben den verklärten Leib.
Zwar lebt' ich ohne Sorg' und Mühe,
Doch fühlt' ich tiefen Schmerz genug;
Vor Kummer altert' ich zu frühe;
Macht mich auf ewig wieder jung!« (VIII, 2)

Mignons Ende ist ein Freitod auf Raten. Die Schwäche ihres Herzens ist ihr das Mittel zum Sterben. Wie der Harfner muß und will sie sterben, weil sie ihr bißchen Nähe, Nestwärme und Zuhause verloren hat. Was sollte sie in der Welt Thereses und *Jarnos? Sie muß zusehen, wie der Vater-Geliebte Schritt für Schritt aus ihrer Welt abrückt, wie er der Buntheit des Umherziehens und jeder poetischen Lebensführung abschwört und über die Turmgesellschaft zur Lebensweise planender Landvermesser und Großgrundreformer kommt. Sie muß sehen, wie sich Wilhelms Umgang ändert, wie er sich von all den verspielten und nonkonformen Menschen der Theaterwelt distanziert und wie er sie der sorgenden Hand jener überläßt, die mit dem Fahrer- und Theaterleben – also auch mit ihrem Leben – nicht das geringste zu tun haben; diese Gutmeinenden halten sie letztlich von Wilhelm fern und wollen aus ihr jemand machen, der sie nicht ist. In den Kreisen der Türmer, wo jeder eine nützliche Aufgabe hat, ist kein Platz für sie, die statt »Idee und Konzept«, »Nähe und Wärme« braucht. Die Turmgesellschaft und ihr Ideengebäude aus Arbeit, Ordnung, Sauberkeit und Nützlichkeit ist nicht ihre Welt.

Es ist eine Ironie der Geschichte, daß wir in den ›Wanderjahren‹, als Mignon schon eine Weile tot ist, diese als Objekt schwärmerischer Verehrung erleben. Ihre Geschichte scheint ein Bestseller geworden zu sein. Jeder kennt sie. Wir erleben einen Maler, der in Norditalien den Aufenthaltspunkten der Verstorbenen folgt, um diese Gegenden zu malen. Goethe mutet uns gar das schöne Mignon-Lied aus der Kehle des Malers zu, was uns wenig, indes Wilhelm, dem Sentimentalen, wohl gefällt.

Mittler
(Die Wahlverwandtschaften)

Ein ehemaliger Geistlicher, pausenlos unterwegs, der in allen Dingen des Streites den Part des Schlichters übernimmt. Seit er aktiv ist, hat es in der Region keine Scheidung mehr gegeben, keinen Streit vor Gericht, weder unter Kleinen oder Großen noch unter einzelnen Gemeinden. Vermutlich ist er so erfolgreich, weil er es verstanden hat, den Betroffenen die Konsequenzen eines bis zum Ende geführten Streites vorzurechnen, vor allem hat er sich gewissenhaft in juristische Studien vertieft, um auch einem Rechtsanwalt ebenbürtig zu sein, oder, so schließen wir, den Kontrahenten desto deutlicher zu machen, wie aufreibend und kräftezehrend ein Weg über Paragraphen und Gesetzesklauseln ist. Sein Ruf als erfolgreicher Streitschlichter ist so verbreitet, daß man ihn für die Residenz gewinnen will, doch macht er kurz davor einen ansehnlichen Gewinn im Lottospiel, so daß er finanziell unabhängig seiner Bestimmung folgt und nun jedermann zu Diensten ist.

*Eduard hat ihn rufen lassen, um sich in der Meinungsverschiedenheit zwischen ihm und seiner Gattin beraten zu lassen. Aufgeregt sprengt er in den Schloßhof, fragt laut rufend unter der Dienerschaft, »Ob es not tut«, verlangt dringend die Herrschaften, dann reitet er ihnen entgegen, er will keine Zeit vergeuden. Eduard und *Charlotte haben eine Abkürzung genommen und befinden sich auf dem Familienfriedhof, Mittler aber weigert sich, diesen zu betreten. Mit diesen Ruhenden hat er nichts zu schaffen, sagt Mittler. Und mit Charlotte und Eduard eigentlich auch nicht, er ist kein Eheberater. Was die Ehegatten ihm vortragen, ist geringfügig. Sonst hat er Fälle, wo es um materiellen oder finanziellen Erhalt oder Verlust geht. Er ist Krisenmanager nicht Krisenvermeider, ein Feuerwehrmann, der für die Brandvorbeugung nichts übrig hat, weil es erst um das Löschen all jener Brände geht, die an allen Ecken und Enden züngeln. Eigentlich ist ihm das Problem der beiden kein Problem. »Glaubt ihr, daß ich in der Welt bin, um Rat zu geben? Das ist das dümmste Handwerk, das einer treiben kann. Rate sich jeder selbst und tue, was er nicht lassen kann ... Tut, was ihr wollt: es ist ganz einerlei! Nehmt die Freunde zu euch, laßt sie weg: alles einerlei! Das Vernünftigste habe ich mißlingen sehen, das Abgeschmackteste gelingen. Zerbrecht euch die Köpfe nicht, und wenns auf eine oder die andre Weise übel abläuft, zerbrecht sie euch auch nicht! Schickt nur nach mir, und euch soll geholfen werden.« (I,2)

Er führt keine umständlichen Reden, keine Floskeln der Standeshöflichkeit, er ist kein Adliger, er tritt den beiden entgegen, als sei er ein Apostel im kleinen.

Einmal kommt er langsam herangeritten und scheint müde von all der Arbeit unter Streitenden. Er will Charlottes Geburtstag nachfeiern mit »Freunden, die Frieden halten und hegen«, doch die nahe Ankunft des Grafens und seiner Konkubine, der Baronesse, vertreiben ihn. Er, der so viel Zerfall um sich sieht und aufhalten muß, kann das dekadente Freileben der beiden Herrschaften nicht tolerieren. »Wer mir den Ehestand angreift, wer mir durch Wort, ja durch Tat diesen Grund aller sittlichen Gesellschaft untergräbt, der hat es mit mir zu tun; oder wenn ich sein nicht Herr werden kann, habe ich nichts mit ihm zu tun.« (I,9) Und als wüßte er, wohin Eduard treibt, sich treiben läßt, wohin alle anderen sich mehr oder weniger widerstandslos treiben lassen oder getrieben werden, erhebt der verweltlichte Martin Luther seine Stimme: »Ungeduld ist es, die den Menschen von Zeit zu Zeit anfällt, und dann beliebt er sich unglücklich zu finden. Lasse man den Augenblick vorübergehen, und man wird sich glücklich preisen, daß ein so lange Bestandenes noch besteht. Sich zu trennen gibts gar keinen hinlänglichen Grund. Der menschliche Zustand ist so hoch in Leiden und Freuden gesetzt, daß gar nicht berechnet werden kann, was ein Paar Gatten einander schuldig werden.«

Zuletzt sitzt er mit Charlotte und dem Hauptmann zusammen. Er spricht mit der Überzeugung des modernen Dogmatikers über die zehn Gebote und brüstet sich als neuer, dem Rationalismus verpflichteter Exeget. Gerade läßt er sich über das Gebot »Du sollst nicht ehebrechen« aus. Es ginge nicht um Ehebruch, sagt er, sondern um die Ehrfurcht vor der Ehe. Wo man Gatten sieht, die sich lieben, soll man sich freuen und daran teilnehmen. Sollte sich das Verhältnis trüben, so solle man begütigend und besänftigend einwirken und »mit schöner Uneigennützigkeit das Wohl der anderen fördern, indem du ihnen fühlbar machst, was für ein Glück aus jeder Pflicht und besonders aus dieser entspringt, welche Mann und Weib unauflöslich verbindet«. (II,18) Während er spricht, ist *Ottilie eingetreten, ihr kommen die Worte Mittlers wie ein donnerndes Strafgericht vor. Sie hört zu, kehrt um, Charlotte läuft ihr nach. Ottilie liegt im Sterben. Mit seiner Rede hat er Ottilie den Gnadenstoß versetzt. Mittlers Position wird erst in Verbindung zum tragischen Geschehen erkennbar. Mit seinem Erfolgsrezept bei Streitigkeiten unter Bauern oder Grundeigentümern glaubt er, die Welt in ihrer Gesamtheit erlösen zu können. In jeder neuen Etappe des unheilvollen Gangs tritt Mittler auf und sorgt für zusätzliches Unheil, ohne sich die mindeste Rechenschaft zu geben. Er kommentiert das Leben, wie es sein soll – aus der Perspektive eines frühen Homo Faber. Ihm ist die Welt ein Regelgefüge, das mit einer simplen Mathematik der Harmonisierung immerzu reparabel ist. Werden Regeln verletzt, müssen sie mittels Gebrauchsanweisung in ihr klares harmonisches Gefüge zurückgebracht werden. Nichts scheint ihm leichter als das.

Montan
(Wilhelm Meisters Wanderjahre)
Ist *Jarno mit neuem, seinen Beruf umschreibenden Namen.

N

Nachodine
(Wilhelm Meisters Wanderjahre)

Alias Susanne, ein »herrliches Wesen«, die »Gute-Schöne«, eine Vermißte, nach der *Lenardo sucht und die Suche an *Wilhelm weitergibt. *Hersilie nennt sie eine »wilde Hummel von Brünette«, doch eigentlich ist sie das nußbraune Mädchen, das von Lenardos Oheim zusammen mit dem Vater vom Pachtgut vertrieben wurde.

Lenardo läßt die Ungewißheit über ihr Schicksal keine Ruhe. Nach umständlicher Suche findet Wilhelm sie in einer Lage, »wo für das gute Wesen nichts weiter zu wünschen übrigbleibt ... Nicht leicht habe ich mich in einer angenehmeren Gegenwart gesehen, über welche eine heitere Aussicht auf die nächste Zeit und die Zukunft waltet.« (II,6) Da hat Wilhelm übertrieben: »Das überhandnehmende Maschinenwesen quält und ängstigt mich«, bekennt Susanne. Nachodine lebt in den Bergen, wo sie zusammen mit ihrem Mann und ihren Eltern eine Existenz in der Textilverarbeitung gefunden hat. Lenardo, der sie auf seinen Berufsreisen trifft, lernt sie als Witwe kennen, deren Schwägerin, Schwiegereltern und Gatte verstorben sind, deren Vater einen Schlaganfall hatte und apathisch in einem Sessel sitzt. Es ist romantypisch, daß der Kranke, beim Anblick des »Junker Lenardo« aufspringt und den Neffen seines Vertreibers in die Arme schließt, ja plötzlich wieder sprechen und gehen kann. Wenig später bricht er zusammen und stirbt.

Susanne/Nachodine vermacht ihren Besitz einem Verehrer und Kompagnon, nimmt Angelas Stelle bei *Makarie an. Lenardo kann sie sich nicht zuwenden, sie ist ihrem verstorbenen Gatten noch anhänglich, doch ist es nur eine Frage der Zeit, daß die beiden sich das Jawort geben.

Nanny
(Die Wahlverwandtschaften)

Unter den Bauernmädchen, die *Ottilie um sich gesammelt hat, verweigert sie sich und hängt ihr zugleich beinahe hündisch an. Eher gegen Ottiliens Willen wird sie Vertraute und Helferin, eine Art Kammerjungfer. »Wir sehen vor uns das primitive, dumpfe, zuerst tierhaft-scheue, dann tierhaft-treue halbwüchsige Wesen, mit dem in-

ständigen Tierblick ihrer Augen, unerlöst und rührend, mit ihren habgierigen, geschwinden Händen, mit ihrem genäschigen Mund in dem
grobknochigen Gesicht. Sie ist nie geschildert, aber doch sehen wir
das unruhige Wesen genau vor uns, triebhaft und unbeherrscht in der
Eßlust, im Ergreifen schöner Dinge, sie scheint primitiv schwatzhaft,
unerhört erregbar, phantastisch, in der Erschütterung vorübergehenden Wahnsinnszuständen ausgeliefert ... Unersättlich anschluß-
bedürftig scheint sie, und wie von dumpfer Liebe, dunkler Erlö-
sungssehnsucht zum lichten Wesen Ottiliens hingetrieben ... so
möchte man fast an Bilder der Legende denken, die Goethe geliebt
hat: das Tier, das sich dem Heiligen treu angeschlossen hat, nach ihm
inständig hinaufblickend, sich hinaufsehnend zu einer neuen Form
der Existenz.« (Paul Stöcklein, zitiert nach Hamburger Ausgabe)

Während Ottilie im Sterben liegt, gesteht Nanny unter Drohun-
gen, daß ihre Herrin nichts mehr gegessen, daß statt dessen sie die
Speisen zu sich genommen habe. Als der offene Sarg mit den sterblichen Überresten ihrer ehemaligen Gebieterin durchs Dorf getragen
wird, sind alle Bewohner des Dorfes anwesend, nur Nanny fehlt. Man
hat sie eingesperrt, man fürchtet um ihren Geisteszustand. Auch hat
man ihr Tag und Stunde der Beerdigung verschwiegen, doch als sie
die Glocken läuten hört, versucht sie mit allen Mitteln nach draußen
zu gelangen. Die Türen sind verschlossen, also besteigt sie den Dach-
boden und sieht Ottilie von oben herab in ihrem Sarg. Sie verliert den
Halt und stürzt. Es muß ein tödlicher Sturz sein, aber sie kommt so
zu Fall, daß sie sich mit aller Kraft zum Sarg emporheben und mit ihrer Hand Ottilies Finger berühren kann. Wie eine Wahnsinnige
springt sie plötzlich hoch; Ottilie, nein Gott und Ottilie haben ihr
vergeben, was niemand – auch sie selbst sich nicht – vergeben konnte. Sie ist nun keine Mörderin mehr. Ihre Sprache, alles hat sich an
Nanny verändert. Sie wird die Leichenwächterin Ottiliens, und sie
spricht dem untröstlichen *Architekten Worte des Trostes und der
Kraft zu.

Tags darauf wird sie vom Arzt untersucht, sie ist an Körper und
Geist gesund, sie erinnert sich an alles Geschehene, nur das, was sie
am Sarg erlebte, hat sie anders in Erinnerung: »Wie Ottilie sich auf-
gerichtet, sie gesegnet, ihr verziehen und sie dadurch immer beruhigt
habe.«

Natalie
(Wilhelm Meisters Lehr- und Wanderjahre)
Schwester *Friedrichs und *Lotharios – die Amazone, nach der *Wilhelm in den ›Lehrjahren‹ sucht und sucht. Sie ist jene, die ihm, dem Kopfverletzten, einen Mantel umgeworfen hat.

Sie verliert früh ihre beiden Eltern und wird vom Oheim großgezogen, jenem Mann, der die Kunstsammlung von Wilhelms Großvater gekauft hatte, als Wilhelm noch ein Kind war. Natalie ist nicht nur Nichte der *Schönen Seele, sondern auch ihr weltliches Pendant, sie ist praktische Helferin mit Herz, die am Ende der Lehrjahre Wilhelms Gattin wird und mit diesem in den Wanderjahren nur brieflich Kontakt hält. Von Ehe, wie wir sie verstehen, ist keine Rede, beide sind Entsagende, vor allem sie, die zu Hause sitzt und gelegentlich Post vom weitreisenden Wilhelm erhält. Wir erfahren am Rande, daß sie mit Lothario vorgefahren ist nach Amerika, wo sie – nach Ende des Buches – wohl mit Wilhelm zusammentrifft.

Nausikaa
(Nausikaa)
Figur des gleichnamigen Tragödienentwurfs. Goethe weilte auf seiner Italienreise in Palermo, war erfüllt vom Flair dieses Ortes und entschlossen, das Thema Nausikaa aufzugreifen, wie er Charlotte von Stein mitteilte (Brief vom 22.10.1786). In der ›Odyssee‹ ist Nausikaa die Tochter des Alkinoos, König der Phäaken-Insel Scheria (angeblich Korfu). Odysseus hat über einen Sturm alles verloren, Schiff, Mannschaft, selbst die Kleider. Als Schiffbrüchiger ist er auf die Insel gelangt, hat sich mit Laub bedeckt und dreißig Stunden geschlafen. Dann wird der Nackte von Nausikaa entdeckt und zum Vater gewiesen. Der nimmt Odysseus gastfreundlich auf und läßt ihn nach Ithaka weiter ziehen. Damit endet Nausikaas Rolle in der ›Odyssee‹. Goethe wollte die Geschichte umformen: Nausikaa, mehr Kind als Frau, verliebt sich in den königlich-schönen Odysseus, ohne zu wissen, wer er tatsächlich ist. Als sie seine wahre Identität erfährt, weiß sie, daß er verheiratet ist und geht in den Tod. Goethe schrieb zirka 150 lose Verse, die kaum über die erste Begegnung hinausgehen, dann ließ er die Sache fallen.

Neoterpe
(Paläophron und Neoterpe)
Siehe * Paläophron

Nereiden
(Faust II, Klassische Walpurgisnacht)
Seenymphen, Töchter des *Nereus, sie sind überstolz, daß sie zu-sammen mit den *Tritonen die *Kabiren auf dem Panzer einer Rie-senschildkröte zum Fest mitführen und behaupten, diese Leistung sei mit jener der Argonauten vergleichbar, die das Goldene Vlies mit sich führten.

Nereus
(Faust II, Klassische Walpurgisnacht)
Greiser Meergott, Sohn der Gaia und des Pontos (Meer). Von der Okeanide Doris hat er fünfzig Töchter, die *Nereiden, deren schön-ste *Galatea ist – wie *Proteus ein Verwandlungskünstler. Sein Name hat seinen Ursprung im indogermanischen snā und bedeutet Fließen, Feuchtigkeit. Goethe teilt Nereus' Kinderschar in Doriden und Ne-reiden, die einen sind von Doris, die anderen aus anderen Verbin-dungen.

Das nußbraune Mädchen
(Wilhelm Meisters Wanderjahre)
Siehe *Nachodine und *Lenardo

O

Odoard
(Wilhelm Meisters Wanderjahre)
Held der Ich-Erzählung ›Nicht zu weit‹ (III,10), hoher Regierungs-
beamter, wegen Taktlosigkeit am Hofe in die Provinz strafversetzt,
wo seine Frau Albertine, wenig sitt- und tugendsam, sondern des
leichten Lebens Verführungen folgend, dem Gatten das Leben beschwert. An ihrem Geburtstag fährt sie mit ihrem Hausfreund früh
aufs Land, ihre Freundin Florine besuchen. Gegen Abend ist zu
Hause alles für die Feier vorbereitet, doch erwartet man die Lebedame
vergebens. Verbittert und verzweifelt verläßt Odoard nachts das
Haus, bezieht ein Zimmer im Hotel und trifft zufällig jene Prinzessin,
deretwegen er sich der Taktlosigkeit zu verantworten hatte und die
ihm nicht gleichgültig ist.

Odoard tritt als »gesittet, zuvorkommend und freundlich« mit
»imposanter Gestalt« in Erscheinung, er besucht *Lenardo und seinen Auswandererbund und bietet einigen Auswanderungswilligen eine Heim- und Arbeitsstätte im eigenen Land an.

Der Oheim
(Wilhelm Meisters Wanderjahre)
Führer eines rational wie humanistisch organisierten Plantagen- und
Wirtschaftsanwesens, das durch einen Graben vor Eindringlingen ge-
sichert ist, denn außerhalb der Kolonie gibt es Diebe. »Man hatte
Spur, daß sie durch die Wasserleitung hereingekommen, und deshalb
eine solche Gitterfalle mit einem Selbstschuß eingerichtet, der aber
nur als Zeichen gelten sollte.« (I,4) Einige der Prinzipien dieser Berg-
kolonie sind als Losungsworte und Wandsprüche gegenwärtig:
»Dem Unschuldigen Befreiung und Ersatz, dem Verführten Mit-
leiden, dem Schuldigen ahndende Gerechtigkeit« oder »Vom Nütz-
lichen durchs Wahre zum Schönen.« Überall Vernunft und Sitte,
Ordnung und Sauberkeit. *Wilhelm erklärt seinem Sohn: »Laß dir
diese Erfahrung ... ein lebhaftes Zeugnis bleiben, in welchem und in
was für einem vollkommenen Jahrhundert du geboren bist ... Gewiß
waren es Männer göttlicher Natur, die dies zuerst lehrten ... Des Schönen sind die Menschen selten fähig, öfter des Guten.« (I,4) Der
Oheim hat Besitzungen seines Vaters in Philadelphia veräußert und

sich in Europa niedergelassen: »Ich will mich doch lieber mit meinem Könige abfinden, als daß ich mich mit den Irokesen herumschlage, um sie zu vertreiben, oder sie durch Kontrakte betriege, um sie zu verdrängen aus ihren Sümpfen, wo man von Moskitos zu Tode gepeinigt wird.« (I,7) Im Unterschied zu *Lenardo ist der Oheim rückwärtsgewandt, ein Traditionalist, der das alte Europa für sich entdeckt hat und in seinem Sinn neu zu kolonisieren gedenkt. Aus Amerika hat er die Religionsfreiheit importiert, jeder folgt seiner eigenen Konfession, doch »wird sehr darauf gesehen, daß niemand sich absondere«.

Des Oheims Rationalisierungswille geht soweit, daß einem Verletzten nur ein Fachbefugter zur Seite eilen darf. So geschieht es mit *Felix, der vom Pferd stürzt. Sein Vater, der nach dem Sohn sehen will, wird zurückgehalten, das sei Sache des Arztes.

Wiewohl hier nach ethischen Vorstellungen gewirtschaftet werden soll, gibt es dennoch Opfer: Einen Pächter hat der Oheim hinausgeworfen, er war allzulang mit den anstehenden Gebühren säumig. Ungeachtet seines privaten Elends wird der Witwer mit seiner Tochter *Nachodine des Guts verwiesen.

Oranien, Wilhelm von
(Egmont)

Kollege und Freund *Egmonts, wie dieser Statthalter einer niederländischen Provinz. Seine nüchterne klar strukturierte Sicht der Dinge erspart ihm den Märtyrertod – ein Parteigänger Egmonts, doch ungleich vorsichtiger, einer, der sich über *Alba keine Illusionen macht. In seiner präzisen Analyse der politischen Lage ist er in gewisser Weise eine Art Parallelanfertigung zu Alba. Beide sind politische Aktionäre, die sich über das Ausmaß ihrer Handlungen im klaren sind. »Ich stehe immer wie über einem Schachspiele und halte keinen Zug des Gegners für unbedeutend.« (Bedauerlich, daß Goethe diese beiden gleichgestellten Gegner, gleich im Urteilsvermögen und gleich im Temperament, nicht zusammenführen konnte.)

Oranien ist bei Egmont vorstellig, er befürchtet, daß der bisher von *Maragarete gefahrene Appeasement-Kurs keinen weiteren Rückhalt in Madrid finden wird. Was wäre, so fragt er, wenn Margarete ginge und an ihrer Stelle ein anderer träte. Der spanische König habe lange nach gewissen Grundsätzen gehandelt und erkennen müssen, daß er damit nicht auskomme. Was wäre wahrscheinlicher, als einen anderen Weg zu versuchen? Nun, da der hartherzige Alba unterwegs ist, wäre es klug, sich in seine Provinz zurückzuziehen und sich zu verstärken, statt, wie Egmont meint, ihn zu begrüßen. Egmont glaubt, mit einer gesprächs- und kompromißbereiten Haltung werde sich ein guter Weg finden, Oranien indes hat alle Koordinaten fest im Visier, er macht sich keine Hoffnungen im Umgang mit Alba. »Wer sich kennt, kann sicher vor- und rückwärts gehen.« Seine Moral ist einem Kosten-Nutzen-Denken wenn nicht unterworfen, so doch angegliedert: »Ziemt es sich, uns für Tausende hinzugeben, so ziemt es sich auch, uns für Tausende zu schonen.« Dagegen steht die Position Egmonts, daß nämlich ein Abwägen in Sachen persönlicher Sicherheit anrüchig ist: »Wer sich schont, muß sich selbst verdächtig werden.« Oranien ist der »moderne«, uns nahestehende Part in der goetheschen Argumentation. Im Unterschied zu Egmont glaubt er nicht an die »große« Idee der Loyalität, in seinen Augen ist Philipp II. als Schirmherr unbrauchbar geworden, nur noch spanischer König, ein König der Besatzungsmacht. Oranien und Egmont sind zwar Träger des Goldenen Vlieses, sie besitzen damit alle Insignien königlicher Achtung, doch macht sich Oranien keine Illusion über die Loyalität des Königs. »Ist des Königs Gunst ein so schmaler Grund?« fragt Egmont. Oranien lakonisch: »So schmal nicht, aber schlüpfrig.« Den König näher kennnenzulernen, wie Egmont vorschlägt, hält Oranien für eine gefährliche Probe – und Egmont vergißt, daß es sich bei diesem Kennenlernen ja um Alba und nicht um den König handelt –, Alba aber sei ein Drache, gibt Oranien zu bedenken, gegen den man bestenfalls deswegen eine Chance habe, weil er »nichts zu fangen glaubt, wenn er uns nicht beide auf einmal verschlingt«.

Oranien sieht mit anderen Augen als Egmont: »Laß deiner Aufmerksamkeit nichts entgehen: wieviel Mannschaft er mitbringt, wie er die Stadt besetzt, was für Macht die Regentin behält, wie deine Freunde gefaßt sind.« Damit kann Egmont nichts anfangen. Oranien ist über Egmonts Arglosigkeit bestürzt, ihm treten Tränen in die Augen. Bewegt nimmt er Abschied, es ist ein Abschied für immer.

Wilhelm I. von Oranien, auch Wilhelm der Schweiger (1533 bis 1584), war gebürtiger Dillenburger (heute in Hessen). Mit elf trat er die Nachfolge seines Vetters René, des Prinzen von Oranien, an. Oranien, französisch Orange, ein kleines südfranzösisches Fürstentum, war 1530 an Nassau-Dillenburg gefallen. Die ottonische Linie der Nassauer hatte bereits im 15. Jahrhundert mehrere niederländische

Herrschaften erworben. Diese Linie übernahm 1815 den niederländischen Königsthron, 1890 erlosch sie mit Wilhelm III. von Oranien
im Mannesstamm. Mit der Nachfolge seines Vetters zog Wilhelm I.
von Oranien nach Brüssel, nahm die katholische Religion an und lernte französisch, ohne die Beziehungen zu seiner Familie abzubrechen.
Er kämpfte für Karl V. gegen die Franzosen, wurde Mitglied des niederländischen Staatsrats und war Philipp II. ein vertrauter Ratgeber.
Seit 1559 regierte er als Statthalter von Spaniens Gnaden über Holland, Seeland und Utrecht. 1561 nahm er mit Egmont und Hoorn den
Widerstand gegen die Spanier auf, vor allem lehnte er die Durch-
führung der Inquisition in den Niederlanden ab. 1566 floh er vor Alba
nach Dillenburg. Dessen blutiges Regiment (1568 Hinrichtung Egmonts und Hoorns) veranlaßte Oranien einzuschreiten, zusammen
mit den »Wassergeusen« (Geusen sind Bettler), einer niederländischen Oppositionsvereinigung, konnte er sich gegen Alba behaupten. 1572 übertrugen ihm die Provinzen Holland und Seeland die
Statthalterschaft, ein Jahr darauf trat der religiös indifferente Oranien zum Calvinismus über und setzte sich weiter für religiöse
Toleranz ein. Mit der Genter Pazifikation erreichte er ein gemeinsames Vorgehen aller niederländischen Provinzen gegen die spanische
Politik, nicht gegen die Spanier selbst. 1576 wurde er zum Statthalter
von Brabant gewählt und zog 1577 in Brüssel und Antwerpen ein.
Wegen des fanatischen Verhaltens der Calvinisten scheiterte seine
Politik der religiösen Toleranz, und er verlor das katholische Brabant.
1579 schlossen sich die sieben nördlichen Provinzen zur Utrechter
Union zusammen, 1581 sagten sie sich von der spanischen Krone los.
Außenpolitisch mußte sich das schwache Land nun auf den Rivalen
Spaniens, auf Frankreich stützen – eine politische Liaison, die wenig
populär war. Philipp II. verhängte die Acht über Oranien, dieser er-
lag 1584 in Delft dem Attentat eines katholischen Fanatikers.
Wilhelm I. von Oranien gilt als Errichter der niederländischen Republik.

Orest
(Iphigenie auf Tauris)
Sohn des Agamemnon und der Klytämnestra, Bruder der *Iphigenie
und der Elektra, Freund des *Pylades. Begleitet von diesem irrt Orest
als Muttermörder durch die Welt, von den schlangenköpfigen Erin-
nyen/Eumeniden verfolgt, zu wiederholten bis ins Koma führenden
Zusammenbrüchen getrieben. Apollo hat ihm Heilung versprochen,

wenn er das Bild der Schwester Diana zurück von Tauris' Küste nach
Griechenland holt, doch werden er und Pylades aufgegriffen und zur
Opferung befohlen: durch die dort waltende, jedem Menschenopfer
abholde Priesterin Iphigenie.

Orest ist in mehrfacher Hinsicht gefangen, als Häftling des
Taurerkönigs *Thoas physisch unfrei, gefangen auch und vor allem
in seinem Wahnsinn und in seinem Schicksal. Jüngster Abkömmling
des fluchbeladenen Geschlechts der Tantaliden ist er das Opfer
schlimmster Verflechtungen. Seine Familienzugehörigkeit bedeutet
Unentrinnbarkeit. In einer unendlichen Verkettung von Tücke,
Sadismus und Gewalt hatten sich Orests Vorfahren auf das Schlimmste befehdet. Orest selbst setzt die Gewalt fort. Weil Klytämnestras
Liebhaber den Vater erschlagen und die Mutter geheiratet hat, er-
sticht Orest auf Drängen Elektras seine Mutter. Nun plagen Orest
die Rachegeister (Erinnyen). Als er Iphigenie wiederbegegnet, weiß
er in seinem entrückten Geisteszustand nicht, ob er der totgeglaub-
ten Iphigenie auf Erden oder aber in der Unterwelt begegnet. Würden
beide noch leben, bestätigte sich der Fluch: Orest würde auf Geheiß
des Barbarenkönigs von der Schwester getötet werden, ein neuer
Familienmord wäre die Folge.

Den Konflikt mit Thoas weiß Iphigenie zu lösen. Doch nun erscheint Orest, vom Wahnsinn geheilt mit der Waffe in der Hand, um
für ein Gastrecht zu kämpfen, das Thoas bereit ist zu gewähren. Im
letzten Moment erkennt er, daß nicht Apollos Schwester Diana nach
Attika zurückgebracht werden soll, sondern seine eigene. Erlöst ruft
er Thoas zu: »Laß deine Seele sich zum Frieden wenden, o König.«
Und der König tut dies und läßt sie ziehen.

Orest zu begreifen fällt schwer. Er ist schuldig, weil er dazugehört,
der Muttermord ist Fortsetzung und Bestätigung eines Fluchs, der
Generationen vor ihm ausgestoßen wurde. Heilung erfährt er durch
Iphigenies Menschlichkeit, durch ihren Versöhnungswillen und ihre prinzipielle Dialogbereitschaft.

Aber Orest hat auch eine andere Funktion. Der Psychoanalytiker
Kurt R. Eissler behauptet, das Verhältnis von Bruder und Schwester
sei die Hauptangelegenheit des ganzen Stückes. Rettung des
»Bruders« oder Unterwerfung unter einen Mann war eine ständig
wiederkehrende Frage in Goethes Familien- und Freundeskreis.
Goethes Schwester Cornelia Schlosser beschrieb den Ort, an dem sie
an der Seite eines ungeliebten Mannes (Thoas?) lebte, als eine Art
Wildnis (Tauris?). Als Goethe seine Schwester zum letztenmal sah,

war er da nicht auf einer Art Pilgerreise, um sich von der zur Wahnsinn reizenden Leidenschaft für Lili Schönemann zu befreien?

Orests Geisteskrankheit entspricht wohl auch Goethes eigenem Schmerz, zum einen wegen Cornelias trauriger Situation, zum anderen wegen der gelösten Verlobung mit Lili. Nach der Trennung schreibt er an Anne Luise Karsch: »Vielleicht peitscht mich bald die unsichtbare Geißel der Eumeniden wieder.«

Orest erlebt einen Prozeß der Befreiung und Läuterung dank der friedensstiftenden, humanen Energie der Schwester, auf ihn trifft das Wort zu: »Alle irdischen Gebrechen sühnet reine Menschlichkeit.« (1827 dem Orest-Darsteller Kröger gewidmet)

Zur Uraufführung der Rohfassung (in Prosa) stand denn auch Goethe selbst als Orest auf der Liebhaberbühne zu Weimar.

Ottilie
(Die Wahlverwandtschaften)

17jährige Nichte *Charlottes, zusammen mit *Luciane auf dem Pensionat. Dort wo Luciane ein neues Zuhause findet, sich gut zurechtfindet, ist Ottilie wie verloren. Das aufgeweckte Treiben der höheren Töchter, besonders jenes Lucianes, ist nicht ihre Sache. Während diese sich gut entwickelt, ist Ottilie zurückgezogen und steht dem Lernen, wie es ein Schulunternehmen verlangt, innerlich fern. So lobend die Pensionatsleiterin Lucianes Leistungen anführt, so ist das, was »sie schließlich von Ottilien erwähnt, nur immer Entschuldigung auf Entschuldigung, daß ein übrigens so schön heranwachsendes Mädchen sich nicht entwickeln, keine Fähigkeiten und keine Fertigkeiten zeigen wolle«. Nur in einem Nebensatz erwähnt Charlotte, daß Ottilie in gänzlicher Abhängigkeit von ihr lebt und daß Luciane sie dieses ungünstige Verhältnis »übermütig« spüren läßt. Wir können uns vorstellen, daß Ottilie, die nicht gerade zu jenen gehört, die sich ihrer Haut erwehren, dieses Verhältnis als belastend empfindet und sich mehr und mehr auf eine unjugendliche und von der Mutter geerbte Innerlichkeit zurückzieht. Innerlichkeit hat bei ihr eine eigene Dimension, aus ihr lernt und begreift sie schwer oder nur dann, wenn sie für sich einen Sinn herausdestilliert.

Sie hat ein starkes Empfinden für die Künstlichkeit des Lernens, solange sie in ihrer Anstalt um des Lernen willens lernt. Dafür ist sie zu wenig spielerisch, zu sehr und zu früh vergeistigt, sie lebt mit ihren 17 Jahren schon aus der eigenen Mitte, die sie nur für wenige Dinge öffnet.

Nachdem sie die Abschlußprüfung nicht bestanden hat, holt Charlotte sie zu sich. Hier soll sie die Führung des Haushalts übernehmen, was kein Armutszeugnis ist, denn Charlotte erkennt in Ottilie eine Anlage für das Unmittelbare, für die Nähe, für das Häusliche. Wie wir noch sehen werden, ist Ottilie nicht dumm, sondern von großer Klarheit. Charlotte steht Ottilie näher als ihrer Tochter, und wenn sie sie zur »häuslichen Gehülfin« machen will, dann aus Überzeugung und innerer Verwandtschaft. Auch Charlotte wollte mit Eduard vor allem das Häusliche und der Welt draußen, wenigstens zwischenzeitlich, den Rücken kehren.

Früh schon läßt Goethe sie in ausgesprochen kunstvollen Miniaturbildern, die er anfangs nur kurz ansehen läßt zur Heiligen werden, später zeigen klarere, tiefere Bilder mehr. Wir müssen vorausschicken, daß eine Heilige bei Goethe etwas Eigenes – halb Religiöses halb Märchenhaftes – ist, ein Phänomen, das vor allem Frauen trifft, auch wenn wir in den ›Wanderjahren‹ einen Sankt Joseph den Zweiten und einen Christophorus vorfinden. Heilig sind *Makarie und *Mignon. Makarie ist körperbehindert und nur Geist, Mignon ist eine Turn- und Tanzartistin und dennoch unkörperlich: weniger Geist aber Ahnung und Sehnsucht. Ottilie dürfte dazwischen liegen. Sie hat einiges von der *schönen Seele, die wir als etwas eigenes, der christlichen Glaubensgemeinschaft verbundenes halbheiliges Wesen betrachten wollen. Die vollheiligen Wesen bei Goethe gehören keiner Religionsgemeinschaft an, sie wollen niemand missionieren, sie sind – glauben wir – kein Vorbild, sie leben nicht für die anderen, sie leben aus sich und für sich, aus einer Mitte heraus, die etwas unerhört Mächtiges verbirgt. Wir wissen nicht sicher, ob Goethe seine Heiligen verehrt wissen will, bei Makarie, Mignon und Ottilie ist es der Fall, aber es erinnert eher an den Kult, den heute ein verstorbenes Popidol genießt, wo sich die Heiligenverehrung also nicht institutionalisieren läßt. Kurz, ein Paradox: keine Heiligenverehrung, obwohl es Heilige sind, die verehrt werden.

Ottiliens Weg ist nicht der ausschließliche Weg einer Heiligen, es ist ebenso der Weg einer Leidenschaft und vor allem der Weg der Wahlverwandtschaft, jener Verbindung, die ex natura die Elemente miteinander verbindet. Andererseits werden wir erst leise, dann betonter auf Heiligenmerkmale hingewiesen. Das Geld und die »verschiedenen Zeuge«, die sie im Pensionat von Charlotte geschenkt bekommt, läßt sie liegen, sie ißt besorgniserregend wenig, sie zeigt keinen intellektuellen Lerneifer, heftige Emotionen sind bei ihr kaum sichtbar, oft wirkt sie teilnahmslos, sie leidet, wie Makarie, unter Kopfschmerzen, im Pensionat verlangt oder erbittet sie nie etwas. »Dagegen kommen Fälle,« schreibt der *Gehülfe, ihr Lehrer, »daß sie etwas abzulehnen sucht. Sie tut das mit einer Gebärde, die für den, der den Sinn davon gefaßt hat, unwiderstehlich ist. Sie drückt die flachen Hände, die sie in die Höhe hebt, zusammen und führt sie gegen die Brust, indem sie sich nur wenig vorwärts neigt.« (I,6) Bei ihrer Ankunft auf dem Schloß umarmt Ottilie Charlotte, wirft sich ihr zu Füßen und umfaßt ihre Knie. Sie tritt so leise auf, daß man sie nicht gehen hört. Wenn jemand etwas aus der Hand fallen läßt, bückt sie sich vor jedem, ob hoch oder niedrig, arm oder reich, um es aufzuheben. Charlotte muß ihr sagen, daß sich das bei Männern nicht schickt. Ottilie erklärt das mit einer Geschichte aus dem Unterricht: Als der englische König Karl I. vor seinen Richtern stand, fiel ein Knopf aus seinem Stöckchen. Der König, der gewohnt war, daß man sich für ihn bückte, sah sich um, wartete vergeblich und hob den Knopf selbst auf. »Mir kam das so schmerzlich vor, ich weiß nicht, ob mit Recht, daß ich von jenem Augenblick an niemanden kann etwas aus den Händen fallen sehn, ohne mich darnach zu bücken.« Das ist in der Tat das Leiden der Heiligen an einer grausamen Welt. Ihr bleibt nur Demut und helfende Güte, gleich ob Karl ein Bösewicht war oder nicht.

In dieser oder ähnlicher Form nähert sie sich Eduard, oder anders formuliert: in dieser Form wird Eduard auf sie aufmerksam. Sie weiß, welche Speisen er bevorzugt, wieviel Zucker er zum Tee nimmt oder daß er Zugluft nicht verträgt. Sie wird ihm bald ein unentbehrlicher Schutzgeist, und sie wird in seiner Gegenwart zutraulich, öffnet sich, gesteht – ob Einbildung oder Wahrheit, bleibt einerlei –, sie habe bereits als kleines Kind Eduard in ihr Herz geschlossen. Bald liebt sie den älteren Eduard. Merkt sie es? Nein. Sie liebt ihn, wie Töchter ihren Vater lieben; die merken das auch nicht. Heimlich holt sie sich die Noten, um ein Klavierstück einzuüben, nur um Eduard beim Musizieren zu begleiten. Eduard ist ein schlechter Musiker, aber als sie zusammen spielen, hat sich Ottilie seine Fehler und Schwächen so sehr zu eigen gemacht, daß der Komponist seine Freude gehabt hätte, »sein Werk auf eine so liebevolle Weise entstellt zu sehen«. Um ihren Hals trägt sie eine goldene Kette mit einem Medaillon, sie hängt sehr daran, es ist ein Schmuckstück mit dem Bild des verstorbenen Vaters. Sie nimmt das Bild, drückt es an ihre Stirn, reicht es Eduard und übergibt ihm damit einen wesentlichen Teil ihres Selbst zur

Aufbewahrung. Später, bei der Grundsteinlegung des neuen Berghauses, wirft sie die Goldkette in eine Truhe, die in die Grundmauer versenkt wird – es ist wie ein Grabgeschenk für sich und ihn.

Seit Tagen ist sie mit der Abschrift eines Sachtextes für Eduard beschäftigt, als sie den Text beendet hat, kann man an ihrem Schriftzug eine überraschende Entdeckung machen: Zunächst sind ihre Buchstaben ungeübt und überkorrekt, später wird ihre Handschrift flüssiger und zuletzt ist es nicht mehr ihre eigene, sondern Eduards. Es ist der Höhepunkt ihrer Zuwendung zu Eduard, und wir wissen immer noch nicht, ob sie Eduard ernsthaft – also in Konkurrenz zu Charlotte – gewinnen will oder ob es unreflektierte Zu-Neigung ist. Eines ist sicher: Jede erotische Komponente ihrer Empfindungen fehlt. Erst als Eduard ihr stürmisch werbend mit geradezu elementarer Wucht seine Liebe gesteht und ihre Liebe verlangt, als er von einer feindlich gesonnenen Umgebung redet, beginnt sie zu reflektieren und ihre Unschuld zu verlieren. »Der Haß ist parteiisch, aber die Liebe ist es noch mehr. Auch Ottilie entfremdete sich einigermaßen von Charlotten und dem Hauptmann.« (I,13) Vor allem aber lebt sie nur für Eduard, und sie lebt auf und »findet sich in einem Himmel auf Erden«. Ihr Geburtstag steht an, Eduard organisiert ein großes Fest mit vielen Gästen und einem Feuerwerk. Der Unfall des Knaben im Teich kommt dazwischen, Ottilie will, wie alle anderen auch, auf das Schloß zurück, zumal Charlotte darauf drängt. Ottilie ist der Unfall unheimlich, doch Eduard packt ihre Hand und läßt sie nicht gehen, sie kann dem Feuerwerk nichts abgewinnen, das Eduard ihr zu Ehren bestellt hat, doch sie schweigt ängstlich. Warum? Sie ist zu sehr von ihrer Liebe beherrscht, um auch nur im entferntesten an Widerspruch zu denken, von ihr hat die Liebe wie eine Lähmung Besitz ergriffen. Als sie auf ihr Zimmer geht, findet sie den kleinen rotbezogenen Koffer mit den schönen Stoffen, Tüchern und Spitzen – das Geschenk Eduards, ein Symbol für Liebe, Leidenschaft und Tod. Ihre Leidenschaft ist unsichtbar, sie sieht Eduard davonreiten, zeigt jedoch nach außen keine Regung. Jetzt, da sie mit Charlotte allein lebt, richtet sie all ihre Aufmerksamkeit nur auf Indizien und Hinweise, ob Eduard erwartet werde oder nicht, mit Charlotte wechselt sie kein Wort über ihn. Sie baut sich ihre eigene Welt, wenn die Bauernknaben den Park von Sträuchern und Steinen säubern, dann ist ihr das eine Art Parade, die den rückkehrenden Eduard begrüßen soll. Sie bestellt die Dorfmädchen zu Näh-, Strick- und Spinnübungen ins Schloß, nur in der unbewußten Absicht »einem jeden Mäd-

chen Anhänglichkeit an sein Haus, seine Eltern und seine Geschwister einzuflößen«. Sie, die die Geborgenheit der häuslichen Verhältnisse suchte, ist nun draußen im Garten, weil sie mit Eduard hier
gesät und gepflanzt hatte. Sie nimmt das Boot, rudert in die Mitte des
Sees und liest Reisebeschreibungen, träumt sich in die Ferne, wo sie
Eduard vermutet und zu finden hofft. Dann erfährt sie von
Charlottes Schwangerschaft. Sie ist mehr als Eduard betroffen, geht
»in sich zurück. Sie hatte nichts weiter zu sagen. Hoffen konnte sie
nicht, und wünschen durfte sie nicht.«

So leben die beiden Frauen vor sich hin, die Herzlichkeit von einst
ist einer tiefen aber auch egozentrischen Trauerarbeit gewichen.
Keine spricht aus, was sie bewegt. Der junge *Architekt bringt etwas
Leben unter die beiden: Ottilie sieht ihm bei der Arbeit zu, während
er die kleine Kapelle neben der Kirche renoviert, steigt sie auf das
Gerüst, nimmt Farbe und Pinsel zur Hand und hilft ihm bei der Aus-
gestaltung der Fresken. Sie gewinnt immer mehr Geläufigkeit, und
einen Augenblick sind wir versucht zu hoffen, sie würde sich aus der
Verlassenheit lösen können, sich über das schöne Ergebnis ihrer
Malkunst selbst heilen. Schließlich ist die kleine Kapelle fertig, der
Architekt lädt sie zur Betrachtung ein. Alleine betritt sie den schönen Raum, setzt sich in einen der Chorstühle. »Es schien ihr, indem
sie auf- und umherblickte, als wenn sie wäre und nicht wäre, als wenn
sie sich empfände und nicht empfände, als wenn dies alles vor ihr, sie
vor sich selbst verschwinden sollte.« (II,3)

Es ist der Abend vor Eduards Geburtstag, sie fühlt, daß sie sich
nicht mehr an seinen Arm lehnen wird, und hat auch keine Hoffnung,
an ihm jemals wieder eine Stütze zu finden. Wenig später erreicht sie
die Nachricht, daß der Geliebte in den Krieg gezogen ist. Sie hat keine Zeit zur Trauer, denn Luciane kommt mit großem Gefolge zu
Besuch. Luciane ist ein Kriegsgewitter aus Unternehmungslust und
Selbstdarstellung, Ottilie tritt in den Hintergrund und doch bleibt
sie uns gegenwärtig. Luciane ist nichts als der fratzenhafte Kontrast
zu Ottilie, erst jetzt, erst über diese Distanz zwischen zwei Polen erkennen wir, wer Ottilie geworden ist. Die wenigen Worte ihrer
Konversation weisen uns auf die Wandlung vom Kind zur Frau hin,
von der Jugendlichen zur Persönlichkeit. Sie ist tausendmal mehr
Charlottes Tochter als Luciane. So, wie sich Charlotte um das
Fortkommen des Hauptmanns bemüht hatte, so versucht Ottilie,
dem jungen Architekten den beruflichen Weiterweg zu ebnen. Sie ist
nicht mehr die schweigsame, sie schweigt immer noch, aber sie kann

sich ausdrücken, ihr Tagebuch könnte in Form und Gehalt jeder Epigrammsammlung zugeheftet werden. Vom Kind Ottilie ist nichts mehr verblieben, immer mehr zeigen sich die dichterischen Absichten, aus ihr eine Heilige zu machen. Der Architekt bringt zu Weihnachten ein lebendes Bild auf die Bühne, Ottilie stellt Maria mit dem Kind dar. Zwar wendet sich Ottilie dem Leben zu, aber es geschieht aus Verzweiflung: Sie begleitet Luciane auf ihren anstrengenden Landpartien, hat sich einer kleinen Schar Bauernkinder angenommen, hilft dem Gärtner, führt nach wie vor den Haushalt. Ihr ehemaliger Lehrer, der *Gehülfe, kommt zu Besuch, er ist einer, dem sie alles erzählen könnte – der einzige eigentlich –, sie überlegt, ob sie ihm ihr Herz anvertraut, all die Last, die schwere Trauer. Umsonst, der Gehülfe kommt nicht als ehemaliger Lehrer, sondern als Heiratswilliger, er will sie zur Frau.

Charlotte bringt das Kind, *Otto, zur Welt. Es hat ihre, Ottilies Augen, sie erschrickt zutiefst. Und als der Altgeistliche ausgerechnet bei der Taufe des Kleinen stirbt, betrachtet sie den Verstorbenen »mit einer Art von Neid. Das Leben ihrer Seele war getötet; warum sollte der Körper noch erhalten werden?« Sie liebt Eduard noch. Wir glauben ihr kein Wort. Sie entwickelt sich zur katholisch-nekrophilen Natur, sie ist nicht in Eduard, sondern herzlich in ihren Schmerz und den Tod verliebt. Eduard ist anders, er glaubt noch an eine lebendige Liebe. Ein Lord ist zu Besuch, ihm ist die Situation des Hauses unbekannt, er bringt von sich sprechend Ottilies Versäumnisse auf den Punkt: »Anstatt daß wir anfingen, uns in einem mäßigen Zustand behaglich zu finden, so gehen wir immer mehr ins Breite, um es uns immer unbequemer zu machen.« (II,10) Ihr Schmerz nimmt all ihr Inneres ein, sie fühlt sich an Eduards Kriegsbeteiligung, an seinen (nichtbestätigten) Entbehrungen und Strapazen schuldig und beschließt, »koste, was es wolle, zu seiner Wiedervereinigung mit Charlotten alles beizutragen«.

Vorerst muß sie, um den Ansprüchen Goethes zu genügen, die ihr stetig zuwachsende Rolle der Heiligen fortspielen. Dem Begleiter des Lords erzählt sie, daß sie am Seeufer einen bestimmten Nebenweg stets meide, weil ihr hier sogleich ein Kopfschmerz zuwachse. Sie erhält ein Pendel, es schlägt – nur bei ihr – kräftig aus. Kein Zweifel, sie hat Bodenschätze erspürt, sie ist eine Metallfühlerin, eine Verwandte der *Gesteinsfühlerin (›Wilhelm Meisters Wanderjahre‹) vor allem aber eine geistig-moralische Tochter Makaries. Denn wenn die Gesteinsfühlerin in ihrem naturhaften, dem Landbau verbundenen

Tätigkeitsbereich verbleibt, strömt Ottilie im Seelischen wie im Materiell-Elementaren über sich hinaus. Goethe kann es nicht lassen, allen Frauenfiguren, die er liebt, einen Weg in die Apotheose zu weisen, es sollen nicht Heilige sein, wie sie das Leben und der Glaube schafft, sondern nachdenkliche, in intellektuellen Allgemeinbetrachtungen verstrickte Philosophinnen.

Eigentlich ist der kleine Otto ihr Kind, denn Charlotte wird als Besucherin der Nachbarschaft zum Duchschnittsmenschen abqualifiziert, so daß eines Nachmittags, da Charlotte weg ist, unvermutet Eduard auftreten kann. Er, um dessentwillen sie geliebt und gelitten hat, beschwört ihre gemeinsame Liebe, Ottilie aber deutet auf das Kind hin. Sie verweist auf Charlotte, der sie sich schuldig fühlt. »Ich bin die Deine, wenn sie es vergönnt.« (II,13) Die Sonne neigt sich dem Untergang, sie muß zurück auf das Berghaus, um auf den Zinnen des Hauses die wartende Charlotte zu treffen. Der Weg um den See ist lang, so nimmt sie mit dem Kahn die Abkürzung. In ihrer Erregung stößt sie sich aber derart unglücklich vom Ufer ab, daß ihr das Kind ins Wasser fällt. Eduard ist fort, keiner kann helfen, tot birgt die Verzweifelte den Knaben. Sie will ihn zum Leben bringen. »Sie reißt ihren Busen auf ... zum erstenmal drückt sie ein Lebendiges an ihre reine nackte Brust, ach! und kein Lebendiges.« (II,13) Zum erstenmal hat die Körperlose Körper – für ein totes Kind.

Charlotte nimmt es gefaßt auf, alle eigentlich. Der Tod war damals viel gegenwärtiger als heute, und man rechnete nüchterner mit ihm. Eigentlich setzt das Verstorbene ein Zeichen, ein profanes Zeichen zur gütlichen wahlverwandtschaftlichen Einigung. Man betrauert den Vorfall aufrichtig, aber nun, da er nicht rückgängig zu machen ist, betrachtet man den Tod des Kindes als Fügung. Charlotte willigt in die Scheidung ein, der Hauptmann geht, um dies Eduard mitzuteilen, Ottilie aber sieht im Tod des Kindes ein anderes, ein hohes Zeichen. »Eduards werd ich nie! Auf eine schreckliche Weise hat Gott mir die Augen geöffnet, in welchem Verbrechen ich befangen bin. Ich will es büßen.« (II,14) Charlotte versucht sie zu beruhigen, sie hofft, die Zeit werde Ottilie helfen. »Nein!« ruft diese. »In dem Augenblick, in dem ich erfahre, du habest in die Scheidung gewilligt, büße ich in demselbigen See mein Vergehen, mein Verbrechen.«

Der Gedanke des Verbrechens wird sie nicht mehr loslassen. Sie fragt nicht nach Ursache oder Fremdverschulden, sie hat ihre eigene innere Gerichtsbarkeit. Nur unter der Bedingung der völligen Entsagung, und zwar für den Rest ihres Lebens, hat sie sich verziehen, nur mit diesem Vertrag fühlt sie sich weiterhin lebensberechtigt. Sie ist noch jung, sie kann neu anfangen, entscheidet sich, aufs Pensionat zurückzugehen, um dem Gehülfen zur Seite zu stehen und als Erzieherin zu wirken. Denn, so glaubt sie, Menschen die sich wegen großer moralischer Vergehen in die Wüste zurückgezogen hätten, um verborgen zu leben, wurden zurückgerufen in die Zivilisation, um anderen Gestrauchelten den rechten Weg zu weisen. Charlotte findet ihre Rede etwas unverständlich, sie denkt praktischer und fragt, was Ottilie tun werde, wenn ihr der Gehülfe den Hof macht. Ottilie sieht sich als geweihte Person, die sich »dem Heiligen widmet«. Das wird er bemerken und von ihr Abstand halten.

Sie nähert sich immer mehr einer nebelhaften, halb christlichen halb urmythischen Sphäre, wo nur dieses Heilige vor den umgebenden Dämonen schützt. Charlotte denkt an praktische Erlösung. Ob sie sicher sei, daß sie Eduard für alle Zeit abgeschworen habe. Ottilie bejaht nachdrücklich. Sie muß Charlotte ihr Wort geben, daß sie sich mit Eduard »nicht einlassen« werde, »selbst nicht in eine Unterredung, wenn er dich aufsuchen, wenn er sich zu dir drängen sollte«. Genau das aber geschieht. Bei Ottiliens erster Rast auf dem Weg zur Pension steht Eduard in ihrem Zimmer. Er bedrängt sie, sie erhebt die Hände zu jener abwehrenden Geste, die der Gehülfe in einem Schreiben erwähnt hat. Damit nähern wir uns nicht nur hier, sondern auch in anderen noch folgenden Punkten der Anfangssituation. Ottilie kehrt aufs Schloß zurück. Sie hat es sich anders überlegt. Mit Eduard tritt sie vor Charlotte, faßt die Hände der beiden Ehegatten und drückt sie wortlos zusammen. Ottilie läuft auf ihr Zimmer, Charlotte findet sie am Boden liegend, Arme und Kopf auf dem roten Koffer – eine seltsame, symbolisch schwer entschlüsselbare Situation. Wir vermuten: Der rote Koffer ist Symbol für die Sexualität, für den Verlust der Unschuld (vergleiche *Felix in ›Wilhelm Meisters Wanderjahre‹, der zu Beginn eine Schatulle in dem verfallenen Riesenschloß findet), zugleich aber hat Ottilie die Köperhaltung der Opfernden und hält den Kopf auf dem roten Koffer, der zugleich zur Richtblockmetapher wird. Man befragt sie, sie schweigt. Ein Brief an ihre Freunde gibt Auskunft. »Ich bin aus meiner Bahn geschritten, und ich soll nicht wieder hinein ... Ganz rein war mein Vorsatz, Eduarden zu entsagen, mich von ihm zu entfernen. Ihm hofft ich nicht wieder zu begegnen. Es ist anders geworden; er stand selbst gegen meinen eigenen Willen vor mir ... Duldet mich in eurer Gegenwart, erfreut mich durch eure Liebe ... aber mein Innres überläßt mir

selbst!« So schottet sie sich ab. Man könnte fragen, warum die anderen das zulassen, es bleibt ihnen bei der Bestimmtheit ihres Auf-
tretens wohl nichts anderes übrig. Zudem hofft jeder, daß alles gut
werde, man hat so gut wie kein Problembewußtsein – auch Charlotte
nicht. Daß sie das Essen verweigert, ahnt keiner, weil sie sich ausbe-
dungen hatte, alleine zu essen. Die freundlichen Abende von einst
kehren zurück, man ist wieder zu viert, man musiziert und liest sich
vor. Eduards Geburtstag naht, Ottilie fertigt aus den Stoffen und
Tüchern, die ihr Eduard einst geschenkt hat, ein Kleid. Niemand
sieht, wie schwach sie ist, zumal sie sich bei den Zusammenkünften
aufrecht hält. Sie legt ihre Kleider für den nächsten Tag bereit. *Mittler ist zu Besuch, er tromptet etwas über das Ehegebot, gerade als
Ottilie den Raum betritt, sie muß seinen lauten Ausführungen
zwangsläufig folgen. Sie wendet sich ab, Charlotte folgt ihr, doch
Ottilie liegt im Sterben. »Versprich mir zu leben,« ruft sie dem her-
beigestürzten Eduard noch zu. In der Kapelle, die sie zusammen mit
dem Architekten ausmalte, findet sie ihre letzte Ruhe. Bald erscheinen erste Grabpilger, Mütter mit leidenden Kindern, deren Zustand
sich nach der Besichtigung des Grabes bessert. So wird die Kapelle
ein kleiner Wallfahrtsort.

Es gab keine historische Ottilie, wenn man von der Legende der
heiligen Odilie, die Goethe auf seinen Wanderungen durchs Elsaß
kennenlernte, absieht. Die heilige Odilie, blind geboren und erst
durch die Taufe sehend, war Helferin der Blinden. Nichtdestotrotz
ist Ottilie ein Frauen- oder Mädchentypus, den Goethe kannte. Seine
Schwester hat bis in den Tod eine ausgeprägte und unüberwindbare
Abneigung zum Sexuellen und Sinnlichen gehabt, und Minna Herz-
lieb, eine »Liebe« des Dichters, war eine »scheue, zu jeder physischen
Liebesbeziehung unfähige« Frau, schreibt Friedenthal in seiner
Goethe-Darstellung. Goethe liebt und verehrt diese Frauen, einer-
seits, weil sie eine treffliche Ikone abgeben, die sich mittels poetischer
Phantasie und idealistischer Anreicherung beleben läßt, andererseits,
weil er sich mit ihnen auf einer für ihn völlig ungefährlichen, gleich-
wohl bereichernden Ebene verbindet. Wir dürfen, wie viele Goethe-
Biographen, eine gewisse Scheu vor der Sexualität annehmen. Nach
seiner Italienreise und mit der Liebe zu Christiane mildert sich diese
Haltung im Privaten, bleibt aber im Künstlerischen ein »hoher«
Verwertungsstoff.

Unsere Frage nach der Realitätsnähe einer solchen Figur ist überflüssig. Ottilie ist nicht real, sondern ideal. Warum verliebt sie sich

überhaupt in Eduard? Goethe würde antworten: Weil die Liebe eine furchtbare Naturmacht ist, gegen die man sich nicht behaupten kann; diese Naturmacht ist – ein Widerspruch in sich – nichts Natürliches, sondern von übersinnlichen Kräften beherrscht. Nicht daß Ottilie keine Sinnlichkeit hätte, gerade ihre Pendelversuche zeigen ja die Verbindung zum Irdischen, doch fehlt ihr jede Beziehung zu ihrem Körper und also zur Lustliebe. Sie verbindet das tief Irdische, das Unterirdische und das Himmlische. Die Verbindung zum Leben oben auf der Erde – dazu gehören eben auch der Freß- und Sexualtrieb – fehlt. Wir lernen sie zu Beginn schon als Nahrungsverweigernde kennen, trotzdem wäre ein glücklicher Ausgang noch möglich.

Der Anfang vom Ende beginnt dort, wo sie den eingeschlagenen Weg zur Pension abbricht, sich zu ihrer Liebe zu Eduard bekennt und sich dafür bestraft. Man kann nicht, wird sie sagen, eine Ehe auseinandertreiben, das Kind dieser Ehe zu Tode bringen und diese familienruinierende Liebe weiterpflegen. Ihre »Sühne« lautet Entsagen, sie will, obwohl sie könnte, ebenso wie *Margarete/Gretchen nicht mehr ins Leben zurück. Von einem darf man ausgehen: Goethe und sie sind hier gleicher Meinung.

Wir aber sehen in Ottilie ein Opfer, das sich nicht zu wehren weiß, sie ist Vollwaise und als solche schutzlos: Sie ist im Pensionat das Opfer einer machtlüsternen Cousine und eines ihr fremden Lehrbetriebs, sie ist am Schloß an Charlottes Seite eine Gnadenempfängerin, sie wird von einem erwachsenen, gleichwohl infantilen Mann emotional mehrfach verführt, vielleicht mißbraucht. Kaum hat sie ihre Kräfte ein wenig gesammelt, ertrinkt ihr das Pflegekind – und das alles nimmt ihr das Wenige, was sie an Kräften hatte, wieder fort. Sie ist erschöpft, ihre Todessehnsucht ist die Sehnsucht nach Ruhe, ihr Hungertod letzter Ausweg. Nur so können wir sie heute verstehen. Daneben ist es auch sinnvoll, sie unter einem reinen kulturkritischen, den Geist der Goethezeit betreffenden, Aspekt zu betrachten. »Ich verstehe es nicht, dieses grausame Rätsel,« schreibt die 24jährige Bettina Brentano am 09.11.1809 an Goethe, »ich begreife nicht, warum sie alle sich unglücklich machen ... Ist die Liebe nicht frei?« Selbstverständlich ist die Liebe nicht (immer) frei, selbstverständlich gibt es diese wahl- eigentlich zwangsverwandtschaftliche Anziehung, gegen die man sich nicht oder nur schwer wehren kann. Diesen Prozeß der zwanghaften Annäherung hat Goethe mit großartiger Umsicht und Präzision geschildert. Aber der Sühneaspekt will uns nicht behagen, denn Goethe geht von einem Menschenbild aus, das zur Unfehlbarkeit verpflichtet ist.

Wollen wir Ottiliens Motive positiv besetzt sehen, dann handelt sie aus einer inneren, ihr sehr bewußten Sauberkeit. Sie spürt die Unberührtheit ihres Lebens und entwickelt daraus eine Souveränität, eine vielleicht kindliche Unabhängigkeit gegenüber jenen, von denen sie umständehalber abhängig ist. Und sie bekommt dafür etwas sehr Schönes: Leichtigkeit, Unbeschwertheit. Diese Leichtigkeit hat – so spürt sie – eine Vollkommenheit von göttlicher Nähe. Diese göttliche Nähe will sie um keinen Preis verlieren, lieber geht sie in den Tod.

Otto
(Die Wahlverwandtschaften)
*Charlottes und *Eduards Kind. Gezeugt wird es in jener Nacht, da Charlotte alle Konzentration auf den *Hauptmann wendet und Eduard auf *Ottilie. So ist das Kind aus der Mitte dieses Liebesverhältnisses von Vieren über Kreuz ein echtes Produkt der Wahlverwandtschaft: Es hat Ottiliens Augen und das Gesicht des Hauptmanns. Es trägt überdies Eduards, des Hauptmanns (beide führen auch den Namen Otto) und in Teilen Ottiliens Namen.

P

Paläophron und Neoterpe
(Paläophron und Neoterpe)
Maskenfiguren eines für Herzogin Anna Amalie verfaßten Festspiels vom 31. Oktober 1800. Das Datum ist Programm: Paläophron und Neoterpe bezeichnen das Gegensatzpaar alt und neu. Paleophron heißt der »Altgesinnte«, Neoterpe heißt die »Neuvergnügte«. Damit sollte das neue Jahrhundert begrüßt und das alte verabschiedet werden. Durch die Verwendung von Masken wurde dem Stegreifstück ein antiker Charakter verliehen. Um 1800 wurde auf vielen Theaterbühnen die Jahrhundertwende begrüßt. Iffland (›Alte und Neue Zeit‹), Kotzebue (›Das neue Jahrhundert‹) und Herder (›Äon und Äonis‹) hatten wie viele andere auch Bühnenstücke zum Thema geschrieben. Zunächst betonen die beiden Kontrastfiguren ihre Polarität, um sich, ganz im Sinne Goethes, am Ende, nach 266 teils antikischen, teils modernen Versen, harmonisch anzugleichen.

Pandora
(Prometheus, Pandoras Wiederkunft)
Die Allesgebende, Figur des Dramenfragments ›Prometheus‹ (1773) und ersehnte, aber nicht auftretende Gattin des Epimetheus im Festspielfragment ›Pandora/Pandoras Wiederkunft‹ (1807).

Der frauenfeindliche Hesiod (geboren zirka 700 vor Christus) stellte sie in seiner Erzählung ›Werke und Tage‹ als ersten weiblichen Menschen vor. Aus Zorn über den Feuerraub des *Prometheus gab der Göttervater ihr ein Gefäß auf die Erde mit, ihre berüchtigte Büchse, in der Schrecknisse und Krankheiten eingeschlossen waren. Von Prometheus, dem Voraussehenden, wird sie abgewiesen, Epimetheus, der (zu) spät Erkennende, aber nimmt Pandora, trotz der Warnungen seines Bruders, zur Frau. Im Gegensatz zu Hesiod überlieferte uns tausend Jahre später Babrius eine andere Pandora – eine, die in ihrem Gefäß Gutes für die Erde brachte. Ein Neugieriger öffnete die Büchse, und all die wunderbaren Dinge flogen zu den Göttern zurück, nur die am Gefäßboden liegende Hoffnung blieb der Menschheit.

Im Dramenfragment von 1773 erscheint Pandora als bezaubernd gefälliges Lieblingsgeschöpf des Prometheus. Naiv und ahnungsvoll zugleich fragt sie ihren Schöpfer nach der Liebe, dieser seltsamsten Eigenschaft des Menschen, und Prometheus antwortet:

»Wenn aus dem innerst tiefsten Grunde
Du ganz erschüttert alles fühlst,
Was Freud und Schmerzen jemals dir ergossen,
Im Sturm dein Herz erschwillt,
In Tränen sich erleichtern will und seine Glut vermehrt,
Und alles klingt an dir und bebt und zittert
Und all die Sinne dir vergehn
/.../ und alles um dich her
Versinkt in Nacht /.../:
Dann stirbt der Mensch.«

Die kindliche Pandora umarmt begeistert ihren Schöpfer: »O Vater, laß uns sterben!« Liebe und Tod sind hier in ihrer schönsten Umschreibung ein und dasselbe und noch mehr: nämlich der Grundbaustein jeder Schöpfung. Und Prometheus liebt seine Tochter, weil sie – trotz oder gerade aus kindlicher Ahnung wie Ahnungslosigkeit – eben der *lyrische* Teil seiner Gesamtproduktion ist, das beseelte Kunstwerk inmitten einer »normalen« Welt.

Ungefähr dreißig Jahre später sollte Pandora an der Seite des Prometheus-Bruders Epimetheus stehen (›Pandora/Pandoras Wiederkunft‹, 1807). Doch schrieb Goethe nur den ersten Akt über einen tagträumenden Epimetheus, der entschwundenen Geliebten nachtrauernd, unfähig wie unwillens, den täglichen Herausforderungen ins Auge zu sehen. Ihm gegenüber steht Prometheus, der Menschheitserzeuger, ein Macher, die Personifikation der Vernunft. Epimetheus, der wartende Greis, irrt durch eine fremde Wirklichkeit und sehnt die Rückkehr der geliebten Pandora herbei. Ihre Wiederkunft aber wird – so Goethes Entwurf zur Fortsetzung – ein neues glückliches Zeitalter heraufbeschwören. Das mag illusorisch klingen, doch sind in Zeiten des Übels und der Katastrophen solche Gedanken verständlich. Goethe sieht sich vor die Anfänge einer häßlichen Moderne gestellt, die ungeliebte Französische Revolution und in deren Folge die Unruhe, die über Europa kommt und dieses nicht mehr losläßt, bestimmen Goethes Nachrichtenalltag: In seiner abgeschirmten Weimarer Provinz sind dem von Maß und Mitte gelenkten Klassiker solche Extreme fremd. Ein Festspiel, übrigens ohne Auftrag erstellt, soll im Sinne des Klassikers die Menschen erhellen und zum Guten und Schönen bekehren. So finden sich in Pandoras Büchse statt der Übel alle Träume und erfüllten Sehnsüchte;

die Kunst und die Wissenschaft steigen als allegorische Erscheinungen empor und führen in ein neues, besseres Zeitalter.

Pater Brey
(Ein Fastnachtsspiel vom Pater Brey)

Falscher Prophet auf Seelenfang, akribischer Erzieher, ein verspießerter *Satyros. Dem erbosten Gewürzkrämer hat er eingetrichtert, er müsse seine Ware nicht wie ehedem nach logischem, sondern nach alphabetischem System sortieren, was zur Folge hat, daß jener sich in seinem Verkaufsregal nicht mehr zurecht findet. Vor allem hat er sich der Frauen angenommen, im besonderen Leonoras, der Braut des Hauptmanns Balandrino. Der aber kommt endlich von seinen Feldzügen in Italien zurück. Früh schon hat er vernommen, daß der Pater händchenhaltend mit Leonora umherstolziert und allerlei empfindsamen Schwachsinn predigt, den die Naive auch noch glaubt. Brey soll eine Lektion erteilt werden: Balandrino verkleidet sich als alter Edelmann und erzählt dem hochverehrten Pater, er habe mehrere Dörfer, wo es wild zuginge. »Die Nachbarn leben in Zank und Streit, unter Brüdern ist keine Einigkeit.« Vor allem führten sie »ein sodomitisch Leben«, es fehle die rechte Führungskraft. Der Pater erklärt sich bereit, nach dem rechten zu sehen, daraufhin bringt ihn der Gewürzkrämer dorthin, »wo die Schwein auf die Weide gehen, da mag er bekehren und lehren schön!«

Aufgeführt wurde das 1773 geschriebene Fastnachtsspiel am Polterabend für Herder und seine Braut Caroline Flachsland. Herder, Pfarrer und seit 1776 Generalsuperintendent in Weimar, wie auch seine Braut fanden das Stück nicht lustig, zumal mit der wenig hellsichtigen Leonora die empfindsame Flachsland ausgelacht wurde (siehe auch *Psyche). Herder kam als Hauptmann besser weg. Mit Pater Brey war der mißliebige Franz Michael Leuchsenring (1746 bis 1827) gemeint, der führend zum Darmstädter Kreis der Empfindsamen gehörte und bei Zusammenkünften die Briefbekenntnisse anderer öffentlich vorlas. Goethe, der dieser geistig-religiösen Strömung selbst einmal nahestand, wandte sich ab, weil ihm die Empfindsamkeit dieser Gläubigen zur Empfindelei entartet erschien.

Pedro
(Claudine von Villa Bella)

Geliebter *Claudines, der vor blinder Verliebtheit seine Taschenuhr kaum findet, wenn man ihn nach der Uhrzeit fragt, einer der sein eigentliches Ziel vergißt, nämlich die Suche nach seinem flüchtigen Bruder und Widersacher *Crugantino, Typ des verträumten, femininen Schönlings und damit Gegenstück seines Bruders.

Philemon und Baucis
(Faust II)
Sehr altes, etwas müdes Väterchen und ein etwas rührigeres, ebenso altes Mütterchen, die zusammen ein Haus auf einer grünen Anhöhe bewohnen. Von Philemon erfahren wir, wie sehr er *Fausts Werk der Landgewinnung bewundert, von Baucis, wie mörderisch-brutal Faust mit seinen Bauarbeitern umging. Faust will das Grundstück der beiden haben. Doch Baucis weigert sich, ein anderes ebenso schönes Grundstück zu beziehen, weil es im eingedeichten Koog unter dem Meeresspiegel liegt. Sie traut dem künstlich angelegten Neuland nicht, will lieber auf dem alten hochgelegenen Sitz bleiben. Faust beauftragt daraufhin *Mephisto mit der Lösung des Problems, der aber legt Feuer und die beiden Alten und ihr Gast kommen ums Leben.

In der griechischen Mythologie ist das Paar der Inbegriff der Gastfreundschaft, hier bei Goethe einerseits des idyllischen Altersstandes (Philemon bedeutet in etwa »der Liebende«, Baucis/Baukis »die Zärtliche«), andererseits Inbegriff einer höheren ethisch-religiösen Lebensform. Daß Philemon und Baucis auf einer Anhöhe leben, bedeutet Nähe zu Gott, Distanz zum Irdischen, Fausts Griff nach der Anhöhe aber ist Pervertierung der religiösen Einsiedler-/Abgeschiedenheitsexistenz: Faust sucht nicht die Distanz zum Irdischen, sondern den besseren Überblick über sein Herrschaftsgebiet.

Philine
(Wilhelm Meisters Lehr- und Wanderjahre)
Theaterschöne mit einer Schramme auf der Stirn und voll von »frevelhaften Reizen«. »Sie scheint durch das Leben zu tanzen, indes die anderen gehen. Was *Wilhelm von ihr lernen kann, ist Wert und Schönheit des Leichtsinns«, schreibt Erich Trunz im Kommentarteil der Hamburger Ausgabe. Mehr noch als Wilhelm haben wir, der männliche Teil der Leserschaft, Augen für die Blondine, denn sie zeigt, wie natürlich und ausgelassen weibliche Erotik sein kann. Sie nimmt sich die Männer, die sie mag, sie sagt Wilhelm auf den Kopf zu, daß sie in ihn vernarrt sei und empfängt – nachdem sich dieser wie eine Äbtissin gebärdet – den wackeren Stallmeister der nachbarschaftlichen Grafschaft. Eigentlich ist sie eine Anarchistin. Sosehr sie

Frau ist, sosehr ist sie es in anderer Hinsicht nicht: Die schwangere Madame Melina ist ihr nichts als verletzte, ja bedrohliche Ästhetik. Kinder sollten, statt geboren, von den Bäumen geschüttelt werden, verlangt sie. Je nach Bedarf schlüpft sie in die Rolle, die ihr Vorteile verspricht. Sie ist die einzige der Truppe, die bevorzugt behandelt wird, sei es von den Adligen auf der gräflichen Burg oder von Theaterdirektor *Serlo, der ein Auge auf sie geworfen hat. Ihre Liebe zu Wilhelm ist bedingungslos, anspruchslos und konsequent.

Von den Schauspielern bleibt nur sie bei ihm, als er, von den Räubern verwundet, der Pflege bedarf. Während der ›Hamlet‹-Proben beklagt sie Wilhelms und Serlos Theorielastigkeit und verweist auf die Sinnenfreude: »Jeder Tag hat seine Plage, / Und die Nacht hat ihre Lust.« Später finden sich Philines schöne Pantoffeln in Wilhelms Zimmer, doch sie ist fort. Wilhelm hat im Suff mit ihr geschlafen, tut aber, als wüßte er es einfach nicht, obwohl er sich seinen verkaterten Kopf geflissentlich zerbricht. Lange, nachdem er seiner Schauspielerei den Rücken gekehrt hat, deklamiert er emphatisch: »Ich liebte Philinen und mußte sie verachten.« Philine selbst kümmert das wenig, sie entscheidet sich für den treuen verrückten *Friedrich, wird schwanger, zieht sich mit ihm auf ein Schloß zurück und lästert über ihre Figur. In den ›Wanderjahren‹ erfahren wir über Friedrich, daß sie eine überaus talentierte Schneiderin geworden ist, die, ohne Maß zu nehmen, einen wie auf den Leib gegossenen Rock anzufertigen versteht. Uns wundert das nicht, hat sie doch von jedem Mann stets genaueste Notiz genommen. Mit den übrigen Auswanderern trifft sie auf *Makaries Anwesen ein. Unsere Befürchtung, daß sie wie die anderen nur noch edel und geläutert alle ihre Liebenswürdigkeiten überwunden hat, bestätigt sich nicht. Zwar hat sie ihre Vorliebe für Wilhelm und das starke Geschlecht abgelegt, doch ist sie nicht minder originell: »Philine war mit ihrer gefräßigen Schere in die Zimmer geraten, wo die Vorräte zu Kleidern für die große Familie, in Stoffen aller Art, zur Hand lagen. Da fand sie nun in der Aussicht, das alles zu zerschneidern, die größte Glückseligkeit; man mußte sie wirklich daraus entfernen und die Türen fest verschließen, denn sie kannte weder Maß noch Ziel.« (III, 14) Sie ist die einzige des Romans, die sich zu einer völlig klaren Lebensweise bekennt, der heiligen Makarie sagt sie ohne Umstände: »Ich liebe meinen Mann, meine Kinder, beschäftige mich gern für sie, auch für andre, das übrige verzeihst du!« Wer sich so vulgär äußert, bleibt unter all den Entsagenden freilich eine Marginalfigur.

Phorkyaden
(Faust II, Klassische Walpurgisnacht)
Drei inzest-gezeugte weiße Jungfrauen, Symbol für Schrecken,
Schauer und Entsetzen, sie waren von Geburt an grau. Zusammen haben sie ein Auge und einen Zahn, wohnen in einer Höhle, wo die
Nacht sich tagsüber aufhält. Sie sind nur vom Mond und noch nie
von der Sonne beschienen worden. Zu ihnen flüchtet *Mephisto,
nimmt ihre Gestalt an und nennt sich *Phorkyas.

Phorkyas
(Faust II)
*Mephisto in weiblicher, manche sagen: geschlechtsloser Ausführung. Auf seiner Suche nach Identität findet der umherirrende
Bösewicht im griechisch-antiken Walpurgistreiben endlich die
*Phorkyaden, nistet sich bei ihnen ein und taucht in der Helenahandlung als Schaffnerin (Gutsverwalterin) wieder auf. Böse ist er dabei
nicht, nur überaus gehässig, und neben der absoluten Schönheit der
*Helena verkörpert Phorkyas die absolute Häßlichkeit. Eine andere
Rolle vermag Mephisto im klassischen Griechenland nicht zu übernehmen.

Die pilgernde Törin
(Wilhelm Meisters Wanderjahre)
Figur der gleichnamigen Novelle, die Goethe von einem unbekannten Franzosen so gut wie wörtlich übernommen hat. Die Törin ist
hübsch, gebildet und von besten Manieren. Sie ist belesen und kann
klug reden, sie spielt gut Klavier und kann singen, doch was sie singt
ist eine Kurzfassung ihrer fixen Idee: Sie will dem geliebten Falotten,
der es mit der Müllerin trieb, beweisen, daß Treue auch unter den widrigsten – eben pilgernden – Umständen möglich ist. Das Törichte
daran: Sie gewinnt die Zuneigung zweier Männer, die zehnmal mehr
taugen als der windige Liebhaber.

Hier sehen wir, daß Tugend töricht sein kann, oder allgemeiner: Sie,
die das Beständige sucht, denn nichts anderes ist die Treue, lebt ein
unbeständiges Leben durch ihre Wanderschaft, und Tugend ist keine
Frage von Prinzipienreiterei, sondern eine Folge harmonischen Lebens. Treue als Wahnsinn hat die Goethe-Interpretation solchen Unfug genannt.

Prinzessin
(Torquato Tasso)
Siehe *Leonore von Este.

Prokurator
(Unterhaltungen deutscher Ausgewanderten)
Beischlafverweigerer und moralischer Erzieher. Die Baronesse von C.,
Oberherrin der deutschen Auswanderer, hat sich während der Wirren
der Französischen Revolution mit ihrem Gefolge aus Verwandtschaft
und Dienerschaft auf ihr Besitztum rechts des Rheins zurückgezogen.
Um die Zeit zu verkürzen, läßt sie, wie in Boccaccios ›Decamerone‹
Geschichten erzählen, so unter anderem die ›Prokuratornovelle‹. Ein
fünfzigjähriger Handelsmann heiratet nach Jahren der Wanderschaft
und des wirtschaftlichen Wohlergehens ein blutjunges Mädchen, kann
aber das Reisen nicht lassen. Er schärft dem liebenden Eheweibchen
ein, daß – wenn sie ihn betröge – einen Edlen nehmen solle. Sie hört
von dem hochgeehrten Prokurator, der nicht nur neu in der Stadt, sondern jung und hübsch wie kein anderer sein soll, und bittet ihn per
Billett zu sich nach Hause. Ihm teilt sie mit, was der Gatte ihr anemp-
fohlen hat, und daß er ihr Auserwählter sei. Er antwortet, daß er ihr
ergebener, zärtlicher, treuer und verschwiegener Diener sein könnte,
wenn er nicht ein Gelübde nach schwerer Krankheit abgelegt hätte,
das ihm noch zwei Monate absoluter Enthaltsamkeit gebiete. Sie
könnte die Zeit halbieren, wenn sie sich ihm anschlösse und ebenso
wie er von Wasser und Brot lebe und auf einem harten Matratzenlager
nächtige. Gesagt getan, die kleine Hübsche hungert und wird immer
unansehnlicher und schwächer und muß schließlich das Bett hüten.
Als die Frist sich ihrem Ende nähert, ist sie anderen Sinnes geworden.
Sie dankt dem Prokurator, daß er sie mit ihrem »guten und mächtigen
Ich« bekannt gemacht habe. Sie entsagt und ist stolz, es zu können. In
dieser Weise solle er, sagt sie, auf die Menschen weiter wirken, dann
werde er »mehr als der erste Staatsmann und der größte Held den
Namen Vater des Vaterlandes verdienen«. Und die Moral von der
Geschicht'? Nicht die Frigiden und Impotenten sind moralisch, son-
dern die Lüsternen, die sich beherrschen.

Prometheus
(Prometheus, Pandora/Pandoras Wiederkunft)
Figur eines Dramenentwurfs (1773) und der Hymne gleichen
Namens (1774) wie auch des Festspielfragments ›Pandora/Pandoras

Wiederkunft‹ (1807), hier Bruder des ⃰Epimetheus. Nach Hesiods (zirka 700 vor Christus) Erzählung in der »Theogonie, einer mythischen Lehre von der Entstehung und Abstammung der Götter, ein betrügerischer Titan, der bei der Verteilung des Speiseopfers Zeus zu täuschen versuchte, indem er das gute Fleisch und die Eingeweide in einen unansehnlichen Rindermagen versteckte, die Knochen hingegen als aufpolierte Mogelpackung Zeus vorsetzte. Zeus erkannte den Gaunerstreich und bediente sich dennoch an den Knochen. Seither dürfen die Menschen den Göttern das opfern, was sie nicht oder wenig benötigen. Zeus nahm nun den Menschen das Feuer weg, Prometheus stahl es zurück. Daraufhin sandte der Göttervater ⃰Pandora (die Allesgebende) als erste Frau auf die Erde. Mit ihrer Büchse brachte sie alle Plagen und Leiden über das Menschengeschlecht. Prometheus wurde an einen Felsen im Kaukasus geschmiedet und mußte sich endlose Zeiten lang von einem Adler die sich nächtens stets wieder regenerierende Leber aus dem Leib reißen lassen. Erst Herakles vermochte den Gepeinigten zu erlösen, erschoß den Vogel und befreite den Provokateur aus den Ketten.

Die Dichterin Erinna indes stellte uns tausend Jahre später Prometheus als Schöpfer des Menschengeschlechts vor, der aus Lehm und Wasser die ersten Erdenbürger erschuf.

Das Bild des Renegaten und Dissidenten gestaltete Aischylos im 5. Jahrhundert vor Christus und verlieh damit dem Mythos das wesentliche Charakteristikum: Empörung und Trotz. Von hier aus nahm der Stoff seinen Zug durch alle Epochen der Weltliteratur, nur das christlich denkende Mittelalter wußte nichts mit dem an Luzifer erinnernden Unruhestifter anzufangen. Das Prometheus-Motiv reicht über Boccaccio, Calderón, Voltaire bis zu den Nobelpreisträgern Carl Spitteler und Albert Camus. Spitteler nimmt dabei Nietzsches Übermenschen vorweg, der nur das Gesetz der Treue gegen sich selbst kennt, Camus betont in seinem ›Mythos von Sisyphos‹ die bewußte, wissende und rebellische Existenz an sich.

Goethes Mutter erzählte laut Bettina von Arnim über ihren kleinen Sohn: »Er war überhaupt viel mehr zum Zürnen wie zum Weinen zu bringen« (Eissler), und in der Dramenfassung ruft Prometheus:
»Ich will nicht, sag es ihnen!
Und kurz und gut, ich will nicht!
Ihr Wille gegen meinen!«
Das sind die weniger bekannten Protestworte des Fragment gebliebenen Dramas. Goethe gibt dem Menschenschöpfer zusätzliches

Gewicht, erhebt den Titanen zum Sohn des Zeus und der Hera, und schafft damit – im Unterschied zum Original – einen zusätzlichen Konflikt: den zwischen Vater und Sohn, den Goethe im Hause eines nörgelhaften, besserwisserischen Vaters, wenn auch kaum ausgetragen, so doch heftig empfunden haben mochte. Aber das ist eher dem Psychoanalytiker von Belang, denn hier geht es um mehr als um ein Aufbegehren eines Familiensprößlings; hier geht es um ein hohes Kräftemessen: um den einzelnen mit seinem starken Bewußtsein von sich selbst, der sich gegen sein Milieu erhebt. Goethe ist in einer Phase extremer Unruhe, er verläßt von einer Sekunde auf die andere eine Gesprächsrunde, in der er eben noch das Wort führte, er steht nachts plötzlich auf und bringt in halber Raserei etwas zu Papier, das er dann fortwirft. Goethe sucht im Koordinatensystem aus Kunst, Künstlern und Umgebung und im Bewußtsein seiner ausgeprägten Individualität sich selbst. »Der Bube ist kampflustig, er hat den Geist eines Athleten«, schreibt der spätere Lebensbegleiter Karl Ludwig von Knebel (1744 bis 1834). »Goethe lebt in einem beständigen inneren Krieg und Aufruhr, da alle Gegenstände aufs heftigste auf ihn wirken.«

Und so ist im Prometheus ein Stück Goethe und in Goethe ein Stück Prometheus, ein gegen den Rest der Welt gerichteter Kampfgenosse, ein aus Schöpferdrang geborener Neinsager. Natürlich sind Gedicht wie Dramenfragment eine Revolutionsetüde gegen den Vater, weiter und mehr indessen eine für den eigenen kreativen Aufbruch, für die eigene Gestaltungsenergie, die – koste es, was es wolle – ihren Ausdruck finden muß.

Im Dramenfragment hat Prometheus die Heimat verlassen, sucht sein Stück Welt und will fernab aller Gesamtordnung, fernab aller Vorgaben etwas aus sich heraus schaffen. Doch seltsam: Die ausgedachten, in Lehm geformten Geschöpfe sind nichts als bröselige Plastiken, erst Minerva ist imstande, den toten Figuren Leben einzuhauchen. So finden wir einen Prometheus, dem mit Trotz und Eigensinn zwei Quellen gehören, die erst in Isolierung und bewußter Abwendung zu sprudeln beginnen. »Ich fühlte recht gut«, schrieb Goethe in ›Dichtung und Wahrheit‹, »daß sich etwas Bedeutendes nur produzieren lasse, wenn man sich isoliere.« Aber Goethe wußte ebensogut, wie fruchtlos das Genie bleiben muß, wenn es sich unter Betonung einer prometheischen Eigenart von der Einigung mit dem »großen Ganzen« verschließt. Warum also braucht Prometheus diese Minerva? Erst sie, die sich aus der elterlichen Herkunft, also dem göttlichen Kosmos, nicht lösen will, vielmehr ihren Eltern Liebe und Weisheit zuerkennt, vermag, den Bogen zum Ganzen zu schlagen, zu Prometheus unten und den Göttern oben: die Verbindung zur Einheit. Emil Staiger erklärt: »So, als mit dem ›Lebensquell‹ verbundener, in die ›mitgeborenen Harmonien‹ eingeweihter Genius darf Minerva ›original‹ im Sinne von ›ursprünglich‹ heißen, während Prometheus die Originalität vor allem in der Eigenart sieht … Klar aber geht hervor, daß keine lebendige Schöpfung möglich ist, wenn ein Einzelner sich zutraut, alles aus eigener Macht zu leisten … Sobald er sich völlig auf sich selbst zurückzieht, fehlt seinen Gestalten das Leben.« Geformt hat Prometheus die Menschen. Den Puls aber gab ihnen die mit dem Ganzen kommunizierende Minerva.

In der allseits bekannten Hymne ist das anders, hier erleben wir Prometheus mit seinem »heilig glühend Herz« als alleinigen Menschheitsschöpfer, der Zeus als infantilen Wüterich schmäht, ein Göttervater, der dem »Knaben gleich, der Disteln köpft«, sich an Eichen und Bergeshöhen versucht, doch nichts mehr gegen den Sohn auszurichten vermag:

»Mußt mir meine Erde
Doch lassen stehn…
Ich kenne nichts Ärmeres
Unter der Sonn als euch, Götter!«

Man wird lange suchen müssen, um in diesem Wort »Götter« eine verächtlichere Konnotation zu finden. Und in der Tat läßt sich in dieser Schmähung Goethes Abneigung gegen ein pietistisch-frommes, vor allem antivitales Leben herauslesen. Der Trotz, mit dem Prometheus gegen die hoheitsvolle Elite polemisiert, regte ganze Schauspielergenerationen zum Vortrag an. Zeus und alle anderen Götter (und mit ihnen das etablierte Christentum) sind das letzte, was der Stürmer und Dränger Goethe alias Prometheus anerkennt, das höhnische Lachen des Gottverächters ist selbst beim stillen Lesen noch zu hören. Der Göttersohn wendet sich seiner Arbeit zu. Sein optimistischer Trotz bleibt als mächtiges Echo im Ohr:

»Hier sitz' ich, forme Menschen
Nach meinem Bilde,
Ein Geschlecht, das mir gleich sei,
Zu leiden, weinen,
Genießen und zu freuen sich,
Und dein nicht zu achten,
Wie ich!«

Im Dramenfragment aber geht sie Sache weiter. Prometheus hat den Menschen die Auflehnung mit implantiert, sie sind seine Erben, aus Trotz machen sie Eigentumsrechte geltend, sie befehden und bekriegen sich. Und Zeus? Er betrachtet das Wurmgeschlecht und erklärt bissig, es möge leben, es vermehre nur die Zahl seiner dienstbaren Untertanen.

Jahrzehnte später distanzierte sich ein hochgeehrter, in den Adelsstand erhobener Dichterfürst von seiner Figur (vergleiche auch *Pandora). Die deutsch-gesonnene Jugend nach 1815 war dem Kosmopoliten Goethe fremd, sie sollte solche Zeilen nicht für eigene umstürzlerische Ideen auslegen können. Jedenfalls sprach sich Goethe gegen die Veröffentlichung des Dramen-Prometheus aus, der als verloren geglaubtes Fragment 1818 im Nachlaß des Jugendfreundes Lenz gefunden wurde. Goethe wollte sich nicht vor höherer staatlicher Stelle für etwas verantworten müssen, was ihm fremd geworden war. Zudem hatte der jugendliche Glaube an die Kraft eines Schöpfers, der obendrein als neuer Mensch (»ich bin kein Gott«) den Göttern Paroli bietet, erhebliche Einbußen erlitten. *Wagner, *Fausts Assistent, stellt ja einen »Menschen« her, den *Homunculus, zu deutsch »Menschlein« – ein hilfloser, wenn auch sehr sympathischer Klon, der bald eingeht. Schlüssigerweise heißt Prometheus »der Vorausdenkende, Vorauswissende«. Es bleibt uns überlassen, solche Bedeutung positiv zu beurteilen oder nicht.

Als Angehörige des 20. Jahrhunderts haben wir kaum mehr einen Traum vom Menschheitsschöpfer. Der Glaube an die Kraft des Menschen ist der Furcht vor der Macht des Menschen gewichen, die Herausforderung der Gottheit hat spätestens mit Hitler eine obszöne Komponente erhalten. »Gott und wir teilen uns abwechselnd die Macht. Das ergibt zwei Weltkonzeptionen, die nichts miteinander versöhnen kann. Gott ist nicht geneigter als wir, Konzessionen zu machen«, schreibt Mircea Cioran in seinem 1987 überarbeiteten Essay ›Von Tränen und Heiligen‹. Der Mensch und seine Schöpferkraft übt weniger Faszination als eher Angst und Schrecken aus, das beschrieb schon Mary Shelley mit ihrem ›Frankenstein, or the Modern Prometheus‹ – geschrieben 1816 – der Geschichte über Dr. Frankenstein, der zum Todesengel wird, und durch seine prometheische Tat seiner eigenen Familie Verderben bringt und sein »Riesenbaby« ins Unglück stürzt. Am Ende des Romans, nach dem Mord an Frankenstein, sitzt das icherzählende Monster über dessen Leiche gebeugt und weint bittere Tränen.

Proserpina

(Proserpina)

Mythische Heldin des gleichnamigen Monodramas, Tochter des Jupiter (Zeus) und der Ceres (Demeter; lateinisch Proserpina gleich griechisch Persephone). Die Ahnungslose spielte mit ihren Freundinnen auf einer Wiese, als Hades, angestiftet von dem schadenfrohen Amor, aus der Unterwelt hochschoß und Proserpina hinab in sein Reich riß. Hin und her wandelnd gedenkt sie der Zeit, da sie mit ihren Freundinnen (den Okeaniden?) Kränze wand und sie »voll Lust zu leben, früh im Tau die Rosenfüße badeten.«

Und nun?

»Heruntergerissen
In diese endlosen Tiefen!
Königin hier!
Königin?
Vor der nur Schatten sich neigen!«

Man kann sich ihre Tragik vorstellen, vor allem, wenn sie mit der Liebe hadert, die Hades nur für einen Augenblick das Herz öffnete und ihn dazu trieb, ausgerechnet die Tochter der Ceres, der Göttin der Saat und Fruchtbarkeit, zu rauben. Die Bitterkeit, mit der sie ihr Schicksal beklagt, erinnert an den Eingangsmonolog der *Iphigenie, doch während diese zurück ins Land der Eltern ziehen darf, bleibt Proserpina, wo sie ist. Sie erblickt einen Granatbaum und daran einen Apfel. Die Sehnsucht nach der lebendigen Vegetation treibt sie, den Apfel zu pflücken und daraus einige Körner zu essen. Sie fühlt einen Schmerz. »Ach, warum schafft die erste Freude hier mir Qual?« Die Parzen (hier für Schicksal, Verhängnis, Tod) rufen: »Nüchtern solltest wiederkehren; und der Biß des Apfels macht dich unser!« Damit ist sie unwiederbringlich im Hades eingeschlossen. Wie so oft wollte Goethe weniger einen Mythos nacherzählen, denn laut Mythos muß die Unglückselige »nur« drei von zwölf Monaten in der Unterwelt bleiben, sondern den Sturz von oben nach unten offenlegen, vor allem die Tiefe des Sturzes, nämlich aus der bunten Blumenwelt hinunter in den Sitz der Tantalus-Qualen.

Etwas unverständlich, warum Goethe die Verse in seine »dramatische Grille« ›Triumph der Empfindsamkeit‹ einfügte. Vermutlich ging es ihm bei diesem für den Weimarer Hof im Januar 1778 aufgeführten beinahe-Musical um ein Beispiel für die damals vielgescholtene modische Empfindsamkeit, vorgetragen von Mandandane, der Gattin des Andrason, eines »humoristischen Königs«. Conrady erklärt: »Das wahre, ungekünstelte Gefühl (der Proserpina) läßt die Künstlichkeit und Scheinhaftigkeit der übersteigerten Empfindsamkeit nur um so krasser hervortreten.«

Proteus
(Faust II, Klassische Walpurgisnacht)
Meergreis. Mythologisch: Hüter der Robben der sich Menelaos' – wie *Nereus dem Herakles – durch Verwandlungen zu entziehen versucht, zuletzt aber bereitwillig Auskunft auf alle Fragen gibt. Der Name ist vielleicht eine Kurzform zu Protogenes und enthält das Element »der Erste«.

Dem *Homunculus ist seine Verwandlungslust das begehrte Bindeglied zwischen Weg und Ziel. Auf Proteus' Delphinrücken erlebt er die Verschmelzung mit Natur und Leben.

Psyche
(Satyros oder Der vergötterte Waldteufel)
Eine Figur, wie sie Goethe immer wieder zeichnet: naiv, kindlich, mädchenhaft, gretchenhaft. Sie vernimmt des Waldbocks Gesang von Herz und Liebe, von Natur und Sinnenfreude und ist augenblicklich betört. Herder gab seiner Braut und späteren Gattin Caroline Flachsland den Namen Psyche, Goethe kannte sie vom Darmstädter Kreis der Empfindsamen. Im *Pater Brey hat sie das Vorbild für Leonora abgegeben.

Pylades
(Iphigenie auf Tauris)
Vetter *Orests, Freund und »immer munterer Geselle«. Orest mußte als Knabe an den Hof des Königs Strophios nach Phokis (Mittelgriechenland) fliehen, wo er mit Königssohn Pylades aufwuchs. Während Orest sich beständig von Schuld und Sühne bis in den Tod gesteuert sieht, frönt Pylades einem Optimismus bis ins Letzte. Läge er bereits unter dem Messer der Priesterin, wäre sein einziger Gedanke jener nach Rettung. Wäre er nicht ein Handlungsträger dieses Dramas, würde seine Zuversicht (die sich bestätigt) an Dummheit grenzen.

Er hat etwas von einem bauernschlauen Fährtensucher, der auf der Hut ist, und zu dessen Umsicht das Verheimlichen, Täuschen und Überlisten gehört. Beim ersten Zusammentreffen mit *Iphigenie nennt er vorsorglich falsche Namen und eine falsche Herkunft. Daß

er später Iphigenie taktische Verhaltensanweisungen gibt und von ihr
bedenkenlos die Mitwirkung bei allen listigen Befreiungsmanövern
erwartet, enthüllt ihn als Tatmenschen und Pragmatiker, der Sach-
zwänge zu seinen Argumenten macht. Iphigenies Skrupel gegen
*Thoas teilt er mitnichten. »Mir scheinen List und Klugheit nicht den
Mann zu schänden, der sich kühnen Taten weiht.« (766) Als Adept
menschlicher Handlungsfreiheit gehört er nicht zu jenen, die eine be-
lastete und belastende Vergangenheit haben, er liebt das Leben. »Und
Lust und Liebe sind die Fittiche zu großen Taten.«

Die Schulinterpreten haben ihn gerne zum frisch-fröhlichen
Helden und Gegenbild Iphigenies erklärt, der schlicht behauptet,
Barbaren seien nun mal Barbaren, sie zu überlisten oder ihnen Gewalt anzutun sei legitimes Griechenrecht. Doch hat Pylades bei aller
List und Draufgängerhaltung ein klares Bewußtsein von Loyalität,
und Goethe legt ihm Worte von lyrischer Tiefe und Kraft in den
Mund, wenn es um das Bekenntnis seiner Freundschaft zu Orest
geht: »Da fing mein Leben an, als ich dich liebte.« Und das erklärt,
warum Pylades stets an der Seite des gepeinigten Freundes bleibt,
selbst wenn er den orestschen Alptraum nicht nachvollziehen kann
und auch nicht muß.

R

Reineke Fuchs
(Reineke Fuchs)

Held des gleichnamigen Hexameterepos in zwölf Gesängen. Zu Pfingsten hat König Nobel, der Löwe, seine Vasallen zu Hofe gerufen. Alle sind sie gekommen, nur Reineke, der Fuchs, nicht. Der hat guten Grund dem Meeting fernzubleiben, denn viele der Reichsangehörigen bringen schwere Klagen gegen den Betrüger, Räuber und Mörder vor. Isegrim, der Wolf, berichtet viel Böses, aber auch ein Hündchen Wackerlos, Hinze, der Kater, Henning, der Hahn, selbst der Panther weiß Schmähliches zu erzählen. Grimbart, der Dachs, verteidigt seinen Oheim so gut es geht, dabei offenbart sich, daß die Ankläger in vielem nicht besser sind als Reineke, nur dümmer und tölpelhafter. Nobel befiehlt, Braun, der Bär, solle Reineke an den Hof holen, hier solle Gericht über den Übeltäter gehalten werden. Braun erreicht Reinekes Burg Malepartus, die von allen Residenzen, die der Baron besitzt, die beste ist. Reineke erzählt dem Bären, er sei Vegearier, er könne leider nur Honig anbieten. Sofort vergißt Braun seinen Auftrag, Reineke führt ihn zum Anwesen des Zimmermanns Rüsteviel. In dessen Hof liegt ein von Keilen auseinandergetriebener Baumstamm, hier müsse er den Honig hervorholen, sagt der Fuchs. Und als der Bär Klauen und Schnauze hineinsteckt, zieht Reineke die Keile heraus. Braun ist gefangen und wird von den herbeigeeilten Bauern fürchterlich mißhandelt. Nur knapp entgeht er dem Tod. Nun wird Hinze, der Kater, nach Malepartus geschickt, ihm ergeht es ähnlich wie Braun. Reineke lockt ihn auf Mäusejagd, Hinze gerät in eine Schlinge und kann erst im letzten Moment und nach vielen schmerzhaften Erduldungen freikommen. Reineke aber ist in der Zwischenzeit zu Isegrims Haus gelaufen und nennt dessen Nachkommenschaft Stiefkinder. Erbost verfolgt Isegrims Gattin Gieremund den Übelredner (für den sie freilich eine Schwäche hat). In einer verfallenen Klosteranlage hüpft der Fuchs durch einen Mauerspalt, wo er gerade noch durchkommt, Gieremund will hinterher und bleibt darin stecken.

»Da das Reineke sah, lief er zur anderen Seite
Krummen Weges herein und kam und macht' ihr zu schaffen.«
(III, 120 f)

Grimbart indes vermag mit guten Reden den Vielgescholtenen vors höfische Tribunal zu bringen. Auf dem Weg dorthin beichtet Reineke seinem Neffen alle Untaten. Dabei erinnert er an die Schizophrenie der extra Gottesfürchtigen, die immer bereuen und Besserung geloben und immerzu und noch drastischer dem sündigen Leben und seinen Verführungen folgen. Mit seiner Beichte wird offenbar, daß vor allem Isegrim das Opfer von Reinekes Ränken ist. Man fragt warum, und erfährt, daß der Wolf nicht einfach unbelehrbar sondern auch unfähig ist, zumindest in Teilen den fuchsischen Einfallsreichtum zu erlangen. Trotz seiner Erfahrungen mit dem Rotpelz schwört er immer wieder und gegen jede Räson Treue, denn er sieht seine Hoffnung auf Wohlstand nur bei dem Fuchs bestätigt. Und dieser Hoffnung kann er sich nicht entziehen. »Gerne hätt' er einmal sich satt an Hühnern gegessen.« Doch auch während seiner ausführlichen Beichte guckt Reineke über die Klostermauern nach Hühnern, er kann es nicht lassen, und allmählich wird klar, das ist nicht nur vorsätzliche Raffinesse, sondern auch sein Naturell.

Bei Hofe findet er sich nun allen Vorwürfen gegenübergestellt. Keine Rede, kein Trick scheint zu helfen. Auch er rechnet mit seinem Ende. Er kennt zwar seine Durchtriebenheit, seine Flexibilität, er kennt im Gegenzug seine Ankläger, die träge und denkfaul sind, doch rechnet er mit letzter Gewißheit nicht mit dem Erfolg seiner Politik. Aber als er gebunden vor dem Galgen steht, haben seine Gegner bezeichnenderweise mehr Angst, daß er sich über eine List doch noch behelfen werde, als Reineke das gleiche Maß an Hoffnung hat. Kurz vor der Exekution will er nur noch Zeit gewinnen und sagt, er wolle nun alle, auch die unbekannten Verbrechen beichten, damit nicht etwa ein Unschuldiger nach seinem Tode wegen eines von ihm begangenen Delikts bestraft werde. Immer mehr wird klar: Reineke ist durchtrieben, intelligent, mutig, ein Mörder, ein Dieb, ein Betrüger. Aber die Mächtigen an Nobels Hof sind nicht etwa staatstreu aus Überzeugung, sondern aus Unfähigkeit. Sie sind eben nicht durchtrieben, nicht intelligent und auch nicht mutig, doch Mörder, Diebe und Betrüger sind sie wie er. Und sie sind habgierig. Geschickt lenkt der Fuchs die Aufmerksamkeit Nobels auf den verschwundenen Schatz des Königs Emmerich. Reineke erzählt, sein Vater habe die Reichtümer verwenden wollen, um einen Putsch zu finanzieren, erzählt, daß die Verschwörer, allen voran Braun und Isegrim, vorgehabt hätten, Nobel zu entthronen. Daß Reineke diese Verschwörung verhindert habe, interessiert den König jetzt nicht so wie die Erzählung

von dem vorgeblich riesigen Schatz in Flandern. Als Reineke genau
beschreibt, wo der liege, ist seine Begnadigung nur noch eine Frage
der Erzählzeit. Im Osten von Flandern, da

>Liegt ein einzelner Busch, heißt Hüsterlo, merket den Namen!
Dann ist ein Brunn, der Krekelborn heißt, ihr werdet verstehen,
Beide nicht weit auseinander. Es kommt in selbige Gegend
Weder Weib noch Mann im ganzen Jahre. Da wohnet
Nur die Eul' und der Schuhu.«
Und der König versetzte darauf: »Ihr müßt mich begleiten;
Denn wie will ich allein die Stelle treffen? Ich habe
Wohl von Aachen gehört, wie auch von Lübeck und Cöllen
Und von Paris: doch Hüsterlo hört' ich im Leben nicht einmal.«
(V, 231ff)

Reineke entgegnet, er könne den König nicht begleiten, er müsse erst
nach Rom pilgern, »Gnad' und Ablaß zu suchen«.

Isegrim, Braun und Hinze fallen in Ungnade. Der Fuchs erhält Isegrims Pfoten als Überzugsschuhe zum Wandern und einen Ranzen aus
Brauns Fell. Was weiter geschieht, ist eine Wiederholung des Vor-
gefallenen, wieder mordet und betrügt er und muß sich wieder vor dem
königlichen Tribunal verteidigen, und wieder stehen seine Karten
schlecht. Doch diesmal ist er willens, sein schurkisches Handeln lega-
lisieren zu lassen. Er will Ruhe für sich und die Seinen. Grimbart gegenüber läßt er verlauten, er sei es leid, nur deswegen als Sündenbock
zu gelten, weil er nicht mächtig sei, denn schließlich machten sich alle schuldig, auch Nobel. Auch der König sei kein Vegetarier, das ganze
System fuße auf Unrecht und Gewalt:

»Raubt der König ja selbst so gut als einer, wir wissen's;
Was er selber nicht nimmt, das läßt er Bären und Wölfe
Holen und glaubt, es geschähe mit Recht. Da findet sich keiner,
Der sich getraut, ihm die Wahrheit zu sagen, so weit hinein ist es
Böse, kein Beichtiger, kein Kaplan; sie schweigen! Warum das?
Sie genießen es mit, und wär' nur ein Rock zu gewinnen.«
(VIII, 109 ff)
»Nun, so spiel' ich halt auch mein Spiel und denke daneben
Öfters bei mir: es muß ja wohl recht sein; tun's doch so viele!«
(VIII,137)

Der kluge Affe Martin kommt Reineke entgegen. Martin, Schreiber
des Bischofs und hoher Funktionär, verspricht, er werde sich in Rom
für ihn verwenden und zum Schaden seiner Gegner die Aufhebung
des päpstlichen Bannes erwirken. Leichter als ehedem straft der

Fuchs die Wahrheit Lügen: Auf Malepartus hätte er Bellyn einen Zauberring für Nobel und einen Zauberspiegel mit Kamm für die Königin überreicht – einige der herrlichen Stücke eines sagenhaften Schatzes. Lampe sei das Opfer von Bellyns Habgier gewesen. Nun schildert der Fuchs in höchster Anschaulichkeit die Fähigkeiten des Rings und des Spiegels. Erneut ist der König von Besitzgier geblendet, und erneut folgt Reinekes Amnestie auf den Fuß, nur Isegrim kann solche Rehabilitation nicht hinnehmen, zumal Reineke seine Frau ein zweites Mal solcherart gefangensetzte, daß er sich ungestraft an ihr vergehen konnte. Isegrim fordert den Gegner zum Duell. Reineke ist auch diesmal nicht siegessicher, aber er rechnet sich gute Chancen aus, denn Isegrim hat ja seine Vorderklauen eingebüßt. Auf Anraten der Äffin Rückenau schert sich Reineke den Pelz und fettet sich ein, damit er glitschig, also schwer zu fassen sei, desgleichen trinkt er viel und hält das Wasser. Vor Kampfbeginn segnet die Äffin den Freund mit dem unbekanntesten, doch nicht unsinnigsten Goethewort:

»Nekräts negibaul geid sum namteflih dnudna mein tedachs!«

(XI,303; der Spruch wird rückwärts gelesen und heißt also »Schadet niemand und hilfet, man muß die Gläubigen stärken«)

Während des Kampfes hält sich Reineke sorgsam in der Defensive, seinen Schweif benetzt er mit seinem ätzenden Harn und wedelt damit im Staub. Im richtigen Moment schlägt er ihn in Isegrims Augen. Isegrim ist beinahe blind, jetzt beißt ihm Reineke auch noch ein Auge aus. Dennoch gelingt es dem Wolf, eine Vorderpfote des Fuchses zwischen seine Zähne zu bekommen, doch statt zuzubeißen, läßt sich Isegrim in ein Gespräch ein. Reineke gelingt es, den Gegner am Gemächte zu fassen, der Gepeinigte schreit auf und läßt die Klaue des Fuchses los. Der aber behält seine Beute so lange, bis der vor Schmerzen ohnmächtige Wolf sich besudelt und ein so jämmerliches Bild abgibt, daß auf Geheiß des Königs der Kampf abgebrochen wird.

Reineke ist strahlender Sieger, wieder sind alle seine Untaten vergessen, er wird in den königlichen Rat berufen und zum Kanzler ernannt.

»So ist es beschaffen, so wird es bleiben, und also

Endigt sich unser Gedicht von Reinekens Wesen und Taten.

Uns verhelfe der Herr zur ewigen Herrlichkeit! Amen.«

(XII,379ff)

Die Wurzeln der Geschichte reichen zurück bis zu den Fabeln Äsops (zirka 550 vor Christus). Der flämische Magister Nivardus schrieb

›De Isengrimo et Rainarole‹ (zirka 1150), wonach das Laientum in Gestalt des Fuchses über die Unwissenheit und Gier der Kleriker siegt. Erwähnt sei noch der französische ›Roman de Renart‹ (zirka 1200). Hier ist parallel zur Verurteilung des Wolfes eine Verurteilung des Fuchses eingeführt, der wegen Ermordung der Henne, der Dame Coppé, erhängt werden soll. Er entgeht dem Tod, indem er vorgibt, eine Pilger- und Bußfahrt ins Heilige Land zu tun.

Ein Jammer und ein Glück zugleich, daß Goethe die Geschichte nicht vertieft hat.

Ein Jammer, weil eine Vielzahl anregender Momente auftreten, etwa Isegrims Lust des Verlierens, seine Unfähigkeit, ja seine Unwilligkeit, aus Schaden klug zu werden. Oder Nobels dumme Würde oder würdevolle Dummheit, sein nobles Auftreten, optisch entspricht er jeder Repräsentationspflicht und ist doch nur Mythos, ein Wappentier, ein verblaßtes Symbol – so wie Isegrim und Braun, Täuscher und Selbsttäuscher in einem. Sie entsprechen jenen Politgrößen des 19. und der ersten Hälfte des 20. Jahrhunderts, die die Augen vor der Wirklichkeit verschlossen hielten, die logen und ihre eigenen Lügen glaubten.

Dagegen Reinekes skrupellose Autonomie, die niemals einer Täuschung folgt, Reineke bleibt sich treu, indem er immer die Nase hochhält und jede Witterung aufnimmt, ein flexibler, undogmatischer Charakter, der die Welt nimmt, wie sie ist, weil er sie nicht verbessern will, einer, der sich nicht ändert, aber die veränderte Welt zu seinem Vorteil und Nutzen gebraucht und mißbraucht.

Ein Glück, daß Goethe die Vorlage nicht zu politischen Zwecken einsetzte, oder besser: wenig in seine politischen Überlegungen einbezog. Natürlich meinte Goethe mit Reineke einen neuen politischen Typus: den Demagogen, den Kriegsgewinnler, der zwischen den Fronten nach Gutdünken hin und her pendelt. Doch hält er sich mit offenen Bekenntnissen zurück. Sicherlich war sich Goethe im klaren über sein Unvermögen, die politischen Dinge zu beurteilen. Das führte zu einer Distanz, so daß er auch dem eigenen Lager mit mahnender Geste entgegentrat. Goethe blieb ein Aristokrat, glaubte – wie Metternich – nur an das alte politische Klassensystem, erreichte indes nicht die insolvente Rückwärtsgewandtheit seiner romantischen Kollegen. Goethes konservative, im Sinne von sozialkonservierende und provinzverhaftete Politikhaltung war, wenn auch nicht realistisch, zumindest nie schwärmerisch. Dennoch kann sie selbst einem ideologisch Unvoreingenommenen stellvertretend die Schamröte ins

Gesicht treiben. So gesehen also ein Glück, daß er das Thema Reineke nicht oder nur poetisch vertiefte. Wie schrieb er an Herder, als er gerade auf Besichtigungstour bei den alliierten Streitkräften war: »Ich komme nun fast nicht mehr vom Zelte weg, korrigiere an ›Reineke‹ und schreibe optische Sätze.« (15.06.1793) Er hatte eine Prosavorlage von Gottsched und schrieb alles in Hexameter um. Sein Talent machte daraus ein buntes und gar nicht mehr alt aussehendes Stück.

Der Riese
(Unterhaltungen deutscher Ausgewanderten/Das Märchen)
Ein Kraftloser, dessen Körper nichts, sein Schatten alles vermag. Morgens und abends, wenn die Sonne tief liegt, ist er beziehungsweise sein Schatten am kräftigsten. Im neuen Reich richtet er Unheil und vor allem Unordnung an, schlaftrunken tapst er hin und her und löst unter den Menschen beinahe Panik aus, dann wankt er über den Platz vor der Kathedrale und erstarrt in dessen Mitte zur Bildsäule.

S

Der Sänger
(Der Sänger, Wilhelm Meisters Lehrjahre)
Fahrender Troubadour der gleichnamigen Festballade von 1783.
Nach seinem Vortrag wird ihm zum Lohn und als Zeichen der Wertschätzung eine Kette vom König angeboten. Doch der Künstler erbittet etwas anderes: »Laß mir den besten Becher Weins in purem
Golde reichen!« Unversöhnlich geht Ludwig Uhlands Ballade ›Des
Sängers Fluch‹ aus, hier tötet der König den knabenhaften Sänger,
woraufhin der alte Sangeskollege des Königs Reich verflucht und dieses in der Folge verfällt. Gemeinsam ist beiden Balladen die Beziehung zwischen Kunst (Sänger) und Staat (König). Bei Uhland ist von
einem ungestraft mordenden, absolutistischen König die Rede, bei
Goethe vom aufgeklärten Herrscher, der des Künstlers Macht kennt,
schätzt und respektiert. Vorgetragen wird Goethes Sänger vom
*Harfner in Wilhelm Meisters Lehrjahren. Er trägt den mittelalter-
lich anmutenden, an Luthers Lieder erinnernden Gesang in entsprechender Form vor: mit seinem langen Gewand, seinem langen Bart,
seiner tiefen warmen Stimme sieht er zwar alt, aber vital und ehr-
furchtgebietend aus.

Satyros
(Satyros oder Der vergötterte Waldteufel)
Lach- und Legendenfigur, der Sage nach langohrig, ungekämmt, halb-
nackt und mit langen Nägeln. Satyros selbst findet sich unattraktiv,
das Stadtvolk hingegen hat sich in den Bock verguckt. Irgendwie war
den Städtern nicht mehr wohl in ihrer Haut, vielleicht auch langweilig, Satyros jedenfalls sang und schwafelte sich mit seinen Texten von
Natur und Natürlichkeit augenblicklich in ihre Herzen. Von des
*Einsiedlers redlich dummer Religiosität angewidert, ist er geflohen,
an einem »schattenkühlen« Brunnen nahe der Stadt läßt er sich nieder und hebt an zu singen.

Zwei junge Städterinnen, *Arsinoe und *Psyche, kommen von ungefähr und vernehmen die Weise, die das Herz besingt – ein Herz, das
Wald, Fels, Fluß und Flur zu rühren vermag und hier inmitten der
Natur vor Sehnsucht und Einsamkeit vergeht. Psyche, augenblicklich gefesselt, vermutet die Herkunft des Urwesens im Himmel, und

Satyros ist herzhaft genug, sogleich die ganze Welt als sein Eigentum
zu bezeichnen:

»Ich herrsch übers Wild und Vögelheer,
Frücht auf der Erden und Fisch im Meer.
Auch ist auf'm ganzen Erdenstrich
Kein Mensch so weis und klug als ich.«

Und schon läßt Psyche sich mächtig küssen und vermag gerade noch,
stammelnd hervorzubringen:

»Laßt ab! – mich schaudert's – Wonn und Weh -
O Gott im Himmel! ich vergeh.« (III)

Nun erscheint von Arsinoe eilends herbeigeholt, Psyches Vater, Hermes, seines Zeichens Priester und Landältester. Der Zuschauer erwartet einen rügenden Kritiker, doch weit gefehlt: Hermes begrüßt
Satyros als willkommen. Der halbnackte Satyros aber geht ihn ähnlich unflätig wie den Einsiedler an, mokiert sich über dessen Erscheinungsbild, sein Kleid sei eine »Gewohnheitsposse«, eine Entfremdung vom natürlichen Leben. Psyche möchte sich am liebsten auf der
Stelle ausziehen. Im Nu ist Volk zur Stelle, und der Bock erhebt seine mächtige Stimme und liest den Städtern die Leviten:

»Habt eures Ursprungs vergessen,
Euch zu Sklaven versessen,
Euch in Häuser gemauert,
Euch in Sitten vertrauert,
Kennt die goldenen Zeiten
Nur aus Märchen, von weiten.« (III)

Hier beginnt sich einer zum Guru zu erheben und tritt auf fruchtba-
ren Boden. Satyros predigt die Lehre vom Urzustand, alles hört gefesselt zu, die Narretei gipfelt in seiner Forderung, rohe Kastanien zu
verzehren.

»Das Volk: Rohe Kastanien! O hätten wir's schon!
Satyros: Was hält euch zurücke
Vom himmlischen Glücke?
Was hält euch davon?
Das Volk: Rohe Kastanien! Jupiters Sohn!
Satyros: Folgt mir, ihr Werten!
Herren der Erden!
Alle gesellt
Das Volk: Rohe Kastanien! Unser die Welt!« (III)

Und schon sitzen alle wie Eichhörnchen im Kreise, jeder an einer
Kastanie nagend, und wiewohl Hermes klagt:

»Sackerment! ich habe schon
Von der neuen Religion
Eine verfluchte Indigestion!« (Verdauungsstörung) – keinen hält's ab,
die Anbetung fortzuführen. Im Gegenteil, sie steigert sich zu neuen
höheren Formen der Lobpreisung – bis der Einsiedler auftritt und den
Bocksfüßigen der Undankbarkeit und des Frevels zeiht.

Der Einsiedler aber ist, eh er sich's versieht, auf dem Opferaltar.
Unser pferdefüßiger Prophet will sich den Anblick eines blutigen
Rituals ersparen, ihn zieht es zu *Eudora, der Gattin des Hermes, die
im Tempel seiner harrt. Hier will er sich mit der Priestersgattin vergnügen. Eudora indes macht nach außen hin mit, sie will der »borst-
'gen Majestät« zum Schein ihre Gunst schenken, um deren niedrigen
Triebe vor aller Welt zu entlarven. Als sie Satyros in kompromittie-
render Lage hat, ruft sie um Hilfe. Hermes sieht aufgeschreckt, wessen Kind der Waldteufel ist. Das öffnet dem tumben Stadtvolk die
Augen, das endlich im Bockswesen »Ein Tier. Ein Tier« erkennt und
es ungeschoren ziehen läßt. Für den Einsiedler ist's Rettung im letzten Moment.

Ein Drama nannte Goethe sein Fastnachtsspiel in fünf Akten, das
sich in einer Viertelstunde liest und neben seiner billigen, komischen
Seite auch Ansätze zu Höherem zeigt. Hier wird nicht nur der falsche
Prophet und die Gutgläubigkeit seiner Anbeter thematisiert, hier fin-
den sich erste Anklänge zum ›Faust‹ und dessen Überlegungen zur
Entstehung des Weltalls (Kosmogonie):

»Satyros:Vernehmt, wie im Unding
Alles durcheinander ging;
Im verschloßnen Haß die Elemente tosend,
Und Kraft an Kräften widrig von sich stoßend,
Ohne Feindsband, ohne Freundsband,
Ohne Zerstören, ohne Vermehren.
Das Volk: Lehr uns, wir hören!
Satyros: Wie im Unding das Urding erquoll,
Lichtsmacht durch die Nacht scholl,
Durchdrang die Tiefen der Wesen all,
Daß aufkeimte Begehrungsschwall
Und die Elemente sich erschlossen,
Mit Hunger ineinander ergossen,
Alldurchdringend, alldurchdrungen.«
Das sind Worte, die die Frage nach der Verführbarkeit ernst nehmen
und über das Übliche eines Fastnachtsspiels hinausreichen. Goethe

hat das der Farce entsprechende Vokabular verlassen, *Fausts kos-
mogonische Überlegungen sind nicht mehr fern:

»Wie alles sich zum Ganzen webt,
Eins in dem andern wirkt und lebt!
Wie Himmelskräfte auf und nieder steigen
Und sich die goldnen Eimer reichen!
Mit segenduftenden Schwingen
Vom Himmel durch die Erde dringen,
Harmonisch all das All durchklingen!«
(Faust, 1. Teil, 447 ff)

Hinweise zu Goethes biographischer Wirklichkeit finden wir nicht
nur in der (hier: blinden) Naturverehrung nach rousseauschem Mu-
ster, sondern auch in Goethes Umgebung. Goethe behauptete, mit
dem Bocksfüßigen eine bestimmte Person seines Umfeldes gemeint
zu haben, ohne aber deren Namen preiszugeben. Die literarischen
Schnüffler stürzten sich auf die Verdächtigen:

Erstens Herder, eines der Idole der Zeit, gab seiner Braut Caroline
Flachsland ganz im Stil der Empfindsamkeit den Namen Psyche. Als
Goethe das Stück schrieb, war Herder gerade unter dem Messer des
Chirurgen – vielleicht ein Hinweis auf den eingangs verletzten
Waldbock.

Zweitens Leibmedikus Franz Michael Leuchsenring, ein Mitglied
von Mercks Darmstädter Gesellschaft. Unter dem Vorwand, ein
Seelenfreund zu sein, spann er Intrigen zwischen Herder und dessen
Braut. Im *Pater Brey hat Goethe dem Heilsbringer, der – wie Friedenthal weiß – in Privataudienz den seelenvollen Damen den Puls
fühlte und auch mal tiefer griff, ein lachhaftes Denkmal gesetzt.

Drittens der Winterthurer Apotheker Christoph Kaufmann, Erfinder des Namens »Sturm und Drang«. Er trat mit langem Haar und
bäuerischer Kleidung auf, erteilte medizinische Ratschläge und ent-
warf kühne reformerische Pläne, für deren Verwirklichung er
unglaubliche Geldmittel und persönliche Beziehungen vorgab. Die
meisten Stürmer und Dränger unterlagen für eine Zeit seinem
Charme und seinen Ideen. Lavater nannte ihn schlicht »den Einzigen«. Er warb für vegetarisches Essen und bezeichnete sich als »Spür-
hund Gottes«.

Viertens Johann Caspar Lavater, von Goethe bewunderter Züri-
cher Pfarrer, unkritisch enthusiastischer Wegbereiter des religiösen
Irrationalismus, der mit den ›Physiognomischen Fragmenten‹ berühmt wurde, in denen er unter anderem den Seelen- und Charak-

terzustand eines Menschen anhand seiner Gesichtszüge zu erkennen glaubte. Schattenrisse galten damals als Interpretation der Psyche.

Fünftens August Siegfried von Goué, Jurist, verborgener Leiter der Wetzlarer »Rittertafel«. (Goethe gehört ihr als »Götz von Berlichingen, der Redliche« kurzzeitig an.) »Ein schwer zu entziffernder und zu beschreibender Mann, eine derbe, breite, hannövrische Figur«, Possenreißer mit verschwörerischem Gehabe, Logengründer und Lebensverlierer. Er endete als Hofkavalier eines Zwerggrafen. Goué gilt als wahrscheinlichste Zielscheibe von Goethes Spott. (Goué seinerseits ließ in seinem Drama ›Masuren‹ Goethe auftreten.)

Sechstens Johann Bernhard Basedow, Reformer des Erziehungswesens, Professor der Moral, Theologie und Schönen Künste.

Siebtens Johann Georg Hamann, Philosoph und Theologe, Vordenker der literarischen Jugend, bezeichnete sich selbst als »Ziegenpropheten«.

Heinse, Klinger und einige andere empfindsame Stürmer kommen ebenfalls in Frage. Interessant sind literarische Anregungen: Wielands ›Bekenntnisse des Abulfauaris‹, in denen der ägyptische Protagonist und Walter seines priesterlichen Amtes erzählt, wie er unter unbedarften Afrikanern religiöse Mysterien zur Verführung einer Schönen benutzte. Am naheliegendsten erscheint, daß Goethe Anfang der siebziger Jahre alles, was ihn durch Lektüre anregte, in Literatur verwandelte. Er übte sich in jeder Stilgattung, und hier haben wir ein Beispiel für ein »Drama« im Stil der Fastnachtsspiele von Hans Sachs. Die Bezüge zur konkreten Wirklichkeit sind – trotz seines Hinweises auf eine konkrete Figur – eher nebensächlich, sie waren, glauben wir, Anlaß für die Bearbeitung eines Stoffes, der dann im schöpferischen Prozeß eigenen erzählerisch-dramaturgischen Linien folgte.

Scapin und Scapine
(Scherz, List und Rache)

Junges Ehepaar, das sich über eine List die hundert Dukaten zurückholt, die sich ein gewissenloser Doktor von der sterbenden Tante erschlichen hat. Kurz vor ihrem Tode war es dem Scharlatan gelungen, die Sterbende dergestalt zu verwirren, daß sie ihre rechtmäßigen Erben enterbte und das Geld ihm vermachte. Scapin führt sich nun als Diener beim Doktor ein. Dies gelingt, weil er behauptet, er leide unter permanenter Appetitlosigkeit. Der Geizhals ist froh, einen so billigen Kostgänger zu haben. 14 Tage sind vergangen seit Scapins

Dienstantritt, jetzt kann Sacpine als verführerische Patientin auftreten. Der Doktor reicht ihr eben einen harmlosen Sud, als Scapin »Feuer!« ruft. Überstürzt verläßt der Doktor den Behandlungsraum, Scapine vertauscht einen Medizinbehälter gegen einen, auf dem »Arsenik« (gemeint ist Arsen) geschrieben steht. Der Feueralarm erweist sich als unbegründet, doch als der Doktor erleichtert zurückkommt, findet er eine das Sterben simulierende Scapine vor. Er sieht die Arsenikdose, glaubt seine Patientin vergiftet zu haben. Scapin verspricht, er werde die Sterbende für fünfzig Dukaten Entgelt im Fluß versenken, schafft sie aber nur in den Keller. Nachts begegnet dem Doktor eine Sacpine, die nicht sterben kann; sie fordert fünfzig Dukaten, damit sie sich kurieren lasse. Unter Schmerzen reicht er ihr das Geld. So sind die beiden zu ihrem rechtmäßigen Besitz gelangt.

Geschrieben 1784 als Libretto zu einer Opera buffa, die »sein« Komponist Kayser vertonte, bezeichnet ›Scherz, List und Rache‹ Goethes eine Abwendung vom realistischen Sturm-und-Drang-Drama hin zum klassizistisch stilisierten Theater, das die Bühne als autonomen Kunstkörper verstanden wissen wollte. Sein erster Versuch auf dem neuen Terrain kam zu Goethes Lebzeiten allerdings nie auf die Bühne. Vor allem der Erfolg von Mozarts Entführung aus dem Serail nahm dem Dichter allen Wind aus den Segeln. So ist von einer Aufführung des sorgsam gearbeiteten Stückes in seiner Gegenwart niemals mehr die Rede gewesen.

Der Schatzgräber
(Der Schatzgräber)
Ein in der überaus lehrhaften Ballade von 1797 ähnlich wie *Faust vor dem Offenbarungseid stehender Hasardeur, doch erscheint diesem bei seiner Anrufung statt des Satans eine holder Knabe, ein klassizistischer Genius, der das Losungswort für's weitere Leben ausgibt:
»Tages Arbeit, abends Gäste!
Saure Wochen, frohe Feste!
Sei dein künftig Zauberwort.«
Eigentlich kein Schatzgräber, glauben wir, sondern ein spießiger Spiritist, dem sich *Mephisto einfach verweigerte.

Die Schlange
(Unterhaltungen deutscher Ausgewanderten/Das Märchen)
Sie beugt sich jeden Mittag über den Fluß, um als lebende Brücke die Reiche zu beiden Seiten des Flusses zu verbinden. Sie ist schön und

grün, und als sie das Gold der *Irrlichter frißt, leuchtet sie wie ein Neonlicht, nur schöner. Strahlend schlängelt sie durch die im Berg ruhende Kathedrale, und sie erst ermöglicht durch ihr Licht das Erscheinen des *Alten mit der Laterne. Sie schließt einen Kreis um den *Jüngling, der von der Berührung mit der geliebten *Lilie leblos zusammengesunken ist. Auch der auf gleiche Weise verstorbene Kanarienvogel wird in den magischen Zirkel gelegt. Mit dieser Ewigkeitsgeste hält sie den einsetzenden Prozeß der Verwesung auf. Zwischen Mitternacht und Morgendämmerung löst sie den Kreis auf, über ihren Leib kreuzen alle den Fluß: die Irrlichter, die beiden Alten mit dem toten Jüngling und dem Kanarienvogel im Korb und Lilie mit dem Mops im Arm. Auf der anderen Flußseite zieht sie erneut ihren Ring um die beiden Leblosen. Auf die Frage des Alten, was sie vorhabe, antwortet sie, sie werde sich opfern. Lilie berührt die Schlange und den Jüngling mit ihren Händen, woraufhin der Jüngling erwacht, indes Leben, aber keine Seele zeigt. Der Leib der Schlange hat sich verwandelt, er ist in »tausend leuchtende Edelsteine zerfallen«. Geschwind sammelt der Alte die Kleinodien im Korb zusammen und schüttet sie in den Fluß. Binnen kurzem erhebt sich eine prachtvolle Brücke mit flammenden Pfeilern und leuchtender Zinne. Damit erfüllt sich die Erwartung, daß außer Fußgängern auch Pferde, Wagen und Reisende über die Brücke hin und zurück wandern dürfen. Das neue Reich des Jünglings und Lilies erwacht, so hat die schöne grüne Schlange nicht nur dem Jüngling neues Leben geschenkt, sondern auch den Tausenden Menschen seines Reiches diese Brücke, von der gesagt wird, sie werde sich selbst erhalten. Die Irrlichter nannten sie »von der horizontalen Linie«, als Prachtbrücke ist sie das in majestätischer Weise.

Schnaps
(Der Bürgergeneral)
Siehe * Bürgergeneral

Schöne Seele
(Wilhelm Meisters Lehrjahre)
Der Psychoanalytiker und Goethe-Sachverständige K.R. Eissler vermutet, eine »schöne Seele« war »für Goethe eine Frau, die ihre sinnlich-sexuellen Strebungen überwunden hatte und sich nun Zielen höherer Natur widmete, vor allem religiösen Gedanken, das heißt eine Frau, die erfolgreich ihre erotischen Strebungen sublimiert hatte.

Eine Voraussetzung bestand dabei offensichtlich darin, daß die Frau die Chance erhielt, ihre weltlichen Wünsche zu befriedigen, aus freiem Willen aber auf die günstige Gelegenheit zugunsten einer vorzüglich der Meditation und karitativen Werken gewidmeten Existenz verzichtete.« (Eissler, ›Goethe‹, dtv, Bd. 1, S. 523) In Goethes Leben gab es mehrere solcher schöner Seelen, im ›Wilhelm Meister‹ ist es eine alte Stiftsdame, die ihr Leben in einem »Bekenntnis« erzählt.

Mit acht hat die Tochter aus deutschem Hochadel einen Blutsturz, so daß »aus der Kindheit nichts Wildes« übrigblieb. Natürlich liest sie viel, etwa die Bibel oder den ›Christlichen deutschen Herkules‹, dabei achtet die Mutter »sorgfältig, daß keine verführerischen Bücher« in ihre Hände kommen. Und vor Komödienbesuch und Bällen halten die Eltern sie »so viel als möglich zurück«. Die ersten Männer bei Hof sind wiewohl schön, reich und gut gekleidet »liederlich« und anzüglich. Vertraulich wird ihr eröffnet, »daß mit den meisten dieser leidigen Bursche nicht allein die Tugend, sondern auch die Gesundheit eines Mädchens in Gefahr sei ... Ich hütete mich vor Gläsern und Tassen, wie vor dem Stuhle, von dem einer aufgestanden war.« Das kommentiert unsere Hypochonderin amüsiert, doch wenig selbstkritisch. Wenn wir jetzt hoffen, daß unsere schöne, bis ins Mark sterilisierte Seele allmählich zu einer mittleren Lebensform findet, in der auch Teile unserer geliebten *Philine ihren Platz finden, dann haben wir uns getäuscht: Nach einer lauwarmen Liebe zu einem Mann namens Narziß, in deren Verlauf sie zufällig ihrer Nacktheit ansichtig geworden feststellt, daß sie sich »für schön halten durfte«, folgt eine noch lauere Verlobungszeit. Sie verliert jedes Interesse gerade an jenen Vergnügungen, die Narzissen Freude machen: an Tanz und Spiel. Denn sie hatte »mit Gott zu reden« begonnen. Narziß fordert eine Gesinnungsänderung. »Ich dankte höflich und eilte mit Herz und Sinn von dieser Geschichte weg.« Sie lernt »Fürsten, Grafen und Herren des Reiches kennen«, und wir wundern uns, daß die Geschichtsschreibung jene Jahre nicht zum goldenen Zeitalter Deutschlands erklärt hat, denn nach ihrer Maßgabe waren diese Mächtigen ausnahmslos edel und gut. Endlich »verschaffte« ihr der einflußreiche *Oheim den »Platz einer Stiftsdame«. Sie hat ihren zweiten Blutsturz, und »nichts fesselte mich an die Welt«. Doch dann entdeckt sie die Sünde, die dämonisch in ihr rumort, so daß sie sich nach eigener Einschätzung in nichts von den berühmtesten Verbrechern ihrer Zeit unterscheidet. Außer der namentlichen Nennung der Missetäter erfahren wir Profanen wenig Konkretes und fragen, was sie genau meint. Gott sei Dank findet sie über eine neue Glaubensphase aus der Krise, und »keine Witterung, keine körperliche Schwäche hielt mich ab, die Kirchen zu besuchen«. Wie sie nicht müde wird zu betonen, entdeckt sie ihre eigene Religiosität »ohne System« – und schließt sich der »Herrnhuter Brüdergemeinde« an. Sie verliert ihre Schwester und den Schwager, zurück bleiben drei Kinder, die der Oheim in seine Obhut nimmt. »Ich ertrage es mit Geduld, daß der Oheim sie von mir entfernt hält.« Wirklich? Später räumt sie ein: »Ja, es verdrießt mich oft von dem Oheim, daß er mich deshalb für die Kinder für gefährlich hält. Im Praktischen ist doch kein Mensch tolerant!« Zu Beginn ihrer Bekenntnisse weist sie darauf hin, daß sie aus sich selbst zum Glauben gefunden habe. Wir fragen etwas intolerant, warum sie den Waisen dieses Recht der freien Entdeckung Gottes nicht auch einräumt. Später sagt ihre erwachsene Nichte, Wilhelms zukünftige Ehefrau: »Eine sehr schwache Gesundheit, vielleicht zu viel Beschäftigung mit sich selbst, und dabei eine sittliche und religiöse Ängstlichkeit ließen sie das der Welt nicht sein, was sie unter andern Umständen hätte werden können.«

Wie kommt es zu diesem Einschubkapitel in den ›Lehrjahren‹, welche Rolle hat es? Und wie ist es mit dem Nichtchristen Goethe zu vereinbaren? Die schöne Seele ist Wilhelm charakter- und geistesverwandt: Beide streben sie nach Vervollkommnung, beide suchen sie in beständigen, sehr naiven Überlegungen, mit sich ins reine zu kommen, beide sind um innere Heiligkeit und Harmonie bemüht. Beide haben sie eine Idee, ein Fernziel der inneren Ertüchtigung. So etwas heute, im Zeitalter des Bodybuildings zu verstehen, fällt natürlich schwer, und doch tut die schöne Seele nichts anderes, sie trainiert den ganzen Tag, ihr ganzes Leben um heilige Muskeln, und es macht ihr wirklich Spaß.

Wie ist diese Geschichte mit Goethe zu vereinbaren? Goethe ist lange nicht so modern, wie wir das gerne hätten. Zwischen ihm und Büchner (1813 bis 1837) liegen salopp gesagt 200 Jahre, denn Büchner war seiner Zeit voraus, und Goethe war ein Kind des 18. Jahrhunderts. Goethe hat sich immer wieder als Nichtchrist bezeichnet, was nicht heißt, daß er nicht religiös war. Und er hatte nach der wilden Studentenzeit in Leipzig auch seinen Blutsturz, und ihn pflegte niemand anders als ebendiese schöne Seele. Sie heißt Susanna von Klettenberg, von ihr hatte Goethe eine autobiographische Schrift, die er größtenteils übernahm – aus einem besonderen Grund: Er war kurz vor dem Tod der aufopfernden Betreuerin nicht in Besucherlaune. »Der glaubt so wenig, daß Sie sterben«, sagt Goethes Mutter der Sterbenden, »daß er mir aufgetragen hat, Ihnen zu sagen, wie er morgen mit dem Prinzen von Weimar nach Mainz reisen werde – dreimal hab ich schon angefangen, ihn auf Ihren Tod vorzubereiten, es ist aber alles vergebens.« (Brief an Lavater, 26.10.1774) Daß die Klettenberg bis zuletzt an ihn gedacht hatte, muß Goethe belastet haben, mit diesem Kapitel hatte er sich endlich von einer alten Schuld befreit, weiß Eissler zu erklären.

Schwankende Gestalten
(Faust I)
Das Schwankende ist ein Begriff des Wissenschaftlers Goethe. Einleitend schreibt er unter dem Titel ›Zur Morphologie‹, die morphologische Methode sei die Lehre von den Gestalten und ihren Wandlungen und Metamorphosen. »Die Gestalt ist ein Bewegliches, ein Werdendes, ein Vergehendes.« Und an anderer Stelle: »Betrachten wir aber alle Gestalten, besonders die organischen, so finden wir, ... daß alles in einer steten Bewegung schwanke.« (Hamburger Ausgabe, Bd. 13, S. 578) Im ›Faust‹ sind die im Werden begriffenen Theaterfiguren gemeint, vornehmlich jene aus vergangenen Zeiten – sie bringen ihm Bilder froher Tage, jene der ersten Liebe (*Friederike Brion) und der ersten Freundschaften. Man nimmt an, daß Goethe die Zueignung 1797 verfaßte, als er sich des Werkes erneut annahm. Mehr als zwanzig Jahre vorher hatte Goethe mit der Niederschrift seines ›Urfaust‹ begonnen. Wenn sich dem Dichter die schwankenden Gestalten nähern, heißt das, daß sie und nicht der Dichter die (fiktive) Handlung steuern – ein Hinweis auf Goethes Standpunkt von der Eigengesetzlichkeit der Kunst: »Ihr drängt euch zu! Nun gut, so mögt ihr walten.«

Seismos
(Faust II, Klassische Walpurgisnacht)
Gott des Erdbebens und der Vulkanausbrüche.
> »Einmal noch mit Kraft geschoben,
> Mit den Schultern brav gehoben!
> So gelangen wir nach oben,
> Wo uns alles weichen muß.« (7519)

Seismos hält *Mephisto in Atem. Wir müssen uns vorstellen, daß die Handlung der Klassischen Walpurgisnacht drei Stockwerke hat. Oben in den Bergen ist Mephisto, er steigt immer höher und wird von Seismos' Geröllmassen beinahe überrollt. Etwas tiefer, auf der

Hochebene, finden wir *Faust, der am Fuß des Olymps in eine Höhle steigt, die zur Unterwelt führt. *Homunculus ist an der Küste in Höhe des Meeresspiegels, hier ist alles friedlich. Die Theorie der Vulkanisten, wonach die Erde vor allem gewaltsam eruptiv ihre Gestalt bekommen habe, lehnte Goethe aus innerster Seele ab, so wie er alles Jähe und Gewaltsame, ob in der Geologie, in der Geschichte oder unter Menschen ablehnte. Seismos Erdenaufwurf ist, so glaubt man, Sinnbild für die Französische Revolution, sie ruft die Pygmäen, *Daktylen und Ameisen (Imsen), die Kleinen aus den Erdlöchern, auf den Plan.

Serlo
(Wilhelm Meisters Lehrjahre)
Theaterdirektor einer Großstadt. Als Baby bereits auf der Bühne, »ehe er wußte, was das Händeklatschen bedeute«. Er flüchtet vor dem prügelnden Vater und durchkämmt als junger Mensch die gesamte Theaterwelt Deutschlands, wo er sich über Hauptrollen in katholischen Mysterienspielen bis zum allerweltlichsten Alleinunterhalter zu dem entwickelt, was er heute ist: der Inhaber eines erfolgreichen, doch unsicheren Theaterbetriebs, ein Zyniker wie Idealist gleichermaßen. Er nimmt *Wilhelm als Schauspieler in seinen Theaterbetrieb, was angesichts der fehlenden Praxis des jungen Phantasten reichlich unglaubwürdig wirkt. Nach einer gelungenen ›Hamlet‹- und ebenso gelungenen ›Emilia-Galotti‹- Aufführung, einigt sich der Prasser mit *Melina auf weniger Kunst und mehr Geld. Das war abzusehen. In einem Gespräch während der ›Hamlet‹- Proben fragt der Regisseur Wilhelm: »Sind Sie auch unerbittlich, daß Hamlet am Ende sterben muß?« (V, 9)

Sirenen
(Faust II, Klassische Walpurgisnacht)
Fabelwesen der Klassischen Walpurgisnacht, Mädchen mit Vogelleibern. Sie sangen, wie man weiß, zum Verstandverlieren schön und kosteten die Seeleute in der Regel das Leben. Hier erreichen sie bei weitem nicht den bekannten Gefahrenpegel:
    *Mephisto rühren sie nicht im geringsten, *Faust folgt den Spuren, die ihn zu *Helena führen, und *Homunculus ist zu wenig Mensch, als daß er auf sie hören würde. Aber auch *Thales hat mit ihrem Gesang keine Probleme.

Söller

(Die Mitschuldigen)

Spieler, Clown und Dieb, der sich im Nest einer spießbürgerlichen Ehe niedergelassen hat. Er ist mit *Sophie, der Tochter eines Pensionsbesitzers, verheiratet und vergnügt sich, statt dem alternden Wirt zur Hand zu gehen, auf Festen und am Spieltisch. Söller sitzt im Karnevalskostüm vor einer Flasche Wein und hört sich gänzlich unbeeindruckt die Vorhaltungen seines Schwiegervaters an:

»Er ist ein dummer Kerl, der doch zu gar nichts taugt,
Als daß er sich besäuft und etwas Tabak raucht.
Die ganze Nacht geschwärmt, den halben Tag im Bette!
Kein Herzog ist im Reich, der besser leben hätte.« (I,1)

Ein Jahr zuvor war er noch voller Schulden, nun hat Sophie ihn geheiratet. Auch sie richtet Vorwürfe gegen den mißratenen Mann, der sich in das gemeinschaftliche Leben eines Bewirtungsunternehmens partout nicht einfügen mag.

»Es wankt das ganze Haus;
Du nimmst allein nichts ein, und gibst allein fast aus.
Du lebst in den Tag hinein; fehlt dir's, so machst du Schulden,
Und wenn die Frau was braucht, so hat sie keinen Gulden,
Und du fragst nicht darnach, wie sie ihn kriegen kann.
Willst du ein braves Weib, so sei ein rechter Mann.« (I,2)

Das aber ist die Krux: So brav ist dies Weib nicht, und Söller – das merken wir recht früh – liebt seine Gattin. Sophie ist nämlich *Alcest, einem herausgeputzten Saubermann, zugetan, Söller war nur ein Lückenbüßer: Jener Alcest hatte vor zwei Jahren Sophie verlassen, und so nahm Sophie den Leichtfuß mehr aus einer Art Torschlußpanik, denn aus Liebe.

Momentan ist Söller in einer mißlichen Situation. Er hat wieder – und dieses Mal über das normale Pensum hinaus – Spielschulden, und der Schuldner ist willens, ihm das ausstehende Geld, wenn es sein muß, aus dem Leib zu prügeln. Söller weiß sich nicht anders zu helfen, als dem wohlsituierten Alcest ans Geld zu gehen. Die Gelegenheit ist günstig, Alcest hat verlauten lassen, er sei auf einem Fastnachtsschmaus und Söller gibt vor, eines seiner Karnevalsfeste zu besuchen. Die arbeitsame Sophie und ihr müder Vater werden ohnehin schlafen. Also schleicht Söller heimlich in Alcests Pensionszimmer, öffnet mittels eines Dietrichs die Geldkassette und bedient sich. Da hört er ein Geräusch. Im letzten Moment versteckt er sich im anliegenden Alkoven. Es ist der Wirt, der, von Neugierde getrieben, in das

Zimmer seines Gastes geschlichen kommt, um jenen Brief zu lesen,
den er seinem Pensionsbesucher ausgehändigt hatte. Der Wirt vermutet eine große Neuigkeit und kann es sich, von Sensationsgier getrieben, nicht verkneifen, heimlich in dem Schreiben zu schnüffeln.
Kaum aber, daß der Wirt die Suche nach dem Brief angeht, hört er
Schritte und muß in Panik das Zimmer verlassen, seinen Wachsstock
(eine Art Kerze) zurücklassend.

Nun erscheint Sophie. Söller würde am liebsten hervorbrechen und
seine Frau zur Rede stellen, doch wäre er damit als Dieb enttarnt. So
muß er zähneknirschend zuhören, wie seine Gattin Alcest sehnsüch-
tig erwartet:

»Mein Herz schwimmt noch in seltnem Zweifel:
Ich hoff und fürcht ihn doch.«

Söller kommentiert ins Parkett gewandt:

»Ich fürcht ihn wie den Teufel!
Und mehr noch. Käm er nur, der Prinz der Unterwelt,
Ich bät ihn: hol mir sie! da hast du all das Geld.«(II,3)

In ihrer Ahnungslosigkeit schenkt Sophie ihrem Mann nun reinen
Wein ein, sie nennt ihn Vieh, Scheusal, Teufel. Und als Alcest erscheint, entwickelt sich die Bühnensituation nicht in Richtung einer
Liebesszene, sondern dient der weiteren Schmähung des gammeln-
den Ehegatten:

»Sophie: Dumm ohn ein gutes Herz, und boshaft ohn Verstand.
Zum Schelmen viel zu feig, zu schlimm, um gut zu denken,
Beschäftigt sich sein Kopf mit ungeschliffnen Ränken,
Verleumdet, lügt, betrügt.«

Söller, dem nichts mehr bleibt, als das Vernommene zu kommentieren, meint selbstironisch: »Ich seh, sie sammelt schon/Die Persona-
lien zu meinem Leichsermon.«(II,4) – gemeint ist die Auflistung aller
Vorzüge eines Verstorbenen zu Zwecken der Grabrede.

Die (vom Zuschauer) erwartete und von Söller befürchtete Liebesnacht findet nicht statt. So gesehen kommt Söller mit einem blauen
Auge davon. »Das Ungewitter zieht mir nah am Kopf vorbei.«
Trotzdem ist er so sehr verzweifelt, daß er mit dem Kopf gegen die
Wand rennt und – wie er selbst sagt – an seiner Stirn nun das Zeichen
seiner Würde trägt, nämlich das des Gehörnten. Söller hat das Geld,
für ihn ist die ganze Angelegenheit, gemessen an den Umständen,
glimpflich verlaufen, denn als der Diebstahl entdeckt wird, ist gerade er, der Spieler und Trinker, der ja nichts anderes als das dumme
Vergnügen im Sinn haben kann, der letzte, der als Dieb in Frage

kommt. Alcest verdächtigt seinen Diener, Sophie wegen des zurückgelassenen Wachsstocks ihren Vater und der Vater seine Tochter. Schließlich scheinen alle für den Diebstahl in Frage zu kommen, die Magd, der Kellner, der Küchenjunge, der Gärtner, selbst der Haushund. Für den Wirt ist die Angelegenheit besonders blamabel, ein Veröffentlichung des Diebstahls hätte den Ruin seiner Gastwirtschaft zur Folge. So verspricht der Wirt, er werde den Dieb herbeischaffen, und teilt schließlich dem zornigen Alcest mit, daß ausgerechnet dessen Geliebte die fehlenden achtzig Taler aus der Schatulle gestohlen habe. Alcest ist – wen wundert's – gegenüber Sophie nun aufs äußerste reserviert. Das wiederum treibt diese in Verzweiflung, niemals hätte sie glauben können, daß der Geliebte ihr die unerhörte Tat zugetraut hätte. Söller, wiewohl mit sensationellem komödiantischem Witz gesegnet, vermag indes nicht, die oberen Ränge des geschliffenen Betrügers zu besetzen, ein einfältiger Spießer ist er, der bei Alcests Anblick – eigentlich grundlos – die Entdeckung seiner Dieberei fürchtet: »O wüßt ihr, wie mir's graust!/ Es wird mir siedend heiß. So war's dem Doktor Faust/ Nicht halb zumut!« (III,6)

(Diese Worte liebt die Literaturgeschichte. Sie wird nicht müde, hier auf kommendes Großes hinzuweisen.)

Statt sich weiterhin als einer, den man kannte, also als Taugenichts und Müßiggänger zu zeigen, ist Söller unfähig, seine Eifersucht zu verbergen und sucht jede Gelegenheit, um Alcest herauszufordern. So kommt es, wie es kommen muß: Söller kann keine Provokation gegen Alcest unausgesprochen lassen.

»Allein ihr großen Herren, ihr habt wohl immer recht?
Ihr wollt mit unserm Gut nur nach Belieben schalten;
Ihr haltet kein Gesetz, und andre sollen's halten?« (III,9)
Sein philisterhafter Gerechtigkeitssinn kennt kein Halten mehr. Es platzt aus Söller heraus: »Ich stahl dem Herrn sein Geld, und er mir meine Frau.« So ist nun der Dieb gefunden. Juristisch stünde ihm der Galgen zu, doch löst sich alles zum halbwegs Guten. Söller kommt ungeschoren oder mit einem tüchtigen Schrecken davon. Seine Straffreiheit wird bereits zu Beginn legitimiert oder zeichnet sich zumindest als wahrscheinlich ab. Bereits in den ersten Szenen weiß er, daß Sophie mit Alcest mehr verbindet, als die Moral erlaubt, und daß ihm letzten Endes nicht viel geschehen kann:

»Und wird es auch entdeckt, so bist du wohl gebettet,
Denn eine schöne Frau hat manchen Dieb gerettet.« (I,8)
Doch nicht allein die schöne Gattin rettet den Tunichtgut, die ande-

ren sind ebenso schuldig – mitschuldig. Man kann fragen, ob der arbeitsame Wirt, die tugendhafte Sophie und der edle Alcest – gleichsam stellvertretend für das brave Establishment – mit ihrem gegenseitigen Argwohn und den bösen Verdächtigungen nicht die größere
Schuld auf sich geladen haben. Unschuldig jedenfalls ist hier keiner.
Goethe deutet auf eine »vorsichtige Duldung bei moralischer Zu-
rechnung« hin. In herben und derben Zügen werde hier ein christli-
ches Wort spielend ausgesprochen: Wer sich ohne Sünde fühlt, der
hebe den ersten Stein auf.

Das Stück, im Stil der französischen und italienischen Farce gehalten, literaturgeschichtlich also der Komödie des 17. Jahrhunderts
verpflichtet, nimmt sich seltsam modern aus. Wir können uns lebhaft vorstellen, daß Friedrich Dürrenmatt oder Edward Albee mit ihrer Travestie der bürgerlichen Idole, mit ihrer Enthüllung des dop-
pelten Bodens in den menschlichen Umweltbeziehungen an diesem
Kabinettstück eitle Freude gehabt hätten. Denn Goethes Akteure
bleiben seltsam im Leeren, ihre Kommunikation ist sentenzenhaft
unkommunikativ. Die Ergebnislosigkeit des Finale, daß also nach
Auflösung des Konfliktes alles beim alten bleibt, der Mangel an Perspektive und an einer »Moral der Geschicht« wirkt seltsam zeit-
gemäß. Tatsächlich hat keiner der Beteiligten eine Seele oder eine tiefere Geschichte, eine erhellende, erklärende Vergangenheit. Die
Handlungsträger agieren kaum gegen-, eher nebeneinander. Zu guter letzt hat man sich nicht oder doch nur pro forma verziehen, eine
bereinigende Aussprache fehlt.

Ob mit oder ohne biographischen Bezug (unsere Forscher sind hier
ganz uneins): Hier hat ein zwanzigjähriger Goethe wie im Spiel geschrieben und immer wieder an diesem Kleinprodukt herumgefeilt,
ging es doch (mehr als in der ›Laune des Verliebten‹) um eine
Stilübung, die er nur deshalb unausgebaut ließ, weil den Deutschen
der Sinn für das Farcenhafte – wir können es auch das Absurde nennen – fehlte. ›Die Mitschuldigen‹ offenbaren sich dem alten Goethe
als ein Stück, »dessen heiteres und burleskes Wesen auf dem düsteren Familiengrunde als von etwas Bänglichem begleitet erscheint, so
daß es bei der Vorstellung im ganzen ängstigt, wenn es im einzelnen
ergetzt«. Das liege an den »hart ausgesprochenen widergesetzlichen
Handlungen«, die »das ästhetsiche und moralische Gefühl verletzen«. (›Dichtung und Wahrheit‹, 7. Buch) Die Leichtigkeit, mit der
das Vergehen belacht und nicht weiter kommentiert wird, will im
sinnsuchenden Gemüt des idealistischen Deutschen keinen Eingang

finden, zu sehr entkleidet das Stück seine Akteure, zu hell ist ihre Nacktheit, der wir ansichtig werden, ohne tatsächlich etwas zu erkennen. Sind nicht alle mitschuldig?

Sophie
(Die Mitschuldigen)
Wirtstochter, *Söllers Gattin und Geliebte *Alcests. Die hübsche 24-jährige will mit ihrer Angriffslust gegen den Ehemann wenig ins traditionelle Frauenklischee passen, sie ist als rechte Hand des Vaters eine »Berufstätige« unserer Zeit, die sich auf weite Sicht ihr eigenes Leben baut. Wenn sie ihrem Mann noch die Treue hält, dann nur weil die Situation noch nicht reif zum Ehebruch ist, ihr Herz jedenfalls gehört Alcest, und wir ahnen, daß sie ihrem (sie liebenden) Mann eines Tages den Rücken kehren wird:
»Nicht einen Augenblick bist du mit Necken still.
Man sei erst liebenswert, wenn man geliebt sein will.
Warst du denn wohl der Mann, ein Mädchen zu beglücken? /.../
Doch einen, der was bringt, den hab ich noch zu sehen!
Nein, Söller, künftighin kann es nicht mehr so gehn.« (I,2)
Heimlich besucht sie nachts Alcest und gesteht ihm ihre Liebe. Und wenn dieser nicht just in jener Nacht, da sie auf seinem Zimmer war, bestohlen worden wäre, das Liebespaar hätte Mittel und Wege gefunden, den lästigen Gatten vor die Tür zu setzen:
»Alcest, ich würde nie aus meinen Schranken weichen,
Wär Söller nicht ein Mann, um mich herauszuscheuchen.« (II,4)
Sophie zeigt Moral als Form und weniger als Inhalt, ihre heftige Zuneigung weist einen anderen Weg: den der Selbstbestimmung. Ihr Ehemann bleibt als Narr und Kleinkrimineller allein zurück.

Sphinxe
(Faust II, Klassische Walpurgisnacht)
Fabeltiere der Klassischen Walpurgisnacht, oben frauengesichtig unten löwengestaltig, zwischen die sich *Mephisto beinahe schutzsuchend kauert. Sie sind das Symbol für zeitlichen Fortbestand, meist regen sie sich nicht von der Stelle.

Stella
(Stella)
Lebensgefährtin *Fernandos. Ganz im Sinne des jungen Goethe ist sie die engelsgleich-körperlose Schönheit und spielt, wie so oft, vor

allem eine Rolle: die des Opfers. Mit 16 Jahren flüchtete sie um Fernandos Willen aus dem Kreis ihrer Familie (»›Alles um Liebe‹ war die Losung meines Lebens«), versagte sich ein reiches Erbe aus Landgütern und Vermögen und lebte abgeschieden auf einem Rittergut in wilder Ehe mit Fernando. Doch trennte sich dieser mehr oder weniger grundlos von der Geliebten. Alleine und ohne Familienkontakte schirmt sich die Verlassene von der Welt ab, verkehrt gelegentlich mit den Ortshonoratioren und genießt die mitleidsvolle Achtung des Dorfes. Die redselig-robuste Postmeisterin stellt sie uns als hingebungsvolle, mit der Erziehung von Bauernkindern beschäftigte »Frau Baronesse« vor, die »für ihr Alter Betrübnis genug erfahren hat. Sie hatte ein Kind; es starb ihr bald; im Garten ist sein Grab, nur von Rasen, und seit der Herr weg ist, hat sie eine Einsiedelei dabei angelegt und ihr Grab dazu bestellen lassen.« (I. Akt) Stella ist 24 Jahre alt. *Lucie, *Cäcilies Tochter, soll als Gesellschafterin in Stellas Dienste. In dem Gasthof der Postmeisterin, wo Lucie und ihre Mutter ein Zimmer bezogen haben, ist auch Fernando abgestiegen. Stella und Cäcilie (alias Madame Sommer) lernen sich kennen, Stella erkennt in Lucies Mutter eine nahe Seele: Beide haben das Leid eines treulosen Mannes erleben müssen.

»Madame Sommer: Männer! Männer!

Stella: Sie machen uns glücklich und elend! Mit welchen Ahndungen von Seligkeit erfüllen sie unser Herz! Welche neue, unbekannte Gefühle und Hoffnungen schwellen unsere Seele, wenn ihre stürmende Leidenschaft sich jedem unserer Nerven mitteilt.

Madame Sommer: Wir glauben den Männern! In den Augenblicken der Leidenschaft betrügen sie sich selbst – warum sollten wir nicht betrogen werden?« Die Verwandtschaft ihrer Seelen läßt Stella die Bitte äußern, nicht nur Lucie, auch deren Mutter möge bleiben: »Wir wollen einander das sein, was sie [die Männer] uns hätten werden sollen!« (II. Akt)

Und Stella zeigt der neuen Freundin das Bildnis des schmerzlich vermißten Fernando. Cäcile aber erkennt schockiert und kann ihre Erschütterung kaum verbergen: Der Abgebildete ist ihr eigener Mann und Lucies Vater. Lucie ihrerseits erkennt in ihm den Reisenden, der eben im Gasthof abgestiegen ist und teilt dies Stella mit. Stella, aufgelöst vor Glück, schickt nach Fernando. Cäcilie indes beschließt, mit ihrer Tochter auf der Stelle abzureisen. Nach dem beglückenden Wiedersehen beauftragt die ahnungslose Stella den heimgekehrten Fernando, die beiden reisefertigen Frauen zum Bleiben zu bewegen. Nun stehen sich Fernando und dessen Frau Cäcilie gegenüber. Ihretwillen habe er Stella verlassen, bekundet Fernando, nun da sie sich wiedergefunden hätten, entscheidet er sich gegen Stella und für Cäcilie. Dies teilt er Stella mit, die darob in tiefe Bestürzung verfällt, doch Cäcilie entschließt sich, ihren Mann Stella zu überlassen. Das aber will Fernando nicht hinnehmen, lieber will er sich erschießen. Die kluge Cäcilie erzählt nun die Parabel vom Grafen von Gleichen, der als Ritter ins Heilige Land gezogen, dort von einem Beduinenmädchen vor dem sicheren Tod errettet wurde und diese nach Europa aufs heimatliche Rittergut mitgebracht hat. Gräfin, Graf und Geliebte entscheiden, fortan zu dritt zu leben und erhalten für ihren sündigen Ehestand gar den kirchlichen Straferlaß. »Und ihr Glück und ihre Liebe faßte selig Eine Wohnung, Ein Bett und Ein Grab.«

Und in ebendieser Lebensgemeinschaft wollen Stella, Cäcilie und Fernando ein Herz und eine Seele sein. So endet das ›Schauspiel für Liebende‹.

Und entrüstete das literarische Establishment. Zwar war eine Ehe zu dritt nichts Neues, der anglikanische Geistliche und berühmte Autor Jonathan Swift (›Gullivers Reisen‹) hatte mit Vanessa und Stella (!) eheähnlich zusammengelebt und dem Balladendichter und Kinderbuchautor Gottfried August Bürger (›Lenore‹, ›Münchhausen‹) standen in ähnlicher Form zwei Schwestern zur Seite. Doch erschien Goethes Art, die Dinge zu entwirren doch reichlich provokativ. Kurz nach seiner Uraufführung in Hamburg wurde das Stück verboten. Bemerkenswerterweise war dem Autor die Konfliktlösung mittels einer Dreiecksbeziehung kein Modell, jede Anklage gegen die Institution Ehe oder gar praktische Vorschläge, diese zu unterwandern, wären Goethe zu realitätsbezogen, zu wenig ideell erschienen. Der junge, wie der späte Goethe scherte sich wenig um Pro-und-Contra-Denkmuster.

Daß er dreißig Jahre später aus dem Stück ein Trauerspiel machte – Stella nimmt Gift und Fernando erschießt sich –, geschah, weil ihn der glückliche Schluß nicht mehr überzeugte. Zudem sollte die Geschichte für die Liebhaberbühne in Weimar verwendbar sein, ein nicht-tragischer Schluß hätte zum aristokratisch wie klassisch empfindenden Publikum wenig gepaßt. Grundsätzlich wollte Goethe jenseits jeder Debatte um Polygamie ein, vor allem sein eigenes schmerzhaftes Pendeln zwischen mehreren Geliebten vorführen. Goethe war immer »polygam«, nicht nur in den Dingen der Liebe.

Sein ganzes Leben ist ein Pendeln zwischen Frauen, Freunden und Kollegen wie auch zwischen künstlerischen und wissenschaftlichen Gebieten. Die Frauen hatten immer eine bestimmte ihnen zugeschriebene Teilaufgabe in Goethes Lebensorganisation, und wenn er gerade der einen Geliebten gedachte, so war ihm die andere erst recht der Anbetung würdig. Wie bedenkenlos er dabei vorging, zeigte sich oft genug. Selbst die besonnene Charlotte von Stein forderte wegen Goethes verletzendem wie unsensiblem Verhalten tief gekränkt ihre zahlreichen Briefe zurück und vernichtete sie.

Suleika
(West-östlicher Divan)
Jussufs/Josephs und bei Goethe *Hatems Partnerin. In der Bibel und im Koran (12. Sure), vor allem in den zahlreichen persischen Josephsdichtungen die Gattin des impotenten Potiphar, die nach Jahren des Ausharrens Joseph für sich gewinnen kann und an dessen Seite zur keusch liebenden Frau wird. Goethes ›Buch Suleika‹ setzt das nur am Rande voraus. Suleika ist vor allem die Geliebte, der Goethe (gleich Hatem) begegnete: Marianne Willemer (1784/Linz bis 1860/Frankfurt am Main) – sie: dreißig, Goethe: 65 Jahre alt.
»Daß Suleika von Jussuph entzückt war,
    Ist keine Kunst;
    Er war jung, Jugend hat Gunst ...
    Aber daß du, die so lange mir erharrt war,
    Feurige Jugendblicke mir schickst,
    Jetzt mich liebst, mich später beglückst,
    Das sollen meine Lieder preisen,
    Sollst mir ewig Suleika heißen.
    Da du nun Suleika heißest,
    Sollt' ich auch benamset [= benannt] sein.
    Wenn du deinen Geliebten preisest,
    Hatem! Das soll der Name sein.«
Viel läßt sich nicht erzählen von Hatems Musenfreundin. In Gedichten teilen sich die beiden ihre Gedanken – genauer: ihre Poesie – mit, Poesie, die im weitesten Sinne west-östlicher Natur ist. Das ganze ist eine Arabeske, ein Schlinggewächs mit morgenländischen wie abendländischen Verästelungen, bunte auf Papier gemalte Kulisse, zuweilen schwer Verständliches, das den orientalisch gebildeten Leser voraussetzt, so daß Goethe in einem Prosanachtrag versuchte, einiges zu erklären. Wesentlich ist: Goethe kann sich einer neuen Sicht

bedienen. Seit Schillers Tod war er orientierungslos gewesen, das Klassizistische war ihm schal geworden, zu steif und zu wenig bunt. So kam die Entdeckung nah- und fernöstlicher Literatur wie eine Offenbarung. Doch nicht nur die orientalische Dichtkunst war für den schaffensmüden Dichter prägend, sondern wie so oft auch eine Frau: Marianne Willemer, geborene Jung. In jungen Jahren hatte sie etwas von *Mignons Zügen. Die knabenhafte kleine Tänzerin war mit ihrer Mutter aus Wien nach Frankfurt gekommen und trat im Theater in allerlei Minirollen auf. Der 25 Jahre ältere Willemer, zweifacher Witwer, Vater von mehreren Kindern sah die Kleine und kaufte sie der Mutter für zweihundert Gulden und eine Art Leibrente ab. Den eigenen Kindern stellte er sie vor: »Hier bringe ich euch noch eine Schwester.« So kam sie mit Sechzehn ins Haus des schreibdilletierenden Bankiers und Goethefreundes, lebte 14 Jahre an seiner Seite, bis sie ihn schließlich heiratete. Kurz vor der Heirat lernte Goethe sie persönlich kennen. Die beiden pflegten einen verliebten Umgang, einen – so kann man heute sagen – per Poesie und Poesiealbum. Für die Poesie sorgte die gemeinsame Lektüre des persischen Dichters *Hafis. Die Willemer und Goethe schickten sich kleine Geheimbriefe mit Zahlenkombinationen: Angaben zu bestimmten Textstellen bei Hafis, die, wenn man nachschlägt, beredte Liebesbotschaften sind. So heißt zum Beispiel I 404, 19-20: »Lange hat mir der Freund schon keine Botschaft gesendet, lange hat er mir Brief, Wort und Gruß nicht gesandt.« (Zitiert nach Trunz, Hamburger Ausgabe). Und neben diesen Chiffren stehen die Einträge ins Poesiealbum.

Er als Hatem:
»Nicht Gelegenheit macht Diebe,
Sie ist selbst der größte Dieb;
Denn sie stahl den Rest der Liebe,
Die mir noch im Herzen blieb.«
Und sie, als Suleika, repliziert:
»Hochbeglückt in deiner Liebe,
Schelt ich nicht Gelegenheit;
Ward sie auch an dir zum Diebe,
Wie mich solch ein Raub erfreut!«
Später schrieb sie, Hafis Motive aufnehmend, die Lieder an den Ostwind (»Was bedeutet die Bewegung ...«) und an den Westwind (»Ach, um deine feuchten Schwingen ...«). Er ist ihr orientalischer Minnedichter, sie seine west-östliche Diva. Poetische Fiktion und

Realität kommen sich in einem Maße nahe, wie es Dichtern sonst nicht vergönnt ist: Normalerweise schreibt der liebende Dichter den gesamten Liebesdialog, so wie wir es in der Minnedichtung des Mittelalters kennen, hier aber antwortet die Geliebte tatsächlich und in der gleichen poetischen Sprache wie Goethe. Mariannes/Suleikas Zeilen sind nicht gekennzeichnet, Goethe erhielt sie als private Bekenntnisse, arbeitete sie geringfügig um und nahm sie im Divan auf. (»Divan« heißt soviel wie Gedichtsammlung). Nie hätte man Goethes Urheberschaft bezweifelt, wenn es die Willemer auf ihre alten Tage nicht ausgeplaudert hätte. Ihre Zeilen hätte die Goetheforschung selbstverständlich als Beleg für Goethes plurale Tonalität erklärt. Wenn Marianne ihrem Ursprung nach auch eine Christiane Vulpius ist – sie kommt ebenfalls aus einfachen, ja eigentlich desolaten Verhältnissen – so ist sie im Unterschied zu Goethes Gattin eine, die ihre Herkunft abgelegt hat. Aus der kleinen Tänzerin ist eine Bildungsaristokratin geworden. Im Umgang mit Goethe ist sie nicht nur Liebende und Geliebte, sondern Partnerin in der Kunst – eine Position, die keine von Goethes Frauen, auch Charlotte von Stein nicht, erreicht hat.

Von seinem Aufenthalt auf der Gerbermühle, einem Ferienhaus der Willemers unweit von Frankfurt, machte sich ein entkräfteter Dichter davon. Auch für sie war die Sache mehr als ein Erlebnis mit dem prominenten Dichter. Er hatte Saiten angeschlagen, die kein anderer zum klingen gebracht hätte. Und das war ihr bewußt. Auch sie liebte über das poetische Spiel hinaus. Konkrete Liebesbeweise gibt es nicht, sie sind verloren gegangen oder vernichtet. Doch die Chiffren und die wenigen Schriftzeugnisse von Marianne lassen den Schluß zu, daß sie ebenso, manche sagen, sogar mehr gelitten hat als der Dichter.

Das ›Buch Suleika‹ bildet das Zentrum der gesamten Divan-Dichtung, der in Goethes Schaffen zum einen den Beginn seiner Alterslyrik bezeichnet, zum anderen seine endgültige Abkehr vom klassizistischen Ideal.

T

Telchinen
(Faust II, Klassische Walpurgisnacht)
Ureinwohner von Rhodos, sie reiten auf Hippokampen (»hippos«
griechisch: Pferd; »kampos« griechisch: Seetier) und Meerdrachen
durchs Wasser, sie tragen Neptuns Dreizack, den sie geschmiedet und
sich für die Klassische Walpurgisnacht ausgeliehen haben. *Proteus
nennt sie Prahler, weil sie von sich behaupten, sie seien die ersten gewesen, die Helios als (Stein?-)Bild dargestellt hätten.

Thales
(Faust II, Klassische Walpurgisnacht)
*Homunculus trifft ihn im Gespräch mit Anaxagoras, beide sind
Naturphilosophen, hängen indes gegensätzlichen Anschauungen an.
Anaxagoras glaubt an die gestalterischen Kräfte der Eruption, er wä-
re nach Goethes Terminologie ein »Vulkanist«, Thales hingegen,
glaubt an ein Entstehen und Entwickeln durch fließenden Wandel.
Er lehrte, daß alles Leben aus dem Wasser entstanden ist, wäre wie
Goethe also ein »Neptunist«. Ein verständnisvoller Gelehrter, der sei-
nem Findling Homunculus jenen Weg weist, den ihm der Vater Wag-
ner nicht zeigen konnte: den zur Natur. Man kann sich sehr gut vor-
stellen, wie er vom Ufer winkend Homunculus' Eintritt in das nasse
Element mit lebhafter Anteilnahme verfolgt:
»Heil! Heil! aufs neue!
Wie ich mich blühend freue,
Vom Schönen, Wahren durchdrungen ...
Alles ist aus dem Wasser entsprungen!!
Alles wird durch das Wasser erhalten!
Ozean, gönn uns dein ewiges Walten.« (8432 ff)

Theaterdichter
(Faust)
Figur des ›Vorspiels auf dem Theater‹. Je mehr der *Direktor ein Bild
der Attraktion für sein Theater entwirft (»ein Stück ... in Stücken«:
»ein Ragout« (99 f)), um so aufgebrachter hält der Dichter dagegen:
»Ihr fühlet nicht, wie schlecht ein solches Handwerk sei!
Wie wenig das dem echten Künstler zieme!

Der saubern Herren Pfuscherei
Ist, merk' ich, schon bei Euch Maxime.« (104 f)
Ein Idealist mit hoher Meinung von sich selbst, seine eigene Schöpferkraft soll nicht in den Niederungen des Massenkonsums unterge-
hen:

»Was glänzt, ist für den Augenblick geboren,
Das Echte bleibt der Nachwelt unverloren.« (73 f)

Goethe hält Distanz zu seinem Theaterdichter, ihm ist der materia-
listische Direktor mit seiner Ragout-Theorie nicht unsympathisch –
Goethe weiß, wie sehr sein ›Faust‹ ein solches buntes, wenn auch
nicht konzeptloses Ragout ist. Unser Dichter jedenfalls will hohes
Theater nach allen Regeln der Kunst, er erinnert an den eigensinnigen
*Torquato Tasso, wenn er dem Direktor mit Kündigung droht:

»Geh hin und such dir einen andern Knecht!
Der Dichter sollte wohl das höchste Recht,
Das Menschenrecht, das ihm Natur vergönnt,
Um deinetwillen freventlich verscherzen!« (134 ff)

Eine weitere Angelegenheit greift der Dichter auf: sein Alter – nicht
etwa sein bejahrtes Leben, sondern das Ende seiner Entwicklungsfähigkeit. Wenn die Nebel steigen, wartet kein Geheimnis der Welt
mehr, das ihn als Dichter beflügelte. Er ist dann nicht mehr der er-
wartungsvolle Poet, dem sich die Entdeckung der Welt und des Lebens wie das Erlebnis eines Wunders offenbart. Das Staunen und »der
Drang nach Wahrheit« wie »die Lust am Trug« gaben ihm den Antrieb
zum schöpferischen Akt. Um kreativen Elan aufs neue zu gewinnen,
verbleibt nur noch die Bitte um Rückerstattung seiner Jugend:

»Gib ungebändigt jene Triebe,
Das tiefe, schmerzenvolle Glück,
Des Hasses Kraft, die Macht der Liebe,
Gib meine Jugend mir zurück!« (194 f)

Goethe hat sich – im Unterschied zu den »Modernen« – nie über ein
»kreatives Tief« oder gar über versiegende Kreativität beklagt.
Gleichwohl nimmt er die Worte seines Dichters ernst und verweist
auf die Verwandtschaft des Dichters mit dem neugeborenen *Faust,
der erst über die Vitalisierungsmaßnahme eines Hexentrunks zu neuer Kraft und neuem Leben findet.

Theaterdirektor
(Faust, Vorspiel)
Siehe *Direktor.

Therese
(Wilhelm Meisters Lehrjahre)
Neben *Mariane und *Mignon die dritte in Mannskleidern. Sie ist mit *Lydie zusammen aufgewachsen und ihr striktes Gegenteil. Sie verspricht *Wilhelm ihre Hand und heiratet nach einigen schaukelnden Irrfahrten Amors *Lothario, den Mann ihrer Tränen. Sie führt ein kleines Mustergrundstück und ein schmuckes Häuschen, hat einen »männlichen Verstand«, versteht sich auf Land-, Forst- und Hauswirtschaft und ist damit Lotharios Konzeptfrau. Unpassenderweise ist sie ein klein wenig inkontinent, und so verdanken wir ihr beziehungweise ihrer halb maskulinen, halb femininen Persönlichkeit eine der schönsten Textstellen des Romans: Wilhelm lobt überschwenglich Lotharios Charakter, und Therese anwortet, daß sie jeden Tag an ihn denken müsse. »Ein Seufzer erweiterte ihre Brust, indem sie dieses sagte, und in ihrem rechten Auge blinkte eine schöne Träne. ›Glauben Sie nicht‹, fuhr sie fort, ›daß ich so weich, so leicht zu rühren bin! Es ist nur das Auge, das weint. Ich hatte eine kleine Warze am untern Augenlid, man hat mir sie glücklich abgebunden, aber das Auge ist seit der Zeit immer schwach geblieben, der geringste Anlaß drängt mir eine Träne hervor. Hier saß das Wärzchen, Sie sehen keine Spur mehr davon.‹« (VII, 5) Vielleicht ist die Träne ein Symbol, wofür aber? Das haben wir vergessen.

Thoas
(Iphigenie auf Tauris)
König der Skythen auf Tauris. »Hier will das Drama gar nicht fort,« schrieb Goethe am 06.03. 1779 an Charlotte von Stein, »es ist verflucht, der König (Thoas) soll reden, als ob kein Strumpfwirker in Apolda hungerte.« Goethe schrieb unter denkbar ungünstigen Umständen. Das Schicksal der arbeitslosen Strumpfwirker, deren Webstühle still standen und denen kaum zu helfen war, war nur eine von vielen energie- wie zeitraubenden Angelegenheiten, die Goethe in seiner Eigenschaft als Minister beschäftigten. Täglich zwischen vier und fünf Uhr morgens erwachte der knapp Dreißigjährige und trat sein Amt im Geheimen Consilium von Sachsen-Weimar an. Es folgten Straßenbesichtigungen zu Pferde, die äußerst verhaßte Rekruten-

aushebung, zudem mußten Steuer- und Finanzfragen des nicht eben gutsituierten Herzogtums gelöst, Holz- und Fronfuhren kleiner Gemeinden geklärt werden und so fort. Dennoch fand Goethe bei allen Unwägbarkeiten Zeit für sein Manuskript. Thoas aber bekommt keine eigene Sprache, bleibt wortkarg. Wie zur Entschuldigung heißt es von seinem Botschafter *Arkas, der König »setzt ins Reden keinen Vorzug ... kennt nicht die Kunst, von weitem ein Gespräch nach seiner Absicht fein zu lenken«. (164)

Im Unterschied zu *Iphigenie muß Thoas nicht reden können. Könige handeln. Ein Souverän, der ohne die Eloquenz zivilisierter Griechen nicht bloß zivil, sondern human handelt. Zunächst ist er in der Situation des Zurückgewiesenen, Iphigenies Hand bleibt ihm verwehrt. Aus der Gekränktheit des Machtmenschen heraus befiehlt er die Wiederaufnahme der Menschenopfer, etwa nach dem Motto: Warum gut bleiben, wenn mir Ungutes widerfährt. Doch erkennt und anerkennt er zuletzt die Motive des gegen ihn geführten Betrugs und läßt die Griechen ohne große Worte ziehen. So macht er sich zu jenem Würdenträger, der der Klassik ihre Essenz gibt: Maß. Mitte. Verzicht. Gerade die Tugend des Verzichts hat keiner der edel Agierenden, selbst Iphigenie nicht. Euripides gab Thoas das Image des Angeschmierten, der mit leeren Händen zurückbleibt, ein Barbar, der es nicht besser verdiente. Goethe emanzipiert ihn zu echter menschlicher Größe. Ein edler »Wilder«, der fernab der Zivilisation die zivilisierten Griechen beschämt.

Timur
(West-östlicher Divan)
Welteroberer, gemeint ist, *östlich* betrachtet, Timur Lenk (Timur-i-Läng, 1336 bis 1405), der mittelasiatische Despot; *westlich* aber Goethes Zeitgenosse, der ähnlich wie der Mittelalterliche die Welt mit Krieg überzog und ihr ein neues Antlitz aufzwang: Napoleon. Im Gedicht ›Der Winter und Timur‹ wird sowohl Timurs Zug gegen China als auch Napoleons Rußlandfeldzug apostrophiert.

Torquato Tasso
(Torquato Tasso)
Dichter, von seinem Talent sabotiert, das einen Waffenstillstand mit dem Leben und seiner Realität zu vermeiden weiß. Ein feiner Dichter, modischer Herr mit femininem Geschmack, bestickte Seidenkleider trägt er, denn er kann »unedlen Stoff ... an seinem Leib nicht dulden«.

Alles muß ihm gut stehen und ihn edel aussehen lassen, allerdings ist er unfähig, das alles anzuschaffen, geschweige es sorgend zu erhalten. Bald läßt er hier, bald da ein Stück liegen. Und kehrt er von einer Reise zurück, hat er ein Gutteil verloren. Maßlos ist er in den Dingen des Genusses, wahllos schlingt er Gewürze, Süßspeisen und Schnäpse hinunter, »und dann beklagt er seinen trüben Sinn«.

»So jung hat er zu vieles schon erreicht/Als daß genügsam er genießen könnte«, kommentiert *Antonio das kopflose wie angegriffene Auftreten des Jungbegabten. Im Umgang mit anderen Menschen ist Tasso scheu und unberechenbar, besonders sein tiefer, an Verfolgungswahn grenzender Argwohn macht eine zurechnungsfähige Kommunikation mit ihm unmöglich. Ist er krank? Inadäquate Frage, würde Goethe antworten. Tasso leidet unter extremem Subjektivismus, Schiller nannte das »das gefährliche Extrem des sentimentalischen Charakters«. (›Über naive und sentimentalische Dichtung‹) Für den klassischen Goethe aber war das Subjektive und das Pathologische ein Begriff (Brief an Schiller vom 12.05.1798), und Goethes entspannter Umgang mit Geistesgestörten ist mehrfach verbürgt. Er trennte wenig zwischen »gesund« und »krank«.

Tasso hält sich in Belriguardo, einem Lustschloß seines Gönners *Alfons, Herzog von Ferrara, auf. Es ist Frühling, die Prinzessin *Leonore von Este und die Freundin *Leonore Sanvitale tragen antikische Gewänder, flechten Kränze, setzen diese den Hermen Vergils und Ariosts auf und tun, als wären sie Schäferinnen im klassischen Arkadien. Hier, wo der Hof nur im kleinen verkehrt, ist Tasso der allseits beachtete Mittelpunkt. Man erwartet viel von ihm, denn er steht kurz vor Vollendung seines Opus Magnum ›Das befreite Jerusalem‹. Der Herzog erscheint, ungeduldig fragt er nach Tasso: Ein alter Fehler des scheuen Dichters, »daß er mehr die Einsamkeit als die Gesellschaft sucht«. Der Mäzen beschließt, Tasso müsse, sobald dieser sein Werk geendigt habe, aus seiner Schriftstellerexistenz heraus ins Leben geleitet werden. Er solle Ruhm wie Tadel ertragen und sich wie andere erkennen lernen. Das wird innerhalb von fünf Akten auch geschehen, doch keiner rechnet mit einem Lernprozeß, in dessen Verlauf Tasso ein Maß an Verfehlungen und Schmerzen widerfährt, so daß ihn das nicht allein den Verlust eines geliebten Menschen, sondern um ein Weniges den Verstand kostet. Zurück bleibt ein verlassener, ja eigentlich besiegter Tasso.

Endlich nähert sich der Erwartete dem Herzog: »Ich komme langsam dir ein Werk zu bringen«, und wir ahnen, welche Beschwernisse einen Autor erwarten, der zurückgezogen gelebt hat und nun, da seine Arbeit getan ist, ins Leben treten soll. Und wie, um sich selbst einen Platz zuzuweisen, sagt er: »Hie bin ich!« Drei Wörter, deren einzelne Betonung sehr viel Bangigkeit und Unsicherheit des Menschenscheuen unter Menschen ahnen lassen. – Sogleich beginnt man mit Tassos Einweisung ins Leben:

»Prinzessin: Genieße nun des Werks das uns erfreut!

Alfons: Erfreue dich des Beifalls jedes Guten.

Leonore: Des allgemeinen Ruhms erfreue dich.« (Vs. 440)

Gerade dieses Genießen und Erfreuen wird Tasso schwerfallen, er scheint wie traumbefangen zu verharren. Zu ängstlich überreichte er sein Werk, als daß wir glauben können, er würde jetzt ein neues befreites Leben beginnen. Er weiß, wie sehr ihm sein Individualismus im Wege steht, und so antwortet er wie ein abgerichteter, eben entindividualisierter Primaner:

»An euch nur dacht ich, wenn ich sann und schrieb,

Euch zu gefallen war mein höchster Wunsch,

Euch zu ergötzen war mein letzter Zweck.« (Vs. 446)

Später wird ihm vorgeworfen, er sei »zu stolz sich zu verbergen«. Tatsächlich ist er (und beklagt das auch) des Verbergens mehr unfähig als stolz. Nun aber, da er das Werk, das sein Gönner ungeduldig erwartete, aus den Händen gegeben hat, will man feiern. Die Prinzessin entnimmt der Herme Vergils den Lorbeer, um ihn Tasso aufzusetzen. Tasso aber tritt zurück. Denn was den anderen ein kleines Spiel um Anerkennung ist, ist ihm ein hochsymbolischer Akt von nicht zu unterschätzender Belastung.

Zugleich enthüllt dieser Akt die Taktlosigkeit einer Hofgesellschaft. Es ist ein wenig der Jet-Set von damals, zu der auch die sensible wie verständnisvolle Prinzessin gehört. Man muß sich das vorstellen: Ein im Werden begriffener Schriftsteller voller Selbstzweifel und Unsicherheiten erhält einen wichtigen Literaturpreis – allerdings nur im Spiel. Tasso bleibt nichts anderes übrig, als das Spiel ernstzunehmen. Überwältigt kniet er nieder und läßt sein »schwaches Haupt« bekränzen ... begreift erst jetzt, was dieses Spiel bedeutet – vor allem, was es ihm bedeuten muß:

»Nehmt ihn hinweg! Er sengt mir meine Locken!

Und wie ein Strahl der Sonne, der zu heiß

Das Haupt mir träfe, brennt er mir die Kraft

Des Denkens aus der Stirne. Fieberhitze

Bewegt mein Blut.« (Vs. 489)

Das klingt, als sei Tasso *Werthers Bruder, doch Werther ist kein Künstler. Werther hat die Freiheit des Rückzugs ins private, der Künstler Tasso nicht. Dem Künstler ist die Öffentlichkeit, selbst wenn er sie noch so meidet, ein existentieller Faktor. Der Lorbeerkranz ist also nicht nur Ausdruck höchster Anerkennung, sondern die handfeste Einbindung in die Öffentlichkeit. Tasso wäre es beinahe lieber, die Bekränzung geträumt zu haben, vor allem aber fürchtet er die unprivate Situation des verstaatlichten, von seinem Selbst enteigneten Künstlers. Außerdem hat Tasso das Problem des Erfolgreichen nach einer hohen Auszeichnung: die Angst vor dem Danach. Es ist also nur verständlich, wenn Tasso bittet, sich in seine Einsamkeit zurückziehen zu dürfen, doch wir dürfen annehmen, daß sie ihn nicht befreit, sie kann ihm eine ebensolche Qual sein wie der Umgang mit den Menschen, aber diese Einsamkeit, so schrecklich sie sein mag, ist ihm vertraut, hier findet er sich noch zurecht. Tasso hat nichts Olympisches, nicht das Geringste von der selbstbewußten Art des Erfolgreichen, der die Anerkennung gelassen zur Kenntnis nimmt, wie etwa der auf einer Farm im tiefen Süden der USA zurückgezogen lebende Romanschriftsteller Faulkner, der 1950 die Nachricht vom Literatur-Nobelpreis mit dem Ausspruch kommentierte: »Wieso, ich habe ja nicht genügend Benzin im Wagen, um dorthin zu fahren.« Gemeint war die Reise nach Stockholm.

Tasso fehlt solche Lakonie. In der Abgeschirmtheit seiner Dichterklause hat er sich keine Reserven der Indifferenz wie Faulkner zulegen können, doch bevor er fliehen kann, erscheint *Antonio, Staatssekretär im Dienst des Herzogs, ein selbstbewußter Realist, welterfahrener Diplomat – und erfolgreich. Es ist nicht nur die höfische Etikette, wenn sich schlagartig alle Antonio zuwenden, es ist auch symptomatisch, denn Antonio ist eine willkommene Abwechslung vom komplizierten Tasso. Antonios bilderreiche Erzählung seiner Mission am Vatikan läßt Tasso erkennen, wie weit er von der Normalität und vor allem vom lebendigen, tätigen Leben, wie es Goethe immer wieder pries, entfernt ist. Als Dichter werde er »wie Echo an den Felsen verschwinden«, klagt er. Sind nicht die Antonios die Gestalter des wirklichen Lebens? Die Prinzessin hält dagegen. Auch Tasso sei Gestalter, er habe ihr geholfen, aus langjähriger Krankheit zu genesen; er sei es gewesen, der an ihr Bett getreten sei:

»Du warst der erste, der im neuen Leben
Mir neu und unbekannt entgegen trat.
Da hofft ich viel für dich und mich.« (Vs. 864)

Vielleicht ein schwaches Argument, doch für Tasso ein seligmachendes. Und er erzählt, wie er, nach jahrelanger Wanderschaft, sich durch die Prinzessin mit »*einem* Blick« geheilt sah. So fanden zwei unterschiedliche, gleichwohl verwandte Seelen einander. Und in diesem Bewußtsein seelischer Verwandtschaft nähert sich Tasso: »Wo ist der Mann?/Die Frau? mit der ich wie mit dir/Aus freiem Busen wagen darf zu reden.« (Vs. 924) Die Prinzessin überhört dabei den Unterton der Liebe, Tasso müsse unter Menschen, mahnt sie, er müsse sich Antonio anvertrauen. In ihm fände er einen neuen klugen Freund. »Ihr müßt verbunden sein!«

Tasso, dem mit Antonio nicht nur eine bewunderte, sondern weitaus mehr gefürchtete Wirklichkeit entgegentritt, ist solche Aussicht wenig verheißungsvoll. Wo ist sie nur hin, die goldene Zeit, das anakreontische Paradies?

»Wo jeder Vogel in der freien Luft
Und jedes Tier, durch Berg und Täler schweifend
Zum Menschen sprach: Erlaubt ist was gefällt.« (Vs. 992)

Die erziehungsbewußte Prinzessin will ihn genau aus dieser Landschaft, ja fast schon aus der Abhängigkeit des Süchtigen entfernt sehen: Die goldene Zeit, »sie war so wenig als sie ist«, nichts als eine Rückschau ins Utopische. Tasso denkt an Liebesfreiheit, zugleich ist ihm sein »Erlaubt ist was gefällt« nicht nur Traum vom konventionsfreien Inselleben, sondern das legitime Verlangen des Künstlers nach dem Unmöglichen sowie Ausdruck seiner Opposition gegen den Hof und seine Etikette. Die Prinzessin antwortet, der Mensch sei eingebunden in seine gesellschaftliche Umgebung, also müsse man Tassos Traumspruch um ein Wörtchen korrigieren: »Erlaubt ist was sich ziemt.« Zugleich drückt sie ihre Sorge aus, Tasso könne in einer fiktiven Idealwelt Zuflucht finden und den Anschluß nicht nur bei Hof, sondern im Leben überhaupt verlieren. Es ist die Sorge ums Genie, Goethes Sorge um seine Freunde, ob es die Lebensuntüchtigen waren, wie Lenz, der junge Schiller oder K.P. Moritz, den Goethe in Rom als Kranken pflegte, ob es Johann Heinrich Merck ist, der in seinen Briefen die gleiche tassosche Verloren- und Zerrissenheit offenbarte und sich (zwei Jahre nach Fertigstellung des ›Tasso‹) das Leben nahm. Denn was Tasso und seinen auch heute lebenden Genossen fehlt, ist ein Umgang mit sich selbst, wie ihn Goethe mit großer Konsequenz und Aufwand geprobt und mühevoll beherrscht hat. So hat er sich in diesem Zusammenhang sehr verständnisvoll über Tasso geäußert, wenn er von der Disproportion des Talents mit dem Leben

sprach (Caroline Herder in einem Brief an ihren Mann, 20.03.1789).
Ebendiese Disproportion durchzieht Tassos ganze Existenz und liefert ihn aus, macht ihn zum Opfer, wie jede Disproportion mit dem Leben Opfer fordert. Selbst ein Kraftmensch wie *Götz zeigt uns mit der Maßlosigkeit seines Freiheitsbegriffs diese Unverhältnismäßigkeit. Davon begreift die Prinzessin etwas, aber nicht genug, ebenso wie sie dem Zusammenhang zwischen Tassos Dichterleben und seiner Subjektivität nicht genügend Achtung schenkt. Ihr geht es um Tassos gesellschaftliche Eingliederung, Tasso aber geht es um die Prinzessin. Fremde Fürsten hätten um ihre Hand geworben, stellt er bedrückt fest, Tasso könne unbesorgt sein, entgegnet sie, vielleicht für immer. Und als er ihr dann eins ums andere »höher« huldigt, muß sie um Mäßigung bitten. Tasso aber glaubt und hofft zu Recht, die Prinzessin teile seine Liebesgefühle.

»Ich träumte mich dem höchsten Glücke nah,
Und dieses Glück ist über alle Träume.« (Vs. 1136)

Jetzt müsse er nur der Forderung der Geliebten nachkommen und schnell noch Antonios Freundschaft gewinnen. Er überfällt Antonio euphorisch, und als dieser zurückhaltend reagiert, äußert Tasso beleidigt, er habe sich nur auf Wunsch und Drängen der Prinzessin vorgestellt. Und ist im nächsten Augenblick ahnungslos genug, sich erneut um Antonio zu bemühen, und tut das in der rührenden Hoffnung, von dem erfahrenen Antonio den »mäßigen Gebrauch des Lebens« zu erlernen. Wie aber soll man einem den mäßigen Gebrauch des Lebens beibringen? Tasso verlange in einem Augenblick, was nur die Zeit gewähre. Tasso sieht das ganz einfach: Statt der Zeit werde Antonios Liebe eben helfen. Das sei keine Bitte, erklärt Tasso, sondern eine Forderung, nicht nur im Namen der Tugend, sondern auch in jenem der Prinzessin: »Sie will mich zu dir führen, dich zu mir.« Das ist grob. Antonio ist die rechte Hand des Herzogs und kein Domestik. Tasso hat Antonio aus der Konformität hinausgedrängt, dorthin, wo die Normen der Hofwelt vergessen sind, und nicht bedacht, daß in diesem Niemandsland das Recht des Stärkeren gilt. Und in langsamen Bewegungen zeigt Antonio dem Bekränzten, wer hier der stärkere ist.

»Wer angelangt am Ziel ist, wird gekrönt,
Und oft entbehrt ein Würdger eine Krone.
Doch gibt es leichte Kränze, Kränze gibt es
Von sehr verschiedner Art, sie lassen sich
Oft im Spazierengehn bequem erreichen.« (Vs. 1298)

Tasso versteht sehr wohl und nimmt die Herausforderung an. Kraft seiner Genialität sei er vor allen anderen herausgehoben, die anderen zählten zur banalen Allgemeinheit. Antonio aber wirft ein, Tasso halte seinen Lorbeerkranz für wohlverdienten Schmuck, in Wirklichkeit sei es »zufälliger Putz«. Der Schlag sitzt. Nach damaliger Gepflogenheit erhielt der Renaissancedichter nur in Rom auf dem Kapitolshügel den Lorbeerkranz, Tassos Krönung war in der Tat nichts als eine Probe-Inszenierung, ein taktloses Spiel mit einem immens hohen Ehrenzeichen. So ist solcher mehr Spott als Kränkung. Wir müssen zurückdenken: Tasso leidet ja unter dem Defizit, kein Handelnder à la Antonio zu sein. Im Altertum dagegen war der Lorbeerkranz Apollo heilig und Auszeichnung gleichermaßen für musisches und tätiges Handeln. Tasso geht von der Idee aus, daß neben dem Geburtsadel (*nobilitas generis*) der Adel des Geistes (*nobilitas literaria*) von gleichem Rang sei, so, wie es in der Renaissance gefordert und in Teilen durchgesetzt war. Und gerade dann, wenn Tasso sagt, er könne sich auf die Auszeichnung zu Recht etwas zugute halten, antwortet Antonio im Bewußtsein angestammter Superiorität:

»Es ziemt der hohe Ton, die rasche Glut
Nicht dir zu mir, noch dir an diesem Ort.« (Vs. 1344)

Wiewohl Antonio den Dichter Ariost zu ehren vermag, ist ihm Dichten letzten Endes Müßiggang. Jetzt erst wird offenbar, wie überlegen sich Antonio fühlt, hier, wo eigentlich Staatsgeschäfte zugunsten der Musen schweigen sollten. Schließlich gehen seine Provokationen so weit, daß Tasso mit der Faust droht. Antonio aber liegt nichts ferner, als zu beschwichtigen. Bei Austragung eines solchen bei Hofe ausdrücklich verbotenen Konflikts, spottet Antonio, sei Tasso der einzige, der mit Schonung rechnen dürfe. Nun will sich Tasso draußen mit Antonio messen. Antonio spricht ihm aber das Recht der Duellforderung ab. Tasso nennt Antonio einen Feigling und Antonio gibt zurück, der Feige drohe nur, wo er sich sicher fühle. Nun zieht Tasso den Degen, doch da erscheint der Herzog.

Die Literaturgeschichte hat viele Urteile über den Streit Tasso/ Antonio gesprochen. Die einen sahen die Hauptschuld bei Tasso, die anderen bei Antonio. Ganz ohne Zweifel gehört Tasso in die Reihe infantiler Männer, und Antonio zu jenen, die Bedachtsamkeit zu ihren Tugenden zählen.

In diesem Streit aber ist es leichter, für Tasso Partei zu ergreifen als etwa für seine Verwandten Werther, *Egmont, *Eduard oder *Fernando. Denn Antonios Antwort auf Tassos Freundschaftswerbung ist mehr als nur die Distanz des Funktionärs. Sicher: Tasso überfällt den »dienstlichen« Antonio mit seiner Werbung, doch Antonio scheint es zu genießen, Tasso einen Korb nach dem anderen zu geben; ja er versteht es, die Brüskierung so zu halten, daß der naive Tasso immer neue Anläufe zur Freundschaftswerbung nimmt, bis bei der Menge an demütigenden Zurückweisungen Tasso tief gekränkt die Grenze des Erlaubten überschreitet. Es ist geradezu, als wolle Antonio Tasso so weit konditionieren, bis dieser über die Stränge schlägt.

Aufgebracht schildert Tasso dem Herzog, wie ihn Antonio zurückgewiesen habe. Nach Anhörung verordnet der Herzog dem Dichter Zimmerarrest, wo er von keinem als sich selbst bewacht sein soll. Ein mildes Urteil, doch hat der Urteilsverkünder des Dichters Sinn für Symbolik übersehen. Die Haft, so milde sie sein mag, ist ihm ungerechte Vergeltung. So legt Tasso den Degen nieder. Und auf den Degen folgt der Lorbeerkranz. Weinend küßt er ihn und legt alles zu des Herzogs Füßen, als Bestrafter und Gefangener will Tasso vor allem die hohe Dichterauszeichnung nicht weiter führen. Das entspricht Tassos Vorstellung vom Schuldiggesprochenen, der keine Ehrenzeichen tragen darf. Kuß und Träne sind auch nicht überbordende Sentimentalität, sondern gelten als Zeichen antiker Trauerbekundung. Obwohl Tassos Strafmaß gering anmutet, ist es kaum zu überbieten. Antonio, der mit an Perfidie grenzender Provokationslust Tasso aus der Reserve getrieben hat, bleibt straffrei, Tasso hingegen verliert das, was er zu Beginn des Stückes als Symbol allerhöchster Wertschätzung sich ängstigte, in Empfang zu nehmen. Natürlich hat niemand die Abgabe des Kranzes verlangt, aber ist es nicht verständlich, wenn Tasso dieses Ehren- und Gunstzeichen in Anbetracht der zugefügten Schmach ablegt? Antonio steht unbeschadet an des Herzogs Seite, und Tasso, der im Herzog die wichtigste Instanz sieht, muß den Raum verlassen. Was ist aus Belriguardo geworden, dieser Stätte der Blumen, der Poesie und der Seelenliebe? Irgendwie war Belriguardo Tassos Eigentum, nur für Tasso und seine Freunde bestimmt. Und nun ist dieser Musentempel nichts anderes als ein profaner Ort, an dem profane Gesetze einer unmusischen Gesellschaft gelten. So bleibt die Ignoranz und Selbstgerechtigkeit des kunstlosen Antonio der Weisheit letzter Schluß. Der Verlust des Lorbeers signalisiert die Vertreibung aus jenem Arkadien, das Tasso gegenüber der Prinzessin verherrlichte. Alfons mag noch so milde geurteilt haben, er verurteilt eben, und zwar einen: Tasso. Statt diesen anzuhören und eben zu ver-

stehen, wird er – über den Stubenarrest – ins Exil vertrieben. Die An-
merkung der Prinzessin, es habe Arkadien nie gegeben, ist Wirklichkeit. Und der Wunsch des Fürsten, Tasso zum Leben hin zu er-
ziehen, erfährt seine unerbittliche Umsetzung.

Und sollte Tasso nicht geringere Schuld als Antonio haben:
Bestraft ist nur er. Seite an Seite in bestem Einvernehmen verlassen
der Fürst und sein Diplomat die Szene. Alfons tadelt Antonio, daß
er, als der Klügere, nicht nachgegeben habe, doch bemängelt er lediglich Antonios mangelndes therapeutisches Fingerspitzengefühl.
Und noch etwas: Antonio und der Fürst sprechen die gleiche Sprache. Dem weit weniger stabilen Tasso aber fehlt jemand – etwa die
Prinzessin –, der ihm in dieser Auseinandersetzung als Sekundant zur
Seite gestanden hätte. Das ist auch der Grund, wieso Tasso im wich-
tigsten Punkt seiner Anklage schweigt: Antonio hat weniger den
Menschen oder den Hofangehörigen, sondern vor allem den Dichter
verhöhnt und gedemütigt. Für den Hof gilt: Tasso ist eben einer, der
aus der Reihe tanzt, die Norm hingegen ist Antonio. Daß dieser den
Träger des Lorbeerkranzes bis auf die Knochen verletzte, hat keiner
so recht begriffen, und daß des Herzogs mildes Urteil eine schwere
Strafe ist, erfahren wir, als Leonore sich nach dem Vorfall erkundigt.

»Ich bin nicht der Beleidigte,« sagt Tasso, »du siehst
Mich ja bestraft, weil ich beleidigt habe.«
»Mich züchtigt der Fürst wie einen Schüler.«
»Das was geschehen ist, kränkt mich nicht so tief,
Allein das kränkt mich, was es mir bedeutet.« (Vs. 2268 ff)
Spätestens an dieser Stelle beginnt sich Tassos Wirklichkeitssinn über
die Maßen zu verengen, so daß er in seiner Umgebung nur noch ei-
ne Vereinigung von Neidern vermutet. Und wenn just Leonore, der
Tasso früh und zu Recht mißtraute, ihn als erste aufsucht, ist das für
Tasso ein Indiz für die Unredlichkeit des Hofes, natürlich falsch in-
terpretiert, doch einem Fiebrigen fügt sich nun vieles zum üblen
Kaleidoskop. Antonio werde ihm immer mit Neid begegnen, und der
Fürst werde sich abwenden, denn man bedürfe des Staatssekretärs,
des Dichters bedürfe man nicht. In der Hoffnung, Tasso werde ihr
nach Florenz folgen, empfiehlt Leonore dem Dichter, sich aus Ferrara
zu entfernen. So sieht sich dieser zu der Annahme verführt, man wolle ihn, wenn auch nicht verbannen, so doch auf elegante Weise los-
werden. Das hat indes nicht nur »hypochondrische« Gründe, sondern auch vernünftige, denn Tasso erkennt des Herzogs milde
Beurteilung seiner Verfehlung nicht. Wie die Prinzessin von ihm den-

ke, will Tasso endlich wissen. Leonores allgemeine Antwort, die Prinzessin werde ihn »gern entlassen«, wenn »es zu seinem Wohl gereicht«, zerstört seinen letzten Halt. Solange er glauben konnte, die Prinzessin sei ihm wohl, vermochte er sich innerlich aufrecht zu halten. Und nun – ohne sie – ist er steuerlos dem Trauma der tiefsten Verlassenheit übergeben. Und daraus spinnt seine Einbildungskraft in immer neuen Anläufen das Gespenst einer Verschwörung bis hin zur listig eingefädelten Vertreibung. Hier erreicht Tasso den tiefsten Punkt seines Argwohns: Tasso will freiwillig gehen und alle damit bestrafen, was sie (gemäß seiner Wahnvorstellung) ohnehin erstreben. Daß Tasso zugleich sich selbst den größten Schmerz bereitet, spielt für ihn keine Rolle. Die Prinzessin tritt ihm entgegen. Und nun, da sie Tasso ihr wahrhaftig tiefes Bedauern über sein geplantes Fortgehen bekundet, in diesem für Tasso unerwarteten, erlösenden, beglückenden Augenblick, vergißt er sich und damit den einzigen, ihm wirklich nahestehenden Menschen. Ausgerechnet der Prinzessin, dieser Nolimetangere-Figur, fällt er in die Arme und drückt sie leidenschaftlich an sich. Daß er sich gegenüber *seiner* Prinzessin ebensowenig in der Gewalt hat, wie Antonio gegenüber, wiegt um so schwerer, da sie ja seines Geistes ist. Man könnte erwarten, daß Tasso innehält, nachdenkt ... aber er rennt seinen verderblichen Weg weiter, baut seinen Argwohn zum Irrsinn aus: Antonio wolle nach wie vor seine Zerstörung, an einer weiteren Zerstörung aber kann auch der niedrigste Antonio kein Interesse mehr haben. Und hier wandelt sich Tassos Argwohn ins Unerklärliche, ja beinahe Pathologische:

»Bin ich *nichts*,
Ganz *nichts* geworden?
Nein, es ist alles da und ich bin nichts.« (Vs. 3415 f)

Er will davonstürzen und müßte, wie Werther, seinem Leben ein Ende bereiten. Vielleicht wäre das die logische Konsequenz jenes Menschen, der einerseits von der Arroganz und Verständnislosigkeit seiner Umgebung, andererseits von der mangelnden Einsicht seines eigenen Denkens zerstört ist. Warum macht er nicht Schluß? Werthers »Bruder« ist nicht Werther, er ist Dichter, ausgestattet mit jener Gabe, die ihn am Schopf packt und – wenn auch zappelnd – am Leben hält. Diese Dichtergabe, sagt Tasso,

»ließ im Schmerz mir Melodie und Rede,
Die tiefste Fülle meiner Not zu klagen:
Und wenn der Mensch in seiner Qual verstummt,
Gab mir ein Gott zu sagen, wie ich leide.« (Vs. 3430)

Tasso überlebt also, weil er über seine Kunst eine Art Überdruck-
ventil hat. Goethe bemerkte im Lauf seines Lebens immer wieder, wie
sehr ihm seine schriftstellerische Gabe aus tiefster Qual herausge-
holfen habe. Antonio, der einzige in Belriguardo Verbliebene – alle
anderen sind abgereist –, tritt zu ihm und nimmt ihn bei der Hand.
Und am Ende hält sich Tasso an ihm fest:

»Ich fasse dich mit beiden Armen an!
So klammert sich der Schiffer endlich noch
Am Felsen fest, an dem er scheitern sollte.« (Vs. 3451)

Goethe will seinen Helden nicht vernichtet sehen, das widerstrebt seinem Harmoniedenken, er kann keine Tragödien schreiben, wie er sich
im eigenen Leben weder Unglück noch Elend ansehen konnte. So
setzt er Antonio (warum nicht den Herzog?) in die Rolle des Retters.

Es ist nicht unsere Aufgabe, zu bemängeln, daß Goethe nicht nur
hier keinen glaubhaften Schluß verfassen kann. Daß er nur sehr überstürzt zu einem halbwegs artigen Schluß findet, mag seinen Grund
darin haben, daß seine Zuschauer wußten, wo und wie der historische Tasso endete.

Der historische Torquato Tasso (geboren 1544 in Sorrent; gestorben 1595 in Rom) war Sohn des Dichters Bernardo Tasso. Vater und
Sohn führten ein beschwerliches Wanderleben. Später erlangte Tassos Vater mit dem Ritterepos ›Amadigi‹ große Berühmtheit, eine in
hundert bombastischen Gesängen bearbeitete Fassung des Amadis-
romans. 1569 starb der Vater. Torquato stand damals in der Obhut
des Kardinals Luigi d'Este, verließ diesen aber, weil er sich vermutlich nicht gebührend gewürdigt fühlte, und trat 1572 in Ferrara in die
Dienste Alfonsos II., des Bruders des Kardinals, ein. Zu diesem Zeit-
punkt verliebte sich Tasso – er war schon eine anerkannte Größe – in
Alfonsos Schwester, die – so behauptet ein Biograph – seine Gefühle
erwiderte. Alfonso lud des öfteren auf sein Lustschloß mit Namen
Belvedere (»Belriguardo«) ein, wo Tassos tragische Schäferdichtung
›Aminta‹ aufgeführt wurde. Ferrara war damals seit Generationen
eine Art Dichtermekka wie Goethes Weimar. Hier lebten

Matteo Maria Boiardo (um 1441 bis 1494), Verfasser des ›Orlando
inamorato‹ (›Der verliebte Roland‹), einer Geschichte über die
Verfolgungsjagd des Helden nach der Geliebten Angelica.

Ludovico Ariosto (1474 bis 1533), Verfasser des größten Epos der
Renaissance ›Orlando furioso‹ (›Der rasende Roland‹), eine Art Fort-
setzung zu ›Orlando inamorato‹ und Stoff für zahlreiche europäische
Barockopern.

Giovanni Battista Guarini (1538 bis 1612), Tassos Zeitgenosse und Rivale, Verfasser des ›Pastor fido‹ (›Der treue Schäfer‹) – wenn Goethes Prinzessin dem schwärmerischen Tasso sagt, »Erlaubt ist was sich ziemt«, so bedient sie sich eines Guarini-Zitats. Guarini hatte diese Maxime als Hofangehöriger ausgegeben, wollte diese indes wohl weniger puristisch ausgelegt wissen, als es die feine Goethe-Prinzessin formuliert.

Trotz großer literarischer und gesellschaftlicher Anerkennung, vor allem aufgrund seines Heldengedichts ›Gerusaleme liberata‹, machten sich bei Tasso Verfolgungswahn, Hypersensibilität und auch religiöse Wahnvorstellungen bemerkbar. Tassos wichtigster (und von Goethe herangezogener Biograph) Serassi erzählt in seiner ›Vita di Torquato Tasso‹, wie sich Tasso mit dem Degen gegen die Brüder eines vom Dichter geohrfeigten Verleumders verteidigte, und daß Alfonso ihn dafür öffentlich rügte. Als er am 17. Juni 1577 der Prinzessin seine psychischen Probleme klagte, fühlte er sich von einem Diener belauscht und warf mit einem Messer nach diesem. Tasso wurde in ein Kloster gesteckt, aus dem er als Bauer verkleidet nach Sorrent zu seiner Schwester Cornelia entfloh, die ihn gesund pflegte. Ein Jahr darauf wurde er erneut in Ferrara aufgenommen, flüchtete wieder und kam über Padua, Venedig, Pesaro und Turin nach Ferrara zurück.

Wegen der Vorbereitungen zur bevorstehenden (dritten) Hochzeit des Herzogs fühlte sich der Heimkehrer jedoch nicht gebührend empfangen, er bekam einen Tobsuchtsanfall und beleidigte den Herzog.

Man brachte ihn für kurze Zeit ins Irrenhaus S. Anna, dann für sieben Jahre in eine Art offene Anstalt mit eigener Hofwohnung. 1586 wurde er mit großen Ehren am Hof von Mantua aufgenommen, verließ diesen und wanderte erneut ruhelos durch Italien. Am Kapitol in Rom sollte er von Papst Clemens XIII. zum Dichter gekrönt werden, starb aber unmittelbar davor an Erschöpfung. Tasso war (oder ist) einer der populärsten Schriftsteller Italiens.

Goethe erzählt in seiner ›Italienischen Reise‹, daß venezianische Gondolieres nachts Passagen aus Ariost und Tasso sangen. Goethes Vater las gerne in der deutschen Übersetzung des ›Befreiten Jerusalem‹ und Goethe kannte – wie sein *Wilhelm Meister – Stellen daraus auswendig.

Törin
(Wilhelm Meisters Wanderjahre)
Siehe *Pilgernde Törin.

Tritonen
(Faust II, Klassische Walpurgisnacht)
Männliche Seedämonen, in der Mythologie: Triton, Meeresgott, halb Mensch, halb Fisch, der von Herkules überwunden wird, später als Tritonen zusammen mit den *Nereiden zu Poseidons Gefolgschaft gehörig. Tritonen und Nereiden entsprechen als Seewesen den Satyren und Nymphen, dem Gefolge des Dionysos. Hier im ›Faust‹ führen sie zusammen mit den Nereiden die *Kabiren durchs Wasser.

V

Valentin
(Faust)

Soldat, Bruder *Margaretes und Tugendbold. Nichts ist ihm wichtiger, als im Kreise seiner Trinkkumpanen das Glas auf das tugendhafteste aller Mädchen des Ortes zu erheben: auf seine Schwester Gretel. Seit sie von *Faust umworben wird, hat sich das Blatt jedoch gewendet:

»Mit Stichelreden, Naserümpfen
Soll jeder Schurke mich beschimpfen!
Soll wie ein böser Schuldner sitzen,
Bei jedem Zufallswörtchen schwitzen!
Und möcht ich sie zusammenschmeißen
Könnt' ich sie doch nicht Lügner heißen.« (3640 ff)

Ein kleiner, wenn auch ungleich spießigerer *Götz meldet sich hier. Und verlangt, daß die Welt nichts als seine Ordnung habe. Und ist dies nicht der Fall, wird zur Waffe gegriffen, leider hat er Pech. Der Raufbold hätte Faust wohl mit wenigen Klingenhieben ins Jenseits befördert, doch dank *Mephistos Zauberkraft erlahmt dem Tugendwächter plötzlich der Arm. Faust muß nur noch stechen und tut dies ohne Zögern. Was sich nun ereignet, hätte Schiller gut gefallen. Bevor Valentin stirbt, stößt er gräßliche Anklagen und Flüche aus, vor der umstehenden Nachbarschaft nennt er die *Marthe ein »schändlich kupplerisches Weib!« (3767) und die Schwester »eine Hur«. (3730) Durch Valentins Tod verliert Gretchen, gerade als sie der größten Hilfe bedarf, den einzigen Beschützer. Valentin hat zudem eine wunderbar erhellende Funktion, seine letzten Worte, er gehe »zu Gott ein als Soldat und brav«, sind die Selbstgerechtigkeit des Spießers – die Selbstgerechtigkeit einer Welt aus Enge und Taubheit, seine Vorwürfe gegen die Schwester purer Ausdruck einer frauenfeindlichen Gesellschaft: Beschimpft und beleidigt wurden ja nur die »ehrlosen« Mädchen, gegenüber den gleichermaßen ehrlosen Jungen zeigte man kein ahndendes Interesse. Erst als Valentin Gretchen öffentlich als Dirne bezeichnet, ist sie verfemt und jeder Respektlosigkeit anheimgestellt. Damit macht sich Valentin mitschuldig an Gretchens Kindsmord.

Vansen
(Egmont)
Raunender Calvinist, Möchtegernrevoluzzer, wie ihn Goethe gering-
schätzt. Seine Agitationsreden gegen die katholische Herrschaft ha-
ben den Umsturz als Selbstzweck zum Ziel, seine banausischen
Reden verraten vor allem eins: politische Kopflosigkeit.

Vater Meister, der alte Meister
(Wilhelm Meisters Lehrjahre)
*Wilhelms Vater, lebt ein großbürgerliches Leben, liebt den etwas sat-
teren Pomp, teure Möbel, teures Geschirr und Besteck, bleibt aber
sparsam im Bewirten. Er verkaufte den gesamten Kunstbesitz seines
Vaters und legte das Geld zusammen mit seinem ebenfalls im Handel
tätigen Kompagnon an; nach wenigen Jahren hat sich der Besitz ver-
vielfacht, ein großes Haus wird gebaut und eine sorgfältige Erziehung
der Kinder sichergestellt. Ein wenig mißfällt ihm Wilhelms Schwär-
men für's Theater, der Sohn soll sich den reelleren Dingen des Geld-
erwerbs und der Geldvermehrung zuwenden. Doch stirbt der Vater
rechtzeitig, und Wilhelm kann sich unbeschwert die Freiheit zur
Schauspielerei leisten.

Wagner
(Faust)

*Fausts Assistent, Wissenschaftsoptimist, Vorläufer des Dr. Frankenstein. Er bastelt ein phosphoreszierendes, gewichtsloses Etwas mit hohem IQ, den *Homunculus. Anfangs eine Forscherkarrikatur, der »Mit gier'ger Hand nach Schätzen gräbt / Und froh ist, wenn er Regenwürmer findet!« – später ein einsamer Laborant, von allen verlassen, unfähig zu begreifen, wie ihm geschehen ist.

Gerade ist Faust vom Erdgeist zurückgewiesen, da erscheint der geschwätzige Intelligenzler und mit ihm die Banalität der heilen Welt in Fausts Studierstube:
»Verzeiht! Ich hör' Euch deklamieren;
Ihr last gewiß ein griechisch Trauerspiel?
In dieser Kunst möcht' ich was profitieren,
Denn heutzutage wirkt das viel.« (522 ff)
Dramaturgisch bewirkt sein Auftritt eine Desillusionierung der magischen Szene – eine Brüskierung des Zuschauers in brechtscher Manier (eine Technik, die schon Shakespeare praktizierte).

Gemäß Goethes Dramenplan (erstellt zwischen 1797 und 1800) wird Wagner als »helles, kaltes wissenschaftliches Streben« angeführt. Davon ist im ersten Teil nicht viel zu finden. Zunächst stellt ihn Goethe als typisierten Spießer vor: ein »trockner Schleicher« im Schlafrock und Nachtmütze mit einer Lampe in der Hand. Wagner ist ehrgeizig, er arbeitet, »gebannt« in sein Studierzimmer, in Distanz zur Welt, um als Akademiker und Wissenschaftler Karriere zu machen. Manchmal beneidet er Faust für seinen Kontakt zum Durchschnittsmenschen, solange er erkennen muß, welcher Wertschätzung sich der angesehene Doktor erfreut. Im Prinzip aber sind ihm die geistigen Höhenflüge in der engen Wissenschaftskammer das höchste der Gefühle. Faust, die Sturm-und-Drang-Seele, ist ganz anders. »Wenn ihr's nicht fühlt, ihr werdet's nicht erjagen«, moniert er. Aber Wagner ist kein Sturm-und-Drang-Typus, Wagner ist ein Durchschnittsakademiker, der alles Wissen wie Geld im Sparstrumpf zusammenträgt. Wenn Faust hofft, über seine metaphysischen Experimente zu begreifen, »wie alles sich zum Ganzen webt / Eins in dem andern wirkt und lebt!« (447 f), so kann Wagner damit so gut wie nichts anfangen, er will einfach als gelehrtester Gelehrter seines Schuluniversums gelten: »Zwar weiß ich viel, doch möcht' ich alles wissen.« Unterm Strich zeigt sich der Unterschied zu Faust darin, daß er, wie alle Wissenschaftler, versucht, die Welt rational zu begreifen.

Im zweiten Teil hat Wagner Karriere gemacht, er ist »der Erste jetzt in der gelehrten Welt«, hat Fausts Position eingenommen und ist ein in die Jahre gekommener, müder Fakultätsgelehrter geworden. Wir finden ihn, »geschwärzt vom Ohre bis zur Nasen«, in seiner Experimentierstube, wo er sich seit Monaten »des großen Werkes willen« aufhält. Keiner darf ihn stören. »O daß ich's diesmal nicht verliere!« sagt er, an seiner Gerätschaft hantierend. Heute steht er am Ende einer langen Reihe von Fehlversuchen: »Es wird ein Mensch gemacht«, erklärt er *Mephisto. Dieser fragt spöttisch, wo er das dafür benötigte Liebespaar eingeschlossen habe.

»Behüte Gott!«, antwortet Wagner,
»wie sonst das Zeugen Mode war,
Erklären wir für eitel Possen.
...
Wenn sich das Tier noch weiter dran ergetzt,
So muß der Mensch mit seinen großen Gaben
Doch künftig höhern, höhern Ursprung haben.« (6838 ff)
Er hat sich wenig verändert. Ihm ist immer noch nach einer anderen, einer kopfberechneten Welt:
»Was man an der Natur Geheimnisvolles pries,
Das wagen wir verständig zu probieren,
Und was sie sonst organisieren ließ,
Das lassen wir kristallisieren.« (6857 ff)
In der Tat: in der Versuchsphiole hat sich ein kleines leuchtendes Wesen kristallisiert, Homunculus, der Wagner als »Väterchen« und Mephisto als »Herr Vetter« begrüßt. Sogleich entschlüpft die Phiole Wagners Händen und schwebt zu dem schlafenden Faust. Mit ihm und Mephisto soll es nach Griechenland gehen. Zum ersten Mal tut uns der fleißige Laborierer ein wenig leid, wenn er ohne die Gesellschaft seiner wundersamen Kreation, verlassen in der tiefgewölbten Einsiedelei einer gotischen Zelle zurückbleibt:
»Leb wohl! Das drückt das Herz mir nieder.
Ich fürchte schon, ich seh' dich niemals wieder.« (6999 f)
Zu Wagners Ehrenrettung: Ihm ist ein Forschungsprodukt gelungen, das unsere volle Zuneigung und Bewunderung verdient.

Weislingen, Adelbert von
(Götz von Berlichingen)

*Götzens treuloser Freund, zieht das Leben am Hof der beschwerlichen Existenz eines Ritters vor, die unbequeme Rüstung legt er so gut wie nie an – im Unterschied zu Götz eine historisch nichtexistente, frei erfundene Figur. Rechte Hand des von Götz gehaßten Bischofs von Bamberg. Wo Götz rauh ist, ist Weislingen verfeinert, wo jener männlich, ist dieser weiblich, wo jener klar und deutlich, ist dieser unentschlossen bis zur Charakterlosigkeit.

Früher, in seiner Jugend, war er Götzens engster Freund, unzertrennlich wie die Dioskuren Kastor und Polux waren sie. Und Weislingen war es, der Götz pflegte, als diesem die Hand weggeschossen wurde. Götz, nun beinahe ein Krüppel, ist seinem Ritterstande treu geblieben, ist für Kaiser und Reich in den Krieg gezogen, wohingegen sich der gesunde Weislingen dem bischöflichen, feudal-kultivierten, eben »höfischen« Hof in Bamberg zugewendet. »Da hielt dich das unglückliche Hofleben und das Schlenzen und Scherwenzen mit den Weibern«, wirft ihm Götz vor und nennt ihn gleich einen Spitzbuben. Und liegt damit falsch, denn Weislingen ist nicht vorsätzlich, nicht mephistophelisch spitzbübisch. Er ist kein Denkmal wie Götz, er ist, wenn auch unheldisch, ein sich wandelnder Charakter, neigt sich dem wechselhaften urbanen Leben zu; Bamberg ist ihm nicht bloß Wohlleben, sondern auch kultureller Brennpunkt: Hier liegt die Zukunft, und nicht auf einer einsamen Ritterburg. Davon will aber kein Götz, kein Goethe und kein Stürmer und Dränger etwas hören. Nur was rauh und urig ist, ist wahr. Vielleicht lebt Weislingen am Hof, um nicht stehen zu bleiben. Man kann ihn als Landflüchtigen auslegen, dem ein Leben auf dem eigenen Rittergut überholt und festgefahren erschien.

Dem auf Jaxthausen gefangenen Weislingen lebt Götz Geborgenheit und häusliches Glück vor. Götzens Trauer um den Verlust des alten Freundes geht an Weislingen nicht spurlos vorüber. Das Heraufbeschwören der alten Zeiten, das intakte Leben auf der Ritterburg lassen in Weislingen den Wunsch nach Rückorientierung und Neuordnung aufkeimen. Er verliebt sich in Götzens Schwester *Maria und verlobt sich. Fast scheint es, als verordne sich Weislingen die Abkehr von der bambergischen Lebensart als eine Art Selbstmedikation, die freilich nicht lang hilft. Kaum zurück am Hofe und in fester Absicht, an der Seite Marias seine verwahrlosten Güter in Ordnung zu bringen und dort ein neues Leben zu beginnen, verfällt

Weislingen dem Bann der dämonisch schönen *Adelheid von Wall-dorf. Sie, das Gegenstück zu Maria, nimmt ihn in ihre Fänge, spinnt ihn in ihr Machtnetz ein und läßt ihn, nachdem er lästig geworden ist, vergiften.

Wie so oft hat Goethe mit der Figur eines Weislingen eigene Schwä-chen andeuten und verarbeiten wollen. Goethe ließ *Friederike Brion ähnlich freiweg fallen wie Weislingen Maria. Wie dieser wechselte Goethe vom Land in die Stadt, vom dörflichen Sesenheim ins groß-städtische Straßburg. In den Straßburger Salons muß ihm die Wald-nymphe Friederike nur mehr als Dorfmaid erschienen sein.

Ist nun Weislingen eine negative Figur? Ja, wenn man dem augen-scheinlichen Bühnengeschehen glaubt: leicht umstimmbar, ein schöner Höfling, ein Schwächling und aus dieser Schwäche heraus wortbrüchig; Goethe aber ist zu sehr der menschlichen Komplexität zugewandt, als daß er Weißlingen schwarz und den Götz weiß malt. Weislingens Verhalten ist weniger schurkisch als labil und gespalten. Und wie sehr er und Götz zu Gegnern werden, nähern sie sich doch wieder an. Weislingen erkennt im Angesicht des Todes seine Ver-fehlung, er zerreißt das Todesurteil über Götz. Und Götz stirbt nicht im Haß, sondern in Trauer über die verfehlte Welt.

Weislingens Ende ist – wiewohl Shakespeare als Vorbild diente – kein brutales, es pendelt eher, wenn auch zu Weislingens Ungunsten, unentschlossen hin und her. Weislingen »fällt« durch das Giftattentat einer kaltberechnenden Verführerin und versucht reuig, doch ver-spätet die Hinwendung zum Guten. Wenn Götz zum Anfang und Ende das Wort »Freiheit!« ausspricht, so ist für Weislingen die Un-freiheit der Anfang und das Ende. Er betritt die Bühne als Gefangener und endet als Gefangener in den Netzen einer Femme fatale.

Weislingens Grundelement, das ihm zuletzt zum Verhängnis wird, ist die Manipulierbarkeit. Affirmativ betrachtet, geht es aber auch um eine Verarbeitung gegensätzlicher Einflüsse, von denen ein Künstler wie Goethe lebt. Sie sind sein künstlerisches Lebenselixier und be-stimmen sein dichterisches wie privates Leben.

Dem wankelmütigen wortbrüchigen entscheidungsunfähigen Mann begegnen wir bei Goethe häufig, vor allem im ›Clavigo‹ und bei ›Stella‹ in der Figur *Fernandos.

Werner
(Wilhelm Meisters Lehrjahre)
Intimfreund *Wilhelms und dessen Gegenbild. Realistisch und geschäftstüchtig, fernab aller Musen. Den Tod von Wilhelms Vater nimmt er zum Anlaß, sein Leben ganz nach seinem Geschmack einzurichten. Er heiratet Wilhelms Schwester, verkauft das Haus des Verstorbenen, legt das Geld vernünftig an und stattet Wilhelm mit einer entlastenden Apanage aus. Er selbst wird von Goethe als bemitleidenswert fidel und jenseits aller Empfindsamkeit geschildert, der nach dem Credo lebt: »Seine Geschäfte gerichtet, Geld geschafft, sich mit den Seinigen lustig gemacht und um die übrige Welt sich nicht mehr bekümmert, als insofern man sie nutzen kann ... Nichts als Geld, und dann auf eine vernünftige Weise jeden Tag getan, was dir beliebt.« (V, 2)

Diesem an sich leicht nachvollziehbaren Credo hat Werner indes nicht die Treue gehalten. Als sich die beiden Freunde nach Jahren wieder treffen, ist Werner merklich gealtert: »Wie doch das Faulenzen gedeiht!« ruft er beim Anblick Wilhelms aus. »Ich armer Teufel dagegen, ... wenn ich diese Zeit her nicht recht viel Geld gewonnen hätte, so wäre doch auch gar nichts an mir.« (VIII,1)

Werther
(Die Leiden des jungen Werther)
Berühmtester Selbstmörder der Weltliteratur. Ihm folgten andere: Französische, englische, italienische, russische, ja serbische, sogar weibliche Wertherinnen, die jedoch den Problemen Werthers und seiner Hinwendung zum Selbstmord nicht ebenbürtig sind und häufig eine oberflächliche, anbiedernde, schriftstellerisch gesehen bequeme Lösung aufzeigen.

Werther, Schöngeist, Naturenthusiast und unglücklicher Liebhaber teilt seinem Freund *Wilhelm seine Erlebnisse und Empfindungen in Briefen mit. Um der belastenden Beziehung zu Leonore zu entfliehen, verlegt der wohlhabende Sohn einer Witwe seinen Wohnsitz aufs Land. Hier offenbart sich ihm die Natur in ihrer ganzen Schönheit und Herrlichkeit, hier findet, entdeckt, versteht er Homer und Klopstock und schwärmt von der Idee einer allumfassenden Harmonie, stürzt zugleich aber in melancholische, bis zur Todessehnsucht führende Empfindungen.

In einem Nachbarort hat er *Lotte kennengelernt, deren Gegenwart ihn in Glückstaumel versetzt, die bei aller Sympathie und gei

stiger Verwandtschaft freilich dem Verlobten *Albert in Treue zugetan ist. Werther, unfähig, seiner Leidenschaft für Lotte Herr zu werden, sucht die räumliche Entfernung zur Geliebten und reist ab. Er
nimmt eine Stellung bei Hofe an und trifft hier auf hierarchischen
Unverstand und Standesdünkel. Als Bürgerlicher aus einer adeligen
Abendgesellschaft verwiesen zu werden, ist ihm gelegener Anlaß, seinen Abschied zu nehmen. Obwohl Lotte inzwischen verheiratet ist,
kehrt er zurück in ihre Nähe. Bei einer Zusammenkunft verliert er
während und wegen der gemeinsamen Ossian-Lektüre die Beherrschung. Er umarmt und küßt Lotte und wirft sich ihr zu Füßen. Lotte,
voll uneingestandener Zuneigung zu Werther, flüchtet ins Neben-
gemach. Werther ist indes tief getroffen. Er entschließt sich, seinem
Leben ein Ende zu setzen. Unter dem Vorwand, eine Reise antreten
zu wollen, leiht er sich Alberts Pistolen aus. Er schreibt einen
Abschiedsbrief und erschießt sich.

Wie Werther hatte auch sein Urheber Goethe im Frühjahr 1772 eine unglückliche Liebe. Auf der Fahrt in einer Kutsche zu einem nahe gelegenen Fest unweit von Wetzlar sitzen Goethe und Charlotte
»Lotte« Buff im gleichen Wagen. Schnell ist der 23jährige von der lebensfrohen wie empfindsamen, und wenn nicht schönen so doch an-
ziehenden Frau angetan. Diese ist bereits an Johann Christian Kestner vergeben, acht Jahre älter als der Jungdichter, ein besonnener han-
noveranischer Legationssekretär am Reichskammergericht in Wetzlar. Goethe – inzwischen berühmt als Dichter des ›Götz‹ – ist sein
Gegenteil, ein Exzentriker, der »tut, was ihm einfällt, ohne sich darum zu bekümmern, ob es anderen gefällt«, wie Kestner eher wohlwollend vermerkt. Lotte führt nach dem Tod der Mutter den zwölf-
köpfigen Haushalt. Halb Kind, halb Erwachsene liebt sie wie Goethe
die Natur, die Poesie und die Kinder. Obwohl oder gerade weil sie
ihm klarmacht, daß sie zu Kestner gehört, wird sie von Goethe begehrt. Doch pflegen alle drei – Goethe, Lotte und Kestner – einen
freundschaftlichen Umgang. Kestner bedauert beinahe, daß er zwischen seiner Braut und dem einnehmenden Goethe steht. Im Herbst
fühlt sich Goethe in dieser Dreieckssituation so unwohl, daß er nach
Frankfurt flüchtet, wo er den beiden Kestners immerhin noch die
Eheringe besorgt.

Werthers Ende geht auf den Selbstmord des braunschweigischen
Legationssekretärs Carl Wilhelm Jerusalem zurück, den Goethe von
seiner Leipziger Studienzeit her kannte (der Goethe als »Geck« beschrieb). Am 30. Oktober 1772 – Goethe war schon aus Wetzlar ge-

flüchtet – hatte sich dieser unter dem Vorwand einer beabsichtigten Reise von seinem Kollegen Kestner die Pistolen ausgeliehen. Später hielt Goethe Jerusalems Schreiben, in welchem er um die Waffen bat, in den Händen und übernahm dessen genauen Wortlaut in seinen Roman. Motiv dieses Selbstmordes war die unglückliche Liebe zu einer verheirateten Frau und die daraus erwachsene ruinöse gesellschaftliche Ächtung Jerusalems.

Was war und was ist heute das Besondere an diesem Briefroman? Zunächst gilt es, den Erfolg des Werther zu betonen. In ganz Europa wußte gegen Ende des 18. Jahrhunderts jeder Gebildete und Halbgebildete mit dem Namen Werther etwas anzufangen. Ohne jede Starthilfe aus Werbung und Marketing fand das dünne Büchlein eine rasante Verbreitung und ein riesiges Lesepublikum, obwohl an der übersentimentalen, gemütskranken Sehweise des hypochondrischen Werthers mehr als gemäkelt wurde. Aber Werthers Leid war so etwas wie der repräsentative Querschnitt zur Gefühlslage jener Jugend, die um 1770 lebte. Man war gefühlsbetont, vergoß (auch als Mann) kleine Tränenbäche, hatte für alles eine innere Regung, die man wortreich dem, der und den anderen kundtat, man war empfindsam. Werthers Bekenntnisse sind die eines hochsensiblen, an unverkürzter Freiheit und überbordenden Gefühlen festhaltenden jungen Menschen. Seine Empfindungen laden sich angesichts einer gefühlskalten und in Konventionen verhafteten Gesellschaft auf.

Der Jugendgeneration nach 1968 galt das dünne Buch dagegen als unlesbar. Edgar, der Held aus Plenzdorfs Theaterstück ›Die neuen Leiden des jungen W.‹ feuert das Büchlein nach zwei Seiten in die Ecke. Den Didaktikern in den Siebziger Jahren galt das Stück als nicht empfehlenswert. In der Tat stört eine übersteigerte Gefühlsbetontheit, eine an heutige Kitschromane erinnernde Sprache. »Ach wie mir das durch alle Adern läuft, wenn mein Finger unversehens den ihrigen berührt.« Heute bevorzugt man andere Kost. Blättern wir flüchtig in Harold Brodkeys (1930 bis 1996) Liebesgeschichte ›Die Unschuld‹ und greifen zwei Textstellen heraus: »Ich zeigte ihr überhaupt kein Gefühl. Ich hatte den Eindruck, sie war erstickt unter den Gefühlen und der Gefühlsseligkeit von Leuten, auf die ihr Äußeres Eindruck gemacht hatte.« Und an anderer Stelle: »Wenn sie sich, als ich sie leckte, überhaupt bewegte, wenn in ihrem Schenkel ein Muskel zuckte, dann zuckte auch in meinem Schenkel ein Muskel ... Jeder von uns erlebte dieselben Dinge.« Orra und Wiley, der Ich-Erzähler, sind ein Liebespaar. Wiley kommt an die erfahrene gleichwohl unschuldige, weil unbefriedigte Orra heran. Wiley tritt unpersönlich und gleichgültig auf, Werther und Lotte hingegen entdecken die Verwandtschaft ihrer Seelen über die Trunkenheit ihrer Gefühle. Orra und Wiley entdecken und offenbaren sich im Sex, Lotte und Werther bringt die Betrachtung eines Regengewitters in höchste – offenbarende – Ergriffenheit.

Das Äußerste, was Werther und Lotte »tun«, ist Gedankenaustausch, gemeinsame Lektüre und als »allerletztes« passieren einige, gegen Lottes Willen erfolgte »wütende« Küsse. Konnte Goethe nicht anders oder wollte er so? Erotica kursierten damals durchaus, Sex war, wenn auch weniger zentral, ein relativ offen behandelter Stoff (siehe Lenz' ›Hofmeister‹ und ›Die Soldaten‹). Und sprachlich kannte man weit weniger Hemmungen, als der Werther vermuten läßt. Auf seinen zum Bestseller avancierten Liebesroman verfaßte Goethe selbst die Parodie ›Freuden des jungen Werthers‹, derzufolge ein »junger Mensch seinen Stuhlgang frei hatte« und sich auf dem Grab eines jüngst verstorbenen Hypochonders entleert: »Hätt er geschissen so wie ich, er wäre nicht gestorben!« ist die Bilanz des freudigen Werthers. Die Leiden des jungen Werther trafen zumindest damals mehr ins Schwarze als Brodkeys ›Unschuld‹ heute. Der heutige Leser braucht Verständnis für einen Werther, der aufgrund seiner Ichbezogenheit die Realität aus den Augen nicht nur verliert, sondern absichtsvoll verdrängt. Wiley hingegen hat keine Probleme. Er ist ein amerikanischer Student, ein souveräner College-Casanova, den Orras Unbeteiligtheit provoziert und nicht ruhen läßt. Er ist ein Feinmechaniker in Sachen Liebe, der so lange laboriert, bis er auf den Grund der Angebeteten stößt. Mit sich selbst pflegt er einen unpoetisch sportiven Umgang, er hat lediglich ein Tüftlerproblem mit Orra, sonst aber steht alles in lebensbejahender Übereinstimmung. Genau diese geht Werther ab, prätentiös leidet er allgemein wie im besonderen, vor allem an jener Einschränkung, »in welcher die tätigen und forschenden Kräfte des Menschen eingesperrt sind«. Und findet keinen Sinn: »Wenn ich sehe, wie alle Wirksamkeit dahinaus läuft, sich die Befriedigung von Bedürfnissen zu verschaffen, die wieder keinen Zweck haben, als unsere arme Existenz zu verlängern – das alles macht mich stumm. Ich kehre in mich selbst zurück und finde eine Welt!« (Brief vom 22.05.1771) Werther sucht den kompromißlosen Ausstieg, so unmodern also nicht. Betrachten wir Werthers Suche nach Selbstverwirklichung. Nichts soll ihn am Ausleben seiner Träume und Sehnsüchte hindern. »Ich / halte / mein Herzchen wie

ein krankes Kind; jeder Wille wird ihm gestattet.« Der Fürst hingegen, sein Arbeitgeber, schätzt »meinen Verstand und meine Talente
mehr als dies Herz, das doch mein einziger Stolz ist ... Ach, was ich
weiß, kann jeder wissen – mein Herz habe ich allein.« Die Welt soll
nicht (wie bei Brodkey) behandelt, sie soll gefunden, erlebt und empfunden werden. Daß man dabei ins offene Messer rennt, tiefe
Verletzungen davonträgt und den Freitod nicht nur als theoretisches
Mittel zur Flucht betrachtet, sondern diesen herbeischafft, ist nur
folgerichtig. Selbst eine glückliche Liebe würde hier nur Symptome
mildern, nicht aber von der Krankheit heilen. »Krankheit zum Tod«,
diagnostizierten die einen. Die anderen behaupteten, er sei an seiner
Umwelt zugrunde gegangen, an den gesellschaftlichen Gegebenheiten. Will man indes eine einzige große Erklärung, dann gilt diese am
ehesten: Werther stirbt aus Mangel an Verständigung, Verständigung
mit sich, vor allem aber mit denen um sich – und ist so gesehen ein
älterer Bruder Holden Caulfields aus Salingers ›Fänger im Roggen‹.
Der 16jährige Holden wird von anderen als »haltlos« bezeichnet, der
keine »feste Lebensrichtung« habe. Er ist zum wiederholten Mal des
Internats verwiesen worden, kommt zurück in seine Heimatstadt
New York und kann und will nicht zurück zu seinen Eltern. »Ich hatte Lust, irgendjemand anzurufen. Ich ließ die Koffer vor der Kabine
stehen, um sie im Auge zu behalten, aber sobald ich drinnen war, fiel
mir kein Mensch ein, mit dem ich hätte telefonieren können.« So beginnt eine Odyssee durch New York, im Verlauf derer er sich vor allem bemüht, einen ihm genehmen Platz zu finden. Stets sucht er das
Gespräch und stößt wie Werther auf eine Welt der Kälte und Ignoranz – und vor allem auf den »Pretender«, den Angeber, Heuchler und
Lügner. Wie bei Werther erschweren ihm ein ausgeprägtes morali-
sches, ja heldisches Empfinden und ein nicht minder ausgeprägter
Individualismus den Zugang zur Normalität. Obwohl er immer ein
geneigtes Ohr sucht, mißtraut er auf der anderen Seite selbst wohl-
wollenden Begleitern. »Ich hatte keine Lust, ihm das alles zu erzählen.
Er hätte es ohnedies nicht verstanden.« Und gegen Ende des Buches
meint er: »Es wäre mein Gesetz, daß niemand, der mich besuchte, etwas Verlogenes tun dürfte. Falls jemand etwas Verlogenes tun wollte, könnte er nicht bei mir bleiben.« Wie Werther sperrt sich Holden
gegen die vorgefundene Welt, und wie Werther tut er dies teils aus
Unvermögen, teils aus Überzeugung und wütendem Trotz.
    Holden ist wie Werther aus wohlhabendem Hause, literarisch in-
teressiert und ohne »gesunden Menschenverstand«. Zwar überlebt

Holden, landet aber im Sanatorium, das er zwar auskuriert, aber einsam und unverstanden wie ehedem verlassen wird. Und wie Werther ist Holden einer, dem die Flucht ein wesentlicher Aspekt seiner Weltanschauung ist.

Herablassend führte Goethe im Alter die Neigung zum Selbstmord auf den Umstand zurück, daß sich in einer Epoche des Friedens eine solche »Grille« bei einer »müßigen Jugend eingeschlichen« habe, aber auch auf einen »Mangel an Taten«. Kein Wort mehr vom jugendlichen Pathos, der damals die Welt überzog und alle, oder fast alle, am gewohnten Weitermachen hinderte.

Genug. Goethe hatte mit seinem ›Werther‹ nicht den Nagel auf den Kopf, sondern den Zünder an der Bombe getroffen: Die Wirkung der Werther-Briefe kam einer Explosion gleich. Viele der Leser erkannten sich wieder, es gab zahlreiche, zuweilen minutiös nachgestellte Werther-Selbstmorde. M. Suskov verfaßte mit 16 Jahren ›Ein russischer Werther‹ (Druck 1781) und beging nach Fertigstellung seiner Schrift auf die gleiche Weise Selbstmord wie sein literarisches Idol. Die Suizide veranlaßten Goethe, einen lyrischen Zusatz einzufügen, der anmahnte, dem Selbstmörder nicht bis in den Tod nachzueifern. »Sei ein Mann, und folge mir nicht nach«, läßt er Werther aus dem Jenseits rufen.

Man kleidete sich wertherisch: die gelbe Weste, der blaue einfache Frack, braune Stulpenstiefel, der runde Filzhut. Kleidung, die Werther trug, als er Lotte zum ersten Mal begegnete, und als man ihn tot auffand. Die Frauen bevorzugten das einfache weiße Kleid Lottchens mit blaßroten Schleifen an Ärmeln und Ausschnitt. Man parfümierte sich mit »Eau de Werther« und Werther-Nippesfiguren gehörten in jeden »empfindsamen« Haushalt. Napoleon hatte das Büchlein auf seinen militärischen Unternehmungen unter dem Kopfkissen, sein Besuch in Weimar galt weniger Goethe als dem Dichter des Werther. Bald nach Erscheinen war das Büchlein als schädlich verrufen und wurde mit Verbot belegt. Man kreidete Goethe vor allem den Selbstmord seines Haupthelden an, das Büchlein habe keinen sittlichen Zweck, es sei schädlich für die Erziehung und so fort. Darauf antwortet Goethe in ›Dichtung und Wahrheit‹: »Die wahre Darstellung aber hat keinen [sittlichen Zweck]. Sie billigt nicht, sie tadelt nicht, sondern sie entwickelt die Handlungen in ihrer Folge.«

Wieland
(Götter, Helden und Wieland)

Als Dichterling in Nachtmütze und Schlafgewand wird er von
*Mercurius, dem Herren der Träume, in die Unterwelt zitiert. »Die
eigentliche Frage ist, warum Ihr meinen Namen prostituiert [öf-
fentlich schmäht] und diesen ehrlichen Leuten zusammen so übel begegnet.«

Was war geschehen?

Christoph Martin Wieland (1733 bis 1813), neben Lessing bedeutendster Kopf der deutschen Aufklärung, spielerisch ironischer
Dichter und Denker (›Oberon‹, ›Agathon‹, ›Abderiten‹), hatte eine
›Alceste‹ verfaßt. Modell stand das Werk des Euripides. In seinem
›Deutschen Merkur‹, der bedeutendsten Literaturzeitschrift der da-
maligen Zeit in Deutschland, hatte er das Werk in einem Briefwechsel
mit seinem Freund Fritz Jacobi besprochen und unter anderem die-
ses (als Opernlibretto konzipierte) Stück gegenüber dem antiken
Drama nicht nur verteidigt, sondern in Teilen besser bewertet. Das
Eigenlob erregte Goethes Unwillen und den seiner stürmischen
Freunde. Bei einer Flasche Burgunder verfaßte der Aufgebrachte das
Spottspiel:

Wieland betritt als Schatten die Unterwelt. Alceste und ihr Gatte
Admet bauen sich vor ihm auf. Der feine Rokoko-Dichter ist erschüttert: »Ihr Alceste? Mit dieser Taille! Verzeiht! Ich weiß nicht,
was ich sagen soll.« Wielands Sprachlosigkeit bei Ansicht der »wirklichen« Alceste ist ein grober und nicht sonderlich geistreicher Hieb
des 24jährigen Goethe gegen den beredten Kollegen. Der hat indes
keine Zeit zur Erholung, denn ein harscher Euripides stellt ihn zur
Rede: inwiefern Wieland berechtigt sei, von der Arbeit des Antiken
übelzureden, fünf Briefe zu schreiben, um ihn, Euripides, als verunglückten Mitstreiter hinzustellen, dem er den Rang abgelaufen habe.
Man muß sich die Situation vorstellen: ein Dichter inmitten seiner
Dramengestalten und diese sehen nicht nur wie Riesen aus, sondern
dreschen rethorisch auf diesen ein. Admet hätte mehr »ahndungs-
volle Ehrfurcht« erwartet, Alceste mokiert sich über Wielands
Weibchen und Männchen, sie habe sich von dem Stück abgewandt,
»wie man von einer verstimmten Zither wegweicht«. »Meine Fürstin!« versucht Wieland zu beschwichtigen. Doch Alceste fährt ihm
über den Mund, Fürsten würden hier nichts gelten – Goethes
Anspielung auf Wielands Stelle als Fürstenerzieher am Weimarer
Hof. Wieland hatte die (übrigens sehr erfolgreiche) ›Alceste‹ auf

Veranlassung der Fürstenmutter Anna Amalia geschrieben. Euripides empört sich über die blutleeren Dramenfiguren, sie seien ohne Profil und ähnlich wie Eier, die zu einem unbedeutenden Brei zusammengerührt würden. Admet mosert, Wieland rede vom Sterben wie ein »großmütiger Hungerleider«. Der Tugenddichter Wieland versucht zu kontern: »Nur Feige fürchten den Tod.« Admet: »Den Heldentod, ja! Aber den Hausvatertod fürchtet jeder, selbst der Held.«

Euripides aber resigniert. Mit einem wie diesem könne man sich nicht verständigen, der hier gehöre zu einer Sekte, die allen Wassersüchtigen einreden wolle, tot würden ihre Herzen voller sein. Die Nachtmütze mag so nicht weiter: »Laßt mich, ihr seid widersinnige rohe Leute, mit denen ich nichts gemein habe.« Und formuliert damit die Kluft zwischen dem verspielten manierierten Rokoko und den um Ursprünglichkeit und Kerlhaftigkeit bemühten Stürmern und Drängern. Vor allem ging es Goethe um eine existentialistische Dimension von Leben und Tod: Wie konnte sich Wieland erlauben, mit seinem Tugendbegriff aus den beiden Baublöcken Leben und Tod einen Spielkasten zu machen? Goethes Ärger ging über die Auslegung der Antike hinaus, sein Spott zielte auf Wielands im Grunde spielerische Einstellung zu Leben und Tod. Sein Konzept von Tugend und Tugendhaftigkeit galt Goethe als weltfremd und geradezu schamlos, Wieland kannte nicht den elementaren, ja animalischen, sinnfreien Hang am Leben. Nicht nur, daß Wieland in *Herkules einen wohlproportionierten Mann mittlerer Größe sehen will, Wieland – aufgehoben im braven Weimar – hat keinen Sinn für den Wert eines lebendigen, agilen und eben sterblichen Lebens mit seinen gewaltigen Erfahrungen, Höhen und Tiefen.

Wenn Jahre später Goethe Maß, Mitte und Verzicht als Hoheitszeichen formuliert und auf sein klassisches Banner heftet und dieser Goethe genau an denselben Hof kommt, an dem Wieland tätig ist, und sich wie Wieland in Fürstensold stellt, dann entbehrt das nicht einer üppigen Portion Ironie. Doch wird dann der ganze Literatenstreit vergessen sein, nicht zuletzt weil Wieland, wissend daß ihm mit Goethe ein Größerer folgt, seine Hand großmütig zur Versöhnung anbot, die Goethe beschämt und dankbar anzunehmen wußte – wie sich überhaupt das Verhältnis nicht nur zu Wieland, sondern auch zu dessen Freund Fritz Jacobi, dem Goethe ebenfalls einen Seitenhieb verpaßt hatte, zum denkbar Besten wandelte. Auch Goethe soll hier in Schutz genommen werden: die Minikomödie war wohl nicht für eine Veröffentlichung geschrieben. J.M.R. Lenz, Goethes damaliger Busenfreund, hatte die Abschrift des Stückes veröffentlichen lassen, vielleicht, um ganz bewußt Goethe Schaden zuzufügen.

Wilhelm

1. (Wilhelm Meisters Lehr- und Wanderjahre)
Wilhelm Meisters Lehrjahre: Idealist und Altruist, ersteres mehr, zweiteres weniger. Nichts beeindruckt das Kind so sehr, als die Marionettenaufführungen im elterlichen Hause. »Für mich war jene Zeit besonders Epoche«, schwärmt er vor der Geliebten, »mein Geist richtete sich ganz nach dem Theater, und ich fand kein größer Glück, als Schauspiele zu lesen, zu schreiben und zu spielen.« *Mariane ist Teil dieses Glücks, sie ist nicht nur die zärtliche Geliebte, sondern auch Schauspielerin. Eines Nachts schreibt er ihr einen Brief. Ihn treibt das »Verlangen einer ewigen Verbindung«. Er hält um ihre Hand an, will sich der Theatertruppe des Direktor *Serlo anschließen, und sie soll ihm folgen, sobald es die Verhältnisse gestatten. Auf lange Sicht will er der Gründer des deutschen Nationaltheaters. Obwohl ihn Busenfreund *Werner darauf hinweist, daß er nicht der einzige Mann in Marianes Leben ist, verschließt er die Augen. Erst als der verliebte Fetischist eines ihrer Taschentücher entwendet und einen darin eingewickelten Brief ihres Verlobten findet, wendet er sich abrupt von ihr ab.

Er wendet sich überhaupt von allem ab, was mit der Theaterwelt zu tun hat, geht geflissentlich der Arbeit am väterlichen Comptoir nach, verbrennt – wie Goethe – seine literarischen Jugendprodukte und ... kann Mariane nicht vergessen. Neben der Sehnsucht plagt ihn das Gewissen, vielleicht hätte er doch einige klärende Worte mit der Geliebten wechseln sollen. Er übernimmt im Auftrag des Vaters eine Reise zu verschiedenen Schuldnern, doch wo er geht und steht, kommt er mit dem Theater in Berührung, als wäre alle Welt nur darauf eingerichtet. Die Ortschaft, wo er abgestiegen ist, ist offenbar beliebtes Reiseziel nicht nur von Schauspielern, wie *Philine und *Laertes, beide »Trümmer einer Schauspielergesellschaft«, sondern ebenso von Schaustellern und sonstigen fahrenden Künstlern. Hier trifft er auf *Mignon und den *Harfner. Unser empfindsamer Freund muß erleben, wie Mignon, die ihm wegen ihrer hermaphroditisch anmutenden Schönheit aufgefallen ist, vom Leiter der Seiltänzergesellschaft so brutal verprügelt wird, daß er diesem an die Gurgel fährt und – wohl richtig ahnend – droht, er werde ihn bei Gericht wegen Kindsraub anzeigen. Er kauft ihm Mignon für dreißig Taler ab (einem Studenten standen damals knapp zwanzig Taler monatlich zur Verfügung, Goethe hatte als Minister ein Anfangsgehalt von 1200 Taler im Jahr). Der Harfner singt zu schön, als daß ihn Wilhelm gehen läßt, zudem ist er bedürftig, und unser edler Freund hat Geld.

Einer der Schauspieler, *Melina, schlägt vor, er solle das im Pfandhaus ausliegende Requisitenmaterial und die Theatergarderobe einlösen. Dann hätte das Dutzend arbeitsloser Schauspieler eine Basis zum Weitermachen. Wilhelm ist eigentlich Kaufmann im Auftrag seines Vaters, er muß weiterziehen, doch verdreht ihm Philine den Kopf, obwohl er sich »vor der zusammenschlagenden Falle einer weiblichen Umarmung« zu hüten vorgenommen hat. Gerade will er ihr aufs Zimmer folgen, da tritt Melina ihm entgegen. In dieser Situation verspricht er ihm die 300 Taler für die Ausstattung. Nun sind die Weichen gestellt. Auf einer gräflichen Burg wird zu Ehren des Prinzen von Beginn an erfolgreich gespielt.

Über *Jarno lernt er Shakespeare kennen, der ihn mehr fesselt als jeder Autor – Goethe erging es ebenso –, ferner hat er ein Liebeserlebnis: »Sooft er die *Gräfin anblickte, schien es ihm, als wenn ein elektrischer Funke sich vor seinen Augen zeigte.« Auch die Gräfin ist von Wilhelm sehr angetan, als sie ihm zum Abschied einen Ring schenkt, fallen sie sich in die Arme. »Fliehen Sie mich, wenn Sie mich lieben«, sind ihre letzten Worte.

Unterwegs zu neuen Gastspielen wird die Theatergruppe von Räubern überfallen, die Truppe verliert alles Hab und Gut, Wilhelm, der sich artig zur Wehr setzt, wird schwer verletzt und verliert das Bewußtsein. Als er zu sich kommt, erscheint auf einem weißen Schimmel eine »Amazone« (*Natalie), die, wie jede Frau, auf Wilhelm nachhaltig reagiert und ihm ihres Oheims Mantel überwirft. Benommen kann Wilhelm nur erkennen, daß sie – wer hätte anderes erwartet? – edel und schön ist. Wie sich nachträglich herausstellt, war sie und ihr ansehnliches Gefolge das begehrte Objekt der Räuber, Wilhelm und die Truppe Melinas also Opfer einer Verwechslung. Ohne in Erfahrung zu bringen, wer die Schöne war, erreicht Wilhelm nach seiner Genesung mit Mignon und dem Harfner die Großstadt, wo sein Freund, der Theaterdirektor Serlo seine Bühne betreibt. In Serlos Schwester *Aurelie begegnet ihm nicht nur eine große Schauspielerin, sondern die bisher prägnanteste, modernste Persönlichkeit.

Wilhelms Vater ist gestorben. So ist unser Stationsreisender mit einem Male noch freier als ehedem. Serlo stattet den Laien sehr bald mit weitreichenden Vollmachten aus, denn Wilhelm kann einfach alles: Er reduziert den ›Hamlet‹ zur Bühnentauglichkeit, ohne ihm einen Deut Qualität zu nehmen und ohne Zugeständnisse an das blöde Publikum. »Auf den Brettern erscheint der gebildete Mensch so gut persönlich in seinem Glanz als in den obern Klassen«, glaubt Wilhelm und mit ihm auch Goethe, der nicht müde wird, am Beispiel ›Hamlet‹ Wilhelms exegetisches Genie hervorzuheben, zumal unser Held ohne erkennbare Schwierigkeiten Regie führt und die Hauptrolle spielt. Selbstverständlich tobt das Publikum. Und Melina drängt im rechten Moment zwischen Serlo und unseren Meister mit billigen wie gewinnversprechenden Opernplänen, denn Wilhelm hat sein suchendes Auge bereits auf neue, diesmal theaterferne Ziele gelenkt.

Eigentlich soll Wilhelm nur *Aurelies letzten Brief an den treulosen *Lothario überbringen und ihm bei dieser Gelegenheit eine Moralpauke halten. Doch kurz nachdem er dieses Mannes und seiner Residenz ansichtig geworden, wird Wilhelm »gewahr, daß Lotharios Gegenwart ihn zu ganz andern Gefühlen stimmte«. Wilhelms Kritiklosigkeit wird belohnt. Wie wir erfahren, ist unser Held in einen Zirkel vorgestoßen – die Gesellschaft vom Turm – die Wilhelm schon seit längerem observiert und so des Jünglings Edelmut kennt. Zunächst wird er mit einer Aufgabe betraut, die keine sonderlichen Qualitäten voraussetzt, der er sich auch nur unterwirft, weil die Herren um ihn alle doch so ideal sind: Wilhelm soll *Lydie, Lotharios hysterische Geliebte, fortbringen, denn Lothario ist sonst nicht genesungsfähig. Wilhelm und die Heulboje kutschieren zu *Therese, hier kann er Thereses kontemplative Mitteilungen über Liebe und Landwirtschaft genießen. So werden die Weichen abermals gestellt: Unser Strahlemann soll agronomisch und ökonomisch werden, vom Künstlerleben hat er ohnedies genug, die Schauspieler seien unkooperativ, undiszipliniert, egozentrisch und egoistisch, intrigant, anspruchsvoll und argwöhnisch. Ein letztes Mal bricht er zu ihnen auf, er will Mignon und *Felix holen. Doch da tritt ihm *Barbara, Marianes alte Zofe, und mit ihr die schlimme Vergangenheit entgegen. Mariane sei tot, erzählt die Alte. Während er das Weite gesucht habe, sei sie nach der Geburt des gemeinsamen Sohnes Felix gestorben. Wilhelm ist sehr betrübt, doch als er Marianes Briefe, die ihn nicht erreichten, entdeckt, liest er »mit unaussprechlichem Entzücken das Wort Treue von ihrer geliebten Hand«. Die Alte, die Schweres durchgemacht hat, wirft unserem Heros vor, »daß Ihr Euch jetzt wie da-

mals in Eure kalte Eigenliebe hüllet«, worauf Wilhelm, seine Kinder-
stube vergessend, sie eine »Furie« nennt, nur weil sie ihm die häßliche
Wahrheit mittels drei Champagnergläser auftischt, von denen eines
– jenes für Mariane – unausgetrunken bleibt. »Ich habe dich von jeher verabscheut, und noch kann ich mir Marianen nicht unschuldig
denken, wenn ich dich, ihre Gesellschafterin, nur ansehe.«

Die Turmgesellschaft, die ihn nach einem pseudo-lithurgischen
Initiationsritus zum Mitglied erhoben hat, weiß es aber genau: Felix
ist Marianes und sein Sohn. Wilhelm erhält einen »Lehrbrief«, dessen Anfangsworte Goethe von Hippokrates übernommen hat: »Die
Kunst ist lang, das Leben kurz, das Urteil schwierig, die Gelegenheit
flüchtig. Handeln ist leicht, Denken schwer; nach dem Gedanken
handeln unbequem.« (VII, 9) »Heil dir, junger Mann!« ruft der
*Abbé, »deine Lehrjahre sind vorüber.«

Wilhelm kauft nun einige Güter in Lotharios Nachbarschaft und
hätte in Therese, wenn auch nicht die Frau seiner Träume, dafür aber
ein »vortreffliches Frauenzimmer« gefunden, das Felix und Mignon
eine gute Mutter und ihm eine hervorragende Wirtschafterin wäre.
Er reist zu Lotharios Schwester, um Mignon zu holen, doch nun über-
stürzen sich die Ereignisse: Lotharios Schwester ist die langgesuchte »Amazone« *Natalie. Therese erscheint auf dem Anwesen Natalies, fällt Wilhelm in die Arme. Mignon sieht das, erträgt den Anblick
nicht, sie erleidet einen Herzanfall und stirbt. Therese erfährt, daß
einer Verbindung mit dem langgeliebten Lothario nichts mehr im
Wege steht. Nun befürchtet man, daß sich Felix vergiftet hat, und der
Harfner, der sich für Felix' Situation verantwortlich sieht, geht in den
Freitod. Felix hat glücklicherweise statt Gift Mandelmilch getrunken. Wilhelm soll nun seine Amazone zur Frau nehmen und Lothario
seine Handwerks-Muse Therese. Alle sehen das als die vernünftigste
Lösung an, doch Wilhelm ist das zuviel auf einmal. Schließlich nimmt
er die langersehnte Natalie aber doch zur Frau.

Wilhelm Meisters Wanderjahre: Wilhelm ist wieder unterwegs, er hat
Felix mitgenommen. Seiner Frau Natalie teilt er mit: »Mein Leben soll
eine Wanderschaft werden.« Davon ist wenig zu finden, vielmehr
wackelt er als mehr oder minder lebendige Marionette vorbei an un-
geographischen Stationen irgendwo zwischen Deutschland und der
Schweiz, trifft Menschen, mit denen er sich wie ein philosophierender
Handelsreisender austauscht und endet wortarm und konturlos als einer von vielen auf einem Schiff nach Amerika.

Zunächst ist er nach den Statuten der Turmgesellschaft verpflichtet, an keinem Ort länger als drei Nächte zu verweilen. Er trifft die Heilige Familie – *Josef, Maria auf einem Esel mit dem Kind in ihren Armen –, alles ins Alltägliche gekehrt: Es sind Bergbewohner. Über den schelmischen *Fitz erreichen sie nicht nur das Riesenschloß, sondern auch das Mustergut des *Oheims in den Bergen. Weil sie dies nicht auf dem üblichen, sondern über einen unterirdischen Kanalweg betreten, geraten sie in Gefangenschaft, werden jedoch bald gastfreundlich bewirtet. Von *Hersilie erhält Wilhelm ›Die *pilgernde Törin‹ als Nachtlektüre, im Auftrage *Lenardos macht sich Wilhem auf die Suche nach *Nachodine. Auf seinen Wanderschaften nimmt er Felix nicht mit.

Er übergibt den Sohn für ein Jahr in die Hände von Erziehern, die eine Art Knabeninternat, die »Pädagogische Provinz«, führen. Sie steht stellvertretend für Goethes Auffassung von Erziehung und Religion. Ein Fremdenführer erklärt Wilhelm die große Institution. Die Grußzeremonien der ausschließlich männlichen »Zöglinge« sind aufschlußreich:

»Die jüngsten legten die Arme kreuzweis über die Brust und blickten fröhlich gen Himmel«, Symbol für die »Ehrfurcht vor dem, was über uns ist«. Einer der drei Schuloberen erläutert das als Ausdruck eines Glaubens an einen allgemeinen Gott der Völker und zeigt Wilhelm während der Besichtigung Gemälde mit jüdischen und griechischen Glaubenselementen.

»Die mittleren hielten die Arme auf dem Rücken und schauten lächelnd zur Erde.« Dies bedeutet »die Ehrfurcht vor dem, was unter uns ist ... daß man die Erde wohl und heiter zu betrachten habe; sie gibt Gelegenheit zur Nahrung; sie gewährt unsägliche Freuden; aber unverhältnismäßige Leiden bringt sie.« Ihre Arme sind ihnen in Anbetracht solch irdischer Kraft und Macht gebunden.

»Die dritten standen strack und mutig; die Arme niedergesenkt, wendeten sie den Kopf nach der rechten Seite und stellten sich in eine Reihe, anstatt daß jene vereinzelt blieben, wo man sie traf.« (II, 1) Dies ist der Gruß der ältesten Zöglinge, sie haben, nach den beiden ersten Erziehungsetappen, den Blick zu den Menschen gewendet, zu ihresgleichen, ihren Kollegen und Schulfreunden. Egoismus oder Egozentrismus soll mit dem Blick zum Nachbarn fortgewiesen sein – Solidarität als Bildungsziel.

Der Begriff Ehrfurcht muß bei Goethe im Sinne von Achtung und Anerkennung verstanden werden, aber auch das »Schaudern« ist damit bezeichnet, was bei Goethe ein großes erkennendes Staunen ist. »Sich zu fürchten ist leicht, aber beschwerlich; Ehrfurcht zu hegen ist schwer, aber bequem.« Dahingehend wird in der »Pädagogischen Provinz« auch große Aufmerksamkeit darauf verwandt, daß man »Ehrfurcht vor sich selbst« bekommt, sich also kennen und lieben und wertschätzen lernt. Wesentlich erscheint uns auch, daß die traditionellen christlichen Gesten wie Knien, Händefalten oder die weltlichen wie Verbeugen und andere nicht geübt werden, »ebensowenig wie in ihr von Kirchen, Geistlichen, Sakramenten die Rede ist. Die Grußgebärden sind die symbolischen Gesten der Goetheschen weltlichen Religiosität. Sie sind anders als griechische, altchinesische, germanische und christliche Gesten, zugleich aber haben sie mit diesen allen mancherlei Gemeinsames, ebenso wie die Religion der Pädagogischen Provinz mit allen jenen Religionen verbunden ist«, schreibt Trunz in seinem Kommentar zur Hamburger Ausgabe. Wiewohl hier alles strukturiert und durchdacht ist, geht es der Schulleitung um die Ausbildung einer individuellen Persönlichkeit. Gleich zu Beginn wird Felix auf seine Eigenheiten und Neigungen untersucht, gemäß dieser erfolgt die Ausbildungsrichtung. Hier werden keine Uniformen getragen, jeder erhält einige Kleidermodelle zur Auswahl, die Aufschluß über die Persönlichkeit des Schülers geben sollen. Auch ein mögliches Scheitern der Erziehung wird eingeräumt. In diesem Fall wird der Zögling den Eltern rückerstattet. Wilhelm hätte hier vergeblich um einen Studienplatz gebettelt, die »Pädagogische Provinz« ist Provinz genug, um zwar Reiter, doch keine Schauspieler auszubilden. »Solche Gaukeleien fanden wir durchaus gefährlich und konnten sie mit unserm ernsten Zweck nicht vereinen.« (II,8)

Rudolf Steiner hat sich mit seinem Schulmodell in vielen Zügen an der »Pädagogischen Provinz« orientiert, Schauspielerei war und ist hier freilich nicht verboten. Sein in Dornach bei Basel aufgebautes (später abgebranntes und neuerrichtetes) Goetheanum hat wie der Zentralbau der »Pädagogischen Provinz« acht Ecken.

Wilhelm hat Nachodine gefunden und macht einen Abstecher über die Alpen, wo er Mignons Heimatstätten besuchen will. Er trifft einen Maler, auch dieser will die Orte und Plätze, wo Mignon in ihrer Kindheit weilte, sehen und malen. Daß er das Schicksal Mignons kennt, wundert uns, nicht aber den Erzähler. Denn Wilhelms »Lehrjahre« sind von der Turmgesellschaft schriftlich festgehalten und – behaupten wir rekonstruierend – als Publikation jedermann zugänglich gemacht worden. Kurzum, der Maler weiß alles über Mignon,

Wilhelm muß nichts oder nichts Wesentliches hinzufügen. Wahrscheinlich ist er Wilhelms anderes Ich, denn in jeder Empfindung und in jeder Anschauung sind sie sich einig. Zuweilen ist der Maler noch etwas stürmisch, doch auch er weist auf seine künftige Rolle als Entsagender hin. Außer malen kann er auch singen, nächtens greift er vor versammelter Hörerschaft zur Laute und stimmt das »Mignon-Lied« an. Die Reaktion des Auditoriums ist überwältigend: »Die Frauen warfen sich einander in die Arme, die Männer umhalsten sich, und Luna ward Zeuge der edelsten, keuschesten Tränen.« (II, 7) Dann reist Wilhelm zurück. Er hat die Aufhebung seiner Drei-Nächte-Klausel erwirkt, so steht seinem Wunsch und Jarnos gleichlautendem Rat nichts mehr im Wege: Er kann den Beruf des »Wundarztes« erlernen.

Drei Gründe mögen eine Rolle zu dieser Berufswahl gespielt haben. Die Erinnerung an jenen Arzt, der im Auftrag der Amazone (Natalie) Wilhelms Kopfwunde behandelte; daß er seinem Felix, als dieser vom Pferd stürzte, nicht helfen durfte und schließlich, daß er in seiner Kindheit erleben mußte, wie der geliebte Fischerjunge Adolf sterben mußte, ohne daß Hilfe zur Stelle war. Nach seiner Ausbildung begegnet er dem von Lenardo geführten Bund der Auswanderer, lauter Männer, die nichts als Vorzüge haben, »hübsche junge Männer«, »tüchtige Burschen«, »muntere, schöne Knaben«, ein »wohlgebauter, breitschultriger, auch behender Mann« – Goethe wird nicht müde, alles in den schönsten Farben zu schildern, alles ist voller Zuversicht und lebt in einer von Ordnung, Sauberkeit und Selbstdisziplin beherrschten weltlichen Bruderschaft, deren Gesang von Wohlklang und Empfindungsreichtum beherrscht ist. Jeder Imbiß ist ein Festmahl, welches »mit einer gewissen Feierlichkeit aufgetragen und eingenommen« wird. Wilhelm erinnert sich an die Gelage der Schauspieler, »doch schien ihm die gegenwärtige Gesellschaft viel ernster, nicht zum Scherz auf Schein, sondern auf bedeutende Lebenszwecke gerichtet«.

Der ganze Bund erinnert uns an die Trachtenumzüge der Auslandsdeutschen, ob sie im Osten, Westen, Norden oder Süden unseres Planeten beheimatet sind, alles bunt und doch klinisch, alles würdevoll und doch wie von Gips. Jeder Handwerker hier ist ein Monument, wenn nicht sogar ein Heiliger, wie er uns in Sankt Christoph als mächtiger Baß entgegenbläst. Wir müssen lange im Text suchen und finden doch kein Beiwort, das nicht schmückend, sondern einfach und ausnahmsweise ein bißchen ungeputzt ist. Selbst die Witterung ist immer günstig und erhebend, die Landschaft voller Pracht, und ist sie kultiviert, dann edel oder veredelt. Wo bleibt nur *Mephisto? In Wilhelm Meisters Legoland hat er nichts zu suchen. Wilhelm selbst bleibt tadellos, Hersilie schreibt ihm eindeutig werbende Briefe, sie ist jung und geistreich, sie kann nichts anderes als schön und anmutig sein, Wilhelm kümmert das nicht, als Arzt hat er wichtigere Pflichten. (Vielleicht sind wir Heutigen indes auch so vernörgelt, daß wir genau wie Goethe, der nur das Schöne sehen wollte, nur noch das Häßliche suchen – wer weiß?) Jedenfalls gerät unser Meister immer mehr in den Hintergrund, seine Stelle hat eigentlich Lenardo übernommen. Zum Schluß hat Wilhelm die Gelegenheit, sein ärztliches Können dergestalt unter Beweis zu stellen, als er seinen Sohn Felix zur Ader läßt. Felix war seinem Vater wegen Hersilies Zurückweisung in einem Gewalt- und Verzweiflungsritt am Ufer eines Flusses gefolgt und stürzte von seinem Pferd genau vor jenem Kahn ins Wasser, in dem sein Vater saß. Wilhelm rettet symbolisch damit nicht nur seinen Sohn, sondern auch jenen Fischerjungen Adolf, der nicht zur Ader gelassen werden konnte, weil kein Arzt bereitstand. So steht Wilhelms neuen Guttaten und der Reise nach Amerika, wohin seine Frau Natalie schon vorausgezogen ist, nichts mehr im Weg.

In einem Brief an Hermann Hesse nennt Thomas Mann die ›Wanderjahre‹ ein »hoch-müdes, würdevoll sklerotisches Sammelsurium« (08.04.1945), wir sind gähnend gleicher Meinung, blättern bei Friedenthal und lesen: »Ein Schleier liegt über dem ganzen Buch und seinen Gestalten, die keine Gestalten mehr sind, sondern nur noch Figuren mit Spruchbändern wie auf alten Tafelbildern, Goethes Ansichten verkündend und nicht ihr eignes Leben lebend.« Wir, die wir all die Jahre ohne ›Wilhelm Meister‹ den Radikalismus stets von uns gewiesen, als lauwarme Historiker der Französischen Revolution ein pikiertes Naserümpfen gezeigt haben, wir sind nun etwas klüger und fragen, ob die 1789er Revolution nicht doch Sinn machte. Denn so, wie Goethe und seine Wilhelm-Meisters die Feudalpolitik jener revolutionsreichen Zeit nur in Schattierungen verändert wissen wollten, so zwingend mußte die Zerschlagung der besitzenden Aristokratie folgen. So blutig und an sich sinnlos diese Jahre erscheinen (von den 20 000 Hingerichteten 1794 in Paris waren 2000 Adelige, der Rest Bürgerliche), so sinnvoll waren sie für die Masse der Bevölkerung. Erst die naiven und ungenauen Meinungen zu Staat, Stände, Aristokratie, Arbeit, Besitz und Geld, wie sie Goethe darlegte, machen uns bewußt, wie hoch diese Makulaturreformen bewertet wurden, von denen alle sprachen. Es ist unerklärlich, wie fest ein Großteil der Elite aus Kultur und Politik die Augen verschloß vor dem grassierenden Phänomen der Verelendung mit ihren sichtbaren Zeichen der Auswanderung. Nach der Lektüre von Saint-Simon, einem utopischen Sozialisten, soll Goethe heftig ablehnend geantwortet haben: »Wenn jeder sich bemühte, würde alles gut gehen.« Wir erinnern uns an den Untertitel des Werkes. Er heißt ›Die Entsagenden‹. Irgendwie klingt das sehr vereinfachend.

2. (Die Leiden des jungen Werther)
Wilhelm ist Hauptadressat *Werthers, versteht seinen Brieffreund, muß ihn verstehen, damit Werther sich ihm rückhaltlos anvertraut, wenn er auch nicht ungeteilt Werthers Sicht der Dinge übernimmt. Wie *Lotte und *Albert ist er lebensnaher und unvoreingenommen in der Beurteilung der Dinge und Geschehnisse. Alle drei sind sie von einem gewissen Wirklichkeitssinn und Maßhalten gesteuert.

Z

Zauberlehrling
(Der Zauberlehrling)

Neben ›Heideröslein‹ wohl zu den ersten Schriftstücken Goethes gehörig, die man als Schüler kennenlernt. Den Goethe-Interpreten ist vor allem der Bekanntheitsgrad des Gedichtes (insbesondere im Ausland) ein Phänomen, große Beachtung findet es in den oberen Etagen der Goetheforschung selten. Überhaupt hat man mit den Balladen, die damals im Balladenjahr (eine Schillersche Wortprägung für das Jahr 1797) entstanden, ein Problem: Goethe und Schiller hielten sich zu jener Zeit zusammen in Jena auf und besprachen die poetischen Schöpfungen für den ›Musenalmanach‹ nicht schriftlich, sondern unter vier Augen – für die Literaturgeschichte eine kleine Katastrophe, da der sonst übliche Briefwechsel fehlt. Was die beiden dazu brachte, in einer solch »niederen« Gattung ihr künstlerisches Glück und Können zu versuchen, ist nicht genau auszumachen. Am ehesten gilt wohl, die Lust der Dichterdioskuren, sich an einer so handfesten, publikumsnahen Kategorie zu versuchen, wie es die Ballade nun mal ist, nämlich reißerisch und phantastisch. Daß der ›Zauberlehrling‹ wenige Interpreten findet, wundert nicht. Emil Staiger, sonst nicht mundfaul, erwähnt ihn beiläufig in seinem dreibändigen ›Goethe‹, während er der ›Braut von Korinth‹ unverhältnismäßig viel Raum schenkt. Die Geschichte hat Goethe mit geringen Modifikationen von dem griechischen Schriftsteller Lukian (120 bis 180) übernommen. In seinem ›Lügenfreund‹ (Philopseudes) erzählt der Spätantike die Geschichte vom Assistenten des Zauberers, Eukrates, der von seinem Herrn die Formel erlauscht, mit der man einen Stößl zum Hausdiener macht. So befiehlt er dem Wesen, einen Krug Wasser zu holen. Die Formel der Rückwandlung kennt Eukrates indes nicht, und der Geist leert Krug um Krug, bis das ganze Haus überläuft. Weil er sich nicht anders zu helfen weiß, nimmt der Zauberlehrling eine Axt und haut den Stößl entzwei. Nun verrichtet jede Hälfte ihre Arbeit. Erst der alte Hexer vermag dem Spuk ein Ende zu bereiten. Goethe verfaßte die Geschichte in sieben Strophen zu je acht Zeilen und ebensovielen Nachstrophen zu je sechs Zeilen. Grundmaß der Verse ist der Trochäus, hier wunderbar nachdrücklich und energisch, zuweilen hektisch nach vorne stoßend, so, wie es der

Druck der sich überstürzenden Ereignisse verlangt. Die Zeitform des Präsens verleiht der Dramatik zusätzlich Nähe. Der in Ich-Form erzählte Stoff gipfelt in dem Satz des Lehrlings: »Die ich rief, die Geister, werd' ich nun nicht los.« Ein Satz, den sich unsere moderne Welt, unsere Laboratorien und Kaderschmieden nicht groß genug an die Wand heften sollten, Zauberlehrlinge gibt es mehr als genug. Aus einer spielerischen Laune, aus Neugierde, geht unser Lehrling eine Sache an, von deren Ausmaß und Wirkung er keine Ahnung hat. Der wiederkehrende Meister stellt die alte Ordnung wieder her. Ob das auch im wirklichen Leben zu bewerkstelligen wäre, ist hier nicht die Frage.

Zoilo-Thersites
(Faust II)
Vermutlich *Mephisto als janusartiger Gnom am kaiserlichen Mummenschanz. Zoilos war ein athenischer Redner (aus dem 3. Jahrhundert vor Christus), der Homer in der ›Ilias‹ zahlreiche Fehler nachzuweisen und damit dessen Renommee zu schmälern versuchte. Thersites ist in der ›Ilias‹ ein griechischer Kämpfer im Lager vor Troja. Er ist körperlich mißgestaltet und hetzt gegen Agamemnon, indem er dessen heldische Verdienste zu schmälern trachtet. Es gehört zur Widersprüchlichkeit Mephistos, daß der Name Thersites »der Kühne, Unerschrockene« heißt, obwohl Thersites bei Homer als Feigling auftritt. Auf dem Karneval des Kaisers erscheint er unmittelbar nach der allegorisierten Hoffnung und der Klugheit.

»Hu! Hu! da komm' ich eben recht,
Ich schelt' euch allzusammen schlecht,
Doch was ich mir zum Ziel ersah,
Ist oben Frau Viktoria.
Doch, wo was Rühmliches gelingt,
Es mich sogleich in Harnisch bringt.
Das Tiefe hoch, das Hohe tief,
Das Schiefe grad, das Grade schief,
Das ganz allein macht mich gesund,
So will ich's auf dem Erdenrund.« (5457 ff)

Der tapfere *Herold setzt der »Doppelzwerggestalt« einen Schlag mit seinem Zeremonienstab, woraufhin sich der Neidhetzer »zum eklen Klumpen ballt«, doch zum Ei wird, aus dessen geborstener Schale die beiden Unterweltsymbole Fledermaus und Schlange entweichen. Keine große Niederlage für Mephisto, wenige Minuten später erscheint er als Geiz an *Fausts/Plutus Seite.

Nachweis

Gestützt habe ich mich bei meiner Arbeit in erster Linie auf den Primärtexten und den in der »Hamburger Ausgabe« von Erich Trunz verfaßten und betreuten Kommentarteil. Trunz war mir mit seiner Textnähe wie auch mit der Rücksichtnahme auf Biographisches die größte Hilfe.

Besonders anregend fand ich Nicholas Boyles ›Goethe‹. Leider lag mir bis Fertigstellung meiner Arbeit nur der erste Band vor. Boyle sieht vieles frischer vor allem moderner als das, was ich bisher kannte. Man merkt, hier schreibt einer, der zu einer neuen Generation der Goetheinterpreten gehört. Modern ist er allerdings auch in der Unbekümmertheit seiner Behauptungen, die ich zum Teil für falsch halte. Bei der Behandlung des ›Tasso‹ etwa sind ihm meines Erachtens Fehler unterlaufen, die ich auf ein oberflächliches Studium des Textes zurückführe. Doch hat er in vielem meine Aufmerksamkeit auf Aspekte gelenkt, die mir nicht oder nur wenig vertraut waren.

Wer sich zügig und gleichermaßen fundiert mit Goethes Werk beschäftigen will, nimmt Karl Otto Conradys ›Goethe‹ in der Neubearbeitung von 1994 zur Hand – eine Arbeit, die sich leicht liest und ohne Abstriche hinsichtlich Qualität und Kompetenz auskommt. Conrady ist vor allem unbekümmert, einer der vergessen kann, wer Goethe ist. Conrady schätzt Goethe, den produktiven Geist, von Verehrung ist nur selten die Rede. (Beredtes Zeugnis seiner Haltung gegenüber dem Großen aus Weimar ist sein Büchlein ›Goethe was here... Parodistischer Scherz und Ernst.‹ Dies nur am Rande.)

Nicht unerwähnt lassen will ich den ›Goethe‹ des Psychoanalytikers K. R. Eissler. Er behandelt in seiner Studie den Goethe der Jahre 1775 bis 1786, die Zeit also zwischen der Ankunft in Weimar und der Abreise nach Italien. Minutiös wird hier der Dichter psychologisch und psychoanalytisch durchleuchtet. Wiewohl glaubhaft, wirkt manches ein wenig forciert. Nicht alles ist an diesem Goethe leuchtet ein, nur weil es sich auf der Therapeutenliege hat ausschlachten lassen. Goethes ewig schlechtes Gewissen etwa gegenüber seiner Schwester Cornelia mag existiert haben. Ich frage allerdings, ob jeder noch so kleine textliche Hinweis als Beleg für einen verborgenen, wild arbeitenden Psychomechanismus zu nehmen ist. Trotzdem: Vieles wird dem Leser erst durch dieses Buch offenbar. Vor allem entschlüsselt es, wie Sublimierungen bei Goethe gearbeitet und wie produktiv sie gewirkt haben.

Der große Klassiker unter den Goetheinterpreten ist Emil Staiger – in vielem unübertroffen was Exaktheit einerseits und intuitives Erkennen andererseits betrifft. Sein dreibändiger ›Goethe‹ verdient viel Respekt, doch neigt man bei der Lektüre, den Interpreten Staiger über den Autor Goethe zu stellen, so als sei das Urteil wichtiger als der Beurteilte.

Dem Germanisten überaus hilfreich ist das bei Metzler 1996 erschienene ›Goethe Handbuch‹ herausgegeben von Bernd Witte und anderen in vier Bänden, das während meiner Arbeit ebenfalls noch nicht komplett vorlag. Es berücksichtigt unter anderem Deutungsaspekte, bespricht Rezeption und Forschungslage, geht in einzelnen Kapiteln auf die Figuren und die Figurenkonstellationen ein und berücksichtigt je nach Bedarf Aspekte der Handlungsentwicklung vom Beginn bis zum Schluß. Dies alles ist in einzelnen, zum Teil kurzen Kapiteln gegliedert, was eine dem Handbuch entsprechende schnelle Konsultation erlaubt.

Mehr im Vorbeigehen habe ich Friedrichs Gundolfs ›Goethe‹ zu Rate gezogen. Er verführt zum Schmökern, hier verschmelzen Kunst und Wissenschaft. Gundolf gehörte ja zum Kreis um Stefan George, und das wird auch bei der Lektüre seines Goethe offenbar: viel Geist und ästhetisches Überlegen. Er gehörte einer anderen als unserer Zeit an, man vergißt sich schnell bei der schönen wie interessanten Lektüre.

Ebenso verhält es sich mit Hermann August Korffs ›Geist der Goethezeit‹ – fünf Bände, die Breite zeigen: Korffs wundervolle Art, den Dingen Raum zu lassen. Man liest und liest, ohne daß Langeweile aufkommt.

Vollends vergißt man sich bei Friedenthals ›Goethe‹. Ohne Friedenthal, den uns, den Münchner Germanistikstudenten, Professor Sengle nachdrücklich ans Herz legte, hätte ich als Student mit Sicherheit Goethe unter »ferner liefen« behandelt. Friedenthal gehört meine größte Sympathie und Wertschätzung. Ich habe keine vergleichbare Studie zu einem Künstler gelesen, die auch nur ähnlich reichhaltig, durchaus komprimiert und dennoch dem Leser so überaus attraktiv entgegentritt wie das Buch dieses höchst lebendigen Sachbuchautors. Einschränkend sei hier vermerkt: Friedenthals ›Goethe‹ behandelt vor allem Leben und Epoche des *Menschen Goethe*. Seine Werke erfahren eine vergleichsweise knappe, allerdings häufig überaus aufschlußreiche Behandlung.

Figurenverzeichnis

Clavigo

Beaumarchais
Clavigo
Carlos
Marie

Claudine von Villa Bella

Claudine
Crugantino
Pedro

Egmont

Alba
Egmont
Ferdinand
Klärchen
Machiavell
Margarete von Parma
Oranien, Wilhelm von
Vansen

Faust

Anaxagoras
Ariel
Arimaspen
Chiron
Daktylen
Direktor
Doriden
Dryas
Empuse
Erdgeist
Erichtho
Euphorion
Faust
Galatea
Greife
Gretchen
Helena
Herold
Herr
Homunculus
Imsen

Kabiren
Kaiser
Knabe-Lenker
König von Thule
Lamien
Lustige Person
Manto
Margarete
Marthe Schwerdtlein
Mephistopheles
Nereiden
Nereus
Oreas
Peneios
Philemon und Baucis
Phorkyaden
Phorkyas
Proteus
Psyllen und Marsen
Pygmäen
Schwankende Gestalten
Seismos
Sirenen
Sphinxe
Telchinen
Thales
Theaterdichter
Tritonen
Valentin
Wagner
Zoilo-Thersites

Götter, Helden und Wieland

Euripides
Herkules
Mercurius
Wieland

Götz von Berlichingen

Adelheid von Walldorf
Götz von Berlichingen
Maria
Weislingen, Adalbert von

Hermann und Dorothea

Dorothea
Hermann

Iphigenie auf Tauris

Arkas
Iphigenie
Orest
Pylades
Thoas

Die Laune des Verliebten

Amine
Egle
Eridon
Lamon

Die Leiden des jungen Werther

Albert
Lotte
Werther
Wilhelm

Die Mitschuldigen

Alcest
Söller
Sophie

Pandora/Pandoras Wiederkunft

Epimetheus
Pandora
Prometheus

Prometheus

Pandora
Prometheus

Satyros oder Der vergötterte Waldteufel

Arsinoe
Einsiedler
Eudora
Hermes
Psyche
Satyros

Stella

Cäcilie
Fernando
Lucie
Stella

Torquato Tasso

Alfons II.
Antonio Montecatino
Leonore Sanvitale
Leonore von Este
Torquato Tasso

Unterhaltungen deutscher Ausgewanderten

Der und die Alte
Fährmann
Ferdinand
Habicht
Irrlichter
Jüngling
Die Könige
Lilie
Prokurator
Riese
Schlange

Die Wahlverwandtschaften

Architekt
Baronesse
Charlotte
Eduard
Gehülfe
Graf
Hauptmann
Luciane
Major
Mittler
Nanny
Ottilie
Otto

West-östlicher Divan

Bulbul
Hafis
Hatem

Hudhud
Mahomet
Suleika
Timur

Wilhelm Meisters Lehr- und Wanderjahre

Abbé
Angela
Aurelie
Barbara
Felix
Fitz
Friedrich
Gesteinsfühlerin
Gräfin
Harfner, der alte
Hersilie
Hilarie
Jarno
Josef
Laertes
Lenardo
Lothario
Lucidor
Lydie
Makarie
Mann von funfzig Jahren
Mariane
Melina
Melusine
Mignon
Nachodine
Montan
Natalie
Nußbraunes Mädchen
Odoard
Oheim
Philine
Herren von Revanne
Sänger
Schöne Seele
Serlo
Therese
Pilgernde Törin
Vater Meister, der alte Meister
Valerine

Werner
Wilhelm

Weitere Figuren

Achilles
Alexis und Dora
Amyntas
Annette
Die Aufgeregten
Belsazar
Braut von Korinth
Bürgergeneral
Eckart
Elpenor
Epimenides
Erlkönig
Erwin und Elmire
Esther
Eugenie
Euphrosyne
Faustina
Der Fischer
Die Fischerin
Friederike
Ganymed
Die Geschwister
Gott und die Bajadere
Groß-Cophta
Hanswurst
Honorio
Jery und Bätely
Johanna Sebus
König von Thule
Kronos
Lida
Lila
Lili
Mahomet
Nausikaa
Paläophron und Neoterpe
Pater Brey
Proserpina
Reineke Fuchs
Sänger
Scapin und Scapine
Schatzgräber
Zauberlehrling